国家林业和草原局普通高等教育"十四五"规划教材
浙江省"十四五"普通高等教育本科规划教材
浙江省普通高校"十三五"新形态教材
高等农林院校农林经济管理专业系列教材

林业经济学

(第3版)

沈月琴　朱　臻　张耀启　主编

中国林业出版社
China Forestry Publishing House

内 容 简 介

《林业经济学》(第3版)由中国和美国学者合力编写。在《林业经济学》(第2版)的基础上结合党的二十大以来我国林业发展的新成就与新动态,并充分吸收国内外林业经济研究前沿与生产实践,从林业生产要素、林业产出、林产品市场与贸易、林权制度与林业经营、林业政策、林业与区域发展、林业发展新趋势、林业经济实证研究方法等方面展开深入分析,进一步完善了框架体系和教材内容。突出了系统性、方法性、前沿性和国际性的特点。同时,充分体现了"互联网+"教学和课程型教材的新趋势。本教材既可作为高校相关专业本科生的教材,也可作为相关专业研究生的参考教材。同时,可供从事林业经济管理相关领域研究和管理人员参考使用。

图书在版编目(CIP)数据

林业经济学 / 沈月琴,朱臻,张耀启主编. — 3版.
—北京:中国林业出版社,2024.3(2024.8重印)
国家林业和草原局普通高等教育"十四五"规划教材
浙江省"十四五"普通高等教育本科规划教材 浙江省普通高校"十三五"新形态教材 高等农林院校农林经济管理专业系列教材
ISBN 978-7-5219-2649-1

Ⅰ.①林… Ⅱ.①沈… ②朱… ③张… Ⅲ.①林业经济学-高等学校-教材 Ⅳ.①F307.2

中国国家版本馆 CIP 数据核字(2024)第 055724 号

策划、责任编辑:丰 帆
第2版责任编辑:何 鹏 肖基浒
责任校对:苏 梅
封面设计:曹 来

出版发行:中国林业出版社
　　　　　(100009,北京市西城区刘海胡同7号,电话 83143558)
电子邮箱:cfphzbs@163.com
网　址:www.cfph.net/
印　刷:北京中科印刷有限公司
版　次:2011年7月第1版(共印3次)
　　　　2020年7月第2版
　　　　2024年3月第3版
印　次:2024年8月第2次印刷
开　本:787mm×1092mm　1/16
印　张:18.5
字　数:434千字
定　价:52.00元

《林业经济学》(第3版)编写人员

主　编　沈月琴　朱　臻　张耀启
副主编　李兰英　陈　珂　张　微　洪燕真
编　者　(按姓氏拼音排序)
　　　　陈　珂(沈阳农业大学)
　　　　戴　芳(河北农业大学)
　　　　洪燕真(福建农林大学)
　　　　李兰英(浙江农林大学)
　　　　李　娅(西南林业大学)
　　　　刘　强(浙江农林大学)
　　　　卢素兰(福建农林大学)
　　　　宁　可(浙江农林大学)
　　　　宁　卓(南京林业大学)
　　　　沈月琴(浙江农林大学)
　　　　谢芳婷(浙江农林大学)
　　　　熊立春(浙江农林大学)
　　　　徐　玮(内蒙古农业大学)
　　　　张　微(内蒙古农业大学)
　　　　张耀启(美国奥本大学)
　　　　朱哲毅(浙江农林大学)
　　　　朱　臻(浙江农林大学)

第 3 版前言

党的二十大提出以中国式现代化推进中华民族伟大复兴，中国式现代化是一个宏伟的系统工程，需要各行各业的高质量统筹发展。林业因其独特的功能，在人与自然和谐共生、生态文明、生物多样性、实现"两山"转换和共同富裕等方面举足轻重，具有不可替代的地位。在新的时代背景下，林业发展的目标定位发生根本性变化，进入了高质量发展的新阶段。国内外林业经济的相关研究与实践取得了一系列新进展新成果，同时也面临着新机遇新挑战。深入学习贯彻和传播习近平生态文明思想，培养具备"两山"理念，拥有扎实理论知识和专业素养的林业经济管理专业人才已经成为林业经济教育领域的重要使命和普遍共识。自《林业经济学》（第2版）以新形态教材形式出版以来，被众多农林类高等院校列为相关专业课程学习的指定和参考教材，得到了广大读者的好评和支持。为了让更多相关专业的学生、研究和专业管理人员等读者充分了解党的二十大以来国内外林业经济发展的最新成果，教材编写组对原有的《林业经济学》（第2版）进行更新再版，围绕林业生产要素、林业产出、林产品市场与贸易、林权制度与林业经营、林业政策、林业与区域发展、林业发展新趋势、林业经济实证研究方法等方面展开深入分析。

本教材在保持第2版教材的契合"互联网+"教学新趋势、突出前沿性和国际性3个方面特点基础上，进一步深化和拓展教材内容，一是重新修订了世界林业和中国林业、林产品贸易及政策、集体林经营、国有林经营、森林生态服务补偿政策、林业与山区共富等章节内容，使教材内容更精准更切合实际。二是围绕党的二十大以来林业发展的新定位新领域和热点问题，新增了林下经济产业、自然保护地与国家公园、大食物观与森林粮库等章节，使得本教材的内容体系更能系统反映林业在我国乡村振兴和生态文明国家战略背景下的重要使命，讲好"中国林业经济发展故事"，更好地为党育人，为国育才。

新修订教材由浙江农林大学沈月琴教授、朱臻教授和美国奥本大学（Auburn University）张耀启教授担任主编，负责全书框架设计、内容审定与统稿。浙江农林大学李兰英教授、沈阳农业大学陈珂教授、内蒙古农业大学张微教授、福建农林大学洪燕真副教授担任副主编。编写团队由浙江农林大学、沈阳农业大学、内蒙古农业大学、南京林业大学、福建农林大学、西南林业大学、河北农业大学、美国奥本大学专家和老师共同组成。其中沈月琴教授和谢芳婷副教授负责第一章绪论，刘强副教授和卢素兰副教授负责第二章林业生产要素，张耀启教授和宁卓副教授负责第三章林业产出，熊立春副教授负责第四章林产品市场与贸易，张微教授和洪燕真副教授负责第五章林权制度与林业经营，李兰英教授和徐玮副教授负责第六章林业政策，李娅教授和宁可副教授负责第七章林业与区域发展，陈珂教授和朱哲毅副教授负责第八章林业发展新趋势，朱臻教授和戴芳副教授负责第九章林业经济实证研究方法。

在教材修订过程中笔者参阅了大量的国内外相关文献，有些已经标注，但仍有"挂一漏万"之虑。在此谨向所有参考的文献作者致以诚挚的敬意和衷心的感谢。同时,衷心感谢国家林业和草原局、浙江省教育厅将本教材作为普通高等教育"十三五"规划教材和浙江省重点建设教材并给予资助,感谢中国林业出版社的大力支持和帮助,使本教材能够得以顺利出版。本教材既可作为高校农林经济管理、林学等相关专业本科生的教材,也可作为相关专业研究生的参考教材。同时,可供从事林业经济管理、林学相关领域研究和管理人员参考使用。

由于编者水平所限,书中错误和不足之处在所难免,敬请读者谅解并予以指正。

编 者

2024 年 1 月

第 2 版前言

自《林业经济学》(第1版)2011年出版以来,此教材因理论体系的完善性、内容的前沿性和国际化等特点受到了广大读者的普遍好评,被国内许多农林高校列为相关专业课程学习的指定参考教材。从2011年至今,伴随着"乡村振兴"战略的提出和实施,我国林业发展进入了重要的战略机遇期,林业改革持续推进,我国林业产业和生态建设取得了新的突破,与此同时,国内外林业经济领域也取得了一些新的研究成果,为此,本教材编写组在原有《林业经济学》教材基础上,充分吸纳了国内外林业经济最新研究与实践进展,并结合我国林业发展新成就,从林业生产要素、林业产出、林产品市场与贸易、林权制度与林业经营、林业政策、林业与区域发展、林业发展新趋势、林业经济实证研究方法等方面展开深入分析,进一步修订完善了原有《林业经济学》。新修订的教材体现了以下特色:

(1)进一步体现了"互联网+"教学的新趋势。随着互联网教学的普及,现有的课程教学和授课对象已经由线下搬到了线上。为适应这一变化,本教材以纸质教材为载体,将课外拓展阅读资源、教学案例、课后作业等课程资源嵌入到二维码中作为互联网移动终端设备入口,将林业经济领域的课外扩充阅读资源、案例教学和教材知识掌握点测试等多个教学环节融入其中,体现了"课程型教材"的特点,有助于拓展相关专业学生自主学习能力的培养。

(2)进一步完善了框架体系和教材内容。本教材进一步扩充了原有知识内容,在原有章节保留基础之上,新增加了林产品贸易与政策、林业经营理论与思想、森林旅游与森林康养、林业经济分析方法等章节,同时在原有章节内也新增了最新的研究和实践成果介绍,体现教材的时代性。

(3)进一步突出了前沿性和国际性。顺应国内外林业发展趋势,针对新能源、气候变化和乡村产业新业态中林业所发挥的积极作用,本教材进一步补充深化了林业发展新趋势章节内容,新增了森林康养等章节,展现了学科发展的新方向;同时增加了国内外林业经济发展实践案例的比较,充分吸收了国内外研究成果,使本教材更具有国际视角。

新修订的教材由浙江农林大学沈月琴教授和美国奥本大学(Auburn University)张耀启教授担任主编,负责全书框架设计、内容审定与统稿。浙江农林大学朱臻副教授、李兰英副教授,内蒙古农业大学张微教授任副主编。参加编写的人员还有:浙江农林大学徐秀英教授和周隽、刘强、宁可、王小玲老师,沈阳农业大学陈珂教授、南京林业大学宁卓副教授、福建农林大学卢素兰副教授、贵州财经大学敖贵艳老师等。

在教材修订过程中,笔者参阅了大量的国内外相关文献,有些已经标注,但仍有"挂一漏万"之虑,在此谨向所有参考的文献作者致以诚挚的敬意和衷心的感谢。衷心感谢国家林业和草原局、浙江省教育厅将此教材列入"十三五"重点规划教材和浙江省普通高校"十三五"新形态教材,同时感谢中国林业出版社的大力支持和帮助,使本教材能够得以顺利出版。

本书既可作为高校农林经济管理专业和相关专业本科生的教材,也可作为农林经济管理专业和相关专业研究生的参考教材,同时,可供从事林业经济相关领域研究的人员参考使用。

由于作者水平所限,书中错误和不足之处在所难免,敬请读者谅解并予以指正。

编　者

2019 年 12 月

第1版前言

本教材编写组在总结林业经济学理论与方法的基础上，充分吸纳了国内外理论和最新进展，并结合我国林业实践，从林业生产要素、林业产出、林产品市场、产权和林业经营、林业政策、林业与区域发展、林业发展新趋势、林业经济调查研究方法等方面展开深入分析，系统架构了林业经济学的框架。本教材体现了以下特色：

（1）强调系统性。本教材在内容上涵盖了林业经济及其相关领域的各个方面，体现了系统性和综合性。

（2）重视方法性。与以往教材相比，本教材在充分论述林业经济学理论的基础上，更多地引入了科学分析方法，为林业经济研究与实践提供工具支持。

（3）突出前沿性。林业发展正处于特殊时期，在新能源和应对气候变化中赋予了林业以特殊地位，本教材注重引入了林业发展新趋势的理论和知识，展现了学科发展的新方向。

（4）注重国际性。本教材充分吸收国内外研究的成果，尽量与国际接轨。

本教材由浙江农林大学沈月琴教授和美国奥本大学（Auburn Unversity）张耀启副教授担任主编，负责全书框架设计、内容审定与统稿。内蒙古农业大学张微教授和浙江农林大学李兰英副教授、朱臻讲师任副主编。参加编写的人员还有：浙江农林大学刘德弟教授、徐秀英教授、吴伟光副教授、张得才讲师、林建华讲师，研究生王枫、吕秋菊、汪浙锋，浙江公路技师学院张晓燕讲师，中国科学院农业政策研究中心蔡颖萍博士，美国奥本大学郑彬博士。

特别感谢浙江农林大学吴静和教授接受了编者的采访，吴静和先生已是80岁高龄，她清晰地回顾了林业经济学在中国的发展变化情况，并对教材编写提出有益的建议，使编者受益匪浅。在本教材的编写过程中，我们参阅了大量的国内外相关文献，有些已经标注，但仍有挂一漏万之虑，在此谨向所有参考的文献作者致以诚挚的敬意和衷心的感谢。衷心感谢浙江省教育厅将此教材列入省重点建设教材并给予资助，同时感谢中国林业出版社的大力支持和帮助，使本教材能够得以顺利出版。

本书既可作为高校相关专业本科生的教材，也可作为相关专业研究生的参考教材，同时，可供从事林业经济相关领域研究的人员参考使用。

由于作者水平所限，书中错误和不足之处在所难免，敬请读者谅解并予以指正。

编　者
2011年5月

目 录

第3版前言
第2版前言
第1版前言

第一章 绪 论 ... 1
第一节 林业经济学及其发展历程 ... 1
第二节 世界林业和中国林业 ... 7

第二章 林业生产要素 ... 23
第一节 林业生产要素配置 ... 23
第二节 林地资源 ... 25
第三节 劳动力资源 ... 35
第四节 林业资金 ... 38
第五节 林业科技进步 ... 41

第三章 林业产出 ... 47
第一节 最佳木材轮伐期 ... 47
第二节 森林生态服务及其价值补偿 ... 53
第三节 林地多向用途 ... 65

第四章 林产品市场与贸易 ... 74
第一节 林产品市场概述 ... 74
第二节 木材的供给与需求 ... 77
第三节 非木质林产品的供给与需求 ... 85
第四节 林产品贸易及政策 ... 87

第五章 林权制度与林业经营 ... 97
第一节 产权理论与林权制度 ... 97
第二节 集体林经营 ... 107
第三节 国有林经营 ... 121
第四节 林业经营理论与思想 ... 137

第六章 林业政策 ... 141
第一节 市场失灵与林业政策调控 ... 141
第二节 林业产业政策 ... 146
第三节 森林生态服务补偿政策 ... 151

第七章　林业与区域发展 ··· 165
　　第一节　林业与山区共富 ··· 165
　　第二节　非木质林产品 ··· 170
　　第二节　社会林业 ··· 190
　　第三节　城市林业 ··· 194
　　第四节　自然保护地与国家公园 ··· 199

第八章　林业发展新趋势 ··· 207
　　第一节　森林认证 ··· 207
　　第二节　林业生物质能源 ··· 217
　　第三节　林业与气候变化 ··· 226
　　第四节　大食物观与森林粮库 ··· 237

第九章　林业经济实证研究方法 ··· 242
　　第一节　研究方法论 ··· 242
　　第二节　林业经济调查方法 ··· 247
　　第三节　林业经济分析方法 ··· 256

参考文献 ··· 261

练习题与参考答案 ··· 267

第一章 绪 论

第一节 林业经济学及其发展历程

一、林业及其特点

(一)林业的定义

林业是一个历史性的概念,林业发展的历史就是人类对森林资源和土地开发利用的历史。随着历史的变迁,林业的发展主要呈现以下4个方面的特征变化:①开发利用森林的生产手段从依靠人、畜等落后生产力向机械工业化等先进生产力转变;②林业经营主体从被动开发利用天然林向定向培育利用人工林转变;③林业经营目的从木材生产为主的单一林业向追求生态、经济和社会等效益综合发挥的多效林业转变;④林业经营形式由粗放型向集约型转变。

在现实生活中,林产品无处不在,但无论是林业内部还是社会,人们对林业的看法不尽相同。那么,如何才能正确理解林业?可以从以下3个方面进行分析。

1. 从林业生产过程的组成来看

林业包括:造林、育林;采伐利用;林区综合利用、多种经营。造林和育林都是以土地为基础的生产资料,同时,它也是一个生物生长发育过程,这与农业相似,但营林生产周期长且资金周转慢,这是林业与农业的本质区别。所以,在一定程度上可以说营林近似农业但不等于农业。树木从采伐开始就脱离了生物学生长发育过程和土地资源的依赖,也就从农业转向了工业,但森林工业只能说近似工业,因为工业的特点是生产周期可以人为控制。林区综合利用和多种经营过程复杂,包括养殖业、种植业、加工业等,门类齐全,且又因地而异,其目的是充分利用林区资源,发挥林区优势,发展林区经济。

2. 从林业生产目的来看

林业生产的目的在于不断提高林业生产力水平,改善和建立稳定的生态系统,充分发挥森林的多种功能,满足人们对木材、其他林产品和生态服务的各种需要。为了满足不同的林业生产目的,营林过程中必须注重多林种的培育,多林种生产在管理方法、效益核算等方面均不同。

3. 从技术手段来看

不同国家、不同区域发展林业生产的技术手段不平衡,呈现出"马、牛、人力、机器"

等生产要素并存的格局。

综上所述，林业是指在人和生物圈中，通过先进的科学技术和管理手段，从事培育、保护、利用森林资源，充分发挥森林的多重效益，且能持续经营森林资源，促进人口、经济、社会、环境和资源协调发展的基础性产业和社会公益事业。可见，林业的根本问题是如何处理生态、经济和社会三大效益之间的关系，这是由林业生产的目的所决定的。因此，林业既不同于农业、工业，也不同于采掘业，是一个从事特殊商品生产和提供生态服务的综合性的基础产业部门和社会公益事业。

(二) 林业的特点

为了正确理解林业再生产领域中的经济问题，必须研究林业的特点，以掌握林业发展的客观规律。林业特点的形成主要取决于林业的自然属性（生物学方面的特点）和林业的社会属性（林业在社会中应处的地位）。林业的主要特点可归纳为以下5个方面。

1. 林业生产周期的层次性与复杂性

林业生产周期长且复杂，因为林业生产的物质基础是森林资源。林种不同，生产周期相差很大。如用材林目的是生产木材，一般生产周期需要几年至几十年；经济林目的是生产各种经济果木、油料等，生长周期较短，有"桃三杏四李五年"之说；防护林目的则在于发挥防护作用，保护国土，生长周期长，应以发挥最大防护效益为限。而森林资源除有木材产品外，还可以连续多年生产各种其他林产品，而这些林产品的生产周期只需1~2年，森林资源中的植物及微生物群体，其生产周期一般仅为1~3年。可见，森林资源多种多样，生产周期参差不齐，由此造成了多层次性和复杂性。即在一个完整的生产周期中，包含有若干个中周期、小周期，它们紧密联系在一起。

该特点在经济上的反映：①林业生产内容多样复杂，既包括物质资料生产（如工业原料、建筑用材等），又包括消费资料生产（如纸、食用菌、干鲜果、茶等）；②林业生产的资金周转速度多样；③林业必须实行多种经营；④发展林业必须注重中长期计划。

2. 林业生物性产品的自然再生产和经济再生产交织在一起

林业产品包括生物性产品（如活立木、林中动植物等）和非生物性产品（如林业加工产品等），在林业产品的生产过程中，自然再生产和经济再生产交织在一起。自然再生产是指动植物依靠其特有的新陈代谢机能，通过生长、发育和繁殖等一系列生命活动，不断更新其后代的过程。经济再生产是指在社会生产过程中，总产品、劳动力和生产关系生产的不断反复和不断更新。经济再生产与自然再生产的根本区别就在于是否有人类的劳动参与。从自然再生产过程来看，生物本身具有时间性，时间是连续且不间断的。如种子播种—育苗—造林，这是一个完整的连续过程。在此过程中，产品的产量和质量，既取决于生物本身的生物学特征，又取决于对其所需要的生长发育条件的满足程度。

同时，随着经济社会的发展，对木材和其他林产品的需求日趋增加，林业生产必须提高产量，缩短生产周期。而达到该目的唯一的办法就是投入劳动，即通过人类劳动的参与，创造出生物生长发育所需要的良好条件，从而提高产量和质量，满足人类的需要。营林生产过程中劳动过程和自然生产过程是紧密相连的，而在整个生产过程中约99%的时间为生物生长发育过程，劳动时间只是少量的、间歇的、有季节性的；在终止劳动过程时，自然力将继续独立发挥作用。因此，整个林木生产从时间上始终是连续的，而需要的劳动投入是间断的。

该特点在经济上的反映：在林业生物性产品生产过程中，存在着林业劳动和林业机器设备利用的季节性不平衡问题，即往往会出现林业劳动力、设备的闲置，这种情形为林业生产开展多种经营提供了物质基础和有利条件，同时也进一步证实了林业发展多种经营的必要性。

3. 林业生产的区域性、风险性和难预测性

（1）区域性

从林木本身的生物学特性考虑，每个树种有一定的生态要求，都有自己的分布范围。营林过程必须遵循"适地适树"原则，说明林业生产具有强烈的区域性。

（2）风险性

林业生产周期具有多层次性和复杂性，而就林木生长培育而言，大部分都不是在1~2年内可以完成的，在其生长发育过程中，还会受到各种自然灾害、社会因素和人为因素等的破坏和干扰，因此，林业生产经营活动带有较大的风险性。

（3）难预测性

林业受多种因素的影响，其经营过程中不确定性强，给林业预测工作带来了极大的困难，再加上受科学技术发展阶段的限制，人们还不能完全掌握林木生长发育状况，所以，林业预测必然存在一定的误差。

该特点在经济上要求：①区域性要求加强区域林业的研究，因地制宜，合理布局；②风险性要求林业经济政策必须具有一定的稳定性，否则难以调动经营者发展林业的积极性；③难预测性要求一方面加强科学研究和预测工作，另一方面必须留有一定的弹性。同时，风险性和难预测性也从客观上要求国家对林业必须进行经济扶持，也对林业保险事业发展提出了要求。

4. 培育初始森林活动的经济依赖性

从事林业生产的物质基础是森林资源。森林资源内部各因素是互相依赖、互为制约的，且以森林为中心，有了森林才有林中动植物，森林起着主宰作用。所以发展林业首先要培育森林。在林业再生产过程中，最困难的是初始森林的培育，经济依赖性特别明显，没有一定的经济基础作保证，初始森林是无法产生的，而一旦进入主伐期有了后续森林能进行永续利用时，森林的经济依赖性就会有所减弱。

该特点在经济上要求：①制定林业政策时必须考虑林业的经济背景，首先解决农民的温饱问题，林区交通问题，然后才能逐渐引导农民经营林业；②必须支持和帮助农民开展多种经营，通过各种途径积累资金，提高经济生活水平，使之具备一定的经济实力；③对于边远地区林业发展，政府必须给予一定的经济扶持，以增强其发展林业的经济后盾。

5. 林业生产的经济性产品与森林的多种效益紧密结合

林业具有两大功能，即生产经济性产品（生物性产品、非生物性产品）和非经济性产品（生态服务）。它们是紧密结合在一起的，经济性产品是生产生活必需的，而非经济性产品是用于提高环境质量。因此，林业既是经济社会发展的重要基础产业，又是关系生态环境

建设的社会公益事业。它在实现可持续发展中具有不可替代的作用。

该特点在经济上要求：①考虑林业部门效益时必须以经济性产品和非经济性产品为出发点；②理论上必须注重森林多种效益的计量研究。

二、林业经济学发展历程

(一)林业经济学在中国的发展

1. 林业经济学发展历程的回顾

中华人民共和国成立前，我国高等教育体制学习美国，没有专门的林学院，只有在农学院下面设立森林系。1952年6月至9月，中央人民政府大规模调整了全国高等学校的院系设置，把中华民国时代的现代高等院校系统改造成"苏联模式"的高等教育体系。

这一时期我国高等教育全面学习苏联，学院开始细化，分农学院和林学院，设有林业系，专业学苏联模式，有林学专业、森林资源保护专业、水土保持专业和木材采运专业等。教学计划和课程都是学苏联的模式，但1956年以前并没有开设"林业经济学"，只是开设"林业政策学"和"农业经济学"，一般由森林经理的教师授课。

1955年开始，国内纷纷聘请苏联专家讲学，东北林学院举办了全国林业经济进修班(一年制，30余人)和研究生班(两年制，20余人)，全国各高等院校和中等学校选派教师进修学习，引进《林业经济学》和《林业企业组织与计划》两本教材，这些教师分别于1956年与1957年回到各自学校后开始讲授"林业经济学"。

1958—1976年，"林业经济学"课程全面停止。期间，北京林学院(云南)开始招一年制培训班，云南林学院举办了针对企业在职人员的一年制培训班。1964年，林业部组织国有林业企业的"四清"运动，广大师生到国有林业企业下乡锻炼，开始对口蹲点，进行实践活动。

1975—1976年，开始招实践经验班，主要讲授"工业学大庆"和"鞍钢宪法"等课程，1977年以后，全国开始恢复招生林业经济专业，开设"林业经济学"课程。

2. "林业经济学"课程内容的变迁

从林业经济学课程内容的变迁来看，改革开放以前是按地区(华东、华北)编写不同的教材，当时林业经济和企业管理合在一起。改革开放后，林业经济专家根据需要，开始编写不同的教材，名称主要包括《林业经济学》和《林业经济管理学》，当然内容侧重点不同，《林业经济管理学》包括了林业经济、企业管理和技术经济等内容，授课的对象主要偏向于林学等自然科学类专业的学生。而《林业经济学》主要还是按照部门经济学的体系进行，也体现了由计划经济向社会主义市场经济的逐渐变化过程。但是，随着林业在经济社会发展中地位和作用的变化，林业已经涉及资源经济、生态经济、区域经济等领域，因此，《林业经济学》除了具有部门经济学特征以外，不能单纯按照经济规律办事，更重要的是要按照社会发展规律办事，这就给林业经济学课程内容提出了崭新的要求。

(二)林业经济学及其特点

林业经济学从科学定义的角度应把握3个要点：①林业经济学的理论依据。林业经济学不是理论经济学，而是建立在理论经济学基础之上的应用经济学。②林业经济学研究对象的界定。林业经济学应以生产力发展和合理组织为主要的研究对象。③林业经济学的方法论。林业经济学方法体系的构成应由其相关的理论经济学和林业科学两部分组成。

基于上述三点，可以定义为：林业经济学是应用相关经济学和林业、资源与环境科学的理论和方法，并结合林业经济活动的特点，研究林业生产经营的一般规律和林业生产稀缺资源合理配置的应用经济学。正确认识林业经济学的特点，是学习林业经济学的关键，也是灵活地运用林业经济学研究林业经济问题的前提。概括地说，林业经济学的主要特点包括交叉性、实证性和复杂性。

1. 交叉性

多学科交叉是林业经济学的显著特点。林业自身的特点，特别是林业主要经营对象——森林资源的特点，使其与其他部门经济学相比，涉及多学科的理论及方法，既有理论经济学，也有林业科学、资源与环境科学等的相关理论和方法。其原因在于林业经济发展不仅要遵循一般经济规律，还要遵循生态规律，这就使得林业经济学在认识依据和研究角度上具有多重性。因此，在研究森林资源生产、开发利用及保护时，就不能单纯应用经济学的理论及方法，还要结合林业科学、资源与环境科学的理论及方法。

2. 实证性

实证性是应用经济学的共同特点，在林业经济学上体现更为充分。林业经济学的产生与发展都是基于林业发展实践的要求及对实践结果的科学总结。林业经济学的实践性特点，决定了其既是服务于林业经济实践的科学，也决定了其发展是源于林业经济实践的过程。这也是为什么世界各国的林业经济学存在较大差异的主要原因之一。近些年来，随着世界林业的发展，林业的范畴不断拓宽，新的林业实践领域相继出现，这为林业经济学的发展提出了客观的要求，出现了一些新兴的林业经济学研究领域，例如，森林可持续经营、森林与气候变化、森林康养等相关的经济问题。

3. 复杂性

林业经济学的复杂性主要取决于其理论体系的交叉性和综合性，以及实践领域的广泛性和特殊性。林业经济学的理论体系是建立在经济学、林业科学、资源和环境科学基础上的综合理论体系。这就使得在林业经济学中，对某一具体问题往往要从多个角度去认识和研究。林业经济学的实践对象是错综复杂的林业经济系统及以森林资源为主体的生态系统所形成的生态经济复合系统，这个系统涉及人类生产生活的许多方面，林业经济实践领域具有多重属性和复杂性，主要表现在：①林业生产经营过程是由培育、采伐、利用3个不同性质的阶段组成的整体，每个阶段都有其自身的特点和规律，相互作用的形式和特点也各不相同，这些决定了林业经济研究方法及手段的复杂性。②人类社会对森林的经济和生态环境作用的认识是一个不断发展的过程，每一次人类认识的发展变化，都会使人类社会与森林的关系发生变化，也必然会对林业生产实践产生重大影响，不断为林业经济学发展开辟新的认识领域。

(三)林业经济学研究方法

林业经济学作为一门应用经济学，因其实证性较强，研究方法就显得尤为重要，没有方法和手段的支持就不能运用相关理论认识现实中的林业经济规律和解决林业经济问题。所以，不论从林业经济学的发展，还是从林业经济学的实践都应重视方法的研究和使用。林业经济研究方法很多，归结起来主要有以下4个方面。

1. **实证研究的方法**

林业经济实证研究方法，是理论与实践辩证关系在林业经济研究中的具体化。林业不论是作为国民经济的一个产业部门，还是作为向社会提供各种生态及环境效益的公益事业，其最终是为人类经济社会发展服务的行业。林业经济实证研究方法，一方面体现在应用林业经济学理论和方法研究林业实践中的具体问题和林业经济发展规律，进而促进发展；另一方面在林业经济实证研究的过程中，各种研究方法也可以得到发展和验证，可以去伪存真，更好地为今后的研究服务。林业经济实证研究的原则就是从国情和林情出发，实事求是地研究林业经济发展的特殊性问题和一般性规律，脱离实际环境和条件的研究是不可能得出客观和科学结论的。林业经济实证研究的方法应更重视微观的林业经济研究，从具体的林业经济活动中，发现规律寻找解决经济问题的途径，并在理论上和政策上升华，使其成为具有广泛指导意义的成果。

2. **系统分析的方法**

系统分析的研究方法是现代科学发展的重要特征，也是现代科学研究最重要的方法论。世界上万事万物都不是孤立和静止的，而是在一定时空条件下，由相关因素相互作用所形成的系统运动过程。在某一范畴内，各组成因子相互联系、相互作用所形成的有机整体就是系统，某一个确定的系统有其特有的结构、层次关系和联结方式，也有其自身的运动规律。采用系统分析的研究方法，可以避免研究的片面性，发现个体与整体之间的作用关系及运动规律，发现解决问题的更多途径。林业经济研究包括了3个子系统的集成：①森林资源系统，它是林业生产和经济活动的物质基础，也是人类社会赖以生存的重要环境资源，具有较强的客观性；②林业生产经营系统，它是人类社会能动地作用于森林，为满足人类社会发展需要而生产、开发利用及保护森林的活动，具有较大的主观性；③森林生态环境系统，它是由森林资源自然特征所决定的自然系统，它的存在数量和质量不仅影响人类对森林物质财富的获取，更决定着人类生存的自然环境条件。在进行某一具体的林业经济研究时，不但要从3个系统内部进行分析研究，发现其演进的规律，确定各相关因素之间的作用关系；而且应从3个系统之间的作用关系上进行分析研究，即在更大系统内分析资源、经济和生态3类不同性质的问题作用形式，寻找和发现3个系统协调发展的规律，这也是林业经济研究要最终解决的问题，是林业经济研究的精华所在。

3. **定量与定性分析相结合的方法**

质和量是任何事物都具有的表现特征，科学研究的一个重要任务就是研究事物发展中质和量的变化规律，质的研究是基础，量的研究是具体和深化。量和质在事物发展过程中是对立统一的，在一定条件下量变可以导致质变，同样质变也限定着量变的过程，把握这种量和质的转变，就可把握事物发展变化的规律。正如前面所述，林业经济学的研究对象是复杂的系统，定性研究和定量研究既是两类研究方法，又是一个研究过程必不可少的两个组成部分。例如，人类社会对森林资源的经济利用，在一定量的范围内可以为人类提供财富，但如果超过了森林主体的系统承载能力，就会导致森林生态系统的退化或崩溃，进而影响人类的生存，这不仅表现为森林资源量的变化，也表现为森林对人类发展质的影响。所以，在林业经济研究中应特别注意定性和定量方法的综合运用，以便更好地分析和研究林业经济问题。

4. 社会经济、自然资源与生态环境相结合的方法

人类对自然、社会和经济的认识是多角度和多层次的，而不同的认识又是相辅相成和互为基础的，这就要求在科学研究中注意应用各类方法进行综合研究。在林业经济研究中，虽然主要针对的是林业经济规律和林业经济问题，但林业经济规律不仅受到经济因素的影响，还要受森林资源自然发展规律和生态规律的作用，林业经济问题也不仅是产生于林业的生产经营过程中，有些也是森林资源自身和森林生态系统反作用于人类社会经济系统的结果。例如，对森林资源的生态效益的经济评价是典型的林业经济问题，但它要对森林资源系统功能的认识和研究基础上才能实现，而对森林资源系统的功能研究是生态学和生物学的研究范畴。所以，在进行林业经济研究中要注意研究对象受自然和生态因素影响较大的特点，注意其他科学研究方法对林业经济研究方法的补充和促进作用，以取得更好的研究效果。

1-2

第二节　世界林业和中国林业

一、世界林业

(一) 世界林业发展历程

1. 采掘式林业：采伐木材为主的采运业

作为陆地生态系统的主体，森林与人类的关系在一定程度上反映了人与自然的关系。林业的产生和发展与木材和森林的稀缺性变化有关。在人类漫长的历史中，即使在农业出现之后的很长时间，林业还没有出现，原因在于有大量的原始林和次生林存在，造成林木的人工培育缺少经济动力与基础。但是森林不稀缺，并不等于木材也不稀缺，因为木材采伐和运输需要很多人力和物力。当人类从游耕（牧）到定居，特别是一个地区的人口明显增加后，木材开始出现稀缺，而木材稀缺使以采运为基础的林业产生具备了一定的经济基础。在很长的历史时期，林业的主要形式是采伐和运输。原因之一在于当时可能没有造林和营林的技术；另一个常被忽视的重要原因是，当时森林资源极为丰富，采伐天然林比育林采伐更经济。林业学科的发展同样也有相似的历程：早期木材采运学科的发展也远远领先于营林学科。中国古代"农"字就有用石器伐木之意，所以伐木为农可以理解为原始农耕的开始。由于当时农产品的稀缺性远远高于木材，提高农产品产量的技术的出现要远早于林木栽培技术。所以，林业的第一阶段是采伐木材为主的采运业。它与开采其他资源很相似，可以称之为采掘式林业阶段。

2. 单一化林业：以生产木材为主要目标

当人口增加，大量的土地用于农业生产时，森林资源出现大面积的减少，特别是在人口聚集的地方森林变得越来越少。这时人类就有两种选择：①到更远的地方采伐；②可以

在更近的地方通过育林来提供木材。当后者比前者更经济时，营造人工林或人工促进的森林更新也就有了经济基础。随着时间的推移，人工林提供木材显得越来越重要，造林技术的创新也就有了动力，以营林为基础的林业也就产生了。由于不同地区的森林稀缺性、人口密度以及自然条件的差异，以营林为基础的林业的产生和发展也各有不同。

林业和农业的关系可用图 1-1 来表示。用于农业的土地(边际)价值曲线和用于林业的土地(边际)价值曲线相交于边界平衡点 A。质量优于 A 点的土地用于农作物栽培可创造更多的价值，所以这些土地就被用于农作物生产。处在 A 点与 B 点之间的土地质量一般，就用于林木栽培(人工林)。但在很长的历史时期，因为有大量的原始林和次生林存在，人工育林没有发展的经济动力与基础，真正的人工林并不存在，也就是说 A 点和 B 点是重合的；劣于 B 点的土地一般是既没有很好经营又经常受到人为干扰的次生林(无效经营的林地)；而距离 B 点更远的是无人经营的荒地或无人干扰的处女地(即原始森林)。

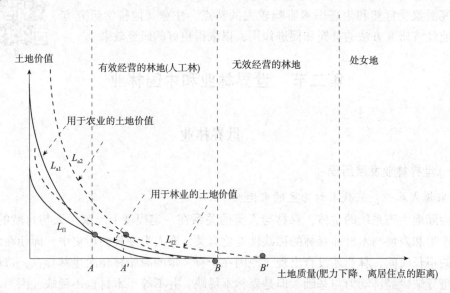

图 1-1　林地与农地的关系

当一个地区人口增加后，农产品和林产品(木材)都变得稀缺，用于农业的土地价值和用于林业的土地价值都增加了。但是农产品的相对稀缺性(也就是其相对价格)要比林产品增长得快，其结果就是一部分林地被农地取代，边界点 A 往右移动到 A'。木材的稀缺在经济学上可以解释为其相对价格的上升，价格的上升意味着点 B 往右移动到点 B'，也就是有可能一部分荒地或次生林得到有效经营，另外对天然林的采伐也逐渐深入到原本不可及的区域。土地不是无限的，人口的增长与扩散必然导致处女地的消失(或者仅剩下无法利用的土地，诸如冰川、极地、荒原等)。当然，林地的价值还不仅表现在木材产出上，还表现在其生态价值，这也是林地取代农地的部分原因。

在人类农耕与畜牧技术发展后，也有可能出现林产品的相对稀缺性(或相对价格)比农产品增长快，这一转折是推动林地由缩减向扩张转变的重要因素。从图 1-1 来看，这时有可能林地取代农地，也就是点 A 往左移动。另一方面，一旦从天然林中获取木材的难度增大(采运距离和成本增加),则通过人工营林获取木材变得相对便宜,人工林便开始取代天然林提供木材(经济学分析从来都是指边际,也就是部分取代),也可能出现点 A 往左移动的现象。

人工种植驯化植物的农业约有几万年的历史,已经完成了从主要依靠自然力到主要依靠人力的转变。打猎在发达国家主要是一种休闲娱乐方式,靠野生资源获取食物罕见。相对于农业,林业从依靠天然林(原始林与天然次生林)到人工林只有几百年的历史,木材生产从完全依靠天然林向依靠人工林的转变才刚刚开始,在许多地区也就是几十年的历史。中国营造林木的历史或许有上千年,但大规模的造林还是近 50 年的事情。由于农地取代林地以及人口的增加,必然导致木材的稀缺,也就是相对价格的上升。价格的上升不仅意味着原来经济上不可及的森林变得可及,同时也意味着人工经营林地的可行性增加和对人工林经营技术发展的激励,从而促使人工林面积的比例提高。

一旦人工经营林地面积的增加超过天然林面积的减少,那么林地总面积就开始从下降到增加。可以看到在经济起步阶段森林面积往往下降,但随着经济的增长,森林最终会恢复增长,这和经济学里的库兹涅茨曲线(Kuznets Curve)有相近之处。表 1-1 则列出一些国家林地总面积从下降到增加的拐点出现时的森林覆盖率以及发生的时间。

表 1-1 部分国家森林面积变化的转折点

国家	转折点发生时间	转折点时的森林覆盖率	国家	转折点发生时间	转折点时的森林覆盖率
英国(仅统计苏格兰资料)	18 世纪 50 年代等	3%	新西兰	1920s	25%
丹麦	1820s	6%	中国	1980s	12%
法国	1830s	15%	越南	1990s	32%
美国	1920s	30%			

3. 兼容性林业:木材生产与生态服务并重

以上只分析木材价值的变化,森林的生态价值也同样在变化。森林的生态价值(边际价值)的增加,也增强了林地与农地及其他用地方式的竞争力。如果考虑森林生态效益,那么林业用地的价值曲线会往上移,其结果是人工林地取代边际上的农地,也就是 A 点往左移,同时过去没有经营价值的荒地就可能具有经济价值,而使 B 点往右移动,导致人工林地面积增大。人工林可以是以木材生产为主要目的,也可能是以提供生态服务的目的,另外,一旦把森林保护起来的生态效益大于木材采伐的经济价值,完全保护起来就是最合理的利用。

许多人不理解为什么过去没有谈太多的森林生态价值,好像看不到生态价值,其实不然。经济学一般关注的是稀缺资源,特别是边际价值。无论森林生态系统对个人或社会是何等重要,其边际价值有可能非常低,特别是在其储量丰富的时候。许多很有价值的东西,当其储量太大时,其边际价值甚至可以是负数。当大量的欧洲人初到美洲时,茂密的原始林是农业发展的障碍,这时谈生态价值从经济学上显得没有意义。需要明确的是,在考量生态价值时应更看重边际价值，决策的依据是比较边际价值与边际成本，而不是森林的总生态效益。生态服务随着相对稀缺性的增加，其边际效益也会增加，其价值就更可能得到市场和社会的承认。受益者可以直接经营林地，如我国许多水库上游的林场就是专门为水源涵养与净化服务；有时也可以是受益者集体补偿或购买林场主的生态服务，最著名的莫过于美国纽约市对其上游林场主的补偿。

今后，森林生态效益对林业发展影响将是巨大的。最主要的包括森林的固碳、水源涵养与净化、保护生物多样性等功能。固碳功能的价值随着《联合国气候变化框架公约京都议定书》的签署逐步得到国际社会的承认。尽管对于森林的固碳对减少温室效应到底有多大的作用，以及是否有其他更有效的途径，看法还不一致，但森林的生态效益仍然增加了

1-3

林地与农地及其他用地方式的竞争力。生态价值可以表现在许多方面：如农业的增产量，洪涝灾害的减少，森林旅游收入的增加等。人们可能会怀疑，很多森林生态效益没有市场价格，怎么可以增加林地与其他用途的竞争力呢？对生态效益的补偿（购买）可以是个人，也可以是集体和国家，甚至是非政府组织和其他国家。近年来实施的退耕还林政策就是国家向西部地区购买森林生态价值的很好例子。

（二）世界森林资源及其趋势

森林是陆地生态系统的主体，是人类社会赖以生存和发展的物质基础，在满足人们生产生活需要、改善人类居住环境、维护全球生态平衡、保障国土生态安全中发挥着不可替代的作用。1992年世界环境与发展大会提出了国际森林问题，通过了《关于森林问题的原则声明》。森林问题已成为相关国际公约的重要内容和林业可持续发展的焦点问题，全球森林资源的保护与发展越来越受到国际组织、各国政府及社会公众的广泛关注。

1. 世界森林资源现状

1946年以来，联合国粮食及农业组织（Food and Agriculture Organization, FAO）以下简称联合国粮农组织，每5~10年开展一次世界森林资源调查工作，并向全世界公布相关的数据

1-4

和统计。2020年7月21日，联合国粮农组织以创新和易用的数字形式发布了迄今最为全面的林业评估报告《2020年全球森林资源评估》，收集和分析了来自236个国家和地区涉及1990年、2000年、2010年和2020年4个时间点的信息，重点关注了可持续森林管理所取得的进展和发展趋势。截至2020年年底，世界森林面积为40.6亿公顷，占全球陆地面积的31%，世界人均森林面积为0.52公顷。森林资源呈现如下特征：

（1）世界各国森林面积分布不均衡

全球2/3的森林集中分布在俄罗斯（20%）、巴西（12%）、加拿大（9%）、美国（8%）、中国（5%）、澳大利亚（3%）、刚果民主共和国（3%）、印度尼西亚（2%）、秘鲁（2%）和印度（2%）10个国家（图1-2），其中前5个国家森林面积占全球的1/2以上（54%）。但是全球有8个国家或地区根本没有森林，50个国家的森林不足其土地总面积的10%。

就区域而言，欧洲占整个森林面积的1/4，其次是南美洲（21%）、北美洲和中美洲（19%）（表1-2）。世界上45%的森林位于热带地区，其次是北方（27%）、温带（16%）和亚热带（11%）地区。

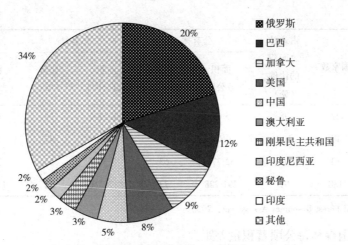

图 1-2 世界森林面积最大的 10 个国家(2020 年)

表 1-2 世界各区域的森林分布情况(2020 年)

区域	森林面积(万公顷)	占全球森林面积比例(%)
非洲	636 639	16
亚洲	622 687	15
欧洲	1 017 461	25
北美洲和中美洲	752 710	19
大洋洲	185 248	5
南美洲	844 186	21
世界总计	4 058 931	100

资料来源:Global Forest Resources Assessment,2020。

(2)多数国家的森林以公有林为主

全球 73% 的森林是公有林(指林地所有权,包括国有和集体),22% 的森林是私有林。区域之间的差别相当大。北美洲和中美洲、欧洲(俄罗斯联邦除外)、南美洲和大洋洲的私有林比例高于其他区域(表 1-3)。在有些地区,吸收社区、个人和私营公司参与公有林管理的趋势不断上升。

表 1-3 森林资源产权按面积分配状况(2020 年)

地区	国家数	占森林总面积的比例(%)	公有林		私有林		其他	
			面积(万公顷)	比例(%)	面积(万公顷)	比例(%)	面积(万公顷)	比例(%)
非洲	43	93	46 281	75	3601	6	11 431	19
亚洲	43	100	47 326	77	13 326	22	788	1
欧洲	42	97	89 545	90	9206	9	294	1

(续)

地区	国家数	占森林总面积的比例(%)	公有林 面积(万公顷)	公有林 比例(%)	私有林 面积(万公顷)	私有林 比例(%)	其他 面积(万公顷)	其他 比例(%)
北美洲和中美洲	22	98	45 682	62	26 583	36	1366	2
大洋洲	17	100	9624	52	8699	47	105	1
南美洲	13	98	52 770	63	27 358	33	3781	5
全球	180	97	291 228	73	887 721	22	17 765	4

资料来源：Global Forest Resources Assessment, 2020。

(3) 世界各国森林每公顷蓄积量差距大

2020年世界森林蓄积量约为5570亿立方米，每公顷蓄积量为137立方米。南美洲每公顷蓄积量最高，为222立方米；亚洲地区每公顷蓄积量最低，仅为100立方米。中国、印度和印度尼西亚的单位面积蓄积量远低于全球平均水平。

(4) 全球34%的森林是原生林，人工林面积占森林总面积的7%

原生林是指没有明显人类活动迹象，且生态进程未受重大干扰的本地树种的森林。2020年，全球原生林面积约为11.1亿公顷，占森林总面积的34%。人工林(特指种植林的一种，主要由引进树种组成)面积估计为2.94亿公顷，占森林总面积的7%(表1-4)。

表1-4 世界各区域的原生林和人工林分布情况(2020年)

地区	国家数(个)	原生林面积(万公顷)	占世界原生林比重(%)	人工林面积(万公顷)	占世界人工林比重(%)
非洲	31	14 959	13.5	1139	3.9
亚洲	33	8639	7.8	13 523	46.0
欧洲	42	25 939	23.4	7519	25.6
北美洲和中美洲	18	31 331	28.2	4703	16.0
大洋洲	14	262	0.2	481	1.6
南美洲	8	29 870	26.9	2025	6.9
全球	146	111 000	100	29 390	100

资料来源：Global Forest Resources Assessment, 2020。

(5) 全球30%的森林用于木质和非木质产品的生产，近1/10的森林指定用于水土保持等防护功能

全球有约11.5亿公顷的森林用于生产木材和非木质林产品。另外，大约7.49亿公顷(占18%)的森林用于多种用途经营。全球大约3.98亿公顷的森林指定用于水土保持等防护功能。

2. 世界各国森林资源趋势

20世纪90年代以来，世界各国政府强化森林资源的保护与管理，完善法律法规，制

定森林政策，开展植树造林，人工林面积持续增加，森林正由木材生产向多功能利用转变，森林可持续经营取得新进展。但全球森林面积，尤其是原始林面积继续呈减少趋势。

(1) 全球森林面积总体上继续呈下降趋势，但减少的速度变缓

2010—2020年全球每年森林面积净减少量约为470万公顷，但与1990—2000年每年780万公顷，2000—2010年每年520万公顷相比，减少速度有所下降。在过去10年内，世界上有19个国家及地区森林面积年均增长率达到或者超过1%，年均增加森林面积净增加最多的国家见表1-5所列。2010—2020年，全球每年有大约4739万公顷的森林被转作其他用途或因自然原因消失(表1-5)。

表1-5　森林面积净增加最多和减少最多的10个国家(2010—2020年)　　　万公顷

森林面积净增加最多的国家		森林面积减少最多的国家	
国家	年均增加森林面积	国家	年均减少森林面积
中国	194	巴西	150
澳大利亚	45	刚果(金)	110
印度	27	印度尼西亚	75
智利	15	安哥拉	56
越南	13	坦桑尼亚	42
土耳其	11	巴拉圭	35
美国	11	缅甸	29
法国	8	柬埔寨	25
意大利	5	玻利维亚	23
罗马尼亚	4	莫桑比克	22

资料来源：Global Forest Resources Assessment，2020。

(2) 全球人工林面积不断增长

自1990年以来人工林面积的增加超过1.23亿公顷，占世界森林面积的7%。1990—2000年年均增长量为406万公顷。2000—2010年的增长高峰期年均增长达到513万公顷，随后，由于东亚、欧洲、北美洲、南亚和东南亚种植量的减少，森林面积的增长减缓到2010—2020年间的每年306万公顷。

亚洲的种植面积最大，为1.35亿公顷。人工林占森林总面积的最大份额也在亚洲(22%)；欧洲的比例为7%(仅次于亚洲)，人工林的比例最低的是非洲和南美洲(各占2%)。1990年至2020年期间，包括最近10年，所有区域的人工林面积都有所增加，年增长率各不相同。2010—2020年的增长大多在亚洲，尽管该地区的年平均增长率远低于前几十年。北美和中美洲种植面积在2010—2020年增长量在各大洲中排名第二，但平均年增长率一直在放缓。在过去30年中，大洋洲人工林面积的年均增长率呈下降趋势。

(3) 全球原生林和其他天然次生林面积迅速减少

在2020年原生林占全球森林面积的34%，约为11.1亿公顷。其中一半位于热带地

区。区域层面上，面积最大的原生林在北美和中美洲（3.13亿公顷），其次是在南美洲2.99亿公顷。世界上超过50%的原生林分布于俄罗斯、巴西、加拿大3个国家。而原生林的面积在热带气候区域减少，而在寒带和温带区域显示出略有增加。

（4）森林的碳储量丰富

森林总碳储量正在减少。大多数森林碳存在于生物量中土壤有机质（44%）和土壤有机质（45%），其余为枯木和凋落物。森林中的碳总量从1990年的6680亿吨减少到2020年的6620亿吨；同期碳密度略有增加，从159吨增加到163吨/公顷。原因是森林面积总体减少。然而，这一趋势在区域和次区域有相当大的差异：东亚、西亚和中亚、欧洲和北美（森林面积增加）的森林生物量碳存量显著增加，南美洲以及西非和中非则显著减少。

（5）世界森林公有为主，私有化程度在增加

在一些区域，森林管理向社区赋权、社区林业的发展以及私营部门参与森林管理的程度提高，反映了森林所有权和使用权方面的变化。然而，世界73%的森林属于公有，各区域之间存在着较大差别。大洋洲、北美洲和中美洲以及南美洲的私有林所占比例高于其他区域。

（6）森林的用途有所变化

全球约11.5亿公顷森林主要用于生产木材和非木材森林产品。此外，7.49亿公顷被指定用于多种用途，其中通常包括生产。在世界范围内，自1990年以来，主要用于生产的森林面积相对稳定，但多用途森林面积减少了约7100万公顷。

世界上大约10%的森林被分配用于生物多样性保护全球4.24亿公顷森林主要用于生物多样性保护。自1990年以来，总共指定了1.11亿公顷，其中最大一部分是在2000年至2010年期间分配的。过去十年来，主要用于保护生物多样性的森林面积的增长速度减缓。

全球估计有3.98亿公顷森林主要用于保护水土，自1990年以来增加了1.19亿公顷。为此目的分配的森林面积的增长率在整个期间都在增长，但在过去十年中尤其如此。

全球1.86亿公顷森林被分配用于娱乐、旅游、教育等社会服务文化和精神遗址的研究和保护。自2010年以来，指定用于这一森林用途的面积每年增加186 000公顷。

3. 世界林业经营模式

人类总是根据自己的需求创造未来。在原始需求时代，人类可以无需进行规划或经营，就能满足需求。在简单需求时代，需要进行规划和营林，以便持续地满足需求。正是在这个时代，才产生了林业经营理论。20世纪60年代"生态觉醒"以来，为了满足新的总量与结构需求，各国进行了更大规模的理论或实践探索；20世纪70年代石油危机，则又进一步促使人们重视可再生资源。在理论探索方面出现了4个派系：

①经济派。主张把崭新的生态需求嫁接到既有的森林经营计划中，反对严格的生态规划。

②生态派。主张建设一种没有任何人类干预的自然生态系统，其实质是要限制经济功能而重点发挥生态功能。

③协同派。介于生态派与经济派之间，同时、同地综合发挥森林的各种效用，以满足人们在经济与生态上对森林的各种需求。

④专业化分工派。主张专林专用，专门化经营，最大可能发挥其特定效益。到了20世纪80年代，因经济无限制发展导致生态环境恶化，引起各国关注，联合国成立了环境与发展委员会，专门研究可持续发展问题，之后在1992年的联合国环境与发展大会上，提出了林业的可持续发展问题。

纵观人类需求的变化及相应经营思想的发展，不难发现世界不同时期的林业经营模式适应当时的需求和环境。具体来看，理论界研究较多且实践中较有影响的世界林业经营模式主要有：

(1) 森林经济、社会和生态三大效益一体化经营模式

根据森林永续经营理论，确立的森林经济、社会和生态三大效益一体化经营模式。

第二次世界大战以后，德国确立了林业为木材生产和社会效益服务的双重战略目标，把木材采伐视为林业经营的重要组成部分，实行林业与森林工业统一经营。20世纪60年代后期，联邦德国国有林实行多功能森林经营。1975年，联邦德国林业正式开始实行经济效益、社会效益和生态效益一体化的经营，并采取永续、经济和公益三结合原则，即：①保证森林的永久性、持续性和均衡性的利用效果，满足人民对木材和林产品的长远需求，永久保证森林对气候、水土、空气的保护效益及游憩效益；②企业以最小的开支取得最大的经济效益；③尽可能保证森林发挥最大的生态效益，并通过改善森林结构确保其经济效益。这种经营模式取得了良好的效果，被誉为林业标准经营模式。但它必须具备一定的条件，如森林资源分布均匀、集约化程度高、国家经济实力雄厚、采取经济扶持等。因此，当今世界实行这种经营模式的国家甚少，所以又称为"德国模式"。

(2) 森林多效益主导利用经营模式

根据"林业分工论"而倡导的森林多效益主导利用模式，又分为不同类型的发展模式，即法国模式和澳新模式。

①法国模式。法国根据"林业分工论"把国有林划分为三大模块：木材培育森林、公益森林和多功能森林。其特点是采取森林多效益主导利用的发展模式。木材培育森林，唯一目的是追求更多更快更好地生产木材。公益森林，即是满足各种生态效益和社会效益的需求。这两种模块的面积都相对较小。多功能森林，主要是提供珍贵的大径级木材，同时也发挥生态效益，它占全国森林面积的绝大部分。

②澳新模式。澳大利亚和新西兰模式(简称澳新模式)被誉为新型林业发展模式，其主要特点是根据"林业分工论"把天然林与人工林实行分类管理，天然林主要是发挥生态和环境方面的作用，而人工林主要是发挥经济效益。

(3) 森林多效益综合经营模式

以森林多功能理论为基础的森林多效益综合经营模式。要求充分发挥森林的多种效益，实行综合经营，属于前两种经营模式的中间类型。瑞典、美国、日本、印度等国均属此模式。

瑞典林业经营的传统思想是森林永续生产，即木材永续生产。木材年采伐量不得超过年生长量，采伐迹地必须及时更新，这是瑞典林业经营的核心。但是，20世纪60年代后，随着环境保护、森林资源保护和游憩等问题在社会上日益受到普遍的关注，人们热切要求全面发挥森林的三大效益。从而使传统单一木材生产的森林永续经营思想受到冲击。因此，1975年瑞典颁布了《森林多种用途规定》，开始实行森林多效益的经营方针，即在发挥森林多种效益、保证森林永续利用的原则下，获取经营利润，但必须优先考虑国家的整体利益，如环境保护、林区就业等问题。

美国在1980年调整了林业发展战略，颁布了《森林的多种利用和永续生产条例》，用法律形式把森林多种利用和永续生产的原则确定下来。从此，充分发挥森林多种效益，实行综合经营便成为美国林业经营的一项基本指导思想。美国森林公园和自然保护区面积不断扩大，而用材林面积逐渐减少，但森林蓄积量却增加了，这说明美国的这种林业经营模式取得了良好的综合效益。

二、中国林业

(一) 中国林业发展历程

1. 中国林业发展历史

(1) 古代林业发展概况

中国是世界上历史悠久的文明古国之一，古代森林资源十分丰富，林业的历史亦很久远。据考证，在距今3000年左右的西周时代，已经设有管理山林的官吏。国有林由山虞、林衡管理，民有林则由山师主管，并开始征收林木税，同时还做了一些开、禁山林和利用森林的规定，以后，逐渐开始了人工栽植树木、木材利用等。中国人工栽植杉木林的历史最少已有1600多年，早在2000多年前，枣、栗已被我国人民广泛栽培利用。从西周至清末这一历史时期，古代许多著作中有关林业的论述约计183种。

尽管各个朝代在林政、林业科学技术方面有所提倡和著述，但随着人口增加、农业生产的发展和城市的兴起，毁林垦牧、火猎毁林、战争毁林普遍发生，加上封建统治阶级大兴土木掠夺森林，使森林逐渐遭到破坏，水土流失日益严重，自然灾害频繁发生。

中国古代林业实践是全方位的，其内容几乎囊括了现代林业的所有领域。因此，古代林业给后人的启示也是全面的。第一，发展林业要尊重客观规律，正确处理好人与自然的关系。第二，森林利用要本着"以时禁发"的原则，即根据不同节令对捕杀某种生物的封禁和开放所作的明确规定，实现永续利用。第三，森林保护要从以下4个层次上入手：①建立健全林业管理机构，加强法律法规建设，使森林保护走上法制轨道。②充分发挥乡规民约的作用。③通过环境教育，使广大民众特别是广大农民充分认识到森林在维护生态环境中的作用，提高森林保护的意识，使之成为全体国民的自觉行动。④实行农林牧多种经营，将森林保护与合理利用有机地结合起来。

(2) 近代林业发展概况

自1840—1949年的100多年间，随着帝国主义的入侵，中国沦为半封建半殖民地国家，我国的大片河山和森林资源遭受帝国主义的掠夺和摧残，东北林区的损失尤为巨大。1858年和1860年，清政府先后同沙俄签订了不平等的《中俄瑷珲条约》和《中俄北京条约》，强行割去中国逾 100 多万平方千米领土，在这片土地上生长着大约 5467 万平方公顷的茂密森林。1896 年和 1898 年，沙俄强迫清政府订立《合办东三省铁路公司合同章程》和《伐木合同》，规定沿铁路两侧 50~100 千米范围内的森林可自采自用，仅 20 多年时间即采伐殆尽。日本侵占我国东北三省的 10 多年中，森林资源也遭到严重破坏。据统计，日本侵占东北期间先后掠夺优质木材 1 亿立方米。

在这种半封建半殖民地的社会里，森林的采伐和木材工业为外国资本所垄断，林产品贸易实质上使中国成为外商的原料供应基地，受到国际市场的控制；封建的土地制度使少数地主占有大量山林，林农遭受经济剥削。这就造成了社会生产力低下，社会分工发展缓慢。尽管有识之士认识到发展林业的重要性，曾提出一些较好的建议和主张，中华民国以后的北洋政府先后建立了一些林业机构，陆续制定了一些林业政策、法令和规定，但由于政局动荡不安，政策等有名无实，林业建设进展十分缓慢。整个林业生产，除掠夺性采伐森林外，营林事业基本没有开展。而且林业生产规模很小，技术落后，经营粗放，林业企业和职工均少，林业不可能在整个国民经济中成为独立的物质生产部门。

(3) 中华人民共和国社会主义林业发展概况

中华人民共和国成立后，中国林业开始步入社会主义时期。这一时期主要经历了 4 个阶段：

① 1949—1956 年。主要进行了土地改革，变封建山林所有制为农民所有；没收官僚资本，建立国有林业经济；实行木材统一调配与管理；引导林农走互助合作道路；制定了"普遍护林，重点造林，合理采伐和合理利用"的林业建设方针（后改为"普遍护林护山，大力造林育林，合理采伐利用木材"），为社会主义林业建设奠定了基础。

② 1956—1966 年。经历了"大跃进"、三年经济困难、国民经济调整三个阶段，林业建设取得不少成就，但由于受"左"的错误思想影响也遭到了严重的破坏和损失。其成就主要是：国营林场有较大发展；社队林场普遍兴起，林区开发建设步伐加快；木材综合利用能力增强等。受到的破坏和损失主要是：集中过量采伐和乱砍滥伐，毁坏了不少林木；造成树权、林权不清，林木、林地所有制混乱，挫伤了广大农民发展林业的积极性，增加了林权、树权、地权纠纷等。根据林业建设正、反两方面的经验教训，原林业部[*]于 1961 年出台了"林业十八条"，并于 1964 年提出"以营林为基础，采育结合，造管并举，综合利用，多种经营"的林业建设方针，有效地促进了林业的巩固、充实和提高。

③ 1966—1978 年。主要是"文化大革命"时期，使林业建设遭受巨大损失。主要表现在：各级林业机构陷于瘫痪状态；林业方针、政策和规章被废弃；毁林现象严重；林业教育和科研事业受到冲击等。但在此期间曾有周恩来、邓小平主持工作而出现转机的时候，也有广大林业战线职工自觉坚持生产的情况，从而使林业建设也取得一定程度的发展。例如，各地平原绿化工作进展较快，形成农田防护林的新体系；充分利用南方 9 省（自治区）的有利条件，营造速生丰产林，加强大片用材林基地建设，储备了一批后备森林资源。

④ 1978—2012 年。我国林业进入了全面恢复与振兴时期。1978 年 12 月召开的党的十一届三中全会是一个伟大的历史转折，从此党和政府加强了对林业的领导，针对林业建设

---

[*] 现国家林业和草原局。

的拨乱反正和恢复发展做出一系列重大决策。主要包括：恢复、重建和充实加强了林业管理机构；颁布一系列法令，坚决制止乱砍滥伐；开展了稳定山林权属、划定自留山、确定林业生产责任制的林业"三定"工作；开展全民义务植树运动；建设重点防护林体系和新的用材林基地；调整采伐任务，稳定原木产量等。

⑤2012年至今。林业进入转型发展的新阶段。党的十八大报告把生态文明建设纳入五位一体的总布局，即经济建设、政治建设、文化建设、社会建设、生态文明建设"五位一体"。森林和草原是重要的经济和环境资产，对国家生态安全具有基础性、战略性作用，十八大以来林业开始转型发展，从追求数量为主，到质量和数量并重，我国科学推进大规模国土绿化行动，扩大森林草原面积，提高生态系统质量，改善城乡人居环境，全国共建成国家森林城市219个，国家森林乡村7500多个。2013年党的十八届三中全会提出山水林田湖是一个生命共同体，2019年国家明确提出"协同推进山水林田湖草沙综合治理"。2023年《中共中央国务院关于全面推进美丽中国建设的意见》提出实施山水林田湖草沙一体化保护和系统治理，秉承山水林田湖草沙生命共同体理念，推动实现人与自然和谐共生的中国式现代化。

2. 中国林业经营理论的发展

改革开放前，我国林业主要以采伐利用天然林为主，虽然也初步认识到森林的某些生态价值，但为了满足国民经济恢复、发展提供原材料和资金积累，森林更多地被当作自然资源进行大规模开发利用，"普遍护林，重点造林，合理采伐和合理利用"的林业建设方针并没有得到充分落实。再加上当时思想的禁锢，林业经济学及其相关学科的研究主要是服务计划管理需要，林业经营理论研究几乎没有进展。20世纪80年代中期至90年代中期，为解决林区经济的"两危"问题，国内林业经济理论有了一定的发展，提出了多种经营理论。

（1）木材培育论

木材培育论主张在面积不大但立地条件优越、交通方便的宜林地，采用科学营林方法，营造速生丰产林，以资金的高投入和先进技术，实行集约经营，追求木材的高产和高效益。这是对国外早期林业经营思想的引进，试图借鉴如新西兰、智利、南非等国外林业发展的经验，解决传统林业发展模式中长期难以解决的经济效益与生态效益不可兼得的尖锐矛盾。

（2）林业分工论

林业分工论是"森林多种功能主导利用"的分工，是林业的分工，而不是林种的划分。

①商品林业。是以主要提供社会所需要的各种林产品为基本职能的林业，包括商业目的的用材林、经济林、能源林等。

②公益林业。是以担负各种污染防治、生态防护、景观保护和绿化美化等任务作为主体功能的林业。公益林业的建立、发展和巩固，需要两个条件：一是卸掉承担满足经济需求，尤其是木材需求的重担；二是要有充足的稳定的投入。

③兼容性林业。是除上述两类林业之外的全部林业。其最大特点是可以根据各地区的具体情况，选择多目标经营，不受某种单一目的的束缚。

（3）生态林业论

强调发挥森林作为陆地生态系统主体的作用，根据"生态利用"原则组织森林经营，把林业的指导思想建立在森林生态经济指导思想基础上，以生态经济综合效益为经营目标，充分利用当地自然条件和自然资源,在促进林产品发展同时,为人类生存和发展提供最佳状态的环境。按照这一要求,要把各类森林、树木,如山地森林、平原绿地、各类防护林、四旁植树、城市绿化和工业人工纳入统一的范围规划经营。在原有森林布局的基础上,通过人工的合理调整,逐步实现森林与农业、工业及人口分布的最佳配置和最适覆盖,并结合各方面因素分析,探索可行的、提供林业经营综合效益的道路。这是运用生态经济学理论,对新林业理论和近自然林业理论成果的综合。

(4) 现代林业论

现代林业是指在现代科学认识基础上,用现代技术装备武装和现代工艺方法生产以及用现代科学方法管理的,并可持续发展的林业。其核心思想是:①现代林业的生产力是森林的生态系统生产力,人们以森林资源及其生态环境为基础,利用一定科学技术,投入相应数量和质量的社会经济资源,在林业生产过程中,把森林自然生产力转化为森林经济生产力,以获得人们生产和生活日益需要的产品和服务的持续能力。②现代社会对森林的需求量方面有惊人的扩张,而且需求结构发生了分化,人们对森林的经济需求相对次要于生态、社会需求,全球生态环境恶化以及人类对森林的精神需求越来越重要于对森林的物质需求,反映了现代社会对于林业需求的特征。③森林生态经济学是现代林业的基本理论,它认为经济过程是一个开放的体系,受自然和非经济因素的影响,同时也影响生态环境;把森林生态系统与经济系统看成一个不可分割的整体;生态供给是有限的;生态经济学应改革传统经济学的核算方法和指标;人类活动是在一定条件下开发利用自然资源。④现代林业的指导思想是以森林生态经济系统为对象,力求林业经济系统与森林生态系统协调发展;以世代人(而非当代人)的长时间系统为对象,人们公平享受自然恩赐;以森林的生产与消费为统一系统,开发利用森林资源;从全球角度发展森林,寻求森林在地区、国家甚至全球维持生态平衡。⑤现代林业的发展战略目标是可持续林业。

(二) 中国森林资源现状

根据《2020年全球森林资源评估报告》分析,中国森林面积占世界森林面积的5.51%,居俄罗斯、巴西、加拿大、美国之后,列第5位;森林蓄积量居巴西、俄罗斯、美国、刚果民主共和国、加拿大之后,列第6位,人工林面积继续保持世界首位。为了及时掌握我国森林资源现状以及森林资源消长变化动态,预测森林资源发展趋势,为林业决策提供科学、可靠的依据,中华人民共和国成立以来,先后完成了9次全国森林资源连续清查。第九次全国森林资源清查从2014年开始,到2018年结束,历时5年。

1. 森林资源主要指标分析

根据第九次全国森林资源清查数据显示,全国森林面积2.20亿公顷,森林覆盖率22.96%,森林蓄积量175.60亿立方米;人工林保存面积0.80亿公顷,蓄积量34.52亿立方米,人工林面积继续保持世界首位。

在有林地林种结构方面,有林地面积21 822.05万公顷,公益林和商品林各占57%和43%。有林地面积中,防护林10 081.92万公顷,占有林地面积的46.20%,蓄积量为88.18亿立方米;用材林7242.35万公顷,占有林地面积的33.19%,蓄积量为54.15亿立方米;经济林2094.24万公顷,占有林地面积的9.60%;特种用途林2280.40万公顷,占有林地面积的10.45%,蓄积量26.18亿立方米;能源林123.14万公顷,占有林地面积的

0.56%,蓄积量为0.57亿立方米。

根据起源不同,中国森林划分为天然林、人工林两大类。天然林是自然界中结构最复杂、功能最完备的陆地生态系统,在维护生态平衡,应对气候变化保护生物多样性中发挥着关键作用。中国实施了严格的天然林保护政策,大力开展封山育林,强化天然林管护,使天然林资源得到了有效保护和发展。中国天然林面积为13867.77万公顷,占有林地面积的63.55%;天然林蓄积量为136.71亿立方米,占森林蓄积量的80.14%。天然林主要分布在东北、西南各省(自治区),其中内蒙古、黑龙江、云南、西藏和四川省(自治区)天然林面积合计8181.22万公顷,占全国的58.99%;天然林蓄积量合计为136.71亿立方米,占全国的80.14%。从人工林来看,人工林是陆地生态系统的重要组成部分,在恢复和重建森林生态系统提供林木产品增加森林碳汇、改善生态环境等方面发挥着越来越大的作用。中国政府高度重视人工林资源的培育并采取了一系列政策措施,有力地促进了造林绿化工作的开展。人工林面积较多的省(自治区)有广西、广东、内蒙古、云南、四川、湖南6省(自治区)人工林面积3460.46万公顷。广西人工林面积最大,占全国的9.22%,蓄积量最多,占全国的10.19%。根据树种生物学特性、生长过程及经营利用方向的不同,森林按年龄大小可以分为幼龄林、中龄林、近熟林、成熟林和过熟林,其面积和蓄积量见表1-6所列。我国森林的类型多样,树种丰富。根据优势树种(组)不同,面积排名居前10位的为杉木林、杨树林、桉树林、落叶松林、马尾松林、刺槐林、油松林、柏木林、橡胶林和湿地松林,面积合计3635.88万公顷,占全国人工乔木林面积的63.65%,蓄积合计23.20亿立方米,占全国人工乔木林蓄积的68.47%。从森林发挥的生态功能来看,我国森林植被总碳储量89.80亿吨。森林生态系统年涵养水源量6289.50亿立方米,年固土量87.48亿吨,年保肥量4.62亿吨,年吸收大气污染物量0.40亿吨,年滞尘量61.58亿吨,年固碳量4.34亿吨,年释氧量10.29亿吨。

表1-6 乔木林林龄组结构

龄组	面积(万公顷)	蓄积量(亿立方米)
合计	5712.67	33.88
幼龄林	2325.91	5.85
中龄林	1696.80	11.14
近熟林	808.61	7.23
成熟林	658.81	7.20
过熟林	222.54	2.45

资料来源:2014-2018中国森林资源报告。

2. 森林资源发展变化的特点和挑战

第九次全国森林资源清查结果表明:全国森林面积、蓄积量增长,森林覆盖率提高;天然林逐步恢复,人工林快速发展;森林质量和结构有所改善,健康状况趋向好转,供给能力逐渐加大。我国森林资源总体上呈现数量持续增加、质量稳步提升,效能不断增强的发展态势。主要表现为以下变化特征:

①森林面积稳步增长,森林蓄积量快速增加。全国森林面积净增1266.14万公顷,森

林覆盖率提高 1.33 个百分点，继续保持增长态势。全国森林蓄积量净增 22.79 亿立方米，呈现快速增长势头。

②森林结构有所改善，森林质量不断提高。全国乔木林中，混交林面积比率提高 2.93 个百分点，珍贵树种面积增加 32.28%，中幼龄林低密度林分比率下降 6.41 个百分点。全国乔木林每公顷蓄积量增加 5.04 立方米达到 94.83 立方米，每公顷年均生长量增加 0.50 立方米，达到 4.73 立方米。

③林木采伐消耗量下降，林木蓄积长消盈余持续扩大。全国林木年均采伐消耗量 3.85 亿立方米，减少 650 万立方米。林木蓄积量均净生长量 7.76 亿立方米，增加 1.32 亿立方米。长消盈余 3.91 亿立方米，盈余增加 54.90%。

④商品林供给能力提升，公益林生态功能增强。全国用材林可采资源蓄积净增 2.23 亿立方米，珍贵用材树种面积净增 15.97 万公顷全国公益林总生物量净增 8.03 亿吨，总碳储量净增 3.25 亿吨，年涵养水源量净增 351.93 亿立方米，年固土量净增 4.08 亿吨，年保肥量净增 0.23 亿吨，年滞尘量净增 2.30 亿吨。

⑤天然林持续恢复，人工林稳步发展。全国天然林面积净增 593.02 万公顷，蓄积量净增 13.75 亿立方米。人工林面积净增 673.12 万公顷，蓄积量净增 9.04 亿立方米。

根据 1973—2018 年开展的 9 次全国森林资源清查结果，自 20 世纪 80 年代末以来，中国森林面积和森林蓄积量连续 30 年保持"双增长"（表 1-7）。特别是进入 21 世纪后，我国森林资源进入快速增长时期。中国成为全球森林资源增长最快的国家之一，对于维护全球生态平衡、保护生物多样性、应对气候变化、促进全球经济、生态和社会的可持续发展发挥着重要作用。

表 1-7 历次森林资源清查主要指标比较

	第 1 次（1973—1976 年）	第 2 次（1977—1981 年）	第 3 次（1984—1988 年）	第 4 次（1989—1993 年）	第 5 次（1994—1998 年）	第 6 次（1999—2003 年）	第 7 次（2004—2008 年）	第 8 次（2009—2013 年）	第 9 次（2014—2018 年）
森林面积（万公顷）	12 186.00	11 527.74	12 465.28	13 370.35	15 894.09	17 490.92	19 545.22	20 768.73	22 044.62
森林蓄积量（亿立方米）	86.56	90.28	91.41	101.37	112.67	124.56	137.21	151.37	175.60
森林覆盖率（%）	12.70	12.00	12.98	13.92	16.55	18.21	20.36	21.63	22.96

资料来源：2014-2018 中国森林资源报告。

然而，受自然、历史、人口和经济发展压力的影响，中国仍然是一个缺林少绿、生态脆弱、生态产品短缺的国家。中国森林覆盖率 22.96%，低于全球 30.7% 的平均水平，人均森林面积 0.16 公顷，不足世界人均森林面积 0.55 公顷的 1/3，人均森林蓄积量 12.35 立方米，仅为世界人均森林蓄积量 75.65 立方米的 1/6；森林每公顷蓄积量 94.83 立方米，只有世界平均水平 130.7 立方米的 72%。中国森林资源总量相对不足、质量不高、分布不均的状况仍未得

1-5

到根本改变，国土生态安全屏障还远未建成。

中国用仅占全球5%的森林面积和3%的森林蓄积量来支撑占全球18%的人口对生态产品和林产品的巨大需求，林业发展面临的压力越来越大。加大森林资源保护发展力度，推进森林资源可持续经营，增加森林总量，提高森林质量，增强生态功能，已成为我国政府推进生态文明和建设美丽中国的战略任务。

思考题

1. 简述林业的定义和特点。
2. 简述林业经济学理论的演变过程和研究对象。
3. 简述木材和森林的稀缺性与林业发展的关系。
4. 简述世界林业三大经营模式和特点。
5. 简述全球森林资源现状及其发展趋势。
6. 简述中国主要林业经营理论。
7. 简述中国森林资源现状及存在的问题。

第二章 林业生产要素

第一节 林业生产要素配置

生产要素是指用于生产产品或提供服务的资源。林业生产要素则是指投入林业生产过程中的经济品。一般情况下，林业生产要素包括林业资本要素、林业劳动力要素、林地与森林资源要素和林业生产技术。林业生产要素配置是指投入林业生产过程中的各种生产要素按照一定的生产力函数方式组合。

一、林业生产函数

在经济学中，生产过程就是各种生产要素进行组合以生产出产品的过程。生产一定数量的商品或劳务需要的生产要素可以有多种多样的组合方式，生产要素的数量和组合方式与产出之间存在一定的依存关系。

生产过程中生产要素的投入量和产品的产出量之间的关系，可以用生产函数表示。生产函数表示在一定时期内，在技术水平不变的情况下，生产中所使用的各种生产要素的数量与所能生产的最大产量之间的关系。任何生产函数都以一定时期内的生产技术水平作为前提条件，一旦生产技术水平发生变化，原有的生产函数就会发生变化，从而形成新的生产函数。新的生产函数可能是以相同的生产要素投入量生产出更多或更少的产量，也可能是以变化了的生产要素投入量进行生产。

生产函数可以用一个数学表达式来表示，也可以用表格、图形等形式来表示。其一般的数学表达式可以记为：

$$Q = f(X_1, X_2, \cdots, X_n) \tag{2-1}$$

式中 Q——总产出量；

$X_1, X_2, \cdots, X_n$——各种不同生产要素的投入量。

在经济学中，生产中使用的生产要素一般被划分为4种：L 代表劳动，K 代表资本，N 代表土地，E 代表企业家才能。则生产函数的公式可以表示为：

$$Q = f(L, K, N, E) \tag{2-2}$$

如果只考察劳动和资本对产出的影响，生产函数的公式可以简写为：

$$Q = f(L, K) \tag{2-3}$$

在林业再生产中，投入的各种生产要素是相互联系、相互制约的。这些相互联系、相互制约主要表现在：

1. 各种林业生产要素具有相互依赖性，林产品的使用价值是各种林业生产要素结合在一起共同作用而产生的结果。仅有林业劳动力，不可能从事真正的林业生产；只有林业生产工具而没有林业劳动力，也谈不上林业生产。但是，由于森林资源再生产的特殊性，自然力可以独立起作用，在一定条件下，林业劳动力可以从森林资源再生产中分离出来，如天然林就是一个例子。

2. 各种林业生产要素投入的增加，可以使另一种林业生产要素的投入相应地减少。例如，在造林中，如使用飞机直播造林，就可以大量地减少劳动力的投入，当然这将导致大量的种子投入。

3. 各种林业生产要素的不可替代性。林业再生产中各林业生产要素的相互替代性并不总是存在的，有时两种林业生产要素是不可以相互替代的。例如，同一块林地上对不同肥料的需要就是如此，缺钾肥的林地不可能用施加氮肥的办法来加以解决。

林业生产函数表示的是林业生产要素的投入与林产品的产出之间的数量关系。例如，木材生产函数给出了木材的产量与投入的林业用地和林业劳动力的关系。林业生产函数可用数学表达式表示如下：

$$Q_F = f(X_1, X_2, \cdots, X_n) \tag{2-4}$$

式中　Q_F——林产品的产出量；

$X_1, X_2, \cdots, X_n$——各种不同林业生产要素的投入量。

当只有一种投入的林业生产要素可变动，其他投入的林业生产要素不变时，林业生产函数可简单地表示为：

$$Q_F = F(X) \tag{2-5}$$

为了研究方便，一般讨论在假定其他生产条件不变的情况下，林产品的产出同其中一种林业生产要素投入之间的变化规律。利用生产函数原理对林业生产与森林经营管理中的实际问题进行分析和研究，可以提高经营管理水平，进行生产结构的优化调整，还可以对林业生产实践中的很多方面进行研究。

二、林业生产要素配置

利用生产函数主要考虑的是其产出或产量问题，而经济学上更关心的是生产要素的最优化配置问题，即可以获得最优收益的生产要素的投入组合形式。相对于产量问题，林业投资者更关注的是林业经营的收益问题，即利润水平。利润可以定义为收益与成本的差额，即：

假设利润为 π，林业投资者的生产函数为 $f(x_1, x_2)$，产出的价格为 p，投入要素的价格分别为 w_1 和 w_2，那么利润函数可以表示为：

$$\pi = pf(x_1, x_2) - w_1 x_1 - w_2 x_2 \tag{2-6}$$

考察利润最大化的投入要素组成形式，即求利润函数形式的最大化：

利润函数的一阶条件是：

$$p \frac{\partial f(x_1^*, x_2^*)}{\partial x_1} - w_1 = 0 \tag{2-7}$$

$$p\frac{\partial f(x_1^*, x_2^*)}{\partial x_2} - w_2 = 0 \tag{2-8}$$

式中 x_1^*——要素 1 实现利润最大化的数量；

x_2^*——要素 2 实现利润最大化的数量。

假定柯布—道格拉斯生产函数为：$f(x_1, x_2) = x_1^a x_2^b$，那么上述的一阶条件就变为：

$$pax_1^{a-1} x_2^b - w_1 = 0 \tag{2-9}$$

$$pbx_1^a x_2^{b-1} - w_2 = 0 \tag{2-10}$$

利用 $y = \partial x_1^a x_2^b$ 表示林业投资者的产出水平，则可以把上式重新记成：

$$pay = w_1 x_1 \tag{2-11}$$

$$pby = w_2 x_2 \tag{2-12}$$

求解 x_1 和 x_2，得到：

$$x_1^* = \frac{apy}{w_1}$$

$$x_2^* = \frac{bpy}{w_2}$$

两项相除的话可以得到：

$$\frac{x_1^*}{x_2^*} = \frac{aw_2}{bw_1}$$

可以发现如果生产函数一定的话，利润最大化的要素投入与各个生产要素的相对价格成反比，这时最佳产出就是：$f(x_1^*, x_2^*)$。

第二节 林地资源

一、林地资源及其特性

(一) 林地资源的概念

林地是森林动植物与微生物栖息、生长、发育和生物多样性保存的重要场所与载体，国人常以"皮之不存，毛将焉附"来形容林地的地位和作用。林地是用于生产和再生产森林资源的土地，是林业生产最基本的生产资料。

根据 2016 年修订的《中华人民共和国森林法实施条例》(以下简称《森林法实施条例》) 第二条规定，林地，包括郁闭度 0.2 以上的乔木林地以及竹林地、灌木林地、疏林地、采伐迹地、火烧迹地、未成林造林地、苗圃地和县级以上人民政府规划的宜林地。

林地的质量及其经济价值的计量将直接影响着森林资源系统中其他资源要素的产出和经济评价。因此，进行森林资源经济评价，首先必须做好林地资源的经济评价。林地是自然产品，又是资本实物。它既有自然资源的一般特征，又有自己的经济学特性。

(二) 林地和林地资源的经济学特性

1. 林地质量差异性

不同质量的林地，其光、热、水、气、营养元素的含量及组合不同，林地的地理位置和土壤肥沃程度也有很大的差异。林地的这种差异性决定了不同的林地适应于不同的林木生长和形成不同的林木产量。林地质量的差异性是林地级差地租产生的前提。

2. 林地既是自然资本又是人工资本

林地是自然资本，它是自然界本身的产物，本身具有肥力，即使没有人类劳动参与也能产出各种木材产品和其他林产品。同时林地也是人工资本，它一经人类社会利用后，就成为生产资料，而具有一定的生产力。以林地资源为物质基础，可以生产出人类社会生产、生活所需要的木材产品及各种其他林产品。

3. 林地资源的有限性

林地资源是有限的。虽然林地生产力和林地市场价格可以成倍提高，但在空间上林地却不能任意扩张。林地资源数量由于陆地可用于培育林木资源的土地面积限制，人们不能在这些土地之外创造出新的林地。相反，由于森林资源的不合理利用和生产、建设上的征占用林地以及自然灾害等原因，林地资源正日趋减少。

林地资源与其他自然资源一样，其有限性是一切非再生资源的共同特征。但林地资源又有区别于其他非再生资源的特点。

（1）林地资源在利用过程中，只要做到科学合理，经营得当，其空间数量将不会消耗减少林地可以持续不断、周而复始地为人类提供林木产品及各种其他林产品。而其他自然资源，如石化能源、矿藏资源等，在利用过程中将会逐渐被消耗掉而枯竭。但林地数量的稳定性是有条件的，超出允许的可塑范围即表现不稳定。如不合理利用引起地力下降，滥伐林木引起水土流失，这些都将导致林地生产力降低，以至于一些林地不再适于林木生长而退出林业生产领域，成为非林业用地。

（2）林地资源的供给不受经济力量影响，即林地数量一般不随价格升高而增加，也不随价格下降而减少不管从长时期来看，还是从某一特定时间来看，都是如此。林地价格只影响林地资源的利用状况。虽然在某些时期、某些国家或地区，由于林地资源供不应求，可能出现利用耕地发展林业的情况，但这种退耕还林的土地数量是很有限的，而且总的土地面积是固定的。供给不受价格影响，这也是林地资源作为生产要素，不同于其他要素的一个特征。林地资源的有限性要求人们要珍惜林地，保护好现有林地资源，充分合理地利用林地，提高林地利用率和林地生产力。

4. 林地的地域性和不可替代性

地域性亦称区位的不可移动性，指任何一块林地都有固定的地理位置，不能搬迁，无法移动，各自按照纬度、经度和海拔高度占据着特殊的空间位置。林地区位的不同和交通条件的差别，造成了林地位置的优劣，加之林地在肥沃程度上的差异，决定了林地等级和形成了级差林地生产力。

林地资源作为培育林木的生产要素又是不可替代的，其他任何生产要素都不能代替林地在林业生产中的作用。林地是森林赖以存在的条件，没有林地，就没有森林，也就没有地球表面生物圈的生态平衡和自然界的和谐发展。因此，对于人类社会来说，林地是不可缺少的资源。

5. 林地的使用效益是综合效益

林地资源的利用，不仅能为社会提供木材、竹材及其他多种林特产品，直接获得经济效益,而且还能为社会提供保持水土、涵养水源、防风固沙、净化空气、美化环境、维护生态平衡等多种非物质产品,产生间接的生态效益。林地利用产生的防护效益在一定程度上对农业的稳产高产起到保障作用,如森林防风固沙,可以保护农田免遭风沙的侵袭,林地涵养水源减少地表径流,可以增加农田的灌溉水源和减少洪水对农田的危害。林地利用的美化环境效益,为人们提供了较好的户外娱乐去处和必要的旅游康养场所。同时,利用林地培育林木资源,还为野生动物提供了生存环境,为其他生物资源的发展和保护提供了有利条件,对保存和繁殖野生物种、保护生物多样性具有重要作用。

林地利用具有多种效益。在经营林地资源时,不能单纯追求某一种效益,而必须高度重视为满足经济社会发展的多种需要综合发挥其多种效益。但是生态效益具有外部性,林地经营者一般不能直接从受益者那里得到相应的收入。这一特性要求通过其他渠道给予补偿,如国家扶持发展林业。在进行林地资源的经济评价时,应视其主要用途评定其经济效益,同时兼顾其他多种效益价值。由于目前林地资源的多种效益评价尚处于探索阶段,理论、方法还不完善。因此,在实践中,一般只根据其主要用途评定其经济价值。

二、林地资源的利用

林地资源作为一种重要的林业生产要素,合理地发挥其作用是林业生产要解决的关键问题之一。林地的利用是一个综合问题,这里基于农业区位论来分析林地资源的合理利用问题。

(一)林地的原始区位

区位是人类经济活动所选择的地区、地点和场所,即在空间上的位置。林地作为土地的一种利用方式,是一种资本,林地与农地可以转换。土地价值的大小通常用地租来衡量。这里首先通过农业区位论来分析林地的原始区位。

杜能(J. H. von Thünen)在《孤立国》中提出了著名的孤立国理论:假定有一个孤立国,它全是沃土平原,但与别国隔绝,没有河川可通舟楫。在这一孤立国中有一个城市,远离都市的外围平原变为荒芜土地,都市所需农产品由乡村供给,都市提供农村地区全部加工品。在这种假设下杜能提出了各种产业的分布范围,或者说它们的区位。他把都市外围按距离远近划成6个环带,这些环带后来被称为"杜能环"。

根据杜能的农业区位论,土地利用可以分为6个圈层。在何地种植何种作物最有利,完全取决于利润即地租收入最大(R),一般地租收入公式如下:

$$R = (P - C - K \cdot t) \cdot Q \tag{2-13}$$

式中 P——单位农产品的市场价格;

C——单位农产品的生产费用;

K——距城市(市场)的距离;

t——农产品运费率(单位距离的运输费用);

Q——产量(销售量)。

计算各种农作物合理的种植界限,设计了孤立国6层农业圈(图2-1)。

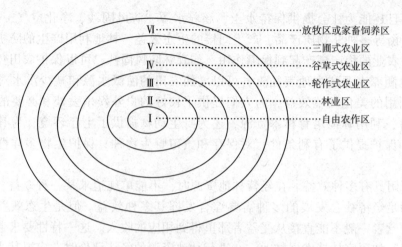

图 2-1 孤立国 6 层农业圈

第一个杜能环被称为"自由农作区",距离都市最近,主要生产新鲜蔬菜、牛奶等。由此向外,距离变远,运费增加,新鲜农产品可能因来不及运抵城市而腐烂并失去价值。所以在第一个杜能环内生产新鲜农产品比生产其他产品有利。杜能根据当时的价格计算,如果在第一个环外生产粮食没有木材生产利润大,因此形成了第二个杜能环"林业区",生产木材供应都市能源消费。进而依次导出第三环为"轮作式农业区",第四环为"谷草式农业区",第五环为"三圃式农业区",第六环为"放牧区或家畜饲养区"。地租的差别由距离都市的远近来决定,距离都市越近,地租越高;反之亦然。

杜能从区位地租出发,得出了农产品种类围绕市场呈环带状分布的理论化模式,从而为以后区位论中两个重要规律,即"距离衰减法则"和"空间相互作用原理"的出现作了准备。为此,后来的区位理论界,一致将杜能尊为区位理论的鼻祖。由于杜能的理论最初是针对农业的,因而这一理论被称为"农业区位论"。在实际应用中,杜能的理论不仅适用于农业,而且适合于资源连续分布且市场呈点状分布的情况。

根据上述分析,考虑区位的变化,农地、林地、牧地的圈层(6个圈层)各不相同,主要是节省交通费用。土地利用取决于土地质量、价格和产品价格等因素。好的土地要求集约经营,差的土地采取粗放经营更合理。

(二) 林地与农地的转化

当土地可用于多种用途时,土地的利用决策问题就更复杂了。当土地可用于农业、林业、游憩和其他目的并都能产生净收益时,人们必须对土地的用途做出选择。

土地产生经济效益的能力依赖于多种因素,如它的肥沃程度,离市场远近,地形和可接近程度等。每个因素的重要性随用途不同而变化。因此,土地的立地条件或土地的经济潜力,可被看作由一系列随用途不同其重要性也不同的特征所组成的。

为了说明在各种用途中分配土地的问题,可以考察其中的一个特征:距离城市中心的远近。因为距离城市远近是反映土地质量的一个重要方面。正如前面所指出的那样,离城市中心近的土地比距离城市中心远的土地利用的集约程度要高。距离城市近对某些用途来说是一个有关土地质量的重要特征,而对另一些用途来说则不是。例如,这个特征对商用土地潜在生产力的影响比对林地的潜在生产力的影响要大很多。所以，距离城市中心愈远不仅使某一特定用途中土地利用的集约程度降低，还可能改变土地的用途。

这种情况可用图2-2加以说明。假定所有其他的土地特征都一样，该图表明土地不同用途的潜在地租随着土地离城市中心距离的增大而逐渐下降。在所有的用途中，距离城市越近，土地的价值就越大，但能产生最大地租的用途会发生变化。最集约的商业用地，在市中心产生的收益比其他用途都高。而最粗放的林业用地在最边远的土地上具有最高的生产力。农业用地在 cd 范围之内产生最高的地租。

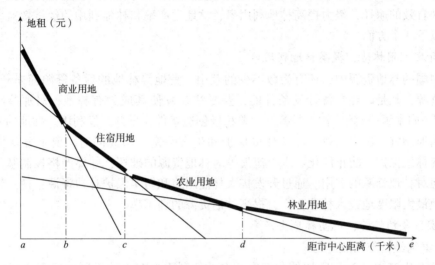

图2-2　在多种用途中有效地分配土地

上述分析了城市中心周围土地利用的情形。但距城市中心远近，只是许多决定地租生产能力的许多土地质量特征之一。土壤肥力、地形和其他许多因素同样影响土地不同用途的相对价值。把所有这些质量特征综合起来考虑会使有效地分配土地的问题变得很复杂。

这种描述可以帮助解释许多其他重要的关于土地利用的现象：

①它表明土地经常能在多种用途中产生收益。能产生最大收益的用途是效率最高的用途，而次好用途地能产生的地租代表了土地的机会成本，或称为次好用途地能产生的价值。地租差额是超过机会成本之外得到的额外地租。与没有其他用途的土地不同，能在其他用途中获得地租的土地，只有在用于生产木材时产生的地租比用于其他生产时所产生的地租为多时，才可被用于生产木材。

②根据某一种用途的生产力进行土地分配并不是最有效的分配方法。图2-2表明，离城市中心较近的土地在农用时能获得比 cd 范围内的土地为高的收益，但把它们用于住房和商业时能获得更高的收益。

③如何将土地分配到最佳用途，最终取决于各种用途所能产出的价值和投入的成本。因为这些都经常在变化，土地利用的有效分配也在变化。技术、成本和价格的变化使图2-2中 b、c、d 所示的最佳用途的边界发生变化。而这些点都是某种土地用途的粗放临界点。因此，有效的土地分配经常发生变化。

④注意市场分配土地的功能不可能是完美的。当潜在购买者或承租者之间的竞争，保证了每块土地被分配到那个愿意支付最多的人手里。而这个人必定把它用于最佳的用途。可是，这一过程对变化着的经济条件的反应是缓慢的。当土地利用中外部性存在，使用土地的社会效益和社会成本没有被市场价格反映出来时，就会发生差错。

（三）林地资源的利用途径

林地是林业中不可替代的最基本的生产资料，中国人均林地资源少，人地矛盾较为突出，林地在一定程度上已成为制约林业发展的瓶颈要素。合理利用林地资源的主要目的是通过各种有效的途径，努力提高林地利用率、林地生产率和林地利用的经济效益。其基本途径有以下3个方面。

1. 开发利用林地，提高林地利用率

在中国的林地资源中，还有为数不少的荒山、荒地等林地的后备资源尚未开发利用。对这些资源，凡是已经具备开发条件的，要尽快开发使其成为有林地；对那些经济、技术、自然（如水源等）条件暂不具备的，要积极创造条件，早日开发利用。林地的开发利用一定要因地制宜，讲求实效，注意环境保护和生态平衡。与此同时，要十分珍惜林地资源，重视林地保护、防止沙化、水土流失等对林地资源的破坏，并要严格控制基建用地和其他用地对林地资源的占用。通过开发扩大林业用地和切实保护林地资源，使一切可以利用的林地最大限度地投入林业生产，提高林地资源的利用率。

2. 实行集约经营，提高林地生产率

（1）集约经营与粗放经营

在林业生产中，为了增加林业产出，在林地利用上有2种不同的经营方式，即粗放经营和集约经营。

①粗放经营。是指在技术水平较低的条件下，投入较少的生产资料和活劳动，进行粗耕粗作，广种薄收，主要靠扩大林地面积来增加林业总产出的经营方式。

②集约经营。是指在一定面积的林地上投入较多的生产资料和活劳动，采用先进技术装备和技术措施，进行精耕细作，主要靠提高单位林地生产率来增加林业总产出的经营方式。集约经营的类型，一般可分为劳动集约型、资金集约型和技术集约型。劳动集约型和资金集约型分别表示在一定面积的林地上投入较多的活劳动和物化劳动。技术集约型是指在一定面积的林地上投入较多的科学技术，即主要依靠提高劳动者的科学技术水平，采用先进的生产资料和技术措施，实施科学的经营管理等，达到提高林地生产率的目的。

由粗放经营向集约经营转化，是社会生产发展的必然趋势。这是因为社会对林产品的需求日益增长，而用以生产林产品的林地资源是有限的，即依靠扩大林地面积来增加林产品总量的粗放经营方式，因受到林地资源数量的限制将逐步被淘汰。但与此同时，随着科学技术的不断进步，通过合理利用林地，增加单位林地面积的投入和产出水平，提高林地的生产率，则成为林地经营的主要途径。因此，集约经营取代粗放经营是现代林业发展的必然趋势。

（2）集约经营的模式

正确选择集约经营的模式，是保证集约经营顺利发展的重要前提。各国林业集约经营模式的选择，应从本国的实际出发。一般说来，经济比较落后的国家或地区，林业集约经营通常以劳动集约型为主，而经济发达国家或地区则以资金集约型和技术集约型为主。由于单一的劳动集约型不能大幅度提高资源生产率和林业的经济效益，不能把劳动者从繁重的体力劳动中解放出来，因此，随着社会生产力的发展，劳动集约型的比重将逐步下降，而资金集约型和技术集约型的比重则不断上升，这是林业集约经营模式转换的一般规律。

(3) 集约经营的措施

根据中国林业集约经营的发展模式，为了逐步提高集约经营的水平，应当采取的主要措施有：①广泛应用先进适用的林业科学技术，改善林业生产要素的品质，改进生产方法，提高经营管理水平；②用现代理念和现代工业提供的物质装备武装林业，逐步提高林业机械化和信息化水平；③充分发挥林业劳动力资源丰富的优势，实行精耕细作，提高林业劳动力的利用率，并向林农大力普及科学文化知识，增强林业劳动者的素质，以提高林业劳动力的利用效率和集约经营水平；④调整林业生产结构和生产布局，逐步实现林业生产专业化，因地制宜地安排林业生产，充分发挥各类林地资源的增产潜力；⑤加强林业的社会化服务，为林业集约经营提供各种必要的条件。

3. 开展规模经营，提高林地利用的经济效益

(1) 规模经营的概念

规模经营是指改变规模狭小的分散经营，根据生产发展的客观要求和社会、经济、技术、自然条件的可能，将林地生产要素适当集中使用，以获得更大经营效益的经营方式。规模经营的目的在于实现规模经济。规模经济是指由于生产规模的扩大导致平均成本的降低，进而获得更大的经济效益。为使规模经营能实现规模经济，需要有一个适度的经营规模。适度经营规模是指与一定的社会、经济、技术和自然条件相适应，能够获得最佳经济效益的经营规模。

因此，林业生产规模经营，应当是建立在适度经营规模基础上的规模经营，即适度规模经营。

(2) 林业生产规模经营的条件

林业生产规模经营是与一定的社会、经济、技术和自然条件相联系的经营方式，其主要条件是：①非林产业有一定的发展，林业剩余劳动力顺利转移，并能获得稳定的收入；②林业劳动者具有较好的素质，包括有较强的组织管理能力和较高的生产技术水平；③能为规模经营单位提供必要的物质技术条件和产前、产中、产后的社会化服务；④林农对林地的依赖性下降，并建立起必要的社会保障制度；⑤有合理的林地流转机制以及林业和非林业劳动者之间的利益协调机制；⑥实行规模经营的生产项目，必须有最适合的立地条件，而且林地内部的自然条件大体一致。

(3) 林业生产规模经营的组织形式

按照生产要素的流向，林业生产规模经营的形式包括生产单位规模经营和生产项目规模经营。前者是指生产要素向某些生产单位集中，后者是指生产要素向一定的生产项目集中，生产单位规模经营是规模经营的基础，即生产项目规模经营寓于生产单位规模经营之中，它要通过具体的生产单位去实施；但生产项目规模经营又不受生产单位的限制，它可

以在较大范围内跨单位组织规模经营。

从规模经营的组织实施单位看,中国目前林业生产规模经营的基本组织形式有农户家庭规模经营、联户规模经营、集体统一规模经营和双层规模经营等。各种组织形式都是和一定的客观条件相适应的,其中双层规模经营是一种与现阶段中国林业生产责任制形式相吻合,易于为广大林农所接受的规模经营形式。双层规模经营是指在稳定家庭山林承包的基础上,由当地政府对其所属的林地统一规划,按照因地制宜的原则,对条件基本相同的林地实行连片发展某种林业项目,采取分户管理与集体服务相结合的形式,由两个经营层次共同进行的规模经营。双层规模经营的主要优点是:①不改变原有的承包关系,使林地经营连片而不是向个别农户集中,这就能保证山林承包制的相对稳定。②可以强化国家或集体的林地所有者地位,充分发挥统一经营层次的职能和作用,加强对林地的管理,按照因地制宜、发挥优势的原则和有计划的商品经济的客观要求,合理利用林地资源。③实行林地统一规划,连片种植,可以改变农户小而全的种植结构,为两个经营层次增加对林地的科学技术和物质资料的投入,推广使用林业机械,合理利用水利设施,加强山林管理和病虫害的防治等创造条件。

三、林地评估与林地市场

(一)林地价值计算方法

常用的林地价值评估方法包括林地市价法、林地费用价法和林地期望价法。

1. 林地市价(买卖价)

林地市价是指以类似性质的其他林地实行买卖价格为标准来评定地价。即按行情来评价。在评价时影响因素:林地地位级和其他自然因素差异;林地地利(经济方面)。

①地位级。反映某树种采伐期每公顷材积年平均生长量。用立方米表示。

②地利级。表达这一树种每立方米立木价格。立地级=地位级×地利级。该树种每公顷立木每年生长材积折算的价格=每公顷材积平均生长量×每立方米立木价格。

林地市价法评估时经常运用的指标包括森林地租和林地级差地租。

(1)森林地租

森林地租即林地的超额利润,是指单位面积林地所产出的林产品市场价值减去生产成本后的剩余部分。林地质量是影响森林地租最为主要的因素,林地越肥沃,林木生长量越大,纯利润也越大,森林地租也相应越高。森林地租是确定立木价格的基础,也是确定林地价值的基础,是林地经济生产力评价的重要依据。

森林地租的产生与林地产权分配有着密切联系,在我国,由于林地所有权和承包权、经营权分属不同的主体,国家或集体作为林地所有者,有权向使用者征收森林地租。森林地租的征收应根据经营面积数量和质量来确定,同时结合经营目的和经营对象给予适当政策。

从明晰产权的角度来讲,建立森林地租制度有利于明确权利双方责任和义务,权利双方按照"公开、公平、公正"的原则签订租约,达到明晰所有权与承包经营权的目的,同时也就明确了权利的双方责任和义务,形成了一种有效的监督制约机制,有效地避免了经营者为追求利润最大化而损害所有者利益的情形。

(2)林地级差地租

林地级差地租是指经营较优林地所获得的并归林地所有者占有的那一部分超额利润。林地级差地租是林地地租的重要组成部分,本质上是对超额利润的扣除。

形成级差地租的条件是林地质量的差别。它包括林地生产潜力的差别和地理位置的差别。根据形成条件的不同,可以将林地级差地租分为级差地租Ⅰ和级差地租Ⅱ。

①级差地租Ⅰ是指由立地质量的差异而产生的林木材积或林产品数量的差异,进而引起的经济收入差异;或者由于地理位置的差异,形成作业和运输距离远近及难易程度的差别,进而引起的生产成本差异。一般地,林木对林地肥沃程度要求相对不高,而林产品特别是木材产品笨重,因产地与销地远近及交通条件不同,林产品的生产流通费用相差悬殊,因而在级差地租Ⅰ中,林地的地理位置比肥力影响更大。

②级差地租Ⅱ是指在林地使用期内,由于经营者增加投入,实行集约经营,使林地的生产力或地利等级提高而产生的超额利润。级差地租Ⅱ在经营者的承租期内归经营者所有,当承租期满后,这部分地租被加到以后的地租中而归土地所有者占有。

2. 林地费用价

林地费用价是指取得林地所需要的费用和把林地维持到现在状态所需费用。评价时用本利和表示,计算公式为 $F = \sum_{i=0}^{n}(1+i)^{n}P$,主要用于林地评价。

3. 林地期望价

林地期望价是指林地能够按一定作业永续地进行并能够取得期望的纯收益的现在价合计。即对这一林地能永久地取得土地的纯收益。评价时用林业的利率加以折算的现在价估计来期望价的地价。$P = F/(1+i)^{n}$,主要用于接近采伐的森林。1894 年,德国林业经济学家 Faustmann 首次提出,后经过 Gaffney 和 Samuelson 等人的阐述,林地期望值逐渐成为林业经济学关注的一大热点。

(二)林地投资

林地投资是指经营主体在林业生产过程中,以林地为载体,为获取林业收入而进行的林地劳动力、资本等各类要素投入总和。由于林业生产具有长周期性,林地生产的每项投入,如劳动、资金,都无法在当年获得回报,属于长期投入,具有投资的特性。

新一轮林改进一步通过均山等方式将集体林地落实到农户,一定程度上加剧了林地的细碎化和分散化特征。这种林地分散经营对于林农增加劳动和资本投入,提高林地利用率和经营水平具有促进作用。因为在林地分散经营情况下,农户持有林地的产权较明确,其林地权利和义务也比较对称,林农为了获得最大化的产出,必然会采取精耕细作的耕作方式,从而改变了林农的林地投资行为。

林地投资不但为机构投资者提供了获得风险调整后的高回报的投资机会,还一定程度上对冲非预期的通货膨胀,更重要的是,还为投资组合的风险分散化和多元化提供了重要工具。因此,林地投资成为我国机构投资者参与的一种重要资产类别。但从资产管理视角看,由于缺乏有效金融工具和投资渠道,林业机构投资者很难多元化投资组合来抵御系统性风险。为此,当前我国仍需要创新金融工具,盘活存量林地资产,使其成为一种可投资的资产类别,从而促进林地资源的有效配置。

(三) 林地流转市场

林地流转是指一方转让给另一方林地的行为，这种转让形式应以不改变林地所有权和林地用途为前提，流转方式可以多种多样，这种行为可以是无偿的，也可以是有偿的。依照我国现行法律法规，林地使用权和所有权是分离的，所有权归国家或集体，一般情况下是不允许流转的，而农户仅仅拥有林地的使用权，因此，在我国林地的流转是林地使用权的流转。

根据林地转让方的不同，林地流转市场可以分为一级流转市场和二级流转市场。一级流转市场指林地流转的一次流转市场，即林地的使用权人为村集体，新的使用权人为农户或其他经济组织，新的使用权人可以是本村人也可以是外村人。二级流转市场是二次流转市场，即从本村村集体取得土地的使用权人再次将土地流转出去，受让方为农户、企业或合作社，也可以认为一次流转发生后的任何林地流转都为二次流转。不论是一级流转市场还是二级流转市场，林地的所有权都还是归村集体。

林地流转有以下主要形式：

(1) 租赁经营

有实力的企事业单位、外商或经济能人利用自身的资金、技术、信息优势，把集体经营或农户分散经营的林地连片租赁下来，租期一般为30~50年，少数租期长达70年，租金多数是现金按年支付，也有一次或分几次付清的。租赁后的一切经营活动由承租方负责，风险与利润也由租赁者承担。

(2) 联合经营

投资者出资金、技术，农户出林地联合开发，经营活动主要由投资者负责，收益按约定比例分成，分成比例有二八分成也有三七分成，林地入股一般占20%或30%，投资者占70%或80%，合作期一般为30~50年。

(3) 股份合作

通过对集体林的现有林木、林地及其设施进行评估，折算成股份，与投资者投入的资金共同组建股份合作制基地林场。

(四) 林地流转趋势特点

新一轮集体林权制度改革从承包权、经营权、处置权和收益权多方面进一步强化了农户的林地产权主体地位，然而各项权利的实现都有赖于完善的林权流转市场。林权改革后，林地流转现状，从发生率和流转规模上看，改革后农户的林地流转发生率仍较低，流转尚未达到一定规模，但相对于林改前已有显著提高；从流转市场范围看，改革后流转范围区域化（主要限于村组内部）的问题有所改观；从流转期限角度看，林改后林地流转的期限比较确定，租赁期限较林改前有所延长。

此外，林地流转呈加速发展的态势；流转逐渐向规模化方向发展，并且吸引了多元资本投资林业；流转形式多样，催生了一批新型经营实体；林地流转的对象仍以农户为主，但私营业主和国有企事业单位参与林地流转的势头越来越强劲。

但是，集体林权流转过程中也存在流转无序、低价、缺乏中介、流转不公开的问题，流转过程中林农林权意识不强等问题。为深入推进林地流转市场建设，当前仍需要从以下两个方面着手：

①深入开展林地产权制度改革。完善山林承包责任制，目前的山林承包责任制在执行过程中出现了问题，分山到户后，本来山林的所有权，处置权和承包收益权归集体所有，

但现实中村集体所有权虚置，在经济上无法实现。

②完善林地使用权流转市场。在明晰产权的基础上，让林地使用权进入市场。政府应不断完善林地使用权流转交易平台，集中发布交易信息，集中办理合同签证、档案登记和有关交易手续。要培植林地流转交易的中介组织或机构，如资源评估、调查规划、法律服务以及专门与农民打交道的组织或机构。可引进公开竞价或招投标制，规范交易行为。要建立起有干预而又开放，规范而又灵活的林地使用权流转市场。

2-1

第三节 劳动力资源

一、林业劳动力资源

(一) 林业劳动力资源的内涵

林业劳动力资源是指林业部门所拥有的具备劳动能力的人口的数量和质量，它是林业生产要素中具有决定意义的要素。林业劳动力资源包括数量和质量两个方面。林业劳动力资源的数量包括林业部门具有劳动能力的全部人口。林业劳动力资源的质量是林业劳动者体力和智力的统一。体力一般指人体的负荷力、耐力和疲劳的恢复能力等。智力包括劳动者的知识（基础文化知识和专业科学知识）和技能（经验和专门技术）。林业劳动力资源具有以下3个方面内涵：

①林业劳动力资源是一种具有主体能动性的资源，它既是被开发利用的对象，又是开发利用的主体。在林业生产中，土地和其他物力资源是被动地进入生产过程的，它们只是被开发和利用的客体。而林业劳动力资源不仅是被开发利用的对象，而且是开发利用的主体。林业劳动力数量的变化和质量的提高，林业劳动力资源的合理使用等，都要通过劳动者自身去实现。

②林业劳动力资源是一种能创造新价值的资源。在林业生产过程中，各种物力资源只能将其所消耗的价值转移到林产品的价值中去，不能使价值增值；而林业劳动力资源除了将其自身再生产所消耗的生活资料的价值转移到林产品的价值中去以外，还能创造新价值，实现物质财富的增值。

③智力因素是决定林业劳动力资源质量的主要方面，这是劳动力资源区别于物力资源的一个重要特征。由于智力的开发是无止境的，因而林业劳动力资源的开发具有无限的潜力。

(二) 林业劳动力的特点

关于劳动力的定义有很多，主要是从狭义和广义两个方面来说的。狭义的劳动力是指人的劳动能力；广义的劳动力是指有劳动能力的人口或劳动资源。林业作为一个独立的物质生产部门，不但有自己独特的生产过程及劳动特点，而且就劳动力而言，与其他行业相比有其特点。通常情况下，林业劳动力是指林业职工的劳动能力，即林业职工在劳动过程所用的体力与脑力总和。

根据林业劳动力的概念，结合林业劳动的性质，可以看出林业劳动力具有以下特点。

1. 林业劳动力使用的季节性

在林业生产中，自然再生产与经济再生产相互交织在一起，人们只能根据植物的自然再生产规律来投放自己的劳动。在植物的不同生长发育阶段，对人类劳动的需要不同，这就使林业劳动在时间上具有较强的季节性。一般都是春季造林、冬季采运，在时间上具有明显的季节性。林业劳动的季节性，决定了林业劳动力使用的季节性。由于林业的各种经营活动具有季节性，导致林业劳动力使用在时间上具有季节性，它是间断的、不连续的时间内进行作业的，林业劳动力的作业弹性大。

2. 林业劳动力作业的分散性

森林资源空间上分布广泛，因此，林业劳动作业面广，工作地点不固定，流动性大，分散性大，且工种变化频繁，故劳动分工不像工业生产那样专业化。由于土地是林业的基本生产资料，而土地分布在广大空间，其位置是固定的，这就使林业劳动不得不在广大的自然空间上分散进行。

3. 林业劳动力的综合性

林业生产的不同项目，甚至同一项目的不同生产阶段，一般都采取不同的作业方式和技术措施，使林业劳动具有多样性，由此决定林业劳动分工不能像工业那样细致，专业化程度不如工业高。林业经营活动的多样性和复杂性决定了林业劳动力的综合性强。林业劳动不像工业活动一样都可以分解为一个个单纯的工序，林业活动都是一些综合性强的劳动，因此，林业劳动力必须具备多种技能、多种规格(体力与脑力)。

4. 林业劳动力的兼业性

在广大农村，一方面，由于林业初期劳动力投入多，而收益要经过漫长的生产周期结束才能获得，林业不能独自保证劳动力的再生产；另一方面，林业生产的季节性也不需要劳动力常年固定在林业生产上，所以，林业劳动力同时又是种植业、养殖业、加工业、服务业等其他行业的劳动力，具有兼业性质。

二、林业劳动生产率

1. 林业劳动生产率

劳动生产率是指劳动者在生产中的劳动效率。它体现着劳动者所生产的产品同消耗劳动时间的对比关系。林业劳动生产率是指林业生产成果与林业劳动时间的比率，它反映林业劳动者的生产效率。通常用林业劳动者在单位时间内生产的产品产量(或产值)，或者生产单位产品所耗费的劳动时间来表示。

基本表达形式：

$$劳动生产率 = \frac{合格产品产量}{劳动时间}(正指标)$$

$$劳动生产率 = \frac{劳动时间}{合格产品产量}(逆指标)$$

2. 劳动生产率的计算方法

(1) 按不同产量指标计算的劳动生产率

①实物劳动生产率。即每种产品的实物产量与其相应的劳动消耗量之比。

②价值劳动生产率。总产值或净产值/劳动消耗量。

③营林生产的工作量指标。
(2)按不同人员范围计算的劳动生产率
①生产工人劳动生产率=实物量或总产值/全部生产工人平均人数。
该指标可直接反映林业企业科技水平和生产工人的技术熟练程度。
②全员劳动生产率=实物量或总产值/全部职工平均人数。
该指标反映非生产工作人员的工作效率，促进林业单位严格控制定员标准，合理使用人力，提高林业企业管理水平。
(3)按不同时间单位计算的劳动生产率
可以根据不同时间单位来计算，如小时、日、月、季、年等。

3. 计算林业劳动生产率时必须注意的问题
①必须注意产品生产量与劳动消耗量的一致性。保证时间范围上的一致；空间范围上的一致；相互关系上的一致。
②计算几个年度的平均劳动生产率。
③采用营林业劳动效率指标。
④根据不同所有制经济的特点，分别进行考察。

4. 影响劳动生产率的主要因素
劳动生产率的状况是由社会生产力的发展水平决定的。具体来说，决定劳动生产率的因素主要有：
①劳动者的平均熟练程度。劳动者的平均熟练程度越高，劳动生产率就越高。劳动者的平均熟练程度不仅指劳动实际操作技术，而且也包括劳动者接受新的生产技术手段，适应新的工艺流程的能力。
②科学技术的发展程度。科学技术越发展，而且越被广泛地运用于生产过程，劳动生产率也就越高。
③生产过程的组织和管理。主要包括生产过程中劳动者的分工、协作和劳动组合，以及与此相适应的工艺规程和经营管理方式。
④生产资料的规模和效能。主要指劳动工具有效使用的程度，对原材料和动力燃料等利用的程度。
⑤自然条件。主要包括与社会生产有关的地质状态、资源分布、矿产品位、气候条件和土壤肥沃程度等。

5. 提高林业劳动生产率的途径
林业劳动生产率按其形成的条件可分为社会生产率和自然生产率。林业劳动的社会生产率是由林业劳动的社会经济条件决定的，林业劳动的自然生产率是由林业劳动的自然条件决定的。提高林业劳动生产率是林业内涵扩大再生产的一项重要措施，是合理利用林业劳动力资源的主要方式。提高劳动生产率的主要途径有：
(1)充分合理地利用自然条件
林业劳动生产率是和自然条件紧密联系在一起的，将一定的生产项目配置于不同的自然资源，其生产率往往相差很大。因此，要因地制宜地布局林业生产，扬长避短，充分合理地利用自然资源，使等量的劳动投入能取得较高的林业劳动生产率。

(2)大力推广应用林业科学技术,提高林业生产的物质技术装备水平

大幅度提高林业劳动生产率,归根到底要依靠科学技术。只有用现代林业科学技术代替落后的传统林业技术,用现代工业提供的物质技术装备武装林业,进行劳动对象和劳动手段的深刻革命,才能实现林业劳动生产率质的飞跃。

(3)努力提高林业劳动者的素质

先进的林业技术、现代物质装备以及科学的经营管理方法,只有通过劳动者去掌握和运用,才能变为现实的生产力。实践表明,在同样的物质技术条件下,由于林业劳动者的素质不同,林业劳动生产率相差悬殊。目前,从总体上看,中国农民受教育的程度和技术水平还很低,努力提高林业劳动者的素质,是提高中国林业劳动生产率的一项根本性措施。

(4)加强劳动管理,改善劳动组织

劳动组织管理的科学化程度,直接影响劳动者的生产效率。因此,要按照林业生产的客观要求,根据劳动对象、劳动手段和生产过程的特点,进行劳动的合理分工与协作,逐步建立健全科学的劳动管理制度和激励机制,以充分调动劳动者的积极性,提高林业劳动生产率。

第四节 林业资金

一、林业资金的概念和特性

(一)林业资金相关概念

货币参与生产过程的循环就成为资金。资金在生产过程中的特点是顺序通过供、产、销各个阶段而不断地由一种形态转化为另一种形态(图2-3)。由一种形态向另一种形态转化称为资金运动,资金从出发点开始顺序通过供、产、销3个阶段,最后复归于出发点为止的过程称为资金循环。资金的不断循环称为资金周转。

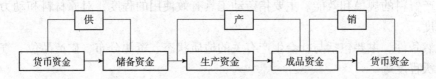

图2-3 资金的运动过程

林业资金是林业再生产领域中所拥有的物质财富的货币表现。它是林业生产活动中重要的生产要素,具有货币和实物两种形态。货币形态资金是指进行林业经营过程中所需要的固定资金和流动资金;实物形态资金主要指林业产业发展过程中所需要的固定资产和流动资产。

市场经济运行过程中最明显的一个特征就是资金在实物形态和价值形态之间循环不断的流动。林业中培育和采伐利用森林的生产经营活动也同时表现为林业资金的循环和周转运动。林业企业进行生产经营所使用的各种生产资料和物资器材,除了具有实物形态,同时也具有价值即货币形态,林业企业还必须用货币来支付职工的劳动报酬,木材和其他林

产品的交换也要求按照等价原则来进行。所以，林业资金实质上是林业生产和再生产过程的价值表现，它反过来又对林业生产和再生产的顺利进行起着保证和监督的作用。

(二) 林业资金的特性

林业资金与其他资金相比还有其自身的特点，具体表现在：

1. 林业资金投入时间长、周转慢

由于林业生产的长周期性，决定了林业资金占用大，资金的周转速率慢。林业生产阶段开始之前，生产者必须购买种子、肥料、机器、农药等生产资料进行生产准备；林业生产时，各种采伐、运输、销售成本等的发生，都需要资金进行周转，这需要一个漫长的过程。虽然不同树种的轮伐期不同，但是基本上每个树种的轮伐期都在几年以上，与工业生产等短周期的行业相比较，林业生产是一个长周期的生产活动。

2. 林业资金的连续性投入和一次性收获

林业生产除了一个轮伐期结束的时序点上有收益外，在林业生产的漫长过程中几乎没有直接收入，反而要连续不断地追加资金投入。林业再生产过程中的资金处于不断地循环和周转运动中。为了再生产能不断地进行下去，林业资金必须依次通过供应阶段、生产阶段、销售阶段，分别采用不同的价值形态和执行不同的职能。只有这样，生产才能在时间上继续，在空间上并存，不断地产出产品并获取盈利。一旦林业资金停止了流动，林业就不可能为社会提供必要的其他林产品，林业资金也就丧失了其职能。在每一个轮伐期内，林业活动都是连续不断地投入，只有在轮伐期结束时的时序点上产生收益。

3. 林业资金收益的风险性较大

林业生产受日照、温度、降水量等自然因素影响较大。目前，科学技术的发展还不能完全摆脱自然灾害对林业生产的危害，因而年度间的生产水平被动较大，生产成果不稳定。有些林产品还受到市场机制的制约，价格高低直接影响到林业生产的利润，加上林业资金往往不能及时转向，也使林业资金的利润不稳定。因林业生产的周期长，林业资金面临着较大风险，包括自然风险、社会风险(林木被盗)、经济风险(价格波动)、政治风险(政策变动、战争)等。

二、林业资金的利用

(一) 资金的时间价值

资金时间价值又称货币时间价值，是指一定量资金在不同时间点上的价值差额。资金的时间价值来源于资金进入社会再生产过程后的价值增值。通常情况下，它相当于没有风险也没有通货膨胀下的社会平均利润率，是利润平均化规律发生作用的结果。

森林是财富或资本的储存库。培育森林就像在银行存款或投资股票，希望在将来可以得到更多的回报。林业上最重要的投入就是资产和时间。林业工作者的任务就是如何最有效地利用资产和时间，使森林在社会中发挥最大的服务功能。因此，在林业投资时考虑资金时间价值至关重要。

由于资金具有时间价值，因此，同一笔资金在不同的时间其价值是不同的。计算资金的时间价值，其实质就是不同时间点上资金价值的换算。具体包括两方面：①计算现在拥有一定数量资金，在未来某个时点将是多少数额，这是计算终值问题；②计算未来时间点上一定数额资金,相当于现在多少数额的资金,这是计算现值问题。

资金时间价值的计算有两种方法:①单利法,只对本金计算利息的;②复利法,不仅本金要计算利息,利息也能生利,即俗称"利上加利"。相比较而言,复利法更能确切地反映本金及其增值部分的时间价值。

现值又称"本金",是指资金现在的价值。终值又称"本利和",是指资金经过若干时期后包括本金和实现价值在内的未来价值。因此,资金的时间价值就有单利终值、单利现值、复利终值、复利现值4种表示方法。

现设定如下符号:P 为本金(现值);r 为利率;I 为利息;F 为本利和(终值);t 为时间。资金的时间价值的4种形式可以用以下形式表示:

①单利终值:$F=P+I=P+P \cdot r \cdot t=P(1+r \cdot t)$;

②单利现值:$P=F-I=F-F \cdot r \cdot t=F(1-r \cdot t)$;

③复利终值:$F=P(1+r)^t$;

④复利现值:$P=F(1+r)^{-t}$。

(二) 林业资金利用评价

林业资金是林业再生产领域中所拥有的物质财富的货币表现。林业生产活动具有早期资金投入大、资金周转慢和林业经营活动风险大等特殊性,林业资本在林业再生产活动中具有重要影响,林业资本包括林地、厂房设备等固定资本,也包括种苗、燃料等流动资本,因此,林业资金的利用效果即林业投资评价对指导林业生产经营活动具有重要意义。可以用净现值、内部收益率、收入与支出比等指标来进行评价。

1. 净现值

进行林业投资评价时,应考虑资金时间价值。由于在林业投资过程中可能涉及间断或连续的后期费用,如补植费、人工抚育成本等,需要将未来所有现金流量贴现到现在的价值,这就涉及净现值(NPV)问题。净现值(NPV)等于毛收入现值(R)减去支出现值(C)。由于消费中也有利息,NPV就可以通过以下公式计算:

$$NPV = \sum_{i=0}^{n} \left[\frac{R_i}{(1+r)^i} - \frac{C_i}{(1+r)^i} \right] \tag{2-14}$$

可以发现,NPV 表示的是林业投资者在一定收入、支出及贴现率(r)的前提下应该投资的金额。当 NPV 大于零时,意味着林业投资项目可行;而当 NPV 为负,则表示林业投资项目不可行。

2. 内部收益率评价

林业投资评价的另一种方法是内部收益率(IRR)评价。内部收益率(IRR)是当净现值等于零时的回报率,也就是林业投资项目实施后预期未来税后净现值流量的现值与初始投资相等的贴现率。其公式表示为:

$$\sum_{i=0}^{n} \frac{R_i}{(1+IRR)^i} - \sum_{i=0}^{n} \frac{C_i}{(1+IRR)^i} = 0 \tag{2-15}$$

可以发现,在 IRR 状态下,收入现值与支出现值相等。林业投资者投资的前提条件就是要保证可接受的项目投资的内部收益率大于最低回报率(MAR),因此最低回报率是林业投资者的最低底线。如果内部收益率小于最低回报率(MAR),那么说明此项目不可行。

3. 收入与支出比(B/C)

收入与支出比也称利润指数,是收入现值与支出现值之比。

$$B/C = \frac{\sum_{i=0}^{n} \frac{R_i}{(1+r)^i}}{\sum_{i=0}^{n} \frac{C_i}{(1+r)^i}} \tag{2-16}$$

当 $B/C=1$,$NPV=0$。如果 $B/C \geq 1$,项目可接受;如果 $B/C<1$,项目不可接受。此方法与 NPV 评价一致。

第五节 林业科技进步

一、林业科学技术的作用和特点

(一)林业科学技术的概念和作用

1. 概 念

科学技术是科学和技术的总称,是表征现代科学与现代技术密不可分的概念。

①科学。科学是关于自然、社会和思维的知识体系,是正确反映客观事物的本质和规律的系统知识。

②技术。狭义的技术是指生产实践中的各种工艺操作方法和技能。广义的技术则是指人们按照预定的目的对自然、社会进行调节、控制、改造的知识、技能、手段和方法的总和。也可以认为,技术是人与自然进行物质、能量、信息变换的手段和媒介,即凡是人与自然关联的物质、能量和信息都是技术。科学和技术是两个具有特定内涵的概念。

2. 作 用

随着经济社会的发展和科学技术水平的提高,科学技术在林业生产中的地位与作用日益重要。主要表现在以下3个方面:

①科学技术是发展林业生产的关键所在。国内外林业发展进程表明,林业科学技术的每一次突破性进展,都引起林业生产力水平的大幅度提高。

②科学技术是提高农村劳动者素质的先决条件。近年来中国农村的实践表明,一部分率先致富的农民,大都是文化素质高、智力开发好、懂技术、善经营的人。一批林业科技示范户,带动千家万户依靠科技脱贫致富。

③科学技术是实现林业现代化的必然途径。无论是林业生产条件、生产技术,还是生产管理的现代化,都离不了现代科学技术。只有在林业中广泛地采用现代科学技术,才能从根本上改变林业的落后面貌。

(二)林业科学技术的特点

由于林业生产的特殊性,使林业科学技术同其他领域的科学技术比较,呈现一些特点。主要是:

(1) 综合性和相关性

林业生产受自然环境、社会经济条件和生物体自身生长发育规律等方面多种因素的影响，这些因素经常又是交互作用的。这就使林业科学技术涉及的范围十分广泛，是一个由多学科组成的综合性很强的科学技术体系。林业科学技术的开发应用要注意各学科间的相关性，注意各相关因素的总体协调。

(2) 区域适应性

林业生产面广，各地区自然经济条件差异大，使林业科学技术的开发和推广具有区域适应性。即要求从各地的实际出发，有选择、有重点地开发和推广适用技术。

(3) 研究开发周期长

林业科学技术从研究、试用到推广，要受生物自身生长发育过程的制约，难以在短期内突击完成。这就要求林业科学研究项目的选择要准，并要有长远规划，从早着手。

(4) 技术推广效果的不稳定性和风险性

林业生产受自然环境影响大，不确定因素多，使林业科学技术推广应用的效果在不同时期、不同地区表现出不稳定性。特别是新的科技成果的推广应用具有较大的风险性。由于林业生产季节性强，生产过程具有不可逆性。所以，林业科技成果的大面积推广应用要持慎重态度，应通过试验示范，逐步推广。

(5) 林业科技成果应用的分散性

林业生产与土地和其他自然条件相联系。作业面广而分散，这就决定了林业科技成果推广应用的分散性和由千万个独立、分散经营的单位去付诸实施。在连续的生产过程中，随着自然条件的变化，生产者要及时作出相应的反应，有针对性地采用技术措施。

因此，林业科学技术推广应用效果的大小，不仅取决于科技成果本身，而且取决于劳动者和经营管理者掌握技术的水平。林业科技成果应用的分散性，要求在技术推广的过程中，必须加强对成果使用单位的技术指导和技术服务，尽可能将技术推广与技术力量的培训紧密结合起来，使广大生产者真正掌握有关技术，以提高推广应用的效果。

二、林业科学技术进步及其测定

(一) 林业科技进步及其贡献率

1. 林业科技进步的概念

科技进步包括自然科学技术的进步和社会科学技术的进步。仅包括前者的科技进步通常称作狭义的科技进步，同时包括两者的科技进步通常称作广义的科技进步。对科技进步较全面的理解，应指广义的科技进步。广义科技进步对经济增长的贡献主要包含以下四个方面：

①新技术应用后抬高了生产函数的曲面。具体地说，新技术提高了资源边际产量、降低了产品的边际成本。这是狭义技术进步的内容，也是科技进步最重要的经济贡献内容。

②提高技术效率，使每个生产单位都能达到或接近推广技术应该达到的投入产出水平。

③提高资源的分配效率和产品的结构效益。

④获得规模效益。其中后三者主要是软科技进步的内容，而且，在不少情况下，这3

个方面对提高资源平均生产效益和降低产品平均成本有着举足轻重的作用。

林业科技进步则是指人们应用林业科学技术去实现一定目标方面所取得的进展。目标可以是提高林产品产量，改善农产品品质，可以是降低生产成本、提高生产率，也可以是减轻劳动强度、节约能源、改善生态环境等。如果通过对原有林业生产技术（或技术体系）的改造、革新或研究、开发出新的林业生产技术或技术体系代替旧技术，使其结果更近于目标，这就是林业科技进步。林业科技进步不仅包括林业生产技术，而且还应包括林业经营管理技术和服务技术。因此，林业科技进步包括自然科学技术的进步和社会科学技术的进步。

2. 林业科技进步贡献率

科技进步是经济增长的重要因素。科技进步是一个不断创造新知识和发明新技术以及不断完善管理体制，并通过在社会生产中推广应用新成果，把新的科技资源与生产要素结合，使其转化为物质财富的进步过程。从生产因素的增加及科技进步的作用带来的总产值的增量中剔除生产因素的增加带来的那一部分产值，剩余部分可理解为科技进步作用的结果。科技进步的增长率与总产值增长率之比称为科技进步对经济增长的贡献率。

经济增长可以采取两种方式：增加投入和提高投入产出比。单纯靠增加投入去获得经济增长，是外延扩大再生产，它不一定使经济效益提高。如在总产出增加的同时，总投入也按一定比例增加，那经济效益就没有任何的提高；如果总投入的增加大于总产出的增加，那么将出现一方面是经济增长，另一方面却是经济效益的下降。而提高投入产出比，实现内涵扩大再生产，才会有提高经济效益的经济增长。因此，经济增长的来源有两个方面，一是来源于投入的增加，二是来源于投入产出比的提高，而投入产出比的提高要靠广义科技进步。

通常情况下，经济增长是在增加投入和提高投入产出比的科技进步的共同作用下产生的，换句话说，可以把经济增长的总量分为两部分：一部分来自投入的增量，一部分来自科技进步的作用。因此，林业科技进步率可定义为林业经济增长总量中，科技进步作用所占的份额。通常用林业总产值表示林业经济水平，公式如下：

林业总产值增长率=因科技进步产生的总产值增长率+因新增投入量产生的总产值增长率

上式中，因科技进步产生的总产值增长率，通常称为科技进步率。因此，林业科技进步率是林业总产值增长率中扣除新增投入量产生的总产值增长率之后的余额，即：

林业科技进步率=林业总产值增长率−因新增投入量产生的总产值增长率

林业科技进步率除以林业总产值增长率，就是林业科技进步贡献率，即：

林业科技进步贡献率=林业科技进步率/林业总产值增长率

从上述林业科技进步贡献率的含义可以看出，贡献率反映的是科技进步对经济增长的贡献份额。林业科技进步贡献率反映的实质内容是，通过科技进步提高了生产要素的生产效率(提高投入产出比)，降低了产品的生产成本。

（二）林业科技进步贡献率的测定

经过各国学者的研究和实践，目前已有多种测算科技进步作用的方法，主要有：索洛余值法、直接统计科技项目效益法、指标法、C-D生产函数法、增长因素分析法、系统动力学法、层次分析法等。这里主要介绍利用索洛余值法测定林业科技进步贡献率的方法。

1957年,索洛(B. M. Solow)在广泛研究美国经济中发现,影响经济增长的根本动因在于技术进步而非资本积累,提出:

$$Y = A \cdot e^{\delta} \cdot K^{\alpha} \cdot L^{\beta} \tag{2-17}$$

式中 δ——测定时期内科技进步的年平均变化率;

e^{δ}——反映科技进步对年度产出的影响系数。

因为产出、资本投入与劳动投入都是时间 t 的函数,所以对上述方程两边取自然对数,然后对时间 t 求导,得到根据 C-D 生产函数得出科技进步速率方程:

$$y = \delta + \alpha k + \beta l \tag{2-18}$$

式中 y——产出的年均增长速度;

δ——科技的年均增长速度;

k——资本的年均增长速度;

l——劳动的平均增长速度;

α——资本产出弹性;

β——劳动产出弹性。

通常假定生产在一定时期内 α、β 为一常数,并且 $\alpha + \beta = 1$,即规模效应不变。

令

$$E = \delta / y \cdot 100\% \tag{2-19}$$

即为科技进步贡献率。

由科技进步速率方程可导出科技进步贡献率测算的一般公式:

$$E = 1 - (\alpha k) / y - (\beta l) / y \tag{2-20}$$

综上所述,林业科学技术对林业经济的增长具有重要作用,因此,定量分析林业科技进步贡献率有助于更好的分析林业对经济增长的影响。

三、林业生产技术效率

(一)林业生产技术效率概念

技术效率是生产经济学上的一个重要概念,是指投入与产出的最优配置状态,即在一定的技术条件下,如果不增加其他投入就不可能减少任何投入,或不减少其他产出就不可能增加任何产出。这种最优配置状态通常包括两种:①投入导向,即既定产出下投入最小;②产出导向,即既定投入下产出最大。与技术效率相对应的是技术无效率,即当产出既定情况下,投入并非最小,此时,潜在的最小投入与实际投入的比值就是技术效率;或当投入既定的情况下,产出并非最大,此时,实际产出与潜在的最大产出比值就是技术效率。由于投入与产出通常为正值,且潜在最小投入小于实际投入,实际产出小于潜在最大产出,因而技术效率取值区间为[0, 1],特别的,当技术效率为 1 时,表示实现了最小投入或最大产出,当技术效率为 0 时,表示实际投入完全无效或实际产出为 0。

1. 投入导向的林业生产技术效率

指当林业产出(木材与非木质林产品)既定情况下,最小的要素投入(土地、劳动、资本等)与实际要素投入的比值。以两种投入要素 x_1 和 x_2 为例,林业生产技术效率为 OB/OA,如图 2-4 所示,其中,y 为等产量线。

2. 产出导向的林业生产技术效率

指当要素投入(土地、劳动、资本等)既定情况下,实际林业产出(木材与非木质林产品)与潜在林业产出比值。以两种林业产出 y_1 和 y_2 为例,林业生产技术效率为 OA/OB,如图 2-5 所示,其中,PPF 为生产前沿面。

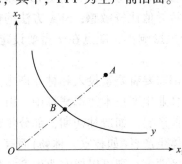

图 2-4 投入导向的林业技术效率

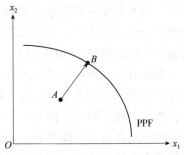

图 2-5 产出导向的林业技术效率

(二)林业生产技术效率测算方法

数据包络分析(DEA)和随机前沿分析(SFA)是两种常用的技术效率测算方法,二者的主要区别在于:①DEA 是非参数方法,主要根据投入产出构造一个包含所有生产方式的最小生产可能性集合;②SFA 是参数方法,需要构造一个具体的函数形式,并计算函数中所含参数。

1. 数据包络分析(DEA)

一般形式如下:

$$\widehat{\theta}_j = \min\theta \quad \text{s.t.} \begin{cases} \sum_{j=1}^{n} x_j \lambda_j \leq \theta x_j \\ \sum_{j=1}^{n} y_j \lambda_j \geq y_j \\ \sum_{j=1}^{n} \lambda_j = 1 \\ \lambda_j \geq 0 \end{cases} \quad (2\text{-}21)$$

式中 x——决策单元 j(如林场、林农)的林业生产投入;

y——决策单元 j(如林场、林农)的林业产出;

λ——决策单元的权重;

θ——决策单元的效率评价指数,是一标量,且 $\theta \leq 1$,当 $\theta = 1$ 时表示决策单元处在前沿面上。通过线性规划求解,可得到每一个决策单元的绩效估计得分 $\widehat{\theta}_j$,即林业生产者的技术效率值。

2. 随机前沿分析(SFA)

一般形式如下:

$$y = f(x; \beta)\exp(\nu - \mu) \quad (2\text{-}22)$$

式中 y——林业产出;

x——林业要素投入。

随机干扰项 $\varepsilon = \nu - \mu$ 由两部分组成,ν 为一般随机误差项,μ 为技术无效率项,μ 与 ν

相互独立，有 $cov(\mu, \nu) = 0$。通过设定具体生产函数，可以得到 ε 和 μ 的估计值，此时，林业生产技术效率为 $TE = E[\exp(-\mu) \mid \varepsilon]$。

数据包络分析（DEA）和随机前沿分析（SFA）在测算林业生产技术效率时各有优劣，DEA 采用数学规划进行求解计算，优势在于不需要设定函数形式，劣势在于未考虑气候变化、自然灾害、病虫害等随机因素的影响，且对特异值比较敏感；SFA 方法的优势在于可以考虑随机因素影响，技术效率计算结果受特异值影响小，缺点在于需要设定函数形式，而不同的函数形式往往得到不同的结果。

无论采用哪种方法，林业生产技术效率测算都需要有要素投入和林业产出。值得注意的是，与农业和其他产业技术效率测算不同，在林业生产技术效率测算中，由于林业生产的长周期性，生产收获不同时，部分年份没有林业产出，如造林初期，部分年份没有林业投入，如中幼龄林抚育与主伐间隔期，因而对个体生产者（如林农、林场）而言，需要在轮伐期内考虑林业生产技术效率，而对于国家和地区而言，则可以像农业生产一样，将要素投入和林业产出视为连续变量。

▶ 思考题

1. 简述林业生产要素的主要内容及特征。
2. 简述林地一般分布区域及它与农地是如何转化的。
3. 简述林业劳动力资源的特征及如何提高林业劳动生产率。
4. 简述图示分析林业资金循环过程及其特点。
5. 简述如何计算资金的时间价值。
6. 简述如何评价林业资金的利用效果。
7. 简述林业科技进步贡献率的测定。
8. 简述林业生产技术效率的测定方法。

第三章 林业产出

第一节 最佳木材轮伐期

轮伐期是一个林木生产经营周期,是指在同一块林地上培育的森林被连续采伐两次所间隔的时间,或者表示林木经过正常的生长发育到可以采伐利用为止所需要的时间。如果说林业经济学有别于农业经济学和其他资源经济学,也许就是树木的轮伐期问题了。轮伐期以不同的森林成熟作为确定的主要基础。森林成熟有多个标准,如数量成熟、工艺成熟、自然成熟、防护成熟、更新成熟、经济成熟等。而针对不同的成熟标准,最佳木材轮伐期还需同时结合折现率、更新成本、单一周期或永续利用等其他指标结合考量。

一、树木的生长过程

近代森林轮伐作业起源于17世纪德国法正林(normal forest)的森林经营理念。法正林的概念是假设有一森林的轮伐期为N年,表示林木成长至N年时采伐。如果林主每一林龄级所占的林地面积皆为森林总面积的$1/N$,这种法正林可以保证每年有$1/N$的森林进入龄级N,也就是成熟了并将其林木采伐,而且采伐后即种。一年后此林地上的林龄级为1年。原来$N-1$龄级成为N龄级,而且也将届龄而被采伐。换言之,森林成法正林状态时,森林按其轮伐期(设为N年)而被区划成N等分,每一龄级占一等分,每年采伐林龄级最大者(林龄N年),而且年复一年,成一循环。采用法正林作业的特色是持续生产(sustainable yield)。每年采伐面积一定,木材生产量一定,所以育林、伐木等作业的财务收支固定,而就业人数也固定。每年有固定收支、就业,有利于森林长期稳定经营。

可是法正林没有告诉最佳采伐时间N。采伐时间的确定首先要考虑林木必须工艺成熟,可以等树木生长速率降到一定水平后进行。所以,自然因素和树种是影响轮伐期的最主要因素。众所周知,在北方寒带树木生长很慢,100多年的轮伐期很正常。可是在南方,生长快的林木(如杉木和马尾松)一般在30~40年就可采伐,有的甚至有低于10年的(如桉树)。林木生长的生物模型(也就是生长和产出模型)是森林经理和营林的重要研究内容。这里讨论的主要是指在给定林木生长的生物模型的情况上如何确定最佳的采伐时间。假设单位面积立木的生长曲线是:

$$y = y(t) \tag{3-1}$$

式中 y——立木的蓄积量。

它是随树木的年龄t而变化(图3-1)。

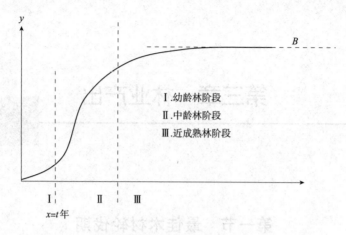

图 3-1　一般树木的生长过程

当 $t=0$ 时，$y(t)=0$。因为树木的生长是不可逆的，$y(t)$ 是关于年龄 t 的连续且光滑的单调非减函数。$y(t)$ 存在一条渐进线 $y(t)=B$，此时 $\dfrac{dy}{dt}=0$。根据树木生长速度，可分 3 个阶段：幼龄林、中龄林和近成熟林。树木的生长速率随树木年龄的增加而变化：缓慢—旺盛—缓慢—最终停止。这也是森林经理研究的一项重要工作，因为影响这条曲线的因素多样，包括树种、生长的区域、立地条件和经营强度（造林的密度）等。

这里有必要说明几个重要的概念问题。

①总生长量。树木从种植开始，直至调查时 (t)，整个期间的累积生长量。它是 t 的函数，也就是 $y_t = y(t)$。

②总平均生长量（简称为年均生长量 mean annual increment，MAI）。指树木在 $[0, t]$ 内的平均生长速率，即树木总生长量被 t 除之商，$\theta = y_t/t$。

③定期平均生长量。树木在一定间隔期 $[t-n, t]$ 内的平均生长速率，即定期生长量，被定期的年数 n 除之商，记为 $\theta_n = (y_t - y_{t-n})/n$；生长比较缓慢的树种，相差一年的连年生长量一般不易测准，故生产中常用定期（$n=5$ 或者 10 年）平均生长量来代替连年生长量。

④定期生长量。树木在一定间隔期 $[t-n, t]$ 内的生长量，记为 Z_n：$Z_n = y_t - y_{t-n}$。

⑤当年生长量（current annual increment，CAI）。树木在一年间的生长量，记为 Z：$Z_n = y_t - y_{t-1}$。CAI 也即是年蓄积生长量 $y'(t)$。

⑥连年生长率。树木在单位时间的生长速率，记为 $\beta_n = (y_t - y_{t-1})/y_t$。如果是一年，就是 $y_t = y(t)$ 的一阶导数。

二、永续木材收获最大化轮伐期

最大永续木材收获量（maximum sustainable yield，MSY）是指从长期（每年）来看木材生产和供应的最大数量。这其实也就是平均年生长量 MAI 最大化的轮伐期，即图 3-2 中的 A 点：

$$\theta = y_t/t \tag{3-2}$$

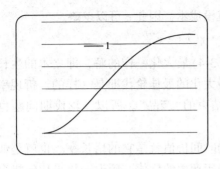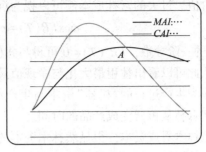

图 3-2　美国南方湿地松的生长曲线 $[y(t)=0.33t^{2.6}e^{-0.06t}]$

这里可以假设其一阶导数为正，二阶为负。要求其最大值，对 t 一阶求导即可

$$dy/dt = [y_t(t)-y(t)]t^{-2}=0$$
$$y_t(t^*)t^* - y(t^*) = 0,$$
$$y = y(t^*)/t^* = y_t(t^*) \tag{3-3}$$

式(3-3)是指当年的生长量(CAI)等于年均生长量(MAI)，是木材长期生产(木材供应)最大化。这个轮伐时间其实还是一个生物学意义上的模型，通常把它称作数量成熟。

即使不用数学推导也不难得出以下结论：①当 $\Delta_{n+1}>\Delta_n$，则 $Z_{n+1}>\Delta_{n+1}$，即年均生长量在上升时期，当年生长量就大于年均生长量；②当 $\Delta_{n+1}<\Delta_n$，则 $Z_{n+1}<\Delta_{n+1}$，即年均生长量在下降时期，当年生长量就小于年均生长量；③当 $\Delta_{n+1}=\Delta_n$，则 $Z_{n+1}=\Delta_{n+1}$，即年均生长量达最高峰时期，当年生长量和年均生长量相等。

从以上可知，在平均蓄积量 $y(t)/t$ 等于边际生长蓄积量 $y'(t)$ 时，平均蓄积量最大，这和经济学的生产函数的平均产量等于边际产量时得到最大的平均生产量的条件是一个道理。从经济学的生产函数关系来看单位土地投入量是以林木生长使用土地的时间来计量，$y(t)/N$ 可以看作土地要素的年均生产力。

三、林木价值最大化轮伐期

那么从经济上是否有最佳的采伐时间呢？经济成熟与数量成熟有什么区别呢？在很长的时间里，森林经营者和林业经济学者用树木价值最大化来确定轮伐期。经营者在决定采伐之际，其投资可以获得最大的净现值来计算。实现林木净现值的最大化，可用以下公式表示：

$$\max_T \pi(T) = p \cdot y(T) \cdot e^{-rT} - c \tag{3-4}$$

式中　T——轮伐期；
　　　p——立木价格；
　　　r——折现率；
　　　c——造林成本；
　　　e^{-rT}——采伐所获取的收益增值到未来 T 年后。

求其最大值，对 T 求一阶导数，并令其为 0，即 $p \cdot y'(T) \cdot e^{-rT} - r \cdot p \cdot y(T) \cdot e^{-rT} = 0$，整理可得其必要条件是：$y'(T)/y(T)=r$。其经济学上的意义是当立木的瞬时生长率 $y'(T)/y(T)$ 等于折现率时，就可以实现净现值最大化，即此时的 T 应为最优轮伐期。

因为这里只看树木的价值，所以通常叫作林木价值(forest rent)最大化，其本质是仅仅考虑立木价值。过去的营林成本额可以视为沉没成本，因此 c 可以忽略。

$$\max_T FR(T) = p \cdot y(T) \cdot e^{-rT} \quad (3\text{-}5)$$

求式(3-5)的一阶导数，$FR'(T)=0$ 可得与式(3-4)最大化一样的解，即立木的生长率等于折现率。从此可以看出林租最大化与净现值最大化的最佳轮伐期是一样的。折现率森林有两重性：作为生产过程的"机器"资本与生产结束的"产品"。所以，轮伐期问题也是决定什么时候把森林从机器变成产品的时间。

如果把林木看成资本，很显然林木资本的时间价值就是它的增长率。也就是如果延迟一年采伐，林木的当年增长量就是林木资本当年产生的价值。延迟一年采伐的机会成本是林木砍下来用于别的投资的收益，可以用折现率来表示。如果林木生长率大于折现率，作为森林资本优于马上变成别的投资资本，不采伐更合算，因为树木作为资本比砍下变成现金再作为其他投资的资本具有更高的回报率。如果林木生长率低于折现率，作为森林资本不如马上变成别的投资资本，应当立即采伐。所以，最佳的采伐时间是在树木的生长率等于折现率的时候，也就是树木作为资本与树木采伐后再做其他资本的资本等价。

四、林地收益最大化轮伐期

式(3-4)其实是个似是而非的经济学轮伐期，而且这个谬误源远流长。早在170年前(1849)德国的林学家浮士德曼(Faustmann)就研究了这个问题，现在称作 Faustmann 公式。因为原文是德文，并没有广泛传播。后来瑞典的经济学家奥林(Ohlin)研究了这个问题并进一步发展，可还是没有得到太多人的关注。这一问题真正变成林业经济的热点问题是在1976年之后，也就是 Gaffney 和 Samuelson 全面地阐释 Faustmann 公式，并且指出折现率、工资对轮伐期的影响。

什么是 Faustmann 公式呢？其本质是土地期望价值的最大化，即地租(land rent)最大化，也就是在什么时候轮伐会使单位面积的土地期望价值最大。这和林木价值最大化的轮伐期有什么差别呢？林木价值最大化错就错在树木的生长除了占用现有的立木资本外，还需要土地资本，也就是地租。如果延长一年不仅有树木变成其他资本的机会成本，还包括多占用一年土地的成本。如果一块林地一直被使用为生产林木，在此情况下就不能像林木净现值模式，即考虑单一的轮伐期，因为林木留在林地上时，林地就无法成为空地来重新造林，因为土地一直被持续的使用，如此会影响下一轮伐期的收益。

Faustmann 的创新就是不从单一的轮伐期来求解，而是假定土地一直重复用来生产木材。把所有未来的收益都贴现到现在的价值。其总贴现的价值就是相当于土地的价值，而不是一个轮伐期的价值。

用公式表示如下：

$$LEV = \max_T \lim_{n \to \infty} [p \cdot y(T)e^{-rT} - c](1 + e^{-rT} + e^{-2rT} + \cdots + e^{-nrT}) \quad (3\text{-}6)$$

$$= \max_T (1 - e^{-rT})^{-1} [py(T)e^{-rT} - c]$$

同样，若求其最大值，令其对 t 的一阶导数为 0，即：

$$LEV'(T) = py'(T) - rpy(T) - rLEV = 0 \quad (3\text{-}7)$$

其中，LEV 即为式(3-7)中的表达，且二阶充足条件需满足

$$LEV''(T) = py''(T) - rpy'(T) < 0 \tag{3-8}$$

整理式(3-8)，可得以下两式

$$py'(T) = rpy(T) + r\text{LEV} \tag{3-9}$$

或

$$\frac{y'(T)}{y(T)} = r + \frac{r\text{LEV}}{py(T)} \tag{3-10}$$

式(3-9)表明在最优轮伐期下当年生长量(CAI)的价值为 $py'(T)$，即推迟采伐一年多获得的价值，等于推迟采伐一年所要付出的机会成本(等式右边)。这一机会成本又等于在本期采伐木材的所得再以折现率 r 进行投资得到的收入 $rpy(T)$，加上以后每一周期都会被推迟一年牺牲的收益 $r\text{LEV}$。与此同时，式(3-10)也以另一种方式表示了同样的关系，即选定的最优轮伐期能使瞬时增长率 $\frac{y'(T)}{y(T)}$ 等于折现率 r 和采伐时林地价值和林木价值之比 $\frac{r\text{LEV}}{py(T)}$。与林木价值最大化时的条件相比，这一比例的值增加了 $\frac{r\text{LEV}}{py(T)}$，即采伐时的瞬时增长率要求提高了；又因为林木生长率随林龄的增加降低，可知林地收益最大化的轮伐期短于林木最大化的轮伐期。

用比较统计的方法求 LEV 对 p，r 和 c 的导数，可知 $\frac{d\text{LEV}}{dp} < 0$，$\frac{d\text{LEV}}{dr} < 0$ 且 $\frac{d\text{LEV}}{dc} > 0$，即林地收益最大化的轮伐期随林木价格、折现率的提高而缩短，并随造林成本的提高而延长。林木价格的上升意味着劳动力成本相对木材价格的下降，所以林地收益最大化的轮伐期缩短；而折现率提高则代表森林资本(立木生长)的机会成本增加，因此需要更早把它从森林资本变成其他资本，所以导致林地收益最大化的轮伐期缩短；而劳动力成本上升意味着造林投资增加，在别的情形一样的情况下，希望减少单位时间内的造林次数，也就会带来林地收益最大化下轮伐期的延长。

五、数量收获、林木价值和林地价值最大化的比较

以上3种轮伐期在林业生产实践中都有其实际意义。最大永续木材收获在很大程度上还在指导林业生产活动，因为可以长期最大限度地生产和供应木材。如果实际折现率很低，那么它和经济成熟没有太大的差异。这种方法也很容易被林业生产和管理者所接受。林木价值最大化轮伐期的问题是在没有考虑土地的时间价值。如前所述，因为考虑了永续利用的机会成本，林地价值的最佳轮伐期通常短于林木价值的最佳轮伐期。

从经济上看，数量收获，林木价值最大化的轮伐期是有缺陷的。林地价值最大化是更为合理的经济模型。最大木材永续收获没有考虑时间价值，只考虑木材的量。林木价值最大化的问题在于，虽然考虑了森林的资本价值但没有考虑土地资本的价值。

下面用案例说明它们的差异。

【例3.1】 表3-1的第(1)列和第(2)列是龄级和每公顷立木蓄积量生长情况。假设已知第一年的造林成本是 $C_0 = 300$ 元/公顷，每年的管理费用是 $a = 10$ 元/公顷，立木价格为 $P = 200$ 元/立方米，银行的折现率是 $r = 6\%$。

可以用以上公式求永续数量收获(表3-1第3列),林木净收益(第8列)和林地净现值(第9列)的结果:用数量收获、林木价值和林地价值最大化为目标最佳采收时间分别是35年、25年和20年。可以看出林地价值最大化最早,林木价值最大化次之,最长的是永续数量。如果折现率是0,那么永续数量收获(MSY)的收获期和林木净收益收获(FR)是一样的。当折现率大于0,为什么MSY的收获比FR收获期长呢?那是因为MSY只考虑立木的生长,为推迟收获的收益,而没有考虑占用资本的机会成本。而林地价值最大化的最佳轮伐期是最短的。

表3-1 最大永续收获,林木净现值和林地净现值的比较

龄级	蓄积量(立方米/公顷)	永续收获(MSY)	立木市价	立木市价贴现值	造林成本	管理费用贴现值	林木净现值(FR)	林地净现值(LEV)
(1)	(2)	(3)	(4)	(5)	(6)	(7)	(8)	(9)
T	$=y(t)$	$=(2)/(1)$	$=(2)*p$	$=(4)/(1+r)^n$	$=C_0$	$=a[(1+r)^n-1]/[r(1+r)^n]$	$=(5)-(6)-(7)$	$=(8)*(1+r)^n/[(1+r)^n-1]$
10	30	3.00	6000	3350	300	74	2977	6741
15	69	4.59	13 776	5748	300	97	5351	9183
20	121	6.04	24 168	7536	300	115	7121	10 347
25	168	6.72	33 598	7828	300	128	7400	9648
30	210	7.01	42 054	7322	300	138	6884	8336
35	248	7.08	49 570	6449	300	145	6004	6902
40	281	7.02	56 125	5457	300	150	5006	5545
45	300	6.67	60 000	4359	300	155	3904	4210

目前通常还用净现值法和内部收益率最大化方法来计算轮伐期。净现值法实质上就是林木价值最大化的方法。内部收益率(IRR)是指在净现值为零时的折现率,必须注意的是内部收益率必须是在考虑土地成本的情况下才可以用的,否则是错误的。

综上所述,可以得到如下结论:

①如果林地可以无限的获取,树木又可以完全天然生长,那么地租必然是零,立木价格也是零,木材就不是稀缺的资源,木材生产就不是经济学要研究的问题。什么时间收成都没有区别。木材价格就等于采伐和运输的成本。

②如果林地可以无限的获取,地租是零,但树木不会完全自然生长,需要人工植树。因为有植树费用,木材是稀缺的;但是因为土地不稀缺,这种情况必然是粗放经营。收获时间是当立木生长率等于折现率。在自由竞争下只有折现后的立木价值与植树费用的现值相等时才不亏本(所有的林木收获都用来支付营林成本)。这种情况下,LEV和FV是等同的。

③如果林地有限(地租高于零),也就是通常的情况,不管植树有没有费用,LEV最大时的轮伐期都是更为合理的。地租是在竞争下追求最大化,林地的价格(也就是LEV)就

是未来轮植所得的全部净收益的折现。林地收益最大化的轮伐期收成的时间一定比林木价值最大化来得早。到底能提前多少取决于地租、植树费用和林木价格的比较。如果植树费用相对于地租来说很昂贵，LEV 和 FV 就没有什么太大的差别。反之，植树费用很低，LEV 的轮伐期就会大大地短于 FV 轮伐期。

第二节　森林生态服务及其价值补偿

人类对生态系统造成的改变，使得人类福祉和经济发展得到了实质性的进展，但是这些进展的代价是不断升级的诸多生态系统服务功能的退化，非线性变化风险的增加，和某些人群贫困程度的加剧。这些问题如果得不到应对，将极大地减少人类子孙后代从生态系统所获得的惠益。

2000 年在联合国秘书长科菲·安南呼吁下，2001 年正式启动了"千年生态系统评估"(Millennium Ecosystem Assessment，简称 ME)。该项目的目标是评估生态系统变化对人类福祉所造成的后果，为必需采取行动来改善生态系统的保护和可持续性利用从而促进人类福祉奠定科学基础。在"千年评估"设定的部分情景中，在扭转生态系统退化局面的同时，又要满足人类不断增长的对生态系统服务需求的这一挑战，可以得到部分应对，但这需要在政策、机制和实施方式方面进行重大转变。现在，有许多对策方案可以通过减少不利的得失不均衡的状况，或通过与其他生态系统服务之间形成有利的协同作用，来保护或改善某些特定的生态系统服务。

森林具有供给服务、调节服务、支持服务和文化服务四大服务，具有水土保持、生物多样性、调节小气候和吸收空气中的二氧化碳等功能。生态服务价值的评估与补偿是确保森林生态服务得以持续提供的重要技术和政策手段。生态价值补偿不仅是资源与环境经济学领域的研究热点，也是森林保护和管理等工作中急需解决的实际问题。生态价值补偿需要生态环境科学家的参与，但本质上更是一个经济学的问题。

一、生态服务价值

(一)生态学的价值与经济学的价值

生态学家(和其他的自然科学家)与经济学家对物质和资源的价值概念有着本质的差别。自然科学研究物质在整个自然系统中的作用，即物质的内在价值(intrinsic value)和功能(functions)。其中对人的使用价值是其重要的组成部分，如水可以解渴，森林可以吸收空气中的二氧化碳等。通常把森林的内在功能分为以下 4 个方面：

①社会经济的食物生产、原材料供应的基础，如木材、水等。
②生命系统支持功能，如大气。
③提供休闲、嬉戏和优美环境的功能。
④提供社会经济活动的副产品(如垃圾)的存储、转换与吸收的功能。

由于不同物质对生态系统的作用不同，也就存在不同的衡量量纲和标准。所以比较它们的内在价值是很困难的；而简单地比较生态价值不仅是不可能的，也无意义，如比较蚂蚁对生态系统的价值大还是树木对生态系统的价值大。事实上，生态系统作为整体，每个环节都非常重要。但是，在某些时候采取一些方法折算后进行比较还是可行的。例如，一吨的甲烷相当于多少吨二氧化碳对温室效应的影响。更典型的例子就是能值分析，能值分析把不同类别的能量转换为同一客观标准，从而可以进行定量的比较。这一分析方法把生态系统与人类社会经济系统统一起来，用于调节生态环境与经济发展的关系，具有一定意义。

经济学的价值是把这些千差万别的产品与服务以及它们的功能用同一量纲来比较与分析。经济学的价值是指交换价值，即该物质交换其他物品的能力，特别是该物品对货币的交换能力，通俗地说就是值多少钱。尽管森林中生产的木材和其生态功能是不可比的，但是如果问：愿意牺牲多少木材的生产来换取某一生态功能？这种表述还是可以说得通的。经济学就是试图把所有物品都核算成同一基数度量，如货币和时间。这样，不同物品的价值既可以相加，也可以进行比较。

生态产品的使用价值很高，但是作为经济学价值的交换价值却很低，这就带来了使用价值与交换价值背离的讨论。早在200多年前，亚当·斯密指出的使用价值与交换价值的背离其实就是内在的使用价值与经济学价值的差异。斯密指出：使用价值很高的物品（如水资源）可能只有很小的交换价值；而钻石并没有很高的使用价值，却昂贵无比。随后，经济学家们又提出：是物品的生产成本决定了其交换价值。那么，又是什么决定了物品的生产成本呢？李嘉图给出了一个奇妙的答案，即认为一切成本都可以归结为劳动力成本。因而，他得出了一种纯粹的劳动力价值理论：两种商品的相关价值是由每种商品中直接或者间接的劳动力投入决定的。但是，李嘉图忽视了需求方面的分析。这一问题直到马歇尔时代才得到了圆满的解决。马歇尔从供需两方面分析了单一商品市场，认为价格不仅是需求方对商品在边际上的估价，也是生产这种产品的边际成本。那么从这个角度出发，水与钻石的使用价值与价格的悖论便不复存在。水之所以价格低廉是因为它的边际价值和边际生产成本都很低，而钻石则正相反。虽然从总体上看，水比钻石更重要，因为任何一个人可以没有钻石，但不能没有水。但是从边际上看，结论却是相反的，许多玻璃球并不比钻石逊色，可是价格也很低，这是因为其边际成本很低。

在市场经济里，物品的交换价值是由价格来表现的。竞争市场条件下的价格确切地表明了各种资源（包括一切不是取之不尽而又对人们有用的物品）的稀缺性。稀缺性包含了极丰富的信息，不但说明了获得此种物品的困难程度，也说明了社会对此种物品需求的程度。稀缺程度不仅是引导资源利用与分配的指南，也是引导科技发展的原动力。作为衡量稀缺性的价格，一方面可以影响对该物品的消费，另一方面引导对该物品或替代物品的生产和研究。所以价格不仅是稀缺的催化剂，也是稀缺的抑制品。然而，价格与稀缺经常不一致，特别是对于有外部性的产品。许多自然与环境资源是稀缺的，但目前还没有市价。对自然与环境资源估价的本质就是评估其经济学范畴的稀缺程度，目的是用这些评估的价值来引导资源的配置（包括市场的和非市场的）和自然与环境政策的制定。随着人类对生态系统功能不可替代性的认识越来越深刻，生态系统服务功能的研究越来越受到人们的重视。

（二）生态服务的机会成本

从需求角度研究资源和环境经济问题在许多情况下很困难。成本和收益是一件事的两个方面。假如用生态的耕作方法来保护农业区生态功能,那么由于该方法使用而导致农产品收益的减少就是保护生态的成本。同理,木材采收的收益是保护森林的机会成本,而保护效益就是木材采收的机会成本。图3-3是木材和生态服务的生产可能性边界曲线。如果没有生态补偿,则 A 点就是森林经营的最优产出。从 A 点到 B 点,生态服务是增加了(NT^*),但木材减产了($T-T^*$),即生产 NT^* 生态服务的机会成本是($T-T^*$)。随着生态服务补偿价格的增加,森林经营者愿意牺牲更多的木材生产(如从 B 到 C,甚至到 E)。从生产者角度来看,NT^* 的经济价值是($T-T^*$)。消费者是否愿意支付这一价值则需从消费者对这一生态服务的边际价值来考察。

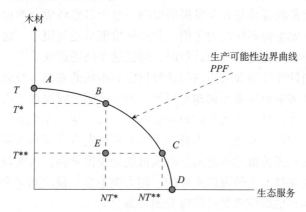

图3-3 生产可能性边界曲线

由于为提供生态服务的市场也是竞争的市场,故用机会成本来表示生态服务的经济价值有重要意义。在多数情况下,没有必要精确估算价值,而且也无法或者很难进行精确估价;但从成本角度却很容易做到。成本通常比效用价值更容易估计。例如,用消费者支付意愿值(willingness to pay, WTP)来估计濒临绝种动物的价值。这是非常难的一个命题,其原因在于:①人们对濒临绝种动物本身就认识不够(如其未来的用途);②评估时应该包括哪些人的 WTP,即要决定抽取样品的总体是基于地方性的社区、国家范围还是全球范围,以及在什么经济水平上进行评估。相对而言,供给方的范围比较狭窄,也比较客观,更容易准确确定。对于濒临绝种动物,其机会成本就等价于为保护栖息地域而造成的经济损失,如不生产木材的经济损失。没有理由反对以相竞争的非木材利用价值来决定土地配置。只有在木材生产比其相竞争的非木材生产价值更大的情况下土地才可能用于木材生产。然而,在实际应用中,很难得到非木材价值有关的数据,这比计算木材价值要困难得多。实际上,用木材生产的机会成本的优点在于不需要计算其他非木材生产的准确价值。因此,只要估算它们的价值是大于还是小于已知的木材价值就可以了。

(三)生态服务的边际价值

生态服务的价值只能在边际上进行度量。Costanza 等12人在前人已有工作的基础上将自然生态系统为人类所提供的服务归纳为大气平衡、气候调节、食物生产、土壤形成、生物控制、原材料等17个大类,使用或构造了物质量估价法、能值分析法、市场价值法、机会成本法、影子价格法、影子工程法、成本分析法、防护成本法、恢复成本法、人力资本法、资产价值法、旅行成本法、条件价值法等一系列方法,分别对每一类子生态系统进行测算，从而对整个生物圈的服务价值作出了初次评估，最后进行加总求和得到全球生态系统每年能够产生的服务价值。其计算结果为每年的总价值为 16 万亿～54 万亿美元，平均为 33 万亿美元(为 1997 年全球 GNP 的 1.8 倍)。这一研究结果得到国际社会的广泛回应。该研究虽然得到个别经济学家的支持(12 个作者中就有两位是经济学家)，但大多数经济学家认为，该研究忽视了边际价值，没有在边际上进行分析。人类面临的往往是利益权衡(trade-off)的选择。在边际上分析商品与价值是经济学发展的一座里程碑。无论生态系统和天然资源对个人或社会是何等重要，其边际价值通常非常低，特别是在其储量较丰富时。许多很有价值的东西，当其储量太大时，其边际价值甚至可以是负数。当大量的欧洲人初到美洲时，茂密的森林是农业发展的障碍。整个自然环境资源价值很大是无可辩驳的，但大部分资源，如生物多样性的价值，其边际价值可能就很小。这是基本的经济学原理，但把它应用到非市场物品的货币计量时，却把这个问题忽视了。

这种计算其实与计算月亮和太阳的经济价值没有本质的差别。月亮和太阳的价值肯定很大，可是如果从经济学角度去评估却很可笑。为什么呢？根源在于人类还不能左右月亮和太阳。也就是说，改变月亮和太阳的边际成本无限大，那么无论通过改变月亮和太阳能带来的收益有多大，都是不经济的。当有一天人类可以左右月亮和太阳的时候，那么用成本收益分析研究它的经济价值才有意义。有人可能会提出疑问，人类现在就可以改变和影响全球生态系统。这在技术上是可以实现的，但人类不会一夜之间完全改变它。应该明确的是，人类要研究和评估的应该是可能改变的那部分。

如果改变资源数量没有边际成本，那么不仅研究其经济价值没有意义，而且意味着该资源其实没有交换价值。人们要计算的不是全球生态系统的价值，因为这个价值可以说是无限的，没有全球生态系统就没有人类和生命。全球生态系统的价值何止 16 万亿～54 万亿美元(Costanza 等，1997)呢？所以估价整个生态系统(或甚至只是作为地球生态系统一部分的亚马孙河森林)比边际问题(如 10%的亚马孙河森林)要困难得多，而且也是没有意义的。变化(选择)总是边际性的，要研究的是可能的并且可以左右的边际变化为社会带来的成本与效益。例如，研究亚马孙河所有森林的价值是没有意义的，这是因为亚马孙河森林不会在近期全部消失。可是，如果假设有 10%的林地面临转移成农地的危险(因为农地对当地可以带来更大的经济效益)，研究这 10%林地的边际效益就很有意义。这个边际效益就是转移农地的机会成本。这个计算值对制定公共政策很有意义。所以研究大规模的小幅度变化和小规模的大幅度变化更有意义。

(四)生态服务的个人价值与社会价格

在经济学中，价值有不同的含义，其中最重要的是交换价值。交换价值有两层含义：①对个体的交换价值；②对社会的交换价值。前者是消费愿意支付值或消费者价值，后者指价格(或社会的影子价值)。因为在新古典经济学中价值一般解释为市价，许多人尤其是非经济学者，没有正确地区分个人的价值和社会的价值。只有后者，即价格，才可以用于指导资源配置。用条件价值法(contingent valuation method，CVM)度量的是消费者价值而并非社会的交换价值或价格。

为了说明消费者价值(也可能是生产者价值)和社会的交换价值之间的差异，下面举例说明。①一种能治疗某种致命疾病的药对患者肯定有巨大的价值，但是市场价格可能很低。这有两种可能的原因：或是有市价很低的替代药，或是生产该药成本很低且没有技术上的秘密。②人们对食品平均的意愿支付值(Willing-To-Pay，WTP)肯定比市场上的价格高。可是，我们能用 WTP 或消费者价值指导资源配置吗？答案是否定的。原因在于价格与消费者价值具有本质的区别。可见，消费者价值对指导资源配置并没有太大的帮助。用 WTP 估计消费者价值没有错误，但是 WTP 不是社会的交换价值(价格)，因此不能用消费者价值引导资源配置，而必须使用影子价值)。估价研究应该把重心集中在价格(影子价值)的计量，而并非消费者价值。

消费者价值和社会价格之间的差异类似于个人的偏好和社会偏好的不同。CVM 表征个人偏好，社会价格表征社会偏好。对于公众的选择(偏好)和个人价值之间差异的研究已经有很长的一段时间，可是大多数的估价研究却用个人偏好或者将个人消费者价值简单加总来解释公众的偏好。这两个偏好为什么会不一致？主要原因在于：①个别偏好总和不可简单地推论出公众偏好，因为一个人的偏好可能与另一个人的选择有关，"囚徒困境"就是一个典型例子；②人很可能有两种偏好，一种是对私人选择，另一种是对社会的行动和选择；③收入限制是造成个别偏好不同于公众选择的另外一个原因。如果收入分配不公平，那么基于个人偏好的公众选择不可能是公平的。因此，公共政策也应该考虑利益重新分配的冲击以及公正和正义的因素。

从上述的争论可以看出，用消费者价值来引导自然和环境资源配置存在严重问题。然而，用价格或影子价格就可以解决问题，理由如下：

(1) 价格(或影子价值)是市场上的消费者和生产者共同决定的

价格是一种社会现象，它是整个社会团体共同表达的价值。它是通过对整个社会的许多替代品的较量过程得到的。价格测量社会的相对稀缺程度，甚至反映了将来市场的变化(例如，预期潜在贬值的危险)。价格是在平衡点的社会边际机会成本与边际价值。而 WTP 是个体对该物品的个人表达。价格是相对客观的，不以个人意志转移。市价是社会价值分配的表达。

(2) 价格反映潜在的技术革新与产品替代

资源和环境总是在变化的，但是，人类及其经济系统对环境具有很强的适应性。在旧石器时代和新石器时代，石头由于是制造工具的材料，所以价值巨大。再如，3000 年前希腊由青铜时代过渡到铁器时代，起因于制青铜用的锡的短缺，希腊人因此而发现了铁。同样，16 世纪英国木材的贫乏导致了煤时代的到来，1850 年左右鲸油的短缺促成了 1859 年世界上第一口油井的开采。所以使用现在的价格和收入来对未来资源进行估价是没有意义的，因为经济系统在未来会完全改变，从而导致未来的收入与价格和今天完全不同。当人们为将来的使用进行资源估价时，这一点尤其重要。目前有人认为热带丛林中存在某种植物能医治人类当前的不治之症，这种潜在价值当然存在，但其实并没有那些人估计的那么大，甚至是不可以附加到其价值之上的。首先，去寻找这种植物不是不需要成本的；其次，在没有发现之前，人类在实验室里很可能就合成出来了，所以人类对世界森林里可能发现药物的净价值要比预期的要小得多。

(3) 价格已经在社会水平考虑替代及边际问题，而不只针对个别的情形

比较不同产品的替代是估价研究的一个重要问题。WTP 是消费者意愿支付值，一般

没有与其他物品进行比较。某些资源或生态系统通常是不能分割的，它们是一个比较大系统中的一小部分，即使完全损失也可能只是整个系统变化的一小部分，它们的功能可能会被一些其他的相似系统所替换。例如，如果问某一濒临绝种动物的保护在一个特定区域中的WTP，通常的假定是只在这个区域才有这一动物种类。如果相同种类或相似种类的动物在其他地方也存在，那么损失的只是部分而并非全部。例如，有两个娱乐区域 A 和 B，它们都有相同的用途(例如，钓鱼)，A 点的 WTP 是 V_a，B 点的 WTP 是 V_b。于是，开发 A 的机会成本应该是 (V_a-V_b)（假设 $V_a>V_b$），而不是 V_a。因此，应该使用 (V_a-V_b) 而不是 V_a 作为开发 A 的影子价值。

二、生态服务价值的补偿

(一) 生态价值补偿的必要性：公共产品理论

提出生态效益进行补偿的理由很多，最常见的是：①生态价值往往是其系统的商业价值的几倍至几十倍，很多人是这一巨大的生态价值的搭便车者(free-riders)，因此需要建立生态补偿机制来改变，也就是要"谁受益、谁补偿"；②生态效益具有公共产品属性，无法通过市场交换，只有用生态补偿机制才可以弥补市场机制的不足。这些论点其实似是而非。人们每天都在获取数之不尽的生态价值，如空气、水、阳光和其他有价值的东西。有些是公共产品，有些是私有品。难道都要给供给者提供补偿？事实上，每个人也同时为社会提供许多无偿的生态价值，如在院前屋后种的花草，对行人和社区来说肯定是提供了生态价值，那么是不是也该向他人收费？

支持对森林生态价值进行补偿的是公共产品理论，它是新政治经济学的一项基本理论，也是正确处理政府与市场关系、政府职能转变、构建公共财政收支、公共服务市场化的基础理论。根据公共经济学理论，社会产品分为公共产品和私人产品。按照萨缪尔森在《公共支出的纯理论》中的定义，纯粹的公共产品或劳务是这样的产品或劳务，即每个人消费这种物品或劳务不会导致别人对该种产品或劳务消费的减少。而且公共产品或劳务具有与私人产品或劳务显著不同的3个特征：

①效用的不可分割性。私人产品可以被分割成许多可以买卖的单位，谁付款，谁受益。公共产品是不可分割的。国防、外交、治安等最为典型。

②受益的非排他性。私人产品只能是占有人才可消费，谁付款，谁受益。然而，任何人消费公共产品不排除他人消费(从技术加以排除几乎不可能或排除成本很高)。因而不可避免地会出现"搭便车"现象。

③消费的非竞争性。边际生产成本为零：在现有的公共产品供给水平上，新增消费者不需增加供给成本(如灯塔等)。与此同时，公共产品的边际拥挤成本为零：任何人对公共产品的消费不会影响其他人同时享用该公共产品的数量和质量。个人无法调节其消费数量和质量(如不拥挤的桥梁、未饱和的互联网等)。而凡是可以由个别消费者所占有和享用，具有敌对性、排他性和可分性的产品就是私人产品。介于二者之间的产品称为准公共产品。

根据西方经济理论，由于存在"市场失灵"，从而使市场机制难以在一切领域达到"帕累托最优"，特别是在公共产品方面。如果由私人部分通过市场提供就不可避免地出现"搭便车者"，从而导致休谟所指出的"公共的悲剧"，难以实现全体社会成员的公共利益最大化，这是市场机制本身难以解决的难题，这时就需要政府出面来提供公共产品或服务。此外，由于外部效应的存在，私人不能有效提供也会造成其供给不足，这也需政府出面弥补这种"市场缺陷"，提供相关的公共产品或劳务。而林业属于公共品，因此对它的生态价值补偿评价方法测定显得格外重要。实际上，执行生态价值补偿的必要条件有：为提供生态价值必须有机会成本；增加的生态价值必须大于为此而付出的机会成本；增加的净价值（生态价值减去机会成本）必须大于交易费用。总之，执行生态价值补偿必须要为社会增加总的财富。例如，西部为东部提供生态屏障，但这不是东部为西部提供更多生态效益作出补偿的理由。但是，如果东部为了要西部提供更多的生态效益而对西部的土地与资源利用做各种限制，那么因此造成的机会成本应由东部补偿。也就是说，因提供生态服务而造成经济利益减少的部分，才是可以要求补偿的依据。西部提供的许多生态效益是没有机会成本的，例如，雪山和边远的原始林。因为即使不考虑为东部提供生态效益，西部也无法对其进行经济利用。这部分的效益不需要补偿。但由于退耕还林还草、退牧还草以及为天保工程禁伐森林、减少牲畜导致的损失则必须补偿。

执行生态价值补偿的根本目的是实现外部性价值的内部化，其效果是双赢，即东部对西部作出补偿，不仅有利于西部，也有利于东部。若只认为生态价值补偿机制是生态价值供给方提出的或只是对供给方有利，这其实是不对的，生态价值补偿机制应该是供求双方共同受益。不补偿可以得到一些无偿的生态价值，但补偿后得到生态价值的增加量将大于提供的补偿值。总之，对于为什么要执行生态价值补偿这一问题上要好好反思，不要把生态价值补偿问题扩大化。

(二) 生态价值补偿：谁补偿谁

补偿主体和客体也是生态补偿中的核心问题，即"谁补偿谁"。一般认为"谁受益、谁付费"，在科斯(Coase)之前人们一直是这样认为的。然而，谁受益本身就是相对的。科斯的理论创新就在于打破传统的思维，把"谁补偿谁"反过来考虑。这对人们思考问题很有帮助。例如，放牛者放纵他的牛去吃麦苗，我们通常的思维肯定是放牛者应该赔偿农夫的庄稼损失。但，科斯却认为为什么不可以反过来想想呢？也就是农夫为了不让放牛者到他的麦田放牛而应该赔偿放牛者的损失。这一思维看起来荒唐，但对科斯定律以及产权理论、法的经济学等一系列问题是一个突破点。他发现，如果农夫和放牛者之间的交易费用为零，则"谁应该补偿谁？"与最后"让不让牛吃麦苗"对整个社会的总体效益和最终的结局都没有影响。这就是著名的科斯定律。他认为，如果没有交易费用，交易方之间都会通过自愿交易达成一样的最优配置。

众所周知，交易费用为零的情况是不存在的，所以科斯定律的真正意义是在交易费用存在的情况下。当有交易费用时，"谁补偿谁"关系很大。这不仅关系利益分配问题，还关系到社会总体效益。例如，烧柴(煤)的火车会溅出火星引燃农田。这是典型的负外部性，与空气污染导致农业减产一样。按照科斯定律，如果交易费用为零，不管铁路对农田损失应不应该赔偿(即火车有没有溅出火星的权利)，对最终铁路和农田采取何种行为没有影响。可是交易费用不可能为零，于是谁拥有这个权利就有很大的关系。假设交易费用很高，铁路和农田没有商量的可能，那么，当铁路有权利溅出火星时，它肯定不会采取任何措施,引起火灾的次数肯定很多。农民要么就必须放弃在铁路沿线耕种,要么就只能种不怕火的作物。这对农民是一种损失。如果农民有权阻止铁路部门溅火星,那么铁路不得不花一笔费用采取防范措施。很明显,谁有权利谁就得益。不仅如此,对整个社会的效益也是有影响的。如果铁路采取防护措施的成本高于农民为避免火灾付出的代价,则铁路拥有(溅火星的)权利对整个社会是有效的初始产权分配,也就是说铁路有权引燃农田而不用赔偿对全社会来说更有利;反之亦然。

以上是科斯提到的两个著名的极端案例,但更多的情况介于两者之间,即虽有交易费用,但也不是很高,这就是科斯定律的应用。法律规定了权利的最初分配。如果农民有权禁止铁路部门运营,他们可出售这一权利,亦即,铁路部门支付一笔钱给农民,以换取具有法律约束力的承诺——农民不禁止铁路运营;反之,如果铁路部门有权溅出火星,它也可以出售这一权利,亦即,农民可以通过协商支付一笔钱给铁路部门,以换取具有法律约束力的承诺——火车减少火星的溅出。这和生态效益补偿是一回事,假设上游有权利对其土地与森林进行开发利用,下游为了得到更多的生态服务,就用补偿的方法来购买限制上游对其土地与森林开发利用的权利;反之亦然。可是初始产权分配对于最终如何协商以及最后实施补偿有很大关系,所以"谁补偿谁?"不仅是传统规范问题,还是法的经济学问题。

森林生态价值的补偿问题也存在"谁有权利"的问题。如果林地所有者有权利不提供森林生态服务,那么林地所有者可以为森林提供的生态服务对受益者提出补偿要求,并且在木材生产或改变林地用途导致的生态服务减少时没有责任。反之,如果林地所有者有为社会提供森林生态服务的义务,那么在木材生产或改变林地用途导致的生态服务减少时就要向社会赔偿损失。

(三)生态价值的补偿标准:补偿多少

最常见的误区是:应该以生态服务价值作为补偿的标准,这犯了基本的经济学错误。要求补偿的值就如交换价值,而提供的生态价值就是消费者价值或称愿意支付值(WTP)。要补偿的值与提供的生态价值二者没有太大的关系。能够要求对方补偿且对方愿意补偿的,其实只是交换价值部分,也就是提供这一生态价值的机会成本。Costanza 等计算出全球生态系统每年能够产生的服务价值为 16 万亿~54 万亿美元,平均为 33 万亿美元(为 1997 年全球 GNP 的 1.8 倍)。难道人们要对提供这些价值进行补偿吗?如果不补偿这些生态服务,难道提供者就会不提供这些服务吗?

众所周知,亚马孙河热带雨林是地球之肺,假设巴西提出其他国家要补偿亚马孙河热带雨林为全球提供的生态价值,听起来好像合理。但对经济学家来说,这明显是错误的。人们去商店买东西,并不是消费者价值或 WTP 超过标价就购买,而是通过货比三家去寻找更低价格的商品后才决定购买,也就是寻求消费者剩余最大化。那么又是什么决定了最低的价格呢?从长期来说应该是生产该产品的最低成本。人们没有必要支付亚马孙河森林的所有生态价值,因为有理由相信即使人们不付这笔钱,亚马孙河森林也不会在近期全部消失。另外,如果人们发现有 1% 的亚马孙林地面临被转移为农地的危险(因为农地对当地可以带来更大的经济效益),那么人们就可以研究这 1% 的林地变成农地会给该地区带来的净价值。这个净价值就是当地不开发这 1% 林地的机会成本,这个机会成本可以作为补偿量的一个重要依据。如果愿意出高于这一机会成本的补偿量来换取巴西不把 1% 林地变农地的权利,巴西肯定愿意。既然用这一小笔钱补偿就够了,何必要补偿全亚马孙河森林为全球提供的生态价值呢?这个例子说明,自然资源的交换价值要比其为全球提供的生态价值低得多。

下面用一个简单的例子来解释。假设有一个林场,林场的下游有个水库,林场经营何种树种对水库是有影响的。假设从林场营利最大化角度其最优经营方案是营造针叶林,而从水库受益的角度是营造阔叶林。那么应该如何计量森林对水库的生态价值呢?通常的研究可能是针叶林或阔叶林对水库在减少水土流失及延长水库寿命等方面的价值。但这种计算意义不大,原因在于:①如果计算针叶林对水库的价值,不用计算就可以说:它的交换价值为零。因为对水库来说,提供这一效益没有机会成本,而且林场为了本身的利益无法不提供这些正的外部性效益。②如果要研究林场对水库的效益,既不是研究针叶林对水库的效益,也不是研究阔叶林对水库的效益,而是研究这两个效益之差。这个差值是林场改变经营方案对水库提供的效益。对林场来说,如果为了提供给水库从针叶林改为阔叶林增加的效益,那么就会给林场带来机会成本(因为阔叶林不是林场的最佳经营方案)。这个差值对决策才真正有意义,实际上也更容易计算。

为了说明消费者价值、生产者价值和补偿值之间的差异,总结见表3-2所列。

表3-2 消费者价值、生产者价值和交换价值

概念	说明
消费者价值	对消费者而言,可用WTP来度量,包括价格与消费者剩余;消费者价值不仅取决于物,还取决于谁是消费者;一般来说比较主观,是一种个人价值
生产者价值	对生产者而言,可用WTA(愿意接受值)来度量,包括价格与生产者剩余,也是一种个人价值
交换价值	交换价值是一种社会价值;取决于全社会的消费者与生产者,是社会里消费者和生产者,以及众多相关产品共同作用后的社会影子价值,是比较客观的

(四)生态效益补偿对最优轮伐期的影响

当森林的生态服务价值可以得到补偿时,林地的价值也会有所提升。与林木价值不同,生态效益不只在轮伐期进行采伐时才能获得,而是从造林当年起便可提供生态服务;与此同时,相对于刚刚更新的立地,林龄较高的林地具有相对较高的生态价值。考虑到以上设定,生态效益的作用与研究森林的美学价值的 Hartman 模型较为类似,即此时的林地期望值 LEV 为林木价值与生态服务价值之和。假设林木给林地价值带来的增值为 V,生态服务的给林地增值带来的价值为 E,则 $LEV=V+E$,且如本章第一节式(3-6)所示:

$$V=(1-e^{-rT})^{-1}[py(T)e^{-rT}-c] \tag{3-11}$$

且由于林地从造林开始即连续不断地提供生态价值,其可以用一个积分项的形式表示,即:

$$E=(1-e^{rT})^{-1}\left[\int_0^T F(s)e^{rs}ds\right] \tag{3-12}$$

式中,s 为当林龄为 s 时,林地能够提供的生态服务的价值,参照以上假设 $F'(T)>0$。若想实现林地价值的最大化,依旧要一阶条件,即 $LEV'(T)=0$,即:

$$LEV'(T) = py'(T) - rpy(T) - rV + F(T) - rE = 0 \quad (3\text{-}13)$$

且还需满足二阶条件，即二阶导数小于 0，即：

$$LEV''(T) = py''(T) - rpy'(T) + F'(T) < 0 \quad (3\text{-}14)$$

整理式(3-13)，可得实现林地价值最大化的轮伐期需满足条件为：

$$py'(T) + F(T) = rpy(T) + r(V + E) \quad (3\text{-}15)$$

即推迟砍伐一年带来的边际收益等于推迟砍伐一年带来的边际成本，前者是指因推迟采伐所获取的林木价值增长和生态价值增长之和，后者指因推迟砍伐而导致不能获取的林木销售收入投资一年取得利息与推迟以后所有周期的林木和生态服务收益一年所产生的成本之和。

需要注意的是，当假设 $F'(T) > 0$，即生态价值随林龄增长的规律时，这一模型求得的最优轮伐期要晚于传统 Faustmann 模型求得最优轮伐期，因为此时 $F(T) - rE > 0$，即边际收益的增加大于边际成本的减少，因此采伐会被推迟。而第一节中比较统计法所得到的结论仍然成立，即林地收益最大化的轮伐期随林木价格的增加、折现率的提高而缩短，并随造林成本的提高而延长。

三、生态服务价值补偿的计算方法

生态价值补偿是以交换价值(或社会的影子价值)为基础的。那么如何估计交换价值(影子价值)呢？理论上，价格是竞争市场中供求平衡点的边际效益和边际成本，但因环境资源有外部性，就需要使用社会成本和社会效益。

一般来说，建立大范围的供求曲线比较困难，且实际中也没有必要。可以把现在的状态作为平衡点，仅考察从现状逐渐增加或减少单位生态效益而导致的边际价值和机会成本的变化。如何设计边际数量的变化是很重要的，要视具体情形而定。WTP 和机会成本离平衡点越远越难估计，也越没有意义。在传统的经济理论中往往假设供求变化是连续的。可是实际中却有许多不连续问题，如水坝、电站和公路等都会有不连续的问题。图 3-4 可以看出，从 Q_1 到 Q_4，我们可能只有 4 个不连续的选择：Q_1、Q_2、Q_3 和 Q_4。因此，一定要选择合适的边际变化的刻度来分析，分析从 Q_2 到 Q_1 或者从 Q_2 到 Q_3 比从 Q_1 到 Q_4 的边际成本和收益更有意义。当宣称一个物品的某些价值时，需要指出参照物，即它和什么相比较。例如，当说森林生态价值时，需要指出和它相比较的参照物，如沙漠、牧草地或农业用地。一片人工林有生态价值，是相对于农地而言；但相对于天然林来说，其生态价值可能是负的。

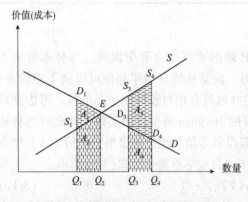

图 3-4　消费者价值、成本和价格

基于上述原因，其实很难描绘出边际成本与边际收益的供求图。因此，理论上以完全边际成本法估计价格通常是困难的，在实际中还需寻求其他的替代方案。这里介绍 4 种评估方法：

(1) 旅行费用法(travelling cost method，TCM)

旅行费用法是一种很常用的评价无市场价格商品的方法。旅行费用法是通过人们的旅游消费行为来对非市场环境产品或服务进行价值评估,并把消费环境服务的直接费用与消费者剩余之和当成该环境产品的价值,这二者实际上反映了消费者对旅游景点的支付意愿。

(2)条件价值评估法(contingent valuation method,CVM)

条件价值评估法是一种利用假想市场评估生态系统服务和环境物品价值的方法,是非市场价值评估技术中应用最广一种方法,广泛被应用于生态经济学和环境经济学。

(3)环境与社会经济评估法

这一方法广泛应用在可行性研究中。这种方法通常不提供精确的用货币估计的环境价值或损害值,但是为经济的和环境的决策者提供有用的信息。

(4)专业评估员的评估法(appraisal value method,AVM)

对没有市价的物品估价并不新鲜,市场价格只有在充足的交易证据下才有。事实上就是因为没有市场价格,才需要估价。例如,对不动产和古董的估价,其价值的基本含义是卖主乐意而又有一个乐意的买主意愿的出价。对与这些特殊的物品,外行人很难判断其价值。可是专业评估员掌握足够的信息对其评估。对房地产的评估也有相似之处,通常采取比较法、成本法和未来的收益法来评估。

四、生态价值补偿的实现方法

生态补偿是一系列消减环境正外部效应的经济手段的统称。关于外部性理论,主要存在庇古和科斯两个派别。庇古认为外部性是市场失灵的结果,应采取政府干预手段,对正外部性的行为者进行补贴。而科斯则认为,产权界定不清晰是市场失灵导致外部性产生的根源,解决外部性问题应从明晰产权入手,通过产权的市场交易实现其价值,从而消除外部性。因此,生态补偿的实现路径主要分庇古手段和科斯手段两类,常见的包括财政转移支付、市场调节、保证金(或储备金)制度和协商谈判机制等。

(一)财政转移支付

财政转移支付是政府将部分财政收入进行再分配的过程。目前,转移支付是国内外最广泛使用的生态补偿途径。①国际转移支付是指生态产品消费国的部分财政收入通过国际性组织[如环境非政府组织,全球环境基金(Global Environment Facility,GEF)等]向生产国转移。②国内转移支付包括各级政府对从事生态建设和环境保护的下级政府、单位和个人进行的纵向转移支付,以及地方财政资金(通过中央政府)向其他地方转移的横向转移支付。尽管经济合作与发展组织已对"污染者付费,受益者补偿"原则进行了详尽描述,但涉及公共品和正外部性时,政府支付又变得理所当然。Hanley对不同国家的情况进行调查后发现,采用"受益者补偿"的情况很少,而政府支付达到了一个很高的水平。

而我国在20世纪90年代后期,生态补偿更多地指对生态环境保护和建设者的财政转移补偿制度。其主要原因之一是由于生态环境资源的公共物品属性,生态问题的外部性、滞后性以及社会矛盾复杂和社会关系变异性强等因素,导致许多领域和场合难以采取受益主体直接支付的补偿方式。转移支付通常采用捐赠、专项拨款、税收返还、补贴、奖励等形式实现生态补偿。各国典型案例不胜枚举,如奥地利、新西兰等国对非国有林的补贴,挪威政府为解决农地土壤侵蚀问题采取的系列高额补贴等。

值得关注的是，国际上经常采取的"积极补贴"形式，即资金尽可能来自对不可持续性活动的税收。例如，法国对 SO_2 和 NO_x 的排放征税，税收用于补贴企业对减排设施的投资或用于奖励对污染物减量和测量技术的研发。波兰法律明确规定，环境税收只能用于环境支出，包括各种补贴以及相关的教育、科研等；哥伦比亚用水污染税收成立基金，专门用于支持公共场所净化工程、新技术的示范、清洁生产研究以及环境教育。丹麦将 CO_2 税的净收入专项用于对商业节能工程和生物燃料的使用进行直接补贴。哥斯达黎加 1/3 的生态税收专用于支付环境服务。

(二) 市场调节——可交易的许可证制度

目前，可交易的许可证制度主要应用于排污权交易和水权交易。其以科斯理论为基础，建立合法的排放污染物或使用水资源的权利，以许可证的形式发放，并允许这种权利像商品一样自由买卖。换个角度理解，即排污权或水权的出让方通过出售剩余权力而获得的回报是对其做出有利于环境的正外部性行为的补偿。排污权交易的思想由经济学家Dales 于 1968 年提出，并于 20 世纪 70 年代中期开始在美国实施，先后用于大气污染和水污染控制。在美国取得成功的基础上，澳大利亚、英国、智利、德国、哥斯达黎加等国纷纷引进排污权交易制度并予以发展。目前排污权交易的主要类型有水污染物(如 COD)和大气污染物(如 SO_2 和 CO_2)排污权交易。水权交易在智利和墨西哥全国，以及美国、澳大利亚、秘鲁等国的部分地区都得到了广泛应用。

1987 年，我国进行排污许可证试点工作，开始酝酿排污权交易制度。20 世纪 90 年代初期开始在全国进行排污权交易的试点，在 COD、SO_2 排污权交易方面取得了一些经验。目前全国普遍实行了水污染物排放许可证制度，但排污权交易仍缺少相应的法律法规支持，没有形成一项正式的制度。而我国的水权交易尚处于探索和起步阶段，2000 年浙江义乌—东阳水权交易、2003 年绍兴汤浦水库与慈溪自来水公司水权交易，以及黄河流域宁夏—内蒙古水权交易开启了国内该领域的先河。鉴于水资源涉及众多利益主体，市场机制界定水权的成本太高，在我国目前的水权交易中政府扮演着重要角色。此外，2003 年在甘肃张掖地区同一灌区，不同用水者之间自发兴起水权交易，虽然规模小且属于微观层次，但对于推动我国水权交易市场形成具有现实参考价值。

(三) 保证金(或储备金)制度

保证金制度针对具有潜在环境破坏性的经济活动，只有当主体在对可能造成的破坏及其恢复费用进行货币评估并向有关部门交纳超过预算(或一定比例)的费用或固定金额作为保证金后，才能获得经营许可。当经济活动结束而环境状况未得到有效恢复时，保证金则被部分或全部扣留，用于补偿第三方对环境的恢复建设。而储备金制度是指由政府按照相关法规、标准向环境破坏者收取费用、滞纳金、罚款、捐款等建成基金，用于补偿相关主体进行环境恢复行为。保证金或储备金制度是矿区土地复垦管理中的主要经济手段。例如，美国国会于 1977 年通过的《露天开采治理与复垦法案》(Surface Mining Control and Reclamation Act，SMCRA 1990、1992 年经过两次修订)规定：未能完成复垦计划的企业，其保证金将被用于资助第三方进行复垦；现有采矿企业缴纳的费用(开采地表煤缴纳 35 美分/吨，地下煤缴纳 15 美分/吨或售价的 10%，褐煤缴纳 10 美分/吨或售价的 2%)、滞纳金、罚金、捐款等建成复垦基金，用于对 SMCRA 实施前的老矿区进行恢复。德国的《联邦采矿法》也要求采矿许可获准前缴纳必要的复垦保证金。澳大利亚也执行复垦保证金制度，要求复垦工作做得最好的几家矿业公司只缴纳 25% 的保证金，而其他公司必须 100% 的缴纳。此外，加纳、菲律宾等发展中国家也制定了相关规定。我国河北、山西、安徽等地，在一定范围内针对某类生态建设破坏土地的复垦，规定了收缴土地复垦费或收缴土地复垦保证金。

（四）协商谈判与区域共同发展机制

协商谈判是国际上解决跨界环境问题以及全球环境问题惯用的方式，通过会议协商和各方讨价还价最终达成共识并制订解决方案。生态补偿也可以通过谈判的途径实现。前文提到的我国浙江和黄河流域发生的水权交易案例，都只存在两个交易主体，且在政府的主导下完成，并没有形成真正的市场，也不完全属于市场交易，而更多的是交易双方讨价还价、协商谈判的结果。因此，协商谈判在有的地方也被称为准市场机制。区域间的协商谈判在共同发展原则的指引下，能创造出经济扶持的独特生态补偿形式。主要有两种：

①发达地区（或下游地区）向贫困地区（或上游地区）投资，帮助发展环境友好型产业（如旅游、服务等）或替代产业；同时开展智力补偿，提供无偿技术咨询和指导，培养（训）受补偿地区或群体的技术人才和管理人才，输送各类专业人才，提高受补偿者生产技能、技术含量和管理组织水平。

②生态重点保护区的企业允许到环境容量大的地区进行定向"异地开发"，异地开发所取得的利税返回原地区，作为支持原地区生态环境保护和建设事业的启动资金。

第三节　林地多向用途

有关林地多向用途的研究由来已久，主要有两种不同的观点。①有些学者认为这种多用途体现在同一林地提供的多样林产品和服务上。这一观点普遍为大众和生态学者所认同。②还有一些学者则认为林地提供的多功能服务应当有更广的含义：可以由不同的林地提供特定的服务，从而在总体上实现多样化，而不仅仅是要求每一块林地都要提供多功能的服务。这种观点在林业经济学家中似乎更受欢迎。目前，持第一种观点的人可能还是占大多数。而持第二种观点的人批评前者把多用途的概念滥用了。本节主要从技术和相对价格的改变、空间交互影响、生产和管理规模 3 个方面探讨这一问题。同时，还对新西兰、美国、加拿大和中国的林业分类经营状况进行实证分析。

一、林地产出与投入的经济组合

林地是林业生产中最重要生产要素之一。同样的林地在给定的投入下可以生产多种产品。林地产出有些是互补的，有些是冲突的。为了便于理解，这里假设只有两种产出：木材和非木材产品。通常用生产可能性边界曲线来表示。图 3-5 显示了木材与非木材产品间的相容性从互相补充到互相排斥的生产可能性边界曲线变化，主要包括了互相排斥、高度冲突、不变互补、互相竞争、互相独立和互相补充 6 种情形。

在经济学中最值得研究的是互相竞争的产品组合（曲线 4）要生产更多的木材就必然要

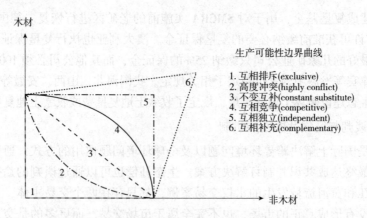

图 3-5　木材和非木材产品的生产可能性边界曲线

牺牲非木材的产出；反之亦然。除非增加投入要素，如林地、劳动力、时间等。这里有两个决策问题：最佳产出组合和投入水平组合。产出组合由产品的相对价格来决定；投入水平由投入成本与产出相对价格的变化来决定。现假设木材产品和非木材产品生产构成的利润函数，且生产的木材和非木材产品以及要素市场皆为完全竞争市场，则如式（3-16）所示：

$$\max_E(\pi) = P_t Q_t + P_{nt} Q_{nt} - wE \tag{3-16}$$

式中　π——净收益；

　　　P_t——木材的产出价格；

　　　P_{nt}——非木材的产出价格；

　　　Q_t——木材的产量；

　　　Q_{nt}——非木材的产量；

　　　w——要素价格；

　　　E——要素投入水平。

两种竞争产品的最优产出组合是确保利润最大化目标下两种产品的最优产出组合。可以将上述利润函数对 Q_t 和 Q_{nt} 分别求一阶导数并等于 0 即可。可以发现，在生产可能性边界曲线上木材和非木材产品的边际转换率等于这两种产品的相对价格比率时，即为两种产品的最优产出组合。

最优的投入组合即是在考察利润最大化目标下，两类要素 E_t 和 E_{nt} 的最优投入水平。只需要将上述利润函数分别对 E_t 和 E_{nt} 求一阶导数并等于 0 即可得出。可以发现，生产两种产品的边际收益等于边际成本时，两类要素 E_t 和 E_{nt} 可以分别达到确保利润最大化下的最优投入组合（图 3-6）。图 3-6 中，生产可能性曲线的切线斜率（即为两类产品的边际转换率）正好为两类产品的相对价格比率，将切点连接形成的最下方的曲线可以反映出两类产品的最优产出组合。

林地可以同时提供多种产品与服务，也就是通常所说的"让林地最大限度地提供林产品与生态功能"。然而，这句话在经济学上是不成立的。如果要提供最大的林产品，那么就不可能提供最大的生态功能；反之亦然。当然有许多产品与服务是有相容性的，例如，森林生物多样性的保护与水土保持功能；木材生产与森林固碳。但这并不排除它们不同程度的冲突性。如果两种产品完全没有冲突的话，那么就不再是经济学的问题了，因为在最

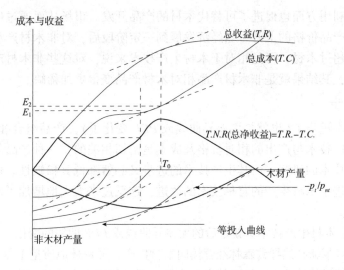

图 3-6 最佳的投入与产出组合

大限度地生产一种产品的同时也生产了另一种产品,那么只要研究任一产品的最优生产就可以了。正是因为森林的许多功能有相容性,许多人极力提倡在每一块林地上都要提供森林多功能服务。可是,森林的许多功能有相容性并不是指它们之间没有冲突,而是指在增加一种产品时,牺牲另一种产品的代价很小。一般来说,当这种产品的产出不断增加之后,对另一产品的影响(即边际成本)也会越来越大。最终什么样的产品组合最佳取决于它们之间的相对价格与冲突的关系。假设木材价格相对非木材价格高许多的话,木材生产的目标就很重要。反之,当非木材产品价格相对高时,森林经营就不应以木材产出为主(如在国家森林公园或城市森林)。实际上由于不同产出的相对价格在不断地变化,森林经营的目标也要做出不断地调整。

二、林地经营的专门化

(一) 相对价格的变化

众所周知,相对价格不是一成不变的。在一定的技术水平和投入成本下,产品的生产组合取决于产品的相对价格。图 3-7 就是木材和非木材的产品组合。如果木材相对价格上升,在产品组合中则向木材生产倾斜,如果非木材价格上升,在产品组合中则应向非木材生产倾斜。

一般来说,在经济发展初期对木材产品的需求要比非木材产品的需求增长更快,木材价格相对非木材价格上升更快,其结果必然导致以趋向木材生产为中心的森林经营。而随着天然森林的逐渐减少,木材价格继续上升,最终导致木材生产从采掘式的林业向培育式的林业转变,并且引导一系列的技术

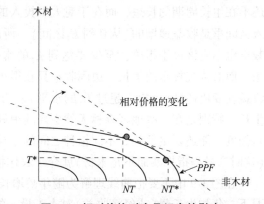

图 3-7 相对价格对产品组合的影响

革新。同时，在利用方面也促进了可替代木材的产品开发。市场从而通过生产与供应两个方面阻止了木材产品价格的上升。当经济发展到一定阶段后，对非木材产品的需求随着收入的增加可能将超过木材，可是相对于木材生产技术来说，对这些非木材产品和服务的技术革新更加困难，其结果就是非木材产品相对木材产品变得更加稀缺。

(二) 技术进步

一旦生产技术进步了（也就是无差异曲线或 PPF 变化了），产品组合和投入也要调整。从长远来看，生产技术与产出的相对价格及成本是密切相关的。一种产品的稀缺必然促进对这一产品生产技术的研究。而其生产技术的进步又必然降低其稀缺性。例如，过去百年来木材的稀缺促进了木材生产的营林技术的改进，这反过来大大地增加了木材的供应，从而降低其稀缺性。

图 3-8 表示了木材生产技术革新之后的无差异曲线或 PPF 曲线的变化。在给定相对价格下，木材生产技术革新必然导致森林经营偏向木材生产。可是林地质量千差万别，木材生产技术对木材生产优越的林地往往增产效果更明显，而对贫瘠边际性的林地增产较小。这就导致了木材生产集中在较小的林地上，而放弃了边际性林地的木材生产。这种土地利用的选择与农业中的粮食生产极为相似。当粮食单产增加后，边际性的农地就往往不用作粮食生产了。

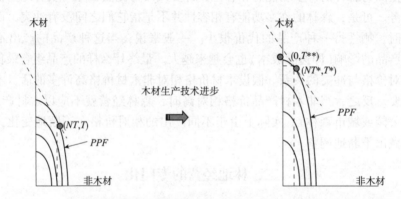

图 3-8　木材生产技术改进对林地利用的影响

对土地的合理经营强度很大程度上取决于作物和林木对投入的生长函数。最佳的投入应该是边际收益等于边际投入，这时实现土地收益最大化。农作物和林木的本质差别可能还不在生长周期的长短，而在于对人工投入的不同反应（图 3-9）。农作物在较大的人工投入区间里是收益递增的（从 0 到 E_2 区间）。所以即使土地是无限的（没有成本），农作物的栽培也不应该过于粗放，至少要达到 E_2 的水平。也就是说农作物不应片面追求面积的扩张。而对传统林木的生长，边际收益只在很小的投入区间内是递增的，超过这一区间边际收益就变成递减（当投入超过 E_1 的水平）。与农作物不同，即使没有任何投入，林木也会生长，特别是在一些地区森林天然更新的很好。如果再考虑到森林的生态效益，森林的经营强度可能还要更低些。不同树种之间的差异也很大。有些可能类似农作物，例如，果树（这时产量是指果实而不是木材）就介于农作物与林木栽培之间。

在图 3-9 中不要把曲线理解为随年龄增长的生长曲线，而应该是在其他条件不变的情况下，年均生长量（或经济收益）对人工投入的函数。

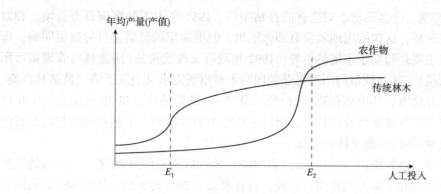

图 3-9 农作物与林木生长对投入的差别

三、林业分类经营的实证分析

世界范围有很多国家都有林业分类经营的案例(表 3-3),在某些国家,如新西兰和南非,林业分类经营已经比较完善。而其他国家包括美国、加拿大和中国,也表现出了这种经营趋势。这里将对新西兰、美国、加拿大的林业分类经营情况进行分析。

表 3-3 世界主要国家(地区)森林分类情况

类别	国家(地区)	划分的森林类型			
二类林	新西兰	商业性林	非商业林		
	澳大利亚	生产林	非生产林		
	菲律宾	生产林	非生产林		
	美国	生产林	非生产林		
	印度	生产林	社会林		
	泰国	商业性林	公益性林		
	瑞典	生产林	社会林		
	中国	商品林	生态公益林		
三类林	法国	木材培育林	公益森林	多功能森林	
	加拿大	偏远森林	生产林	非生产林	
多类林	日本(国有林)	国土保安林	自然维护林	空间利用林	木材生产林
	奥地利	用材林	山地防护林	环境林	休闲林	平原农防林

(一)新西兰的林业分类经营

新西兰土地面积 2710 万公顷。新西兰经济的兴起得益于第二次世界大战后世界农产品和消费品的短缺。新西兰从 20 世纪初开始大量营造人工林。1925—1935 年的 10 年间,在政府的资助下在未利用地上共营造了 12 万公顷人工林。在 30 年代后期由于第二次世界大战的财政负担和对人工林失去兴趣,对人工林的投资大大地减少。一直到 1957 年对日开展木材出口贸易后,人工林又开始发展。当时出口价大约是当地立木价的 10 倍。这一价格使人工林对商业性投资具有相当大的吸引力。紧接着更大的人工林的发展是在整个 70

年代和 80 年代初期，这也归功于对造林的补贴项目。1985 年人工林突破百万公顷。相对于上一次大规模造林，这次的用地就没有那么平坦，但更加集约经营，目标也更明确，即锯材。这次造林主要是归功于市场的引导。1992 年政府又改变税法（用造林与管理费可用于抵消当前收入税），这一政策与当时强劲的国际木材市场需求又引发了第三波造林高潮。平均每年达到 8 万公顷。其中私有造林（小公司及个人）发展最快。在 20 世纪七八十年代也曾经有把木材生产与牧业结合的趋势，但以木材生产为目标的人工林利润的提高及传统农业的衰退导致 90 年代中期又转向造林。

目前人工林中，辐射松（*Pinus radiata*）占 90%，采伐周期平均为 28 年。人工林的发展对减缓原始林的压力起了很大的作用。目前，森林覆盖了 29% 的土地，其中 640 万公顷为天然林，170 万公顷为人工林。本地原始林在保护生态环境、文化遗产、旅游、科学研究等方面发挥了主导作用。这些原始林大部分为国家所有，由保护局管理，但也有 23% 在私人手里。这些私有林也要依照法令永续经营，其中大约只有 14 万公顷林可以用于木材生产。按照 1986 年制定的协议，在国有林中大约只有 14 万公顷允许 20 年的木材生产。目前只有 0.1% 的林产品产自这些天然林。所以，新西兰是林业分类经营的典范。

新西兰优越肥沃平坦的土地与险恶的山地并存，生产力低、生态脆弱的天然林与速生的外来树种人工林并存，这是新西兰林业采用分类经营的关键原因。新西兰是最后一块被人类占领的土地之一，地理上远离其他大陆造就了其生态环境的特殊性。在人类登陆之前，大约 85% 的土地为茂密的森林。可是这些天然林大多分布在边远山区，自然条件恶劣。新西兰山地很多，经过上百年的利用，容易采伐的林地在 30 年代就已经不多。所以简单地认为新西兰不利用原始林是不正确的，采伐成本过高是重要原因。另外，新西兰的原始森林异常脆弱。如果没有和外来种协同进化，当地的动植物很难抵御外来物种的入侵。目前大约有 18% 的本地植物面临消失的威胁。新西兰的原始林和其他地区（如北美洲、欧洲、中国）有很大差别，尽管在原始林中也可以生产一些好材，但对这些树种的永续商业利用并不容易。即使不考虑野生动物和游憩价值，也很难经营和利用这些本地树种用于木材生产。许多树种，如新西兰的陆均松（*Dacrydium cupressinum*）的轮伐期几百年。山毛榉（*Fagus longipetiolata*）是最合适的木材生产树种，每公顷年生长率达到 8 立方米，但在木材干燥和利用方面也存在问题。即使不出口木材，新西兰也无法单纯靠天然林和本地树种满足木材需求。且不说无法采用欧洲的接近自然的经营方式，就是单一生产木材都困难。所以发展人工林不仅是新西兰的经济选择，也是不得已的选择。

新西兰曾经对许多树种做引种试验，经过上百年的筛选，最后集中在辐射松和花旗松（*Pseudotsuga menziesii*）、柏木（*Cupressus funebris*）、桉树（*Eucalytus robusta*）等树种。辐射松虽不是本地树种，但因新西兰独特的气候和土壤，生长很好，全国平均每公顷年生长率可达到 22 立方米。这远远高于我国速生丰产林的标准。辐射松有很多农业的特性，对立木经营强度很敏感，特别是间伐和剪枝。在这较短的时间内，辐射松不会自然修枝，为了减少节疤提高材质，人工剪枝必不可少。皆伐是新西兰辐射松采伐的唯一方式，一般还有 2 次商业性间伐和 3 次剪枝。这一特性决定了想培育优质木材，非集约经营不可，类似于农作物。

社会政治力量（商业和环境主义两个极端）的斗争与妥协对新西兰林业也起了很大的作

用。在 20 世纪 60 年代,环境意识和环境保护主义思想在新西兰开始兴起。首先对天然林的采伐发起了挑战,随之人工林的发展促进了这一挑战的公众认可。20 世纪 70 年代新西兰林务局计划对南岛西岸 30 万公顷山毛榉林开发利用的争议增进了公众对森林保护的支持。按计划部分森林将转变为辐射松人工林。这一计划促成了本土林行动委员会,该会的主要目的就是反对南岛西岸山毛榉林的利用。迫于公众的压力,林务局只好收回计划。1977 年政府制定了旨在推行原始林永续利用的原始林政策。由于环保运动得到广泛支持导致新西兰林务局重组和推行企业化经营。由主要林主、木材利用机构和主要保护团体(不包括绿色和平组织)签订了新西兰森林协定。该协定的主要精神就是:界定不宜发展林业或营林的土地,维护现有原始林,新的人工林不得影响原生植被,商业性的人工林是主要的可再生资源。这一协议要求商业与环保互相让步,成功地减少了社会对林业的积怨,从而形成了分类经营,互不干预的格局。

经过几十年人工林的发展,人工林的商业性表现越来越突出,因为还有大面积的天然林作后盾。人们对环境的注意力也集中在对天然林的保护,因为人工林没有过多生态要求,可以不受社会和政府的约束,这为人工林的企业化和私有化奠定了基础。在全国减少政府干预和私有化的大潮下,人工林的企业化和私有化也就水到渠成。在过去十多年,人工林的所有制发生很大的变化。这一转变主要是由于私有化和对外资在林业部门限制的取消。首先是在 1987 年从林务局中分化出其商业功能,并组建国有的新西兰林业公司分管 55 万公顷的人工林、锯材厂、苗圃和其他一些财产。林务局的非商业部分组建成新的两个政府部门:保护局和林业部。前者管理国有天然林,后者负责林业政策及研究等,并在 1997 年与农业部合并成农林部。新西兰林业公司的成立大大地提高了经济效益。因为它不再受社会与环境因素的制约,可以集中抓经济效益,很快就把一个亏损的政府机构变成高赢利的企业(图 3-10)。可是,作为国有公司,仍不时受政府的干预,这影响了其更好的发展,特别是在国有森林资产价值上,政府部门与新西兰林业公司的巨大差异,导致其向市场出售林木,经过几年的出售,国有人工林从 1989 年 52%下降到 1996 年 4%。

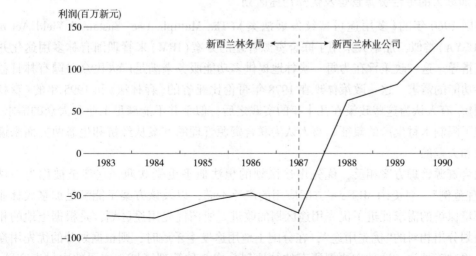

图 3-10 从亏损到赢利的新西兰国有林
(资料来源:Clarke,1999)

(二) 美国林地的分类经营

美国的公有林超过美国林业用地的 25%，在提供木材和维持国家和当地环境健康上起着重要的作用。1960 年美国通过了多用途可持续发展法案(MUSYA)，用以保证国家林业资源能够持续提供各种林产品(如木材)和服务。接着的一系列法案，如 1964 年的《荒野法》(Wilderness Act)、1974 年的《森林与牧场可再生资源计划法》(Forest and Rangeland Renewable Resources Planning Act)和 1976 年的《国有林经营法》(National Forest Management Act)，希望通过限制木材生产来保留野生动物栖息地，基本方针旨在林地的多用途性和林产品服务多样化。

在宽松的多用途方针指导下，森林的管理主要还是以木材生产为主。森林轮伐期的制定也仍然以木材生产为目标，而不是保护。企图将多用途林的经营方针贯彻到所有的公共林地，这个目标太大而且不够明确。从好的方面来说，多用途的政策让管理者可以更自由地根据当地情况来决策；然而缺点在于它成了多方利益集团争斗的借口，因此产生了更多的问题。在边际土地上的木材生产不仅造成巨大的经济损失，从某种程度上还导致了生态退化。另一个问题在于它降低了林业提供服务产品的责任和义务。

林地多用途产生的联合成本和联合收益导致对特定的产品成本和收益的确定更加困难。也就是说，难以进行有效的管理和审计。诸如此类的争论一直在继续。有关"生态管理"和"新林业"的提法被认为是对公共林地的新的管理哲学，它拓宽了传统的管理方法，并认为可以替代失败的多用途经营哲学。实际上，更广泛的共识是在边际土地或者生态脆弱的土地上停止木材生产，而多用途的提法也应该摒弃。有足够的证据表明南部一些洲的种植林面积在过去的几十年里反而增长了，并且未来美国的木材供应将主要依赖于这些林地的集约化管理。集约化管理为未来木材的供应提供了有力的保证。这种趋势促使更多的边际农用地转化成林场。为了环境而保护的天然林以及为了木材生产的集约种植林并存。这两种截然不同的林地利用难道不是表明了美国的林地在向着分类经营发展吗？

(三) 加拿大的综合资源管理及优先用途区划

与美国 1960 年的《多用途可持续发展法案》(The Multiple Use-Sustained Yield Act of 1960, MUSYA)类似，加拿大采用了联合资源管理的方案(IRM)来管理国有林多用途化并提供政策指导。这一政策旨在为每一块林地提供多功能服务来满足广大民众对国有林日益增长的多功能的需求。这一政策体现在 1978 年哥伦比亚省的《森林法》和 1995 年的《森林实施条例》。有人认为这些政策在几十年的实践之后，似乎并不能满足工业和大众的需求，而仅仅成了限制木材生产的象征。有人认为联合资源管理的方案从经济和生态两方面来说都是低效和失败的。

与联合资源管理方案相反，优先用途区划的想法似乎更受欢迎，它甚至被称为一种"新的管理范例"。对美国 MUSYA 方案应用的广泛不满，以及该方案不能满足加拿大林业生产和环境保护的需求促进了优先用途区划的改进。所谓优先用途区划，是根据土地的相对优势而划分出相对的"优先用途"，在分配土地用途发生矛盾时，则根据划分的优先用途来决定。更准确地说，这种方法把所有的林地划分成 3 种管理区域：主要的木材生产区、其他用途区和多用途区。

尽管目前仍然不能确定分区的办法是否能写入加拿大的法案，但它已经有了一些实际应用。例如，阿尔伯塔太平洋森林工业公司(Alberta-Pacific Forest Industries Inc., APEC)已经采用了"三分法"的经营策略，即：①生态标准的不受人为干扰的广大林地。②低强度经营的多用途森林。③集约经营的木材生产。在一家造纸厂 200 千米外将租用 250 平方千米的土地建立一个白杨林场的项目，这块地将种植速生的白杨树，并且提供经济的、合理的科学支持，包括在农业中应用的改进的育种技术，该林场每年将提供 400 000 立方米的木材，它将以不到森林经营单位(FMA)的 0.5%林地面积生产出占 APEC 总量 20%的木材。

总之，林业分类经营或许会成为未来林业的发展方向，但很大程度上取决于科技的进步和自然条件。一般来说，自然条件的两极分化越明显(不仅包括土壤肥力和地貌，还包括空间分布，与市场的远近)分类经营就越有效。林地的多向利用还是专向利用还取决于林产品与服务的稀缺性。分类经营与土地所有制改革有关。而土地所有制又和社会、经济环境密不可分。新西兰是一个比较特殊的例子。绝大多数国家的大多数林地的经营还是比较多目标性的，尽管可能有些林地集约地生产木材或保护起来发挥其生态功能。

林木培育技术的提高也会促进分类经营。有人认为 21 世纪中叶林木培育更像农作物栽培，绝大多数木材将从集约经营的人工林中生产。这一方面是由于生物技术革命，另一方面也是由于人类对非木材需求的增加而导致对环境保护压力的增加，迫使许多林地不允许用来生产木材。木材生产最先从天然林中获取，然后到粗放经营的林木中生产，最后发展到集约经营中生产，和农业革命的历史极其相似。特别是从 20 世纪 60 年代之后的人工集约经营，20 世纪 70 年代之后的育种技术、无性系培养和基因改良使林木培养和农作物栽培没有太大的差异。林木的生长率成倍增加，轮伐期大大缩小。在这种条件下，在地理位置优越(土壤、光热和运输)的土地上通过人工培养来生产木材比从边远地区天然林中采伐木材更具有竞争力。全球化的趋势不仅实现国内的分类经营，还实现国际化的分工。据预测到 2050 年，用当前世界林地的 5%~10%就可以提供世界绝大多数的木材供应。

思考题

1. 简述数量收获、林木价值和林地价值最大化的差异。
2. 简述木材价格、折现率和工资对数量收获、林木价值和林地价值最大化计算的轮伐期的影响。
3. 简述使用价值与交换价值的差别。
4. 简述边际价值与总价值的差别。
5. 简述机会成本与消费价值的差别。
6. 简述个人价值与社会价值的差别。
7. 简述生态补偿与使用价值和交换价值的关系。
8. 简述木材价格上升会导致生产力高的林地更集约经营。
9. 简述营林技术的革新会导致林地的专业化经营。

第四章 林产品市场与贸易

第一节 林产品市场概述

一、林产品市场概念

林产品市场是林产品交换的环境和条件的总和。在林产品市场中,林产品完成从生产领域到消费领域的流通过程,实现林产品价值和完成林产品商品使用价值的转换,这个过程体现了市场参与者(包括买方、卖方和各种中介组织或个人)之间的相互关系。

林产品市场是商品市场的重要组成部分。林产品市场中交换的对象是林产品。一般来说,林产品是指用于商品交换的、以森林资源为基础的木材及其制品、林化产品、以木材为原料加工的纸和纸浆及其他制品、其他林产品等。

二、林产品市场特点

林产品市场是以林产品的交换为对象的市场,由于林产品是以森林资源为基础生产出来的商品,其生产流通和消费不同于其他商品,就使得林产品市场有与其他商品市场不同的特点。

1. 供给约束

林产品生产的基础是林木资源,林木资源的供给受其生长量和生长周期的约束,同时林木资源的供给还受到用于林木生长的林业用地有限性的制约,尽管可以通过科学技术增加林木生长量和缩短林木生长的周期,但由此而带来的林木供给也是有限的,而且还要有一个较长的过程。人类也可以通过向荒山荒地开发更多的可用于林木生长的土地,但这种土地开发也是有限的。正由于受到这些自然条件的限制,林木的供给不能像其他许多产品那样通过提高社会劳动生产率就可以在短期内得到较大幅度的增加。林业生产不仅要考虑市场对林产品的需求,还要保证生态效益和社会效益的发挥,所以许多国家都对林木资源实行保护政策,这也使林产品市场的供给受到限制。

2. 木材产品供给的地域性

森林资源的分布是不均匀的,一方面,土地的边际效益导致森林不可能均匀分布;另一方面,历史和人口等因素也造成了森林分布的不均匀,不同国家的森林分布不均匀程度存在很大差异。这种森林资源分布的不均匀性必然造成林产品构成主体的木材的供给地域性，由此而使许多其他林产品的供给带有一定的供给地域性。这种木材的供给地域性又派生出木材市场的另外两个特点：①木材运输成为木材流通中的关键环节，运输能力和流向成为制约木材供给的重要因素之一。②木材运输成本在木材生产成本中所占比重大，因而对木材的市场价格影响也较大。

3. 需求的多样性和广泛性

社会对产品的需求具有多样性，而且随着经济社会的不断发展，这种需求的多样性将会不断扩大。对林业生产经营者来说，以木材生产为主的生产资料生产的单一性和林产品需求的多样性之间就形成一对矛盾，如何科学、合理地解决这一矛盾就成为林业企业搞好经营活动的关键。同时，社会对林产品的需求也是不断变化的，为了适应这种变化，林业生产经营者的生产组织和经营活动就必须具有更大的弹性，林产品的需求来自多个部门、多个行业，这就决定了林产品的服务对象是全社会。这就要求林产品的经营必须要有全面和系统的观点，要根据宏观的政治、经济、法律和社会发展状况及各行业的发展状况来制定经营战略。不难看出，林业生产经营者所要考虑的因素比许多其他行业要复杂和广泛得多。

4. 林产品的标准化程度低

林产品种类繁多，由于树种、材种、生产区域不一样。在质量、规格等方面都存在着一定差异。林产品交易一般数量较大，个体产品形状不一，给交易的准确计量带来一定的难度，这就使得林产品在市场交易中难以像粮食、煤炭、钢铁、水泥等商品那样实行严格的标准化。尽管木材等商品也建立了较为科学的标准，但这些标准在商业流通中运用起来则又显得过于繁杂，难以适应市场交易的需要。市场交易对商品标准的要求是科学、简明，易于理解和操作，便于管理。正是由于林产品的标准化程度不高，这就给使用现代化的手段和方式带来了困难。

5. 非木质林产品的原料加工需求和最终直接消费需求并存

一方面，收集非木质产品可满足作为加工各类非木质制品的原料需求，非木质的初级产品通过多道工序和多种加工方式可以生产出各类可供消费者直接使用或食用的最终消费产品。初级林产品可作为多种森林食品、林化产品、药品和饰品等的基础原料，如竹子可以生产出几十种甚至更多的最终加工产品。另一方面，非木材产出也有一部分直接用于消费，如林区居民自采自用部分以及直接出售的经济林果、花卉等产品。而森林旅游产品则因游览者目的不同，产品性质也不同，具有双重属性，既可以是中间产品，也可以是最终产品。如果游览者是为了休息放松以便更好地恢复精力重新投入工作，则可以看作劳动力再生产的中间投入品；如果就是为愉悦心情，享受森林景观和环境，获得审美感受，则可以认为是最终产品。

三、林产品市场规模与市场结构

系统论认为结构决定功能。林产品市场是林业经济系统中的一个子系统。这个子系统又是由若干部分组成的，市场的结构如何直接关系着其能否很好地发挥整体功能。因此，林产品市场的规模和结构至关重要，了解林产品市场的规模和结构特性有利于合理组织林产品流通和发挥林产品市场功能。

(一)林产品市场的规模

规模通常是指事物在一定的空间范围内的聚集程度。规模大,也就意味着一定的空间范围内聚集的事物量大。林产品市场的规模是指在一定的时期和空间范围内,构成市场各因素的充足和完满程度。描述林产品市场规模的主要指标有:林产品交换产品的数量和品种、林产品市场的辐射范围、投入的货币资金数量、进入市场从事交易活动的交易者的数量等。

1. 林产品市场交换商品及其品种的数量

从宏观上看,林产品市场商品交易数量的多少反映一个国家林业经济发展的水平和林业在国民经济中地位的高低。一个国家林业经济的发展水平高,林业在国民经济和生态建设中占重要地位,木材及其他林产品的市场交易量也必然较大,商品的品种也就多。同时,市场林产品的数量和品种的增加,也反映出一个国家林业的先进程度和林产品消费的水平。从微观上讲,特定区域或市场林产品交易数量和品种的多少也反映出该地区经济的发展水平。

2. 林产品市场的辐射范围

所谓辐射范围是指市场交易商品涉及的空间范围。辐射范围大,所涉及的空间范围就大,那么影响就大;反之影响就小。辐射范围与市场的地理位置、商品品种、管理水平、市场的信誉有密切关系。为了达到使市场具有较大辐射范围的目的,市场应建在距产区或销区较近的地方,一般应与主要交通运输系统相连接。个别林产品品种具有独特性,其辐射范围可能较大,而普通林产品则因其可获得性较强而辐射范围较小。市场的辐射范围还与其管理水平有密切的关系,反映市场管理水平的重要指标是成交额和履约率。成交额是指在市场中实现的商品交易金额,交易额大表明交易的商品数量多,参与的交易者多;而履约率则表明市场交易活动的成功率,两个指标综合起来就能够反映出市场的总体运作水平。市场的信誉是交易者对市场综合经营水平的总体评价,也是维系市场运行的基础。

3. 投入的货币资金数量

它有两层含义:一是指交易者在市场中投放的交易资金的数量。交易者在市场中投放的交易资金的数量取决于多种因素,它是市场运行多种因素的综合反映。交易资金多、市场规模大、市场运行效果就好。二是用于市场基础建设资金的数量。为市场基础建设所投放的资金多于交易活动的需要和经济社会发展的水平。资金投入不足影响商品交易活动的正常进行,资金投入过多则增加市场管理的成本。

4. 进入市场从事交易活动的交易者的数量

吸引更多的交易者进入市场进行交易是市场运行的目标之一。这里所指的交易者即指买方,也指卖方的经纪人。需要指出的是,这里的交易者数量是指相对稳定的交易者群,其基本类型是数量较大、数量的变动不大或有增加的趋势。

林产品市场规模的形成既是一个客观的过程,又是一个人为认识的过程。林产品商品流通有其自身的规律,市场的形成有一个随客观条件变化而自然形成的过程。由于自然、地理及经济社会的发展,某些区域形成了一定规模的林产品市场,市场的状况也随着这些条件的变化而变化。

(二)林产品市场的结构

林产品市场的结构是指林产品交换活动中各要素之间数量比例关系和联系方式。林产品的市场流通活动是一种复杂的社会活动,存在着多种数量比例关系和联系方式,也存在着各种结构关系。例如,所有制结构、林产品流通的产品结构、行业结构、时间结构、空间结构、流通企业规模结构及流通企业内部结构等。这些结构合理与否直接关系到林产品流通活动的效果。

1. 主体的所有制结构

所有制是人们劳动的物质资料占有的形式。林产品流通主体结构是指在林产品流通各个不同劳动资料占有形式的商业活动要素之间的数量关系及联系方式。

2. 林产品的客体结构

林产品市场的客体结构是指市场流通对象的数量比例关系和联系方式。它主要包括以木材为主的木材商品市场和非木材商品市场,如林化产品、竹材产品和其他林产品等。另外,活立木市场将以其独有的特点成为林业经济发展的一个市场形式。不过,活立木市场严格意义上已不是商品市场的组成部分,而属于资源市场的范畴,但将对林产品市场产生直接而深远的影响。

3. 市场的行业结构

在一定的时期内,林产品市场各种流通活动的资源总是分布在不同类型的流通组织之中的。不同类型的林产品流通组织在市场中所占用的商业资源之间的数量比例及联系方式就构成了林产品市场的行业结构。林产品市场的行业结构是由以下几种流通组织形式构成的:零售企业、批发企业、生产企业直销、中介服务组织等。不同部门、不同所有制的经营组织对林产品采取不同的经营方式使林产品生产出现了许多的变化,这些变化是林产品市场发展的标志。

4. 林产品市场的时间结构

在现代林产品生产体系中,不仅存在着现货商品交易,而且还存在着交易双方订立合约,在将来某一时间进行实物交换的远期合约交易及反映未来市场供求关系的期货合约交易,商品资源在这些不同类型交易中的配置关系,构成了林产品市场的时间结构。

5. 林产品市场的空间结构

林产品市场的空间结构主要是指林产品商业资源在不同地区间的数量比例关系及联系方式。由于各个地区的经济基础和发展速度不同,林产品市场的空间结构是在不断变化的。

总之,林产品市场是以林产品为交换对象的市场,林产品本身的特点决定了林产品市场具有与其他商品市场不同的特征。了解林产品市场的特征、分类及市场规模和市场结构,有助于确定林产品市场的发展动态,更好地促进林业经济的发展。

第二节　木材的供给与需求

在所有森林资源可以生产的产品中,木材是一项主要的工业产品。相应地,许多森林经营措施是为了生产作为工业原料的木材。

决定木材价格的因素包括供给和需求两个方面,但供给和需求的概念对木材来说不像其他商品那么直观,所以需要特别加以讨论。

一、木材的供给

木材供给是指生产者在某一特定时期内,在每一价格水平上愿意而且能够提供给市场的商品木材数量。木材的总供给量包括国内木材供给量和进口木材量。国内的供给量是由当年生产量、生产库存量以及流通领域的存量构成。通常情况下,与其他产品一样,木材价格越高,供给量越大。但对于木材,需要特别说明这种关系的原因和结果以及所指的时期。

(一)短期木材供给

图 4-1 表明在短期内当生产者不能改变实物资本如采伐设备、纸浆厂或制材厂的生产设备,市场的供给量随产品价格而变化。在短期内,生产者只能通过改变可变投入(如劳力、燃料、原材料)并或多或少地集约使用已有的资本设备的办法改变产出。为了在不改变固定成本的情况下实现利润最大化,生产者将选择边际收益刚好与边际可变成本或短期边际成本相等时的生产水平。短期市场供给曲线,是市场上所有生产者短期边际成本曲线的总和。因为生产者在短期内不能改变其实物资本,所以短期供给曲线对价格的变化相对来说是非弹性的。

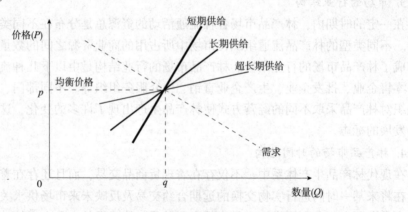

图 4-1 木材的供给和需求

因此,短期木材供给曲线:

$$Q = f(P, I, Z) \tag{4-1}$$

式中 Q——每年的采伐量;

P——当前(年度)的价格;

I——当前的库存水平;

Z——影响供给的其他因素,如利率、所有制特征等。

供给函数往往是在某一个地区结合短期木材的需求功能使用的经济计量技术计算出来的。由于木材库存往往只是缓慢地变化,有时无法获取长期可用的库存统计数据。在这种情况下,供给变量可以被看作采伐量的比例,库存变量可以从右边省略,库存供给弹性可以看作一个整体。例如,供给函数可表示为:

$$Q/I = f(P, Z) \tag{4-2}$$

这种形式的供给库存弹性是：

$$E_I = \frac{\mathrm{d}Q}{\mathrm{d}I} / \frac{I}{Q} = f'(P, Z) = 1 \tag{4-3}$$

(二) 长期木材供给

短期和长期之间的界限，取决于生产某种产品时改变所需资本的时间长短。这将不可避免地随产品品种和生产技术要求而变化。对于采伐工业来说，长期可能不超过一年，而纸浆和造纸行业则是几年。因为采伐木材所需的资本设施可移动性较大，而且可用比纸浆和造纸所用设备更快的速度投入生产。但是无论改变资本所需时间多长，从长远来说整个工业将比短期更灵活地反映于市场价格。因此，长期供给曲线通常比短期供给曲线更富有价格弹性，如图4-1所示。

短期和长期之间的分界线取决于需要多长时间来改变生产产品所需的资本。毋庸置疑，这将取决于生产的产品和它的技术要求。

在分析任何使用实物资本进行生产的工业对价格变化的反应时，区别短期和长期供给都很重要。但是在木材生产中，甚至需要考虑超长期，因为木材生产需要的资本的形式不仅有通常的厂房和机器，而且还有森林。像其他资本一样，森林蓄积量可以通过采伐而消耗，也可以通过投资而增加，区别在于森林经营所需要的时间通常比建筑厂房所需要的时间长得多。

如果木材价格的升高可望永久持续下去，更多的土地将被用来发展工业用材林，还会出现更集约的管理方式。许多年后，将使市场木材供给增加。但对木材生产行业来讲，使森林蓄积量随木材价格变化而调整的期限必须至少是一个完整的生长周期。在这种超长期中，木材供给曲线将比通常的长期供给曲线更富有弹性。

概括地说，根据所考虑的调整时间长短和生产者所能改变投入的范围，可以将随木材价格变化的供给类型分为3种。①在短期，生产者不能改变任何固定资本，而仅限于改变可变投入，并或多或少地集约使用已有资本。②在通常所说的长期，生产者能够调整生产能力，所以他们对价格变化的反应就较灵活。③在足以生产更多木材的超长期，生产者可以调整所有的投入，包括可变投入、厂房和机器以及森林资本，所以其供给对市场价格上升的反应就会更大。

图4-1所示的传统供给曲线由所有的平衡点组成，即在相应时期内生产者在各种价格条件下寻求产品的供给数量。曲线上的每一点都代表市场供给所趋向的水平，但市场处在向平衡点调整过程的机会比停留在某个平衡点的机会更多。人们观察到的生产波动反映了生产者为适应变化着的市场所做出的努力。正如人们所看到的，这些努力受到了调整时间的限制。

(三) 我国木材供给现状

林产品是由多种产品构成的，不同产品的供给状况差别很大。以木材为例，由于资源不足，中国的木材产量与国民经济和人民生活的需求有很大的距离，由于多年对天然原始森林的开发，可采资源越来越少。特别是具有多种用途的大中径级商品材供应量严重不足，使许多林产品的加工、生产企业难以维持正常的生产经营活动。资源质量的下降，也影响到林产品商品的质量和生产企业的经济效益。资源的不足使各种木材的节约代用方法和技术被广泛采用，部分地解决了因资源缺乏而产生的市场供给不足问题。

正因为供给不足，而国民经济对林产品的需求又比较大，因此，替代产品产业得以迅速发展，进而使林产品的需求结构和偏好发生改变，并最终对林产品的供给产生深远的影响。一方面这样的影响可能是积极的，因为使用替代品可使林业有一段调整与改造阶段，森林资源得以休养生息。为以后的林业发展打下坚实的基础。另一方面这样的影响也可能是消极的，由于替代品产业的发展，形成一批在国民经济中有影响的产业，成为林业强有力的竞争对手，进而成为林业永久的替代者，那么，未来的林业发展就有可能出现非常不利的局面。

木材的贮存是木材生产必不可少的环节之一，木材生产有很强的季节性，生产时间比较集中。而社会需求、交通运输与这种季节性有很大的矛盾，生产、运输、销售、使用难以连续进行。这就要求生产企业生产出的木材要有一个贮存阶段。贮存量和时间由生产和市场情况决定。木材进入流通领域后，并不是马上全部进入生产加工或消费领域。其中部分木材要在流通领域停留一段时间。这一方面是由于经营者必须掌握一定的货源；另一方面，市场价格的变化也使经营者的部分产品不能在价格不理想的时候进入消费领域。这样，流通领域就存在一个木材商品的存量，这个存量会在适当的时候进入消费领域。

影响木材供给的主要因素有：①资源状况，包括森林资源的总蓄积量、森林资源的生长量、成过熟林的蓄积量、材种结构等；②木材的生产状况，包括木材的生产能力、生产企业存储量、资源利用水平等；③生产成本，市场的供给量是按照和生产成本相反方向变动的，在其他条件不变的情况下，成本下降，供给量增加，成本上涨，供给量就会减少；④流通领域的存量；⑤市场需求量；⑥市场价格水平；⑦国际林产品产量；⑧对未来的预测，对未来市场状况乐观时，供给量就会大一些；反之，供给量就会小一些。

中国的重点木材产区是东北国有林区、南方集体林区和西南国有林区。由于多年的开发利用，重点木材产区的集中过伐比较严重，造成森林资源减少和质量下降。1998 年以来，我国政府加大了生态环境保护力度，实施了天然林资源保护工程（以下简称"天保工程"，NFPP）等林业重点生态工程。依据《中国林业工作手册》，按照天保工程的实施方案，实施天保工程使工程区商品材产量调减 1 990 万立方米，重点国有林区，特别是东北、内蒙古国有林区（包括黑龙江省、吉林省和内蒙古自治区）木材产量大幅度缩减。以东北和内蒙古国有林区为例，20 世纪 90 年代以前，该区的木材产量占全国木材总产量的 51.87%以上，而自 2015年开始该地区已经全面停止了天然林商业性采伐。在我国木材需求持续增长的情况下，这一系列政策所带来的木材产量减少及木质产品出口的快速增加加大了我国木材供给的压力，需要不断从国外进口大量木材。依据第九次全国森林资源清查调查结果显示，作为全球木材消费第一大国，我国木材对外依存度长期维持在 50%左右的高水平范围内。在调减商品材产量的同时，天保工程通过植树造林扩大森林面积，使速生丰产用材林的面积大幅度增加；同时，一系列政策措施和制度改革出台也有效地增加了我国的木材供给，这在一定程度上缓解了我国木材的供需矛盾。例如，森林抚育政策的推行和国有及集体林区林权改革的不断深化，2017 年中央"一号文件"继 2013 年、2015 年中央"一号文件"之后，又一次明确提出要加强国家储备林基地建设等。

依据《2018 中国统计年鉴》可知，未来增加我国木材供给的根本措施在于提高我国2.53 亿公顷林地的生产力。具体采取以下措施：

①区域主体功能定位应充分考虑森林资源优势和林地生产潜力。对于森林资源优势显著的地区，国家应重视林地生产潜力开发对促进就业、发展和生态安全保障的重大意义，应确立该区域的"木材生产基地"主体功能，并相应确定该区域的林业发展战略。通过"木材生产基地"主体功能的发挥，实现经济和生态的双赢。

②科学经营森林。加快森林分类经营改革。根据林地生产潜力和生态区位情况，确立不同的经营主体，并建立相应的管理体制和经营机制，是科学经营的制度基础。实施林权制度改革。通过产权改革，形成利用市场要素发展林业的经营主体，吸纳社会资金投资营林生产，增加森林资源，增加木材供给，以"产权换资源""产权换木材"，实现科学经营森林。

③加大财政、金融、税收等对木材生产的扶持力度。激励社会资本投资林业，以充分挖掘林地的木材生产潜力。

二、木材的需求

(一) 木材需求

木材需求是指消费者在一定时期内，在某一价格水平上愿意而且能够购买的木材商品量。木材需求量分为两部分：①国内木材消耗总量。国内木材消费包括工业与建筑用材消费、农民自用材和烧材消费。②出口木材及木材制品的总量。出口木材主要包括原木、锯材、单板、人造板、家具、木浆、木片、纸和纸制品、废纸和其他木质林产品。

木材的需求是一种派生需求，即它是由对木制最终产品的需求派生而来的。最终产品常指消费者所需要的商品。人们熟悉的那些大量依赖于木材的消费品有住房、报纸、卫生纸、包装纸、家具等。消费者对这些产品的需求引起了对生产这些产品的原材料的需求。从这种意义上说，对森林中立木的需求是由对最终产品的需求派生而来的。

木材的派生需求可由图4-2说明。图4-2上半部分表示对一种以木材为原料的最终产品——新闻纸的需求。其供给曲线表示在新闻纸生产过程中除木材以外的所有投入的成本，包括将木材加工成新闻纸的成本。两条曲线交点左边为消费者愿意支付新闻纸的价格超过所有其他要素的成本的部分，表示生产者愿意支付木材的最高价格。因此，木材的派生需求（图4-2下半部分）反映了上半部分两条曲线的差异。

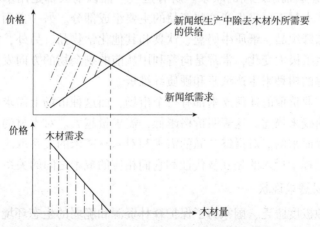

图4-2 新闻纸生产过程中对木材的派生需求

相似地，对木材的需求可由以木材为原料的任何其他产品——住房、包装材料等派生而来。所有这些派生需求的总和就是对木材的市场需求。

图4-2清楚地表明了对木材的派生需求和对最终产品的需求一样，符合"需求规律"——价格越低，需求量越大。因此，木材的需求曲线和通常的需求曲线一样是向下倾斜的。下面将要讨论的木材供给曲线是向右上方倾斜。供给和需求曲线的交点决定了木材的市场价格。这一价格加上新闻纸生产过程中所有其他要素的成本，将使新闻纸的均衡价格移向图4-2上半部分所示的交点之左。对初级原材料，如木材的派生需求的推导通常需要若干步骤，涉及为生产最终产品的中间产品的生产。例如，对住房的需求产生了对胶合板的需求；对胶合板的需求反过来产生了对适于生产单板的原木的需求；对原木的需求产生了对相应立木的需求。

对于每一中间产品如胶合板、单板和原木，经常存在着相互区别的有着各种供求关系的工业和市场。然而，在一些情况下，木材工业是一个联合体，以致没有单独的中间产品市场存在。例如，一些生产胶合板的企业直接从自己采伐的木材中制造胶合板，因而原木和单板的中间市场消失了。

对木制最终产品需求的任何变化都将改变木材的派生需求。但是，这种关系并不是非常严格的，因种种原因对某种木制品需求的改变并不产生对立木需求的成比例变化。①通常林分在同时生产多种产品(如胶合板、板材、纸浆)时才能得到最充分的利用。这些产品都随相应的产品价格变化而变化。例如，对住房需求增加一倍并不意味着对木材的需求也增加一倍，因为只有一部分木材被加工成建筑材料。如果对其他产品的需求不变，对木材需求的增加就会比对住房需求增加的比例要小。②生产者还会把以前为生产利润较大的产品所使用的木材转为生产建筑材料。③对住房需求的倍增将使建房中各种投入的需求增加，并使住房价格上升(但不成比例)。其结果形成了建房中所投入原材料之间形成相互替代，并使劳力、资本和其他原材料在建房中的消耗比例发生变化。所以，对各种投入的影响不尽相同。

从长远看，对木材需求和对最终产品需求的关系会随着技术进步而发生变化。可以考察一下对木材需求和对军舰、民用船只、多用途住房、办公室、家具、体育用品(如滑雪板和钓鱼竿)以及燃料需求之间的联系。所有这些产品以前大都是用木材生产出来的，但工业技术的进步使木材不再是生产这些产品的主要组成部分。另一方面，有许多为人们熟知的新木制品、如纤织品、纸质牛奶盒、饮具和其他化学物品。另外，加工木制品需要的各种原材料也发生了极大变化，常常是向着利用从前的剩余物的方向发展，如利用锯材厂的副产品和材质差的树种来生产纸浆和硬质纤维板。

总之，具有工业价值的任何立木都有一个市场，而这种市场上需求一方可以用常见的向下倾斜的需求曲线来描述。这表明价格越低，需求量越大。对木材的需求是由对木制最终产品的需求派生而来的。对最终产品的需求和对木材需求的关系取决于投入和产出的生产函数以及生产过程中投入的相互替代性和它们相应的成本之间的关系。

(二)我国木材需求现状

中国森林资源极度匮乏，国家为了保护森林资源和脆弱的生态环境，对国内木材产品消费向来未采取鼓励政策，相反，对某些木材产品的生产和消费还制定了一些限制措施，包括：实施木材采伐限额制度，控制木材采伐量；制定和实施木材节约和代用政策等。但是，随着国民经济的快速发展和居民生活水平的迅速提高，对林产品需求不断增加，中国的林产品消费依然呈现出持续上升的趋势。

作为全球第二大木材消耗国和第一大木材进口国，近10年来我国木材消费总量增长了173%，目前全国年木材消耗量已超过7亿立方米，对外依赖度超过50%。随着各个行业的快速发展，木材市场需求仍将持续增长。与国家其他行业拉动经济增长的三驾马车之一"出口"动力一样，出口木质林产品折合的木材消耗量增速最快。农民自用材的木材消耗量的变化呈现一定的波动趋势，总体来看呈现下降的趋势。

总的来看，目前中国的林产品消费市场具有以下明显的特征：

(1)主要木材产品的消费量已跃居世界前列

随着中国经济的快速发展，国内市场对林产品的需求量不断增加。根据FAO的统计数据，2018年我国是化学木浆的全球第二消费国家，占全球该类林产品消费总量的20%；在纸板、溶解木浆、硬纸板、家居及卫生用纸、胶合板、回收纸和包装纸方面，我国是全球第一大消费国，分别占全球该类林产品消费总量的26%、51%、37%、28%、65%、25%和22%。面对如此巨大的消费量，"中国森林资源总量仍然不足"，"质量依然不高，木材供需矛盾仍未缓解"。根据第九次全国森林资源清查的相关数据显示，总体上我国现有的森林资源还无法满足经济社会发展的多样化需求。

正是由于国内森林资源不能自给，同时伴随着中国近10年来大力发展木材产品出口，导致进口各类木材产品的数量激增。目前中国是世界排名第一的原木、锯材、纸浆和废纸进口国，占全世界林产品贸易总额的16%。依据《中国木材》的《2018年我国木材进口情况简述报告》可知，作为各类木材产品原料的原木进口量由2002年的2433.3万立方米上升到2018年的5975.1万立方米，10年间几乎翻了近一倍。随着国际社会对木材认证要求的推广和非法木材进口渠道的打击，致使我国木材产品生产成本上升导致的林产品相关企业的出口效益下降和国内用材安全所面临的局势也进一步恶化。对比一些林业发达国家，如美国、芬兰、挪威、瑞典等国家，我国林业产业的重要组成部分——林产工业也还处在简单加工、资源不能节约利用的低端加工占比大的初级阶段。面对国内社会发展对林业需求的日益增加，国内对林业可持续发展模式进行的探索仍不明晰。发达的国家发展的经验表明，必须建立一套前向产业拉动后向产业——即以资源培育充分满足林产工业的发展需要，后向产业推动前向产业——即以林产工业的发展促进资源培育，且这种拉动作用大于推动作用的一套发展模式才能实现资源越用越丰富的可持续经营模式。另外，经济大环境的变化也影响了我国木材产品的消费情况，在金融危机的2008年和经济复苏缓慢迹象开始显现的2012年，我国木材产品消费量出现了不同程度的下降。根据目前全球木材产品市场的形式来看，复苏已经开始，一些积极的迹象也表明，对木材产品的需求，尤其是对那些用于生物能源领域的产品的需求将会在未来几年不断增加。

(2)人均林产品消费量依然较低，且消费结构由以结构用材为主转向装修用材

我国人口众多，人均消费水平依然低。人均消费量不仅大大低于发达国家，且仍落后于世界平均水平。中国目前在建筑用材方面，作为梁、柱等结构用材日趋减少，即使门、窗用材也有相当大的一部分为其他材料(主要为钢、铝材和塑料)所取代。这种情况在城市

4-1

和沿海经济发达地区尤为明显。相反，随着居民生活水平提高，对室内装修和家具用材的需求量却不断扩大。但这方面所需的木材主要为硬阔叶材和阔叶材胶合板，这也是造成近年来国外针叶材进口量相对减少，硬阔叶材（包括原木和锯材）和热带阔叶材胶合板进口量迅速上升的一个重要原因。

三、木材供求关系与市场价格

在市场经济条件下，木材产品的供求与市场价格的关系十分重要，二者相互影响，对木材市场的均衡起着至关重要的作用。

一定的价格水平是决定需求量和供给量的前提条件，木材市场价格的变动会引起木材需求量的反方向变动，即木材价格上升，需求下降；与需求相反，木材价格的变动会引起供给量的同方向变动，价格上升，供给量增加，供给曲线向右上方倾斜，如图4-3所示。

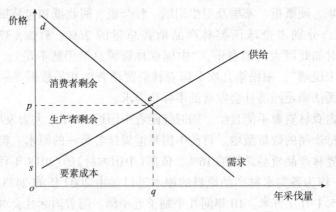

图 4-3 市场供给、需求和木材价值

在任何木材市场上，供给和需求决定了一个均衡价格 p。因此，相应地有一个均衡数量 q。供大于求则价格水平下降，供小于求则价格水平上升，供给量等于需求量则价格水平不变。

如果需求增加，使需求曲线向上移动，价格和生产量都会增加。如果生产成本下降，则供给曲线向下移动，生产量将增加而价格将下降。如果变化与上述情况相反，则结果也会相反。

木材的总价值是需求者所愿意支付于它们的所有数量之和。这反映在图 4-3 需求曲线以下，e 点以左的面积 $odeq$ 之中。只要所有产品以均衡价格销售，供给者所得到的收入就是价格和销售量的乘积，由长方形 $opeq$ 表示。供给图形表明供给者生产木材所需要的生产要素成本由 $oseq$ 的面积表示。可这些要素成本只是生产者所得到的总收入的一部分。用三角形 spe 表示的其余部分是生产者剩余。在木材生产中这部分剩余通常以地租的形式留给土地所有者。在价格水平线和 e 点以左的需求曲线之间的剩余部分称为消费者剩余——消费者愿意支付的超过市场价格的那部分价值。

从图 4-4 来看，森林生产的净价值等于总价值减去供给成本，也可以表示为生产者剩余和消费者剩余之和。可是，如果以生产者剩余形式为土地所有者产出地租的土地还有别的用途，那么森林生产所获得的净价值则还需减去土地被用作其他最好用途时可以获得的地租——即它的机会成本。

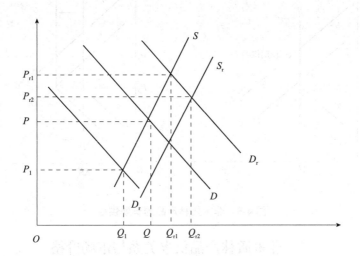

图 4-4　立木市场的长期均衡

当市场所有生产活动或其中大部分不稳定时，考虑生产者和消费者剩余是很重要的。可是，森林管理者经常被要求增加或减少木材或其他林产品供给，其变化量仅占市场总供给量的一小部分。在其任务是评价边际变化而不会过多地影响市场价格的情况下，这些剩余将不会有可计量的变化，因而可以被忽略。

第三节　非木质林产品的供给与需求

一、非木质林产品的供给与需求

非木质林产品在最大可采收产量范围内根据产品本身的弹性特征可以对价格变化做出反应，短期内价格上升，供给量增加；价格下降，供给量减少，具体关系表现为图 4-5 曲线向上倾斜的部分，长期中主要就是供给阈值的上升或下降变化。

因非木质林产品生产具有一定周期或者季节性采收特点，超过其最大可采收产量，短期内产量就无法对价格变化再做出及时的反映，即使有些种类产品可以在一年内多次收获，但每次收获仍存在一定的时间间隔，客观存在一个成熟期，一旦超过了最大可采收数量，当期价格变化很难影响本期供给，只能影响下一期供给产量的变化（图 4-5）。假定非木材林产品市场是充分竞争的市场，图 4-5（a）是该市场的初始状态，如果短期中需求曲线从 D_1 移动到 D_2 位置，供给不变，非木质林产品价格由 P_1 上涨到 P_2，但由于受该生产周期内非木质产品短期供给限制，S_1 供给曲线不变，供给量依然为 Q_1。在下一个生产经营周期，所有者可以调整森林资源结构，扩大非木质林产品的生产规模，将供给曲线从 S_1 推到 S_2 的位置［图 4-5（b）］。

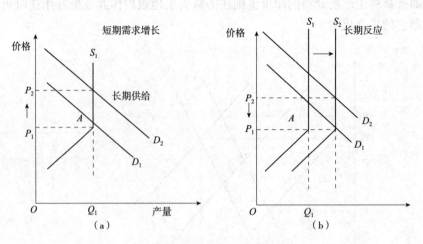

图 4-5 非木质林产品的长期供给

二、非木质林产品供求关系与市场价格

为简化分析,把各种非木质林产品批发商的收购行为作为最终需求,其收购价格作为最终价格,直接考察批发市场的均衡与价格。假定非木质林产品市场是充分竞争的市场,在最大收获量之前,即供给曲线向上倾斜的部分,需求曲线和供给曲线交点对应的价格和数量分别是短期均衡价格和数量,价格的变化对市场均衡的影响类似立木市场的短期均衡(图 4-6)。

长期中假设需求水平已扩张到非木质林产品最大采收量水平以上,如图 4-6 需求曲线移动到 D_2 位置,因非木质林产品生产周期的影响,供给不变,非木质林产品价格由 P_1 上涨到 P_2,但受本期最大采收规模限制,供给量依然为 Q_1,下一周期所有者可以调整森林资源结构,扩大非木质林产品的生产规模,将供给曲线推到 S_2 位置,价格恢复到 P_1,数量增长到 Q_2。

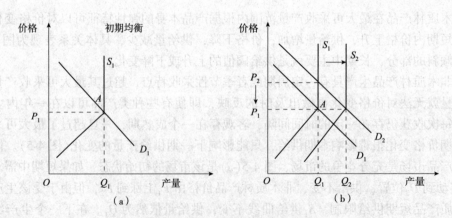

图 4-6 非木质林产品的市场均衡

第四节 林产品贸易及政策

一、林产品贸易概述

林产品贸易是指以各类林产品为对象的商品交换活动。林产品与人类生活及许多行业有着密切的联系。国际林产品贸易的主要品种包括原木及其初加工品(如电杆、枕木)、各种锯材、人造板(纤维板、刨花板、胶合板)、复合层积材以及用于造纸的木浆等。在联合国《国际贸易标准分类目录》中,上述林产品的编号为246、247、248、251(除去251.1的废纸)、634(除去634.9的箍木、木劈条等)、641。中国林业不断创新发展,在产业规模、产业结构、林产品贸易及助力脱贫攻坚、乡村振兴等方面取得了突出成就,在促进生态文明建设、应对气候变化、保障人民生活等方面发挥了重要作用。党的十八大以来,中国林业产业总产值由2012年的3.95万亿元增长到2022年的8.37万亿元,产业规模翻了1倍多。林产品进出口贸易额由2012年的1206.39亿美元增长到2022年的1910亿美元,贸易规模扩大了1.5倍。目前,我国已成为世界林产品生产、贸易、消费第一大国。其中木浆、原木、锯材进口和木制家具、人造板、地板出口均居世界首位。

林产品贸易的作用主要有:

(1)林产品贸易影响林业生产

在产品经济时期,贸易相对来说并不重要。因为是由国家统购统销,且林产品供不应求。但随着市场化的改革,贸易对林产品生产的影响逐渐增大。贸易规模和结构不仅影响林产品的生产,也影响森林资源的保护。

(2)林产品贸易制约林产品消费

贸易规模和结构决定了消费者获得产品的数量、品种、质量、稳定性、成本等。合理的贸易应能够在准确的时间和地点,以满意的价格,将合适的产品从生产者送达消费者手中,进而满足消费。如果林产品贸易效率低,消费者就会用替代品,从而影响林产品的生产。

(3)林产品贸易影响着林产品分配

首先,贸易决定着林产品资源的分配,贸易的本质是资源的跨边界交换,不管是林产品原材料资源、林产品服务资源还是林产品成品资源,都需要通过贸易进行跨区域或跨国的再分配。其次,贸易决定着林产品经济利益的分配。亚当·斯密曾经证明,一个国家若按绝对优势参与国际分工,然后用自己生产的产品与他国商品交换,双方可以共赢。而决定林产品贸易利益分配的是林产品的交换比价,当林产品贸易双方生产成本的相对差距,那只是决定分工的选择,而分工格局一旦形成,林产品贸易利益如何分配就取决于林产品的交换比价。

二、世界林产品贸易发展及其政策

(一)世界林产品贸易现状

自20世纪90年代以来,世界林产品贸易规模随着各国经济不断发展,生产技术、运输能力的大幅提升,以及人们对生活品质要求的不断提高和建筑业的高速发展,加快了国际贸易自由化进程。从1992—2020年,世界林产品贸易一般可分为6个阶段:①1992—

1995年以加速增长为特征的第一阶段。世界林产品贸易额在1992年为1200.49亿美元，1995年已增至1735.09亿美元，要比1992年净增加534.6亿美元。②1996—2001年以趋于平稳状态为特征的第二阶段。此阶段由于受到东南亚金融危机等影响，出现一定波动，1996年的世界林产品贸易额下滑至1634.38亿美元，比1995年下降了100.71亿美元，之后又接着下滑，但降速明显放缓。到1999年止跌为升，达到1613.01亿美元。2000年升至1753.45亿美元。③2002—2008年以持续增长为特征的第三阶段。经过多年不断发展，2008年的世界林产品贸易额已达3180.87亿美元，年均增加219.33亿美元，平均增速为9.87%。④2009年以世界林产品贸易额急剧下降为特征的第四阶段。由于美国次贷危机引发全球经济危机，据世界贸易组织估计，2009年世界商品贸易总额为248 950亿美元，这比2008年的323 650亿美元下降23.1%，林产品贸易额也有大幅下降，为2446.09亿美元。⑤2010—2018年以世界林产品贸易额恢复增长为特征的第五阶段。2010年世界林产品贸易总额呈现增长趋势，增幅为14.10%。截至2018年全球林产品贸易总额增长至10 355.25亿美元，增长率为107.03%。⑥2019—2020年，受中美贸易摩擦的影响，全球林产品贸易额为9578.60亿美元，较上年减少7.53%，且中国林产品进口的减少幅度最大，为14.60%。

从全球来看，林产品贸易出口集中在北美洲、亚洲和欧洲，进口集中在亚洲、欧洲和北美洲地区。可见北美洲、亚洲和欧洲是全球林产品贸易最为活跃的区域。2017年世界锯材产量创历史新高；而随着全球房地产业疲软，人造板行业面临着一定的发展压力，首次出现逆增长，其中中国是全球人造板产量第一大国，产量占全球总产量的1/2以上，占亚洲人造板产量的83%。从人造板贸易流量来看，根据FAO数据，2021年全球人造板贸易总量为4.82亿立方米，总贸易额为860亿美元。2021年全球人造板产量排名前十的国家分别是中国、美国、俄罗斯、德国、加拿大、波兰、巴西、土耳其、印度、泰国。中国人造板产量占全球产量的37.06%，其次是美国，产量占比为10.72%。从出口额来看，中国是最大的出口国，其次是美国、德国、加拿大、俄罗斯、巴西、波兰、印度尼西亚、马来西亚、土耳其等国；从进口额看，美国、日本、德国、韩国、英国等国是主要的人造板进口国，其中美国和日本占有绝对的份额。

(二) 世界林产品贸易发展趋势

(1) 美洲木浆产量持续增长

近年来，南美木浆生产量继续增长，巴西、智利、乌拉圭先后建立木浆厂，南美或成为木浆产业新兴市场。与此同时，美洲木浆产业依然强劲。

(2) 欧盟生物质能源目标推动全球木颗粒生产

近年来，木颗粒产量增长迅速，这与欧盟委员会制定的生物质能源目标密切相关。在2020年，全球木颗粒市场发展迅速。特别是工业用木颗粒市场，在2019年的市场价值约为55.4亿美元，预计到2027年将增长到76.9亿美元。欧洲在木颗粒市场中扮演着重要角色，消耗了世界上相当一部分的木颗粒，主要用于住宅供暖和工业发电。2019年，欧洲消耗了约1320万吨的工业颗粒，其中英国是最大的用户。这种需求主要是由于对可再生能源的需求和使用木颗粒与化石燃料相比的环境好处的驱动。

亚太地区也被识别为木颗粒市场快速增长的地区，这主要是由于中国、印度和日本等国家工业化和城市化的增加。这些国家的木颗粒行业因对可持续和生物基解决方案的投资增加而增长。

(3) 东南亚承接我国过剩产能逐步向高附加值生产转变

近10年来，东南亚地区林产品贸易呈增长趋势。但是，东南亚原木出口从2015年骤减，一方面是印度尼西亚等国家禁止原木出口，探索产业升级；另一方面自身木材加工业发展较快，原料消耗量增加。

(4) 越南成为东盟重要的新兴林产品贸易市场

2017年，越南已成为东盟第三大林产品贸易国。随着越南经济增长速度、技术水平、劳动力数量和质量的提高，已形成了规模较大、技术水平较高的木材与林产品加工产业。越南在木质林产品的出口方面取得了显著成就，成为全球木质颗粒、单板和再生纸等产品的主要出口国之一。2020年，越南出口了约320万吨木质颗粒，主要出口到日本和韩国用于热电生产。这一数据显著增长，从2013年的175万吨增长到2020年的320万吨。

(5) 我国在世界林产品贸易中仍占有重要地位

2020年，美国是包括木浆和回收纸在内的林产品的最大进口国之一。美国进口了大量这些产品，多年来进口量普遍增加。加拿大是该领域的另一个关键参与者，是美国的主要供应商。然而，中国是美国木浆和再生纸出口的最大市场，尽管与前几年相比，2020年这些出口有所减少。

4-2

(三) 国际林产品贸易的相关政策

国际上影响林产品贸易的最新政策动向分大洲可以概述如下：

1. 北美洲

(1) 中美贸易摩擦对林产品贸易及产业影响有限

2018年以来，中美贸易摩擦不断升级，美国加征关税的清单中，包括中国出口美国除印刷品外的所有木质林产品种类。

截至2024年的最新更新，美国已将对某些中国进口产品类别的关税豁免延长至2024年5月31日。这些豁免是作为301条款关税措施的一部分，最初是在特朗普政府期间实施的，目的是解决美国认为不公平的贸易做法。已延长的豁免涵盖了一系列产品，包括一些工业组件、医疗产品和其他特定类别。

(2) 美对华橱柜和浴室柜开展双反调查

2019年4月19日美国国际贸易委员会(U.S. International Trade Commission，ITC)认定从中国进口的木制橱柜和浴室柜导致美国国内产业遭受实质性的损害，由美国商务部着手开展倾销和补贴的调查。

(3) 美加贸易摩擦升级

美国商务部对进口加拿大部分针叶锯材产品征收20%税率，对无涂层的制纸木浆(白报纸)征收高达22.16%的初步反倾销关税。随后加拿大政府做出迅速反应，对从美国出口到加拿大的软木胶合板征收10%附加税。

4-3

2. 欧 洲

(1) 俄罗斯继续限制原木出口

俄罗斯于2018年5月21日修改了《俄联邦森林法典》第29条的部分内容，规定自2020年1月1日起至2030年12月31日，采伐的针叶木材仅允许在俄罗斯联邦境内进行加工。同时，加大对桦木出口管制，实施配额制。

（2）欧盟委员会公布修改《欧盟木材方案》产品范围

欧盟委员会一共收到来自不同利益相关方的 219 条意见。绝大多数意见都表示现行的产品范围不够充分，需要覆盖更多产品或所有木材产品。

（3）法国各部门联合签署《减少毁林国家战略》（SNDI）

该战略旨在 2030 年前停止进口不可持续生产的农林产品，从而减少毁林。

3. 非　　洲

（1）非洲各国纷纷出台原木出口禁令

刚果盆地国家：包括喀麦隆、中非共和国、乍得、刚果共和国、刚果民主共和国、赤道几内亚和加蓬在内的中非经济和货币共同体成员国，商定了一项原木出口禁令。这项集体禁令于 2021 年宣布，并定于 2022 年 1 月 1 日生效(2)。

（2）血檀木材列入濒危野生动植物种国际贸易公约附录Ⅱ（Convention on International Trade in Endangered Species of Wild Fauna and Flora，CITES）

在 CITES 植物委员会公布的第 24 届会议议程中，马拉维提出将非洲血檀（Mukula）列入 CITES 公约附录Ⅱ的建议。截止到 2022 年，CITES 已收录 18 种红木。

三、中国林产品贸易发展及其政策

（一）中国林产品贸易主要特点

1. 贸易规模波动上升，整体增速较快

进入 21 世纪以来，中国林产品贸易规模迅速扩大，截至 2015 年，中国木质林产品贸易总额高达 1017.11 亿美元，成为世界木质林产品贸易第一大国。2001—2020 年木质林产品进出口额年平均增速分别为 8.2%和 33.7%。同一时段世界的木质林产品进出口额年平均增速均为 2.9%，中国木质林产品贸易规模增长速度远高于世界平均水平，发展迅猛。贸易波动主要受全球经济环境变化、国内环保政策及出口政策调整影响，阶段性特征明显。第一次在 2006—2009 年，在这一时期内，中国木质林产品贸易规模呈先增后降趋势，贸易顺差不明显，但中国在此阶段由净进口国转变为净出口国。主要原因在于：中国房地产行业发展的逐步增速及受全球金融危机的影响。第二次在 2010—2015 年，这一时期伴随着国内房地产行业的红火发展及全球经济的日益复苏，中国木质林产品贸易规模飞速上升。第三次在 2016—2019 年，中国木质林产品贸易规模随着"一带一路"倡议的推进而不断攀升，进出口规模日益均衡，贸易顺差显著缩小，贸易市场和产品结构已基本稳定。

2. 贸易进出口市场日趋合理，且发展速度较快

从进口视角来看，中国林产品进口主要为原木、锯材等原料，进口来源国家从最初集中在发展中国家逐渐向发达国家转移。据 FAO 的 2020 年数据统计，中国是最大的工业原木进口国，占全球进口份额的 44%。主要的出口国包括新西兰 16%、捷克 14%、俄罗斯

12%、德国 9%、美国 5%、加拿大 4%。中国占全球锯材进口的 23%。主要的出口国包括俄罗斯 21%、加拿大 17%、瑞典 9%。可以预见，在各国加大环境保护力度、严厉打击非法伐木的背景下，从欧美合法渠道进口林产品的比重将进一步上升。从出口视角来看，据 FAO 的 2020 年数据统计，美国在各类林产品出口方面占有重要地位。例如，在木质颗粒和其他压缩物类别中，美国占全球出口的 23%。在回收纸方面，美国是全球最大的出口国，占全球市场的 32%。在纸浆出口方面，美国占全球出口的 11%。此外，中国在 2014 年成为美国林产品的最大出口目的地，占美国所有林产品出口的 1/4 以上。

3. 中国林产品贸易仍然以货物贸易为主，林业服务贸易发展严重滞后

原国家林业局统计数据，显示 2021 年中国林业总产值为 8.68 万亿元，与 2018 年的 7.33 万亿元相比同比增长 18.41%。这也是中国林业服务贸易发展的真实写照。从社会层面来看，由于对林业服务贸易缺乏正确认知，相关理论研究与实践都比较落后；从国家层面来看，普遍认为林业兼具生态、经济、文化、社会等多重功能，同时认为林业服务贸易包括了生产性服务与生态价值服务的双重内涵。在各国高度重视环境保护和服务贸易的背景下，林业服务贸易发展前景越加广阔。

4. 中国林产品贸易进口原材料、出口制成品，加工贸易特征明显

中国林产品贸易净进口量和净进口额方向一致的产品中，净进口产品为：原木、锯材、刨花板、木片、木浆、废纸，除刨花板外，全部属于木质原材料类的初级产品；净出口产品为：特性材、纤维板、胶合板、木制品、家具、纸和纸制品，全部属于制成品类的深加工产品。当前中国木质林产品贸易呈现进口原材料、出口制成品的特征。这反映了中国木材工业和造纸工业属于典型的加工贸易模式。单板、木炭本身应属于木质原材料类的初级产品，表现在数量上是净进口产品，同样反映了进口原材料的特征，但在金额上是净出口产品，反映了中国出口的单板、木炭具有高附加值特征，属于产品类别内的深加工产品。这说明即使是产业内贸易，中国木质林产品贸易也是具有进口原材料、出口制成品的加工贸易特征。

5. 进口市场相对集中，出口市场分布广泛

中国原木进口主要集中于俄罗斯、美国、新西兰、加拿大及部分东南亚及非洲国家；锯材主要集中于美国、俄罗斯、加拿大和泰国及部分北欧国家；木浆主要集中于美国、加拿大和巴西。木材原料进口主要集中于森林资源丰富的国家。一些初级的木材加工品进口主要集中于泰国、马来西亚、罗马尼亚等森林资源丰富、具备一定加工技术且劳动力丰富的国家。中国人造板出口主要集中于美国、沙特、尼日利亚、俄罗斯、菲律宾、日本、英国、印度等国；木家具主要出口美国、日本、英国等发达经济体；纸制品主要出口日本、美国、加拿大。

6. 产品结构稳定，出口压力逐渐上升

中国是世界林产品加工大国，全球超过 40%以上的木材流入中国，除小部分满足国内需求外，其余均销往世界各地，中国在世界木质林产品市场中占据举足轻重的重要地位；中国主要进口原木、锯材、木浆等木材原料产品，以及部分纸制品。出口人造板、纸制品、木制品及木家具等木材加工品。然而，随着世界各国对森林资源重视程度的不断增加，世界上诸多国家纷纷出台原木出口禁令，越来越多的珍稀树种纳入了禁止/限制出口的目录中，导致中国原木进口受限，锯材、单板等初级加工品逐渐成为中国进口的主要产

品。同时，随着中国人口红利的逐渐消失，劳动力数量锐减，劳动力成本上升；与此同时，东南亚国家具有大量的廉价劳动力，出口产品价格更具竞争力，导致中国木质林产品价格优势不断下降，出口市场遭遇挑战。

(二) 中国林产品贸易政策概况

国内影响林产品贸易的最新政策动向主要包括以下方面：

(1) 在法律法规方面

1. 修改森林法实施条例

2022年国务院对部分条款进行修改，《中华人民共和国森林法实施条例》突出强调采伐合法。相关条款包括：第四十三条"森林采伐包括主伐、更新采伐、抚育采伐、低产低效林改造采伐和其他采伐"、第四十四条"申请采伐许可证，应当提交有关采伐的地点、林种、树种、面积、蓄积(株数)、方式、更新措施和林木权属等内容的材料"。

2. 全面取消《入/出境货物通关单》

2018年4月，海关总署正式发布公告，全面取消《入/出境货物通关单》，简化一系列审批程序。

3. 禁止进口木废料等32种固体废物

2018年4月，多部委联合印发《关于调整〈进口废物管理目录〉的公告》，木废料等列入禁止进口目录。

4. 不允许原木在国内进行熏蒸处理

中国海关总署宣布，中国港口不再允许原木在国内进行熏蒸处理，也不允许在香港熏蒸的原木进入大陆港口。

5. 出台《企业境外经营合规管理指引》

国家发展和改革委员会会同多部委联合制定了《企业境外经营合规管理指引》，加强对企业境外投资指引。

(2) 在进出口措施方面

1. 调整进出口税率

2018年4月4日，国家税务总局及财政部发布《财税〔2018〕32号文件》，原适用17%和11%税率的进口木材，税率分别调整为16%、10%。2018年11月1日财政部发布通知，将提高现行货物出口退税率，其中部分地板出口退税率由9%提高到13%。

2. 中欧(俄)班列发展迅速

2018年开通了中欧(俄)班列，我国内陆城市与欧洲直通，大幅降低了内陆地区进口木材物流成本，促进了新的木材集散与加工基地形成。

(三) 新时期中国林产品贸易发展的新机遇和新挑战

1. "一带一路"背景下中国林产品贸易的新机遇

(1) "一带一路"背景下中国林产品贸易形势

2014年为推动我国与亚欧区域合作的"倡议"，向国际社会宣示中国"和谐包容、互利共赢、合作诚信"的开放理念，党中央提出了"一带一路"倡议，并迅速成为新时期深化改革开放的重要切入点和落脚点。在"一带一路"倡议提出后，中国林业服务贸易发展空间将得到进一步拓展,为我国林产品贸易发展带来新的机遇。

中国与"一带一路"49个沿线国家在过去的几年中,双多边木质林产品国际贸易得到了快速发展,进出口贸易额稳步增长,贸易总额由2006年的119.42亿美元上升至2019年的417.49亿美元,增幅突破2倍以上。其中,进口贸易增速尤为明显,呈持续上升态势,出口增速相对缓慢,与中国木质林产品整体贸易现状及与24个非"一带一路"国家木质林产品贸易现状不同的是,中国与49个沿线国家木质林产品贸易长期存在巨额的贸易逆差,在2018年双边贸易逆差高达91.28亿美元,且这种趋势短期内难以转变。

在初级林产品方面,原木作为我国最主要的进口木材原料,在过去,进口所占比重逐年下滑,由2006年的45.30%下滑至2019年的26.31%,主要原因有两点:一方面,沿线的俄罗斯、缅甸、越南、老挝、马来西亚等传统原木出口大国相继出台原木出口禁令以保障本国的木材资源安全。以俄罗斯为例,2006年对我国出口原木总额高达19.67亿美元,而2019年仅为9.09亿美元。另一方面,随着锯材对原木替代效应的增强,中国逐渐将进口重点转移到锯材产品上。木浆作为我国现阶段从"一带一路"国家进口额最大的木材原料产品,截至2019年,木浆进口额已占到了中国木质林产品进口总额的28.14%,沿线主要贸易对象为俄罗斯、印度尼西亚、新西兰、智利、南非、乌拉圭、奥地利、葡萄牙等国,随着中国造纸行业的不断发展,以及"一带一路"倡议带来的贸易畅通程度的不断提升,中国从"一带一路"沿线国家木浆进口比重仍会不断攀升;锯材作为原木的加工型产品,随着对原木替代效应的增强,中国从沿线国家木材进口额逐年上升,由2006年所占进口贸易比重的11.17%上升至2019年的26.13%,预计短时期内仍会呈不断上升趋势。

在木材加工品方面,从整体来看,在进口层面,中国从"一带一路"沿线国家木材加工品进口贸易额长期趋于稳定,占到中国木质林产品进口总比重的15%~20%,远低于中国木质林产品整体比重的25%~45%。主要原因在于"一带一路"沿线多为经济水平及技术水平相对落后的发展中国家,中国从此类国家进口木材加工品意愿较低。在出口层面,与中国木质林产品整体出口贸易格局相似,中国对"一带一路"沿线49国木材加工品出口所占比重呈逐年稳步上升趋势,在过去几年间由96.54%上升至99.25%,证实了我国林产工业的高速发展及沿线各国对我国木材加工品的青睐。

从产品层面来看,在进口层面,纸制品始终是中国从沿线国家进口额最大的木材加工品,长期占到进口总比重的10%以上,但整体呈下滑趋势。同时,中国从沿线国家每年进口少量的人造板、木制品及木家具;在出口层面,随着中国造纸行业的迅猛发展,中国对沿线国家纸制品出口所占比重逐年上升,由2006年的36.88%上升至2019年的54.57%。人造板是中国对"一带一路"沿线国家出口木材加工品中唯一一个呈大幅下滑趋势的产品,由2006年的28.25%下滑至2019年的14.85%,一方面是由于中国人造板出口额增速的放缓,另一方面则是出口市场的转移。在进口层面,"一带一路"倡议提出后,中国从沿线国家进口人造板和纸制品比重日益下滑,而木制品和木家具进口比重则小幅上升;在出口层面,在"一带一路"提出之前,中国对沿线国家木材加工品出口额按产品分类从高到低依次为纸制品、木家具、人造板、木制品,在"一带一路"倡议具体实施后除贸易额度有相应波动之外,产品贸易额排序并没有发生变化;整体而言,木材加工品贸易结构层面,"一带一路"倡议的实施并没有使双边贸易结构产生显著变化。

(2)"一带一路"有效拓展了林产品贸易市场

"一带一路"倡议给中国林产品贸易发展带来的最直接好处是市场规模进一步扩大。一方面,中国林产品进口渠道将得到有效拓展。近年来,随着各国对环境保护的日益重视,国际上因非法采伐而产生的交易日趋减少,在一定程度上为中国拓展林产品进口渠道提供了机会。"一带一路"沿线有许多国家的林业资源都非常丰富,如缅甸、泰国、俄罗斯、土库曼斯坦、罗马尼亚、波兰等。可以预见,在"一带一路"倡议初步形成、中国对外贸易合作与交流日益深入的情况下,中国与这些国家开展的林产品贸易将会越加便利。另一方面,基于"一带一路"沿线国家众多,这意味着中国林产品贸易市场的扩大。自此中国依靠少数传统国家开展林产品贸易的市场格局将彻底改变,中国林产品贸易水平将迅速提升。

(3)"一带一路"为林产品贸易转型提供契机

规模大且核心竞争力不强是中国林产品贸易发展存在的主要问题。要想进一步提高中国林业产业发展水平,必须加速林产品贸易转型,从主要依靠林产品贸易数量向主要依靠林产品贸易质量转变。目前全球经济发展环境日益复杂,林产品贸易面临劳动力成本、原材料成本以及原料合法性认证成本上涨的多重压力,从林产品加工贸易转向林产品服务贸易已经刻不容缓。国内数量众多的林产品加工贸易企业完全可以借助"一带一路"倡议实施的契机,充分利用"一带一路"沿线国家林业资源禀赋好、林业产业发展相对滞后的特点,加大对外投资力度,加快"走出去"步伐,以此带动中国林业机械设备出口,推动中国林业产业向资本密集型方向转变。随着中国林业产业"走出去"战略的实施,"一带一路"沿线国家对中国林业运输、林业设计、林业信息等服务的需求将进一步增加,为中国林产品服务贸易转型提供契机。

2. RCEP签订对中国林产品贸易发展的新机遇

2020年11月15日区域全面经济伙伴关系(Regional Comprehensive Economic Partnership, RCEP)正式签署。RCEP即由东盟十国发起,邀请中国、日本、韩国、澳大利亚以及新西兰共同参与,通过消除关税以及减低贸易壁垒,建立统一市场的自由贸易协定。近年来中国林产品对外贸易规模逐年增长,对提升中国林业产业发展水平和国际地位具有重要推动作用。

(1)RCEP成员国已成为中国木质林产品贸易的重要市场

中国加入WTO初期,与目前RCEP成员国的木质林产品贸易额占比较高,尤其对日本、印度尼西亚、韩国等市场依赖性强。从进口额看,2000—2020年中国对RCEP成员国木质林产品进口额占进口总额比重年均为28.57%,其间占比最高为42.25%,占比最低为22.77%。从出口额看,2000—2020年中国对RCEP成员国木质林产品出口占比均值为25.71%,其间占比最高为31.23%,占比最低为20.85%。RCEP成员国在中国木质林产品的贸易地位得到提升。

(2)RCEP成员国促进了中国林产品出口模式的转型

中国逐渐从低利润的原材料出口模式转变为进口原材料并进行再加工的模式,从而有效提升利润率。在不同林产品类别上,2012—2019年,中国资源密集型木质林产品出口总额由2.89亿美元增长至17.00亿美元,进口总额由46.17亿美元提升到53.12亿美元;劳动密集型木质林产品出口总额由 71.36 亿美元增长至 79.88 亿美元，进口总额由 5.11 亿美元提升到 9.07 亿美元；资本技术密集型木质林产品出口总额由 47.65 亿美元增长至 88.62 亿美元，进口总额由 48.18 亿美元提升到 72.14 亿美元。

3. 新时期中国林产品贸易发展的新挑战

(1) 林产品出口企业竞争力低下

目前发达国家依然占据全球林业产业价值链的高端地位，中国成为林产品贸易大国的主要基础还是廉价的劳动力以及在林业产业价值链中低端产品制造方面拥有的强大生产能力，在价值链高端基本没有发言权，没有形成企业自身的核心竞争力。中国林产品出口企业大多是中小型企业，甚至是微型企业，产业的规模化程度低，在日益激烈的高端市场竞争中难有作为。中国林产品出口企业要想在国际林产品市场竞争中生存下来并向高端市场发起进军，必须尽快提高自身的核心竞争力，否则将失去调整、转型的机会。

(2) 林产品出口贸易中的恶性竞争明显

东南沿海地区是中国经济较发达的地区，集中了大部分林产品加工贸易企业，虽然形成了一定的聚焦效应，但同时也会产生严重恶性竞争，竞争主要表现为：①不重视知识产权保护。一些已经形成规模的林产品贸易企业往往要面临众多小微企业的知识产权侵害，导致越来越多的企业不愿投入资金进行技术创新和品牌创造。②行业整合度很低。鉴于中国林产品加工贸易企业主要以中小型民营企业为主，国际上通行的行业整合、借助规模效应进行竞争的模式在中国林产品加工贸易企业中难以实现，导致行业协会发育不完全，无法为行业内企业提供规范的行为准则。一些企业为了获得国际市场订单，一味使用低价竞争手段，导致行业发展秩序越加混乱。③全球林产品服务贸易市场环境较差。从国际贸易发展现状来看，服务贸易占比越来越大并逐渐成为国际贸易的主体。但在林产品贸易中，大部分企业依然看重产品贸易额和市场份额，对服务贸易的投入力度不大。从全球林产品贸易来源地来看，无论是俄罗斯还是南亚、东南亚国家，其主要的林产品贸易思路还是以森林采伐和原材料初级加工为主，中国林产品贸易企业虽然拥有资金和技术优势，但鉴于文化、风俗等因素的差异，各国之间开展林产品服务贸易的前景还不明朗。

(3) 中美贸易摩擦冲击了中国林产品贸易进出口市场

2018 年 3 月，特朗普政府宣布向价值 500 亿美元的中国进口产品加征关税，美国对华发起的贸易战正式打响。

由美国挑起的贸易摩擦无论是对中美双方还是世界经济发展都将造成危害。首先，美国对华加征关税势必冲击中国林产品出口，打击部分出口美国市场的林产品企业积极性。其次，美国是中国重要的木材原材料供应国，中国林产品出口贸易市场的萎缩将导致美国出口中国木材原材料放缓，并且可能导致美国居民购买林产品成本上升。此外，对于世界林产品市场来说，美国对中国林产品加征关税极可能导致林产品全球价值链割裂，相应关税壁垒的危害将传导至与中国相联系的上下游贸易伙伴国。

根据美国国际贸易委员会 (ITC) 发布的统一关税表 (2022 年第 4 版修订)，美国对中国木质家具加征关税率 40.0%~42.5%，木制品多数品种 33.33%、胶合板多数品种 40%、刨花板多数品种 40%、纤维板 20%~40%、纸和纸板差别较大，多数品种在 30% 以上。中国和美国同为世界木质林产品贸易进口、出口大国，中美贸易摩擦中双方相互加征关税，不仅对中美双边木质林产品贸易产生较大负面冲击,而且在大国效应和进出口市场替代效应的作用之下,全球木质林产品供应网络发生重构,对中国木质林产品国际贸易产生重要影响,改变了中国木质林产品国际贸易的既定走势。

2018年3月以来,随着中美双方加征关税的多轮实施,在大国效应和市场替代效应双重作用下,除纸和纸制品、木制品外,中国多数木质林产品的进口、出口呈现贸易金额、数量先提升再较大幅度下降的过程。在中美加征关税效应充分展现后,中美贸易摩擦对中国木质林产品进口额产生较大影响,但对中国木质林产品出口额影响较小。中美贸易摩擦显著降低了中国主要进口木质林产品的进口成本,但对中国原木、锯材进口量形成较大负面冲击,危害中国木材进口安全;恶化了中国主要出口木质林产品出口贸易条件,但影响差异度较大,中国木质家具、胶合板出口呈现出口量增加、出口价格降低的不良态势。从中国木质林产品进出口贸易利得角度,中国木质林产品进口贸易利得显著增加,中国木质家具和胶合板出口贸易利得严重受损,中国木质家具和胶合板出口面临严峻挑战。

▲ 思考题

1. 简述林产品市场的类型及其特征。
2. 简述长期和短期的木材供给曲线的区别。
3. 简述我国木材供给现状。
4. 简述我国非木质林产品的供求现状。
5. 简述中美贸易战对木质林产品国际贸易的影响。
6. 简述 RCEP 签订后中国的林产品贸易进出口情况。
7. 简述"一带一路"的贸易形式。
8. 简述林产品贸易的作用。
9. 简述中国林产品贸易的主要特点。
10. 试述全球木质林产品贸易的现状及趋势。
11. 简述"一带一路"背景下新时期中国林产品贸易发展的新机遇和新挑战。

第五章　林权制度与林业经营

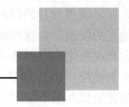

第一节　产权理论与林权制度

谁拥有、使用、经营森林资源以及谁将从森林资源中获得经济效益是林业政策必须解决的基本问题。在很大程度上这些问题是通过规定所有者、使用者和其他与林业及木材有关的权利的森林制度来解决的，这就涉及林业产权问题。

在西方国家里，这些权利以各种不同的形式出现。一些森林属于私有财产，但不同程度地受政府规章制度的制约。一些森林由政府掌握，如加拿大的联邦或省属森林，美国的联邦或州属森林。但具体的林业经营单位，如木材公司、林场或其他公司常通过各种租赁、许可证等方式来掌握和使用国家和政府所有的森林资源的权利。事实上，森林和林地的财产权利具有多种形式。

一、产权和产权制度

(一) 产权及其特征

1. 产权的内涵

产权(property rights)，也有人译为"财产权"以区别于所有权(ownership)，是指确立了权利的持有者所能享有一个特定商品或资产的程度。

产权是一个权利束，包括所有权、使用权、收益权、处置权等。当一种交易在市场中发生时，就发生了两束权利的交换。交易中的产权束所包含的内容影响物品的交换价值，这是新制度经济学的基本观点之一。产权实质上是一套激励与约束机制。影响和激励行为是产权的一个基本功能。新制度经济学认为，产权安排直接影响资源配置效率，一个社会的经济绩效如何，最终取决于产权安排对个人行为所提供的激励。

尽管国内外学者对产权给出了不同的定义，但从总体上看，理解产权的内涵要把握以下4个要点：

①在直观上，产权表现为人与物之间的归属关系，但实质上产权附属在物之上，并决定物的价值和人与人之间的关系。

②产权总是以复合性形式出现的，是一束或一组权利而不是一种权利。在交易中，人们让渡这个权利的一部分或全部，进而成为决定商品价格与交易量的新论据。产权就是广义的所有权，包括一组权利；狭义的所有权，指生产资料归谁所有或占有的问题，

即终极性财产归属权;使用权,在法律允许的范围内以各种方式使用财产的权利,包括有权在物质形态上改变乃至毁坏财产;收益权,即直接从财产本身或经由合同关系,从别人那里获得收益的权利;处分权,通过出租、出售、赠予等把与财产有关的权利让渡给他人的权利。在这些权利中,所有权最重要,有了它就拥有了其他权利。事实上,在西方产权理论中,并不看重所有权,在一个社会里,产权最重要的不是归谁所有,而是由谁来使用。1991年诺贝尔经济学奖的获得者科斯(Coase)指出,这些权利(即产权)应该配置给那些最有效利用该权利、并有激励去这样做的人。同样一笔财产的价值因人而异,一种物品或财产对A可能一文不值,但对B可能价值连城。谁有能力,谁能使资源有效使用,谁能使生产要素得到最佳配置,谁就应该是产权的使用者。效率应该是产权转让的实质。初始产权的界定可能是低效率的,但是通过转让和交易,产权可能会变成高效的。

③产权是不同财产主体通过不同产权权能的行使,形成相互之间的责、权、利关系。产权的各项权能可以统一在一个主体中,也可以在不同的主体之间进行分离,在所有权与使用权(经营权)分离的现代社会,使产权主体由原来的单一主体分解为所有权主体与使用权主体,这时,产权主体与产权权能并不是简单的对应关系,而是通过权能组合形成产权主体与权能组合的对应关系,即其他的权能在所有者与使用者之间进行分割。而且在产权主体行使产权权能时,也必须承担相应的责任和义务,形成相互之间的责、权、利关系。

④产权的权能设置并不是一成不变的。随着经济社会的发展和社会环境的不断改变,产权的权能设置不可能是一成不变的,还可能派生出其他权能,这些派生的权能在产权主体之间再分离,进行重新组织,从而形成复杂的产权体系。

多数产权经济学家都强调产权的产生与资源的稀缺性分不开。在人类相当长时期和相当大范围内,人们对阳光、空气、海洋、河水等不界定产权,这不仅是由于这些资源的自然属性难以界定产权边界,而且更由于它们几乎是无限充裕的,没有界定产权的必要。但是随着人口增长和经济发展,不可再生资源日益稀缺,可再生资源质量下降,人们不仅对煤、铁等自然资源界定了产权,而且要对清洁的空气、纯净的水等界定产权。这是因为随着经济收入水平的提高,人们愿意为自己的生存环境与生存权利付出更大努力,而通过立法和法律进行产权界定,即是为适应由人的经济收入提高带来的制度压力而做出的滞后调整。诺思(North)和托马斯(Thomas)在《西方世界的兴起》中提出了人口对稀缺资源的压力增大而引起产权演进的理论模式。该模式认为,人口过快增长导致了两个严重后果:一是对资源的滥用使当前和长期的资源最优使用成为不可能。二是人们在资源使用上的摩擦和对抗的加剧,部分资源被用于暴力攻击或防止暴力攻击。把资源用于暴力说明产权已经实际上出现了,因为防止暴力攻击意味着设置并维护某种排他性的产权,而暴力攻击意味着破坏这种产权。可见,当资源稀缺已经达到导致人们相互间的对抗时,产权的出现就不可避免了。德姆塞茨(Demsetz)也认为,资源稀缺性的存在是产权出现的根本原因,但他认为导致资源稀缺性的原因不在于人口相对于资源的过快增加,而是人们商业活动的增加以及新市场的开辟,从而为建立排他性的产权提出了必然要求。

5-1

2. 产权的特征

产权具有很多经济上很重要的特性，其主要特征如下：

(1) 综合性

综合性涉及产权所有者有权从资产中获得全部收益的程度。例如，当某人拥有一块私人林地时，他可以获取从木材、农业、游乐和水等产生的全部价值。可是如果他的权力属于木材销售许可证的形式，他常仅限于获取木材收益。

在产权的这一特性及其他特性方面，存在一系列可能性。产权的某一特定形式在这个系列中占有一定位置。使用者产权综合性的程度对于他所管理和使用森林的经济效率有重要影响。如果某个人对一块森林拥有包括一切的产权，他可以通过在有利的时机用一种用途和另一种用途相妥协的方法，利用森林所有效益，并实现用途所产生效益的最大化。相反地，如果某人只拥有使用木材的权力，但不能利用水源、野生动物和其他受到他作业影响的效益，并且他不需要对这些其他价值带来的外部性进行任何赔偿的话，他将趋于忽略这些价值。在这种情况下，产权持有者将寻求实现他可能获取价值的最大化，而不顾那些他不能索取的价值或他给其他用途带来的成本或收益。因此，当使用者不考虑他们决策的全部效果时，从所有价值中获得的总收益将比其潜在价值要低。政府规章是克服这种对社会资源使用不当的唯一办法。

这些问题在林业中是常见的。实施采伐木材权力的公司侵犯那些有权在同一片森林中进行游乐、审美或享受野生动物的人的利益，在这些情况下，没有哪个个体决策者愿意寻找土地利用的最佳使用组合。有时权力在私人团体中分割，这些私人团体分别拥有对水资源、木材、矿产的产权。有时它们在政府之间被划分，如省政府、州政府或地方政府享有木材的权力，而联邦政府拥有鱼和野生动物栖息地的权力。这常导致政府之间和各种资源权力私人持有者之间发生冲突。

值得注意的是，这些相互冲突的团体是由人为地把同一资源的权力分散而引起的。如果这些权力被一个团体所拥有，冲突就不会发生，他会决定最有利的使用方式。或者，即使对同一森林的不同效益或不同资源的权力由不同人所掌握，只要权力是可自由转让的，市场过程将仍产生一个最佳结果。例如，如果森林采伐权拥有者威胁到了水资源权力持有者的利益，而且威胁的水资源价值超过了采伐价值，水资源权利所有者就可以简单地把采伐权买下来，从而有利于双方和整个社会。这种有益交换在权力是私人财产时是常见的。但当产权没有很好地确立或由不能转让它们的人持有，这种市场机制就不可靠。那么，分配失误很可能发生，而且除非使用政府规则，否则冲突仍然得不到解决。

(2) 期限性

期限性涉及产权延续的时间长短。私人产权包括永久的权力，而租赁和凭证通常有一定期限。产权的期限性是重要的，因为它决定了持有者所要考虑他们行为后果的程度。如果对一片森林的权力延续一个较长时期，持有者可望仔细地考虑现在或将来采伐的相对经济优势、营林的收益等。但如果他的权力在很短时间内终止，他将不会顾及这些长期考虑。

因林业生产周期长，林地权力的期限性是一个特殊问题。除非他们的权力延续到使林木生长几十年之后，否则采伐木材的人将缺乏进行更新的动力。这时不得不实行补贴或制定规则以保证对森林资源管理进行适当的投资。

除此之外，森林产权的期限常是持有者木材供给安全性的首要确定因素。反过来，可靠的原材料供给对机械制造和其他设施投资决策是一个重要的影响力量，因而也是对资源使用效率的一个主要影响力量。

(3) 收益的享有性

产权的另一个重要特性是它提供给持有者从一个资产(如森林)中享受其潜在经济效益的权力程度。这常受到森林如何采伐、管理和利用等政府规章的限制。限制木材采伐的速度、保护环境质量的措施、阻止原木出口、税收、费用和其他收费等规定，都降低了森林产权特有者的收益。

对森林产权持有者能享有其潜在利益程度的限制，显然影响他的森林产权的价值，因而也影响到收入分配。

(4) 交换性

产权交换性是产权持有人对财产进行买卖或赠送给别人的权力。森林产权的转让有时是受限制的。例如，临时性执照和租赁常限制把他们的权力转让给别人，或要求持证人获得政府或私人发证者的同意后才能这样做。

如果产权是绝对不能转让的，它就不具有市场价值。它的持有者能获益的唯一办法就是自己实施这些权力。这种限制显然影响到收入和财富的分配，也限制了资源的有效分配，经济效率取决于那些能从资源中获取最大价值，并能够提高价格把它在市场经济中从低效率的使用者手里买走的人对资源的获取。对产权转让的限制，阻止了资源向那些能充分地利用资源生产的人手里转移。

一个相关的问题是产权的可分割性。为了充分利用规模经济和变化着的经济机会，企业家必须有权对资源进行任意地分割或组合。在森林财产中，这种分割性有时受到政府的限制，例如，政府禁止对公有土地租赁或凭证分散，或对在特定财产形式下最大或最小分配规则的限制。

(5) 专有性

专有性是产权持有者能索取的排除其他人而成为唯一权力者的程度。能排除"第三者"的能力是财产的一个基本要素，具有重要经济意义。

当权力不是专有时，它们的所有者就会为同一利益，如同一森林中的木材而相互竞争，他们很可能低效率地、过快地开发资源。使用者为将来进行保护或投资的动力就会很弱，因为他们不能期望获得他们单独行动的全部利益。

3. 产权的类型

产权的类型主要有4种(表5-1)：

表 5-1　产权类型、特征及其经济意义

类型	特征	经济意义
私有产权	分配给个人的排他权利	对资源保护和投资有强激励
国有产权	权利被当权者或指定的机构控制	为权利弱化创造机会；管理者有个人激励
社团产权	分配给社区所有成员的排他权利；近乎私有产权	引发搭便车行为；低保护激励
公共产权	产权未分配；缺乏排他性	缺乏保护激励；往往造成资源退化

(1) 私有产权(private property)

私有产权是将一个社会所强制实施的对某种经济物品的多种用途进行选择的权利分配给一个特定的人,当这个人拥有排他性的权利时,它就是私人产权。它意味着社会承认所有者的权利,并排除其他人行使该权利。它不是对物品可能用途施以人为的或强加的限制,而是对这些用途进行选择的排他性权利。在假定私有产权完备的条件下,持有者对自己的资源所采取的任何行动,都不可能影响任何其他人的私有财产的实际归属。而且,没有经过持有者的许可或没有给持有者补偿,任何人都不能合法地使用或影响那些产权归持有者所有的物品的物质性质。

(2) 国有产权(state ownership)

国有产权是指国家依法享有国有企业财产的排他性权利,权利是由国家所选定的代理人——政府来行使。法律规定国家是国有资产的唯一的所有权主体,除了国家之外,其他任何个人或团体均不能提出对国有资产的剩余索取权。由于国有产权是由国家所选定的代理人来行使,而代理人对资源的使用与转让,以及最终成果的分配不具有充分的权利,就使他缺乏监督其他成员的激励,再加上国家要对这些代理人进行监督的成本又很高,因而使得代理人往往为了追求其政治利益而偏离利润最大化动机,导致了国有产权下的外部性很大。

(3) 社团产权(communal ownership)

社团产权又称俱乐部产权,当某一个人对一种资源行使某一权利时,并不排斥同一团体内其他成员对该资源行使同样的权利时,这种产权被称为社团产权。社团产权不同于私有产权的重要特点是,社团产权在社团成员之间是完全不可分的,即完全重合。因此,即使每个成员都可用社团财产来为自己服务,但每个成员都没有权声明这份财产是属于他个人的。单个"会员"对社团产品的消费不会影响或减少其他会员对同一物品的消费。

(4) 公共产权(open access)

公共产权就是指财产在法律上是公众所有的。当没有人单独拥有排他性的权利时,这种产权被称作公共产权。对任何私人当事人来说,使用公共财产的权利则是没有界限的,任何人都无权排斥其他人使用它,大家都可为使用这一财产而自由地进行竞争。任何一个公众成员都无权转让公共产权。因此没有排他性的使用权,没有转让权,是公共产权与私有产权的不同之处。既然社会的每一成员都有权分享公共财产的权益,每一成员在对公共财产行使权利时,往往会影响和损害别的成员的利益,所以公有产权在资源的利用上往往会导致很大的外部性。

(二) 产权制度

1. 产权制度的内涵

产权制度属于现代经济范畴。因为只有当经济发展到一定阶段,使产权的内涵不断扩大与丰富,呈现多样性和复合性特征,并且在现实经济中发挥日益重大的作用时,才会产生对产权的复杂内容及相互关系进行规范的制度。

产权制度是理顺、调整产权关系的基本规范,产权关系就是产权主体之间,在财产所有、使用、支配、收益和处分中发生的各种关系的总和。财产所有者和财产经营者,都是产权主体,他们之间在财产所有、使用、支配、收益、处分中发生的各种关系,都是产权关系。因此，产权制度是指既定产权关系和产权规则相结合且能对产权关系实行有效组合、调节和保护的制度。或者说就是对产权所包含的权能界定、主体设定、确立和保护的一系列行为规范。产权制度是经济制度中最核心的制度，是影响资源配置的重要内生变量，有效的产权安排能使人们在进行经济活动或交易时，形成稳定的预期，从而规范人们的行为，降低交易成本，减少交易摩擦，实现资源的合理配置和有效利用。

2. 产权制度与资源配置

新制度经济学将产权制度理解为影响资源配置和经济绩效的重要内生变量，并运用"交易成本"这一分析工具力图说明制度安排最优结构的状态。在交易成本为零的世界里，科斯定理证明了资源的初始配置不会影响最终福利的大小。换句话说，无论产权界定给谁，交易双方都会在既定约束条件下实现个人效用最大化，使资源配置实现最优配置。但现实的世界中交易成本无处不在，此时产权的界定就显得至关重要。不同的产权安排会有不同的交易结果，资源的使用效率就大相径庭。

(1)"公地的悲剧"

1954年戈登(Gordon)的《公共产权资源的经济理论：以渔业为例》认为由于海洋渔业资源的产权是公有的，每个渔民都不能对哪怕一小块海域拥有法定权利，每个渔民或多或少地可以自由地在任何地方捕鱼，结果是渔民间的竞争过度。1968年，哈丁(Hardin)发表了《公地的悲剧》，随即成了刻画因产权不明晰，致使环境退化、资源配置失当的一个术语。其理论设计了一个"向一切人开放"的牧场，然后从理性的牧羊人角度考察了这个公共牧场的结构。每个人都从其畜牧中获得直接收益，并且当他和其他人过度放牧时要承担公地退化所引起的滞后成本。由于每个人在获利的同时，只需承担因过度放牧所造成成本的一部分，这就促使每个人都增加放牧。"公地的悲剧"是社会科学家运用产权理论描述环境和资源问题的主要框架。

从已有的研究成果看，解决"公地的悲剧"有两种方法：①由中央政府对绝大多数自然资源系统进行管制。持有这种看法的人认为强大的中央政府或一个强大的统治者是解决问题的办法，但是他们同时假定"这个统治者将是一个聪明的并且在生态意义上的利他主义者"。②要求强制实行私人产权，避免有关自然资源和野生动物的公地悲剧的唯一办法是通过建立私人产权制度来结束公共财产制度。信奉政府管制的理论家认为公用资源的使用者缺乏远见、自私自利，并且在生态上是个享乐主义者。因此，私人不能自由地利用资源，必须按照相应的国家规定行事。同时政府管制理论假设政府拥有关于资源的充分信息，可以依据这些信息在生态利他原则的指导下制定相应的资源利用政策，使资源的利用既能满足当代人的需求，又不对后代人满足其需求的能力构成危害。但是充分信息只是理论研究的抽象假设，政府也并不能保证都是生态利他主义者。不完全信息条件下的资源政策不能充分满足可持续利用的要求。主张私人产权制度认为，在共有产权和国有产权制度中，由于产权的边界不容易确定，谈判与监督的成本非常高昂，因而交易效率较低、外部性较大，而私有产权制度因其产权界定的明确性，交易的受益效应或受损效应在更大程度上对交易当事人发生影响，即交易当事人承受了更多自身行为的结果，因而交易成本较低，效率较高。

实际上这一主张只是考虑到交易成本的一个方面，是从静态的角度来分析产权制度，从动态的观点来看，产权制度的成本一般由两类组成：①制度本身的成本，即制度自身设计、制订、实施、变革的成本。②在特定的产权制度下，人们从事经济活动即交易所花费的成本。

(2) 市场经济与产权制度

目前有越来越多的学者认为，产权明晰化有利于提高资源配置效率，私有化是明晰产权的一个选择，但不是唯一的选择。同时，强调产权的可转让性。市场经济是一种产权经济。市场经济的运行机制是建立在下述3个前提基础上的：①产权清楚的界定；②产权的有效转让；③产权的法律保护。与此相适应的法规、制度就构成了一国的产权制度。

市场经济的建立，实质上是一个产权制度的建立过程。原因在于：①从历史上来看，市场经济的产生和发展与新的产权制度有着内在联系。产权的界定可以充分调动个人的积极性，产生激励和约束功能。任何一个主体，有了属于他的产权，不仅意味着他有权做什么，而且意味着他能够得到相应的利益，那么产权主体的行为就有了内在动力。实际上产权制度的激励功能是通过利益机制得以实现的。同时，产权关系既是一种利益关系也是一种责任关系，产权的有限性，使产权具有对产权主体的约束功能。一方面，因为产权的权能空间是有限的，这就确认了产权主体可以做什么的同时界定了他不能做什么。另一方面，因为产权的利益是有限度的，因而在确认和保证产权主体可以得到什么权利的同时，也确定了他的利益边界，限制了他不可以得到更多的利益。如果他的行为超过了所界定的范围，取得了不该得到的利益，就是越权或侵权，他将为此付出代价，因此，产权制度是人们从事经济活动的最重要的、甚至是基本的约束手段。②从市场经济的运行机制来看，产权制度是否健全，关系着"无形的手"能否发挥作用。产权界定不清晰，交换几乎不能发生。产权的转让可以促使生产要素的合理流动，实现资源的优化配置。如果产权不能转让，就只能用非市场的手段（如计划）配置资源。同时，没有有效的产权保护，资源所有者与使用者的利益得不到保障，造成谁也不愿意投资。

3. 产权制度与收入分配

产权不仅对资源配置产生重要的影响，而且影响到收入的分配。产权之所以有收益分配功能，是因为产权的每一项权能都包含一定的收益，或者产权可转化供人们享用的各种物品和服务，或者是取得收益分配的依据。所以产权的界定也必然是利益的划分。在科斯零交易费用的假设中，虽然权利的初始安排对资源配置的效率没有影响，但对收入分配的影响是显然的。例如，在产权经济学"牛吃麦苗"的故事中，当牛吃麦苗的权利安排给养牛人时，养牛人也就获得了一定的收益权，他无须为牛吃麦苗而给种麦苗者造成的外部损失支付费用。而种麦苗者由于一开始就失去了保护麦苗不受侵害的权利，结果损失就由种麦苗者承担。如果他要保证自己的麦苗不被牛吃，他就必须出资修筑篱笆，防止牛的侵害。权利的这种安排就减少了种麦苗的收益。经济活动中每项产权的界定都会影响分配的变化。

二、林权制度

(一) 林权、林权制度概念

1. 林权

林权是指权利主体对森林、林木、林地的所有权、使用权（我国通常称为"经营权"）、收益权、处分权等。由于权利与义务的对等关系,林权也指权利主体对森林、林木、林地的所有、经营、收益、处置等方面的权、责、利关系。同时,随着我国"三权分置"改革的不断推进,集体林权还包括林地的承包权。

2. 林权制度

林权制度是对林权所包含的权能界定、主客体设定、确立和保护的一系列行为规范。林业经营主体在森林经营中居于主导地位,其积极性是影响森林可持续经营的重要因素。而产权制度则是保障经营主体从事森林经营的积极性、主动性的前提条件,原因在于:①由于产权关系实质上是一种利益关系,在物质利益的驱动下,产权的所有者必然尽其所能发挥产权的作用,在实现产权主体物质利益的同时避免了资源的浪费。②在物质利益的驱动下,产权关系同时又演变成一种责任关系,即约束产权主体对自己产权的保护和关心。一旦界定了产权,有了产权的法律保护,就可以有效地防止外界的侵害,从而能够保证资源利用的可持续性。③物质利益的驱动还会导致产权的流动,通过森林资源的有效流转提高森林资源的利用率,优化森林资源的配置。可见,产权制度在森林可持续经营中的作用是极为重要的。

(二)林权要素

1. 林权客体

(1)林权客体的界定

任何一项权利都要指向一定的对象即客体。如果没有客体,财产权利就失去了存在的基础。林权也不例外。林权的客体就是林权权利人的权利所指向的对象,包括森林、林木和林地。

①森林。《中华人民共和国森林法》(以下简称《森林法》)(2019)第八十三条规定:"森林,包括乔木林、竹林和国家特别规定的灌木林。按照用途可以分为防护林、特种用途林、用材林、经济林和能源林。"FAO将森林定义为:"凡生长着任何大小林木为主体的植物群落,不论采伐与否,具有生长木材或其他林产品的能力,并能影响气候和水文状况,或能庇护家畜和野兽的土地,称为森林。"

②林木。森林与林木是两个不同的概念,但其主体是林木。《森林法》(2019)第八十三条规定,林木,包括树木和竹子。林权在法律上是一种不动产物权,其客体当然应是不动产。因此,林权客体的林木,应是生长在林地上的树木和竹子。树木或者竹子采伐后形成的材料已不再是林权客体的林木,而是成为动产产权客体的木材或者竹材了。

③林地。林地即用于经营林业的用地,是森林的基础和载体;林地属于农用地。《森林法》第八十三条规定,林地,是指县级以上人民政府规划确定的用于发展林业的土地。包括郁闭度0.2以上的乔木林地以及竹林地、灌木林地、疏林地、采伐迹地、火烧迹地、未成林造林地、苗圃地等。

(2)相关产权客体的区别

目前在学术界和实际工作中对有关林业产权的称谓很多,主要有森林产权、林地产权、林木产权、林权、森林资源产权、林业产权等。在使用中,有时是混淆不清的,尤其是不加区分地使用森林产权、林权、森林资源产权、林业产权的称谓。实际上,这些产权是有严格区别的,主要在于产权客体包含的内容不同(表5-2)。

表 5-2　林权与相关产权客体的区别

产权类型	产权客体
森林产权	森林
林地产权	林地
林木产权	林木(树木和竹子)
林权	森林、林木、林地
森林资源产权	森林、林木、林地及依托森林、林木、林地生存的野生动物、植物和微生物
林业产权	是一个行业产权,其客体包括林业第一、第二、第三产业的经营对象或经营主体

资料来源：徐秀英. 南方集体林区森林可持续经营的林权制度研究[D]，北京林业大学，2005。

(3)林权客体的特点

林权客体包括森林、林木和林地，具有以下一些特点：

①客体之间的相互依存性。作为林权客体的森林、林木、林地，是一个相互联系的整体，森林以林木为主体，森林、林木无法离开林地而存在。因此，林地、林木、森林这三者之间是彼此关联的，互为存在的条件。

②功能的多样性和不可替代性。以林木为主体的森林及其林地发挥着多种功能，为人类社会提供多样化的服务，归纳起来有两个方面。一方面，森林提供人类社会所需要的各种林产品。另一方面森林作为陆地生态系统的主体，具有巨大的生态环境功能，是自然界功能最完善的资源库、基因库、蓄水库、碳贮库和能源库，对改善生态环境，维护生态平衡起着决定性作用。而且，森林是世界上最大的陆地物种基因库，各种生物赖以生存延续和发展的森林，特别是原始森林，其本身所具有的生物多样性价值及潜在价值是森林环境功能最主要的方面。森林生态功能除景观功能是一种直感功能以外，是一种相对隐含的非直感功能，对其作用机理的了解需要有专业知识。森林及其赖以生存的林地所发挥的功能(尤其是生态功能价值)是任何其他资源所无法替代的。

③资源的稀缺性。资源的稀缺性是相对于需求的无限性而言的，特别是在当今人类对森林环境的需求膨胀时，森林和土地的稀缺就显得更加明显了，表现在：一是林地供给的稀缺性。林地作为土地资源的一种，是亿万年来自然力作用的结果，以人类目前所拥有的科技能力，还无法复制出包含自然界全部信息的自然状态的林地。因此，林地资源在空间上是有限的，林地资源的数量由地球表面可用于培育林木资源的土地面积所限制，人们不能在这些土地之外创造出新的林地。二是森林环境效益的不可逆性。研究认为，原始森林群落一经破坏，不管是进行天然更新或是人工更新，其生态效益、物种多样程度都无法与原来的相比，其环境效益必然下降，且不可逆转。

④资源的增值性。自然资源的增值性有两种情况：一是在资源开发的过程中因有效投入使其价值增长。二是具有再生产能力的生物性资源通过本身的生命运动使其增值，而适宜的气候、立地条件往往使生物资源的这种增值很明显。森林及其林木的增值性也表现在这两种情形之中，既可经有效投入而增值，也可依靠自然力的自身生长发育而增值，其增值性比其他资源有着更为重要的意义。

⑤环境服务的公共性。公益林主要发挥的生态效益不同于木材商品可以在市场上买

卖，其大多数不必经过交易就能被公众共同享受，可见公益林资源是一种共同资源、公共财富，而公共财富的服务是由公众消费的，通常某个人的利用消费并不妨碍其他人的利用，如森林旅游、森林康养等，因为森林不可能把特定的消费者排除在财富和服务之外，排除的困难性使得公益林提供的环境服务消费具有公共性。

2. 林权主体

林权主体是指依法享有林权的权利人。主体作为职能的承担者，一方面相对于客体它是能动的，是以客体为对象发生作用的本原；另一方面相对应于非主体，他拥有独有的、稀缺的职能即主体与非主体特定的关系。作为林权的享有者和构成要素之一，林权主体必须明确，否则，林权归属就无从谈起，林权也就无法称其权利了。从林权的权利主体来看主要包括所有权主体与使用权主体，即所有者与使用者。中国林权的产权主体的规定散见于多部单行的法律法规和政策文件中。

5-2

根据现行政策法规，中国林权主体的设定如下：

(1) 森林、林地所有权主体与经营权主体

中国森林、林地的所有权主体只有"国家"和"集体"。从法律的角度来看，中国现行法律不承认"个人"或"农户""单位"等拥有森林、林地的所有权，只承认"个人"对国家或集体所有的森林享有经营权。承认"个人"或"农户""单位""家庭"等拥有林地经营权。

(2) 林木所有权主体

林木不但可以归国家、集体所有，而且可以归公民个人所有。林木所有权主体有3个，即国家、集体、个人所有。

(3) 林地承包权主体

集体林地的承包权主体为本集体经济组织的农户。

3. 林权的内容

产权理论认为，产权是一组权利束，产权是广义的所有权，包括所有权(狭义的)、使用权、收益权、处分权等。据此，林权应是一种复合性权利，包括对森林、林木和林地的所有权、使用权、收益权和处分权。在我国，还包括林地承包权。

①所有权。指森林、林木与林地的财产归属的权利。

②承包权。集体林地的承包权归属于本集体经济组织农户，关于农户承包权的性质，目前尚未形成一致的看法，但多数学者认为，农户承包权是指农户基于农村集体经济组织成员身份，以农户家庭为单位对林业经营土地享有的财产性权利，该项权利既有身份权属性，又有财产性属性。

③使用权。又称经营权，是指林权所有者或经营者根据森林、林地、林木的性质加以利用，以满足生产和生活需要的权利。如林权所有者或承包者、经营者可以利用林地种植树木的权利。经营权可以由林权所有者行使，也可以由非林权所有者(如承包者、经营者)行使。

④收益权。是指林权所有者或者承包者、经营者在对森林、林地、林木的经营过程中获得收益的权利。这种收益或是作为实物形态，如树木、果实、树叶、树皮等；或是作为价值形态，如货币、作价入股、资产评估，数量上或是全部或是部分，它直接关系到林农

的切身利益。在所有权、承包权与经营权相分离的情况下,收益权将在所有者、承包者与经营者之间按照法律或合同的规定进行分配。

⑤处置权。也叫处分权,是指林权所有者或承包者、经营者对森林、林地、林木进行处分的权利。如对林木进行采伐、销售的权利;对林地进行出让、转让的权利等。在所有权、承包权与使用权相分离的情况下,所有者、承包者与经营者的处分权将会有不同的内容。

(三) 林权的特点

林权是一种具体的产权形态,林权客体森林、林木、林地特殊的属性,决定了林权的特殊性。

1. 林权客体的关联性

林权的客体,包括森林、林木和林地。3个客体之间是相互关联的。当产权进行分割或分离时,林权客体是彼此制约、互相影响的。如林地产权和林木产权既是互相独立的,又是不可分割的。因为活的林木不能离开林地而独立存在,而且也不可能像工厂的机器那样容易地继续生产,林木权受到林地权的制约。另外,林地财产的占有、转让、使用等受到林木产权的制约,受到林业生产过程的制约,在严格的限额采伐制度下,林地的转让必须同时考虑林木产权问题。

2. 林权特殊的约束性

产权作为一种行为性权利,主体对其行为是负有责任的,这种行为必须受到国家法律和政策的约束。林权的约束性较一般产权更为明显,因为森林肩负着为社会提供生态效益的使命。林地、森林经营者对林地用途的选择受到种种限制,既无权改变林地的用途,林地种植的对象也受限制,林木何时采伐、采伐多少受到限额采伐计划的限制。

3. 林权的"外部性"

森林具有很强的外部性,是林权区别于其他产权最重要的经济特征。森林经营者在经营过程中,由于森林具有多种功能,不仅具有生产木材和其他产品的功能,而且还具有维护生态、保护环境的功能。森林在发挥这些功能时,发生大量的外部经济现象,森林生产经营者却得不到价值补偿。这种"外部性"的产生,很可能会扭曲产权的激励机制,从而影响资源配置的效率。

4. 林权收益预期的不确定性

产权的一项重要功能是能够形成他与其他人进行交易的合理预期。林业生产周期长,资金占用大,受自然和社会的影响因素多,不确定性和风险性就大。

5. 林权计量的困难性

首先林木资产的计量存在困难;其次林地资产的评估要考虑土地的级差、地理位置的远近、立地类型、交通运输条件、气候状况以及林地上的林木长势等,这些因素都在不同程度上增加林地资产评估的难度。

第二节 集体林经营

1956年完成社会主义改造后,中国形成了以全民所有和集体所有为核心的社会主义产权关系。1979 年实施的《中华人民共和国森林法(试行)》规定:"根据宪法关于现阶段生产资料所有制的规定,森林属于社会主义全民所有和社会主义劳动群众集体所有。"1998 年修订的 1984 版《森林法》第三条规定,森林资源属国家所有,由法律规定属于集体所有的除外。《中华人民共和国宪法》第九条规定,矿藏、水流、森林、山岭、草原、荒地、滩涂等自然资源,都属于国家所有,即全民所有,由法律规定属于集体所有的除外。我国的林权主要包括集体林权和国有林权,集体林是我国重要的森林资源。

一、集体林、集体林区及南方集体林区的概念

1. 集体林

集体林是指森林资源属于集体所有,是社会劳动群众等集体经济组织在法律规定的范围内对属于集体经济组织的森林、林木等森林资源享有占有、使用、收益和处分的权利。一般来说,森林资源的集体所有权各项内容由集体经济组织统一行使,但是根据生产和经营的需要,集体经济组织也可以将其享有的各项权利给他人行使。例如,将某一片森林承包给个人经营。

集体林的林木可以为公民个人所有,个人林木所有权是指公民个人对林木享有占有、使用、收益和处分的权利。《森林法》第二十七条规定:"农村居民在房前屋后、自留地、自留山种植的林木,归个人所有。城镇居民和职工在自有房屋的庭院内种植的林木,归个人所有。""集体或个人承包国家所有和集体所有的宜林荒山荒地造林的,承包后种植的林木归承包的集体或者个人所有;承包合同另有规定的,按照承包合同的规定执行。"这些规定明确了个人对林木的所有权,保护了农民自留山和承包荒山造林的合法权益。当公民个人在行使所有权时,必须遵守国家的林业政策和林业法规。

2. 集体林区及南方集体林区

集体林区是指森林资源以集体林为主的地区。我国集体林区主要分布于南方,即为南方集体林区,区域范围包括湖南、湖北、江西、安徽、浙江、福建、广东、广西、海南、贵州等 10 个省(自治区)。我国集体林区的另一个主要分布区是"平原四省",即山东省、河北省、江苏省和河南省。南方集体林区森林资源的生态地位十分重要,分布着我国重要的江河湖泊。长江流域基本覆盖了湖南、湖北、江西、安徽、福建、广东、广西、贵州省(自治区),珠江流域地跨贵州、广西、广东、湖南、江西等省(自治区),洞庭湖、鄱阳湖两大淡水湖以及成千上万座(条)人工水库和江河支流也位于南方集体林区境内。

二、国外私有林经营管理

1. 日 本

日本森林资源中,私有林面积占 69%。日本主要的林业经营形式是森林组合。通过森林组合这种形式,把私有林纳入统一经营管理。森林组合是为了提高私有林经营水平,发展山区经济建设而创办的一种综合性民办组织。刚开始组建时,仅限于土地组合,进入 20 世纪 50 年代后,把森林组合作为振兴林业的对策,逐步扩大它的经营范围。其主要任务是对私有林主进行经营指导,承接森林施业及经营委托、信托及森林资源和资金外,还要提供劳力参加生产。日本森林组合在全国成立三级管理体制,全国设森林组合会;都、

道、县设森林组合联合会；乡村设基层森林组合会。

2. 美　国

美国森林所有权比较分散，总体来说可分为公有林和私有林，其中私有林面积约占60%，美国私有林的经营管理：一是法律充分保护私有财产的所有权。保证私有林主对私有林的占有、使用、收益和处分等权利，私有林主对林地、林木具有高度的经营自主权，林主完全可以根据其土地情况、木材生产周期、市场需求、价格等因素自行决定森林的经营管理。同时，私有林主也成立林主协会之类的行业机构以维护自身权益。二是制定优惠政策促进私有林发展。如减免税费支持私有林的发展，在所得税、遗产税、销售税等方面对私有林给予优惠，制定优惠资助补贴政策扶持私有林主造林和森林保护、森林防火等。

3. 法　国

法国是一个以私有林为主的国家，私有林面积约占森林总面积的74%。法国私有林的经营除林主个人经营外，主要采取4种合作经营方式：家庭合作经营、专业协会经营、合作社经营、林业事务所经营。林业事务所一般由若干名拥有森林师资格证书的合伙人向工商部门申请成立。它的主要业务是受私有林主委托，提供法律、技术咨询与服务，包括：林木种苗培育、营造林、森林资源评估、采伐（含采伐树木标记）、林道建设、通过招标的方式销售林主的木材等。加强合作经营立法，法国政府先后颁布实施了一系列相关法律界定农（林）业合作社的法律地位，规范、引导和促进农（林）业合作社的健康发展。法国对促进林业规模经营的财政扶持主要通过3种方式进行：直接补助、税收减免和贷款扶持。

可见，目前世界各国，特别是以私有制为经济基础的国家，比较普遍地开展林业合作化运动。合作化成为各国政府对私有林进行经营管理的主要形式。这就足以说明林业经营因受到自然的、社会经济的、人类主观行为等诸多因素的制约，林业"一家一户"分散经营有很大的局限性。

三、我国集体林经营

(一) 集体林的形成过程

中华人民共和国成立以来，随着国家政治、经济形势的变化，围绕土地所有制、土地使用制度等问题进行了一系列的改革探索，建立了具有中国特色的农村土地制度。南方集体林区林权制度也伴随着走过了基本相似的改革道路。

中华人民共和国成立后，我国集体林的形成，先后进行了3次重大变革：第一次是20世纪50年代初期的土地改革，实现了林地由封建地主所有制向农民私人所有制的转变；第二次是20世纪50年代中期的初级农业合作社，实行的是农民所有、初级社集体经营的林地制度；第三次是20世纪50年代中后期至70年代末期的高级农业合作社和人民公社化，林地产权制度由农民所有、集体经营转变为集体所有、集体统一经营。

1. 土地改革时期(1949—1953年)

这一时期的制度目标是把封建所有制的土地制度改革为农民私有制的土地制度。这一时期的制度变迁是通过自上而下的强大的政治推动实现的，是一种典型的强制性制度变迁。1950年6月30日，中央人民政府公布了《中华人民共和国土地改革法》(以下简称《土改法》），成为土地改革中山林权属处理的依据。《土改法》(1950)第一条明确规定："废除地主阶级封建剥削的土地所有制，实行农民的土地所有制，借以解放农村生产力，发展农业生产，为新中国的工业化开辟道路。"当时，各地政府依靠政权的力量通过没收地主的土地，征收祠堂、庙宇、寺院、教堂等封建土地，分配给无地、少地农民。分配土地时，往往按土地数量、土地质量及其位置，用抽补调整方式按人口统一分配，也就是按照"均田"思想，按人平均分配土地。这时，林权安排的特点是：农民既是林地、林木的所有者，又是使用者。《土改法》第三十条规定："承认一切土地所有者自由经营、买卖及出租其土地的权利。"农民具有收益权的独享权和完整的处分权。完整的处分权就是土地产权可以流动，允许土地买卖、出租、典当、赠予等交换活动。在产权保护方面，《土改法》第三十条规定了发放土地所有权证。1951年，政务院发布了《关于适当处理林权、明确管理保护责任的指示》，明确按《土改法》规定分配给农民的山林，由县人民政府发给林权证明。但在实际工作中分配给农民的山林已经有土地证，山林"四至"基本是正确的，绝大部分省（自治区）没有再颁布林权证明。

因此，该阶段林权是一种集所有权、使用权、收益权、处分权于一体的"单一产权结构"。这一产权结构所形成的产权边界是清晰的，使农民获得了比较完整的排他性的产权，农民作为山林所有者可自由地就自己所有的山林进行采伐、利用、出卖和赠送，农民产权的取得，极大地激发了农民的生产积极性，从而取得了较好的产权制度绩效。但是，以农民私有为基础的单一产权结构并不是当时中国农村土地产权结构演进的目标模式。同时这种制度建立起来的是农民占有小块土地的个体经济，仍然处于分散落后状态的小农经济。随着生产的进一步发展，其局限性凸显出来：一方面，农民虽然分得了土地等生产资料，生产和生活条件有了改善，但因农村生产力极其落后，土改后个体农民拥有的生产工具严重不足，生产资料和资金也十分缺乏，不少农民在生产中遇到了很大的困难，单靠自身的力量难以解决。另一方面，"一家一户"为生产单位的分散个体经营，力量相当薄弱，积累率很低，有的地方甚至连简单再生产都难以维持，根本无法抵御林业生产过程中各种自然灾害的侵扰，更没有能力采用先进的农业生产工具和技术，以及进行必要的大规模基础设施建设。于是，1951年9月9日中共中央召开了全国第一次互助合作会议，通过了《中共中央关于农业生产互助合作的决议（草案）》(以下简称《决议》），在《决议》的指导下，以互助组为主要形式的互助合作组织迅速兴起，互助组的建立是保持在农民个体所有的范围内，没有触及林地的农民私人所有，它的发展在一定程度上克服了小农经济的缺陷，发挥了个体经济和互助合作两个积极性。

2. 初级合作社时期(1953—1956年)

这一时期土地产权制度改革的目标是所有权与使用权的分离，即私人拥有林地所有权、合作社拥有使用权。1953年12月16日中共中央通过的《关于发展农业生产合作社的决议》强调指出："为了进一步提高农业生产力，党在农村工作的最根本的任务，就是要逐步实行农业的社会主义改造，使农业能够由落后的小规模生产的个体经济变为先进的大规模生产的合作经济。"1954年年初，农村很快掀起了大办农业合作社的热潮。初级农业生产合作社的基本做法是：在允许社员有小块自留地的情况下，社员的土地交给农业生产合作社统一使用，合作社按照社员入社土地的数量和质量，从每年收入中付给社员以适当的报酬。初级农业合作社建立后，入社农民仍然拥有土地所有权，以入股土地分红成为农民在经济上实现其土地所有权的基本形式；土地使用权从所有权中分离出来，统一由合作社集体行使，合作社集体对土地进行统一规划、统一生产、统一收获；农民还拥有一定的土地处分权，退社自由，退社时可以带走入社时带来的土地。初级合作社时期，南方集体林区的山林与农地一样，农民将土地和山林折价入社，使用权归合作社，所有权归林农，所有权和使用权分离，开始了规模经营，合作造林，谁造谁有，伙造共有。因此，初级合作社时期的林权安排如下：个人拥有林地和林木的所有权；合作社拥有部分林木所有权和林地的使用权；收益权在林地所有者和合作社之间分配，所有者获得土地分红，但这种分红必须在作出公积金、公益金扣除后兑现；处分权也受到了很大制约，所有者不能再按照自己的意志来处分土地，社员不能出租或出卖土地，但农户有退社的自由。

这种产权安排没有从根本上剥夺农民的利益，农民较容易接受，合作化运动中仍有较高的自愿成分。同时有利于合作社对土地实行统一规划，合理利用，打破家庭生产的局限性，改善了林业的生产条件，取得了规模经济效益。具体表现在以下两个方面：①解决了互助组中难以解决的一些矛盾，特别是共同劳动和分散经营的矛盾，有更大的劳动力量和经济力量进行技术改造和基本建设，不断提高抵御各种自然灾害的能力。②有利于保证广大农民的团结，避免出现两极分化的现象，促进社会的稳定。因此，这是一种效率与公平兼顾的产权制度。但是，这种产权制度建立的时间过早过快，合作社规模越办越大，与农村生产力、干部经营管理的能力不相适应，在发展过程中出现了强迫命令的现象。另外，由于林地不能出租和买卖，不利于林地资源的合理流动和优化配置。

这一时期，农民个人仅保留山上的林木及房前屋后零星树木的所有权，山权及成片林木所有权通过折价入社，转为合作社集体所有。社员对入社的林业资产不再享有直接的支配权、使用权和处分权，但并没有丧失财产的所有权。

3. 高级合作社和人民公社时期(1956—1978年)

(1)高级农业合作社(1956—1958年)

1955年10月4日，中共七届六中全会通过的《关于农业合作社问题的决议》提出：要重点试办农业生产合作社；在有些已经基本实现半社会主义合作化的地方，根据生产需要、群众觉悟和经济条件，从个别试办，由少到多，分期分批地由初级社变为高级社。会后，高级社就由个别试办转向重点试办。高级农业合作社的做法是：废除了土地私有制，使土地由农民所有转变为合作社集体所有。这是农村土地所有制的又一次重大变革。在高级社里，除社员原有的坟地和宅基地不必入社外，社员私有的土地及地上附属的私有的塘、井等水利设施，都无偿地转归合作社集体所有。土地由集体统一经营使用，全体社员参加集体统一劳动。取消土地分红，按劳动的数量和质量进行分配。高级合作社时期，南方集体林区除少量零星树木仍属社员私有外，大部分森林、林地、林木产权实现了由农民私有向合作社集体所有的转变。

这一时期，国家开始采伐国有天然林，且控制集体林的采伐。公有产权成了唯一的产权类型，这也暴露出林业产权模糊等问题，造成了农户林权权益分配不合理，激励严重不足，加上农户的意识形态、传统习惯等非正式制度并没有发生根本性变迁，使得问题日益突出。

(2) 人民公社时期(1958—1978年)

人民公社化的前奏是小社并大社。1958年4月,《关于小型的农业合作社适当地合并为大社的意见》,提出在有条件的地方,把小型的农业合作社有计划地适当地合并为大型的合作社是有必要的,全国各地迅速开始了小社并大社的工作。1958年8月通过了《关于在农村建立人民公社的决议》。此后,各地纷纷并社组建人民公社,人民公社化运动很快在全国农村范围内广泛展开。通过人民公社化运动,原属于各农业生产合作社的土地和社员的自留地、坟地、宅基地等一切土地,连同耕畜、农具等生产资料以及一切公共财产、公积金、公益金,都无偿地收归公社所有。公社对土地进行统一规划、统一生产、统一管理,分配上实行平均主义。南方集体林区的山林产权制度也发生了相同的变革。农村土地(山林)制度的性质在人民公社化的过程中并没有根本的改变,农村土地仍然属于集体所有,由集体统一经营。但这时的集体已经由高级合作社转变为人民公社,而公社既是经济单位又是行政单位。因此,这种集体所有注入了浓厚的国有化内容。"政社合一"的人民公社奠定了以行政权力控制农村经济的制度基础。1962年9月党的八届十中全会召开,通过了《农村人民公社工作条理修正草案》(简称"六十条"),确定人民公社实行以生产队为基础的三级所有制;恢复农民的自留地和家庭副业;取消公共食堂和部分供给制。这时候的农村土地所有制为"三级所有,队为基础",生产队范围内的土地都归生产队所有。生产队所有的土地,包括社员的自留地、宅基地等,一律不准出租和买卖。中共中央还发布了《关于确定林权、保护山林和发展林业的若干政策规定(实行草案)》(1961)(简称"林业18条"),对确定和保护山林的所有权问题作了规定,提出:"林木的所有权必须长期固定下来,划清山界,树立标记,不再变动"。

从高级农业合作社到人民公社再到"三级所有,队为基础",山林所有权属于集体所有,集体所有的范围由小到大,再由大到小。总体上是"四权"统一于一体的单一的产权结构安排,集体拥有所有权、使用权、收益权、处分权。这一时期,国家对林业资源设立了全民所有和集体所有两种产权制度,而且这种集体产权受到了严格的限制,如土地不准出租和买卖,由国家对木材实行集中统一管理,畸形的林产品低价等。集体不能完全决定生产什么,生产多少甚至怎样生产,更无权在市场上签订购买生产要素和出售产品的合约。这一切都先由国家决定,通过"自上而下"的行政体系贯彻执行。当然,集体要确定最终分配水平,包括集体提留的数量和社会工分的价值量。因此,集体林所有权、使用权、收益权和处分权只是一种剩余索取权。集体公有制既不是一种"共有的、合作的私有产权",也不是一种纯粹的国家所有权,它是由国家控制但由集体来承受其控制结果的一种农村社会主义制度安排。这种产权制度的成效是不容置疑的,它为国家完成工业化的原始积累任务做出了不可磨灭的贡献。但是这种产权安排未能处理好国家、集体和个人之间的利益关系,尤其是在某种程度上忽视了农民的个人利益,极大地影响了农民生产的积极性。特别值得一提的是,这种产权制度的频繁变动,对生产周期长的林业生产是不利的,使农民产生一种对政策的不稳定感。另外,这一时期采取按劳分配的分配政策,由于林业生产是经济再生产和自然再生产相互交织,林业生产具有作业空间的广泛性、场所的分散性、行业项目的多样性及生产劳动的季节性等特点,对作业的数量和质量的度量都相当困难,劳动的监督和监测成本极高。因此,往往只能以低成本的粗监督代替高成本的精监督。这种替代虽然降低了监督和测定费用，但却造成了劳动报酬和劳动付出的背离，使"偷懒"和"搭便车"行为普遍化。

大规模公有化是该时期的特征，包括林木、林地在内的所有重要生产资料都实现了公有化（国有或集体所有），国家和集体拥有森林、林木和林地所有权。产权集中化和高度共有导致产权残缺，也使林业经营的劳动组织成本和监督成本高昂，林业生产效率没有提高。同时，滥伐和过度利用使林业资源受到严重破坏。

（二）集体林的改革和发展

1. 林业"三定"时期（1981至20世纪80年代末）

集体林产权改革是参照农业的家庭联产承包责任制。家庭联产承包责任制是一个典型的诱致性制度创新。这一制度的推行并非由于事前政府在政策上有一个明确、完整的改革方案，而是出自农民的自发要求，其有效性得到实践的证明，而后政府因势利导，全面实施，形成大规模巨大的改革。1978年，安徽省凤阳县小岗生产队农民首创了包产到户的责任制形式，打破"三级所有、队为基础"的体制，探索出包产到组和小宗田间管理负责人的办法。在这个新的制度安排所创造出的巨大利益面前，中国部分领导人看到了新制度中蕴含着巨大生产力，安徽、四川两省积极推进该项新制度，并逐渐演变为中国农村整体的制度变迁。家庭联产承包责任制的具体做法是土地所有权仍然属于集体，土地按人口或劳动力分配给农民耕种，农民由此取得土地的承包经营权，从而改变了农民与土地的关系，受到了农民的普遍欢迎，极大地调动了农民生产的积极性。林业的"三定"就是在此背景下推出的。

1981年3月8日，中共中央、国务院发出《关于保护森林发展林业若干问题的决议》指出："要稳定山权林权，根据群众需要划给自留山，由社员植树种草，长期使用，社员在房前屋后、自留山和生产队指定的其他地方种植的树木，永远归社员个人所有，允许继承。并落实林业生产责任制。社队集体林业应当推广专业承包、联产计酬责任制，可以包到组、包到户、包到劳力，联系营林造林成果，实行合理计酬、超产奖励或收益比例分成。"并进一步明确指出，木材实行集中统一管理，木材不进行议购议销。集体林的采伐，由县林业行政部门发给采伐证，其他部门采伐自己经营的林木和社队集体采伐自用材，由当地林业行政部门按照《森林法》（试行）的有关规定进行审批，发给采伐证，无证采伐的，以破坏森林论处。1981年的12号文件颁布后，在集体林区实行了以"稳定山权林权，划定自留山和落实林业生产责任制"为内容的林业"三定"政策，广大农民分到了自留山，承包了责任山。但在林业"三定"过程中工作比较粗糙，出现了许多问题。1983年，由林业部下发的《关于建立和完善林业生产责任制的意见》指出："责任山是承包性质，营造的林木为集体和承包者共有，允许继承和转让的只是承包经营的成果，而且继承者和新的承包者，还必须继续履行合同规定的义务。这与自留山的'谁造谁有，允许继承'的政策是有区别的。责任山的经营方向要受承包合同的制约，承包者必须向集体提交一定数额的产品收益。"到1984年，南方集体林区9省（自治区，不包括海南省）已有3/4的县和4/5的乡村完成了林业"三定"，已给5000多万户农民划分1133万公顷自留山，占9省集体林业用地的13.6%，户均0.43公顷，人均0.04公顷。有4000多万公顷山林承包到户。分山到户后，农户有了一定的生产经营自主权，使农民的利益与林地产出直接挂钩，实现了按劳分配和按要素分配相结合的分配,调动了林农生产的积极性,尤其是自留山的产权比较明确,取得了较好的制度绩效,这时的庭院经济发展非常迅速即是一个很好的说明。1985年,中共中央、国务院又颁布了《关于进一步活跃农村经济的十项政策》,在集体林区取消木材统购,开放木材市场,允许林农和集体的木材自由上市,实行议购议销。这更进一步调动了森林经营者的积极性,大大提高了劳动效率,集体林区经济发生了可喜的变化。

但也暴露出一些问题,主要存在4个方面:①因自留山、责任山的划分是按照林地的远近、质量的好坏,按人口或劳动力的多少平均、搭配划分的,因此,造成了分割细碎,"一山多主、一主多山"的现象,不利于林业的经营,无法取得规模效益。②集体经济相当薄弱,家庭联产承包责任制实质上实现家庭和集体"统分结合,双层经营"的农业经营管理体制,农民取得土地的承包经营权,成为集体经济组织内部一个相对独立的经营主体,集体经济组织则通过承担统一经营职能,解决单个农户无法解决的问题。但由于当时许多地方把集体山林全部分给农户,这些地方只有家庭经营而没有集体经营,产生了许多"空壳村"。而"一家一户"的分散经营,抵御自然灾害和市场风险的能力弱。③承包权只停留在政策层面,缺乏法律保护。在相关法律中没有对承包权加以明确规范,包括承包权的内涵、行使程序、实现方式和一定的法律保护手段。承包权只是一种政策规定而不是法律机制在运作,政策的软约束性使农户对这一制度无法形成稳定的预期。④林木、林地资源不能流动。由于上述这些问题的存在,加上木材经营放开无序,多家进山收购的现象十分普遍,导致了乱砍滥伐。随后,一些地方出现了"两山并一山"的情况,或者已经将分包下去的山林又收归集体统一经营。这种做法,造成了农民对政策的不稳定感。同时,1987年中共中央 国务院发出了《关于加强南方集体林区森林资源管理,坚决制止乱砍滥伐的指示》提出要"严格执行年森林采伐限额制度""集体所有集中成片的用材林凡没有分到户的不能再分""重点产材县,由林业部门统一管理和收购"。

伴随农业家庭联产承包制度的推行,集体林区开放市场、分林到户,农民拥有了较充分的林地经营权和林木所有权。但因配套政策缺乏,以及经营者对改革信心不足,南方也出现了一些乱砍滥伐现象,产权仍旧模糊,激励不足。

2. 林权的市场化运作时期(20世纪90年代初至2003年)

20世纪80年代末90年代初,随着中国市场经济体制改革的深入,林业生产责任制暴露出来的问题日益显现,各地开始探索林业产权改革的新路子,林权市场化运作不断涌现。这一时期产权制度的变革,是开始于诱致性制度创新,而后政府加以引导。

(1)林业股份合作和荒山使用权拍卖试点时期(1992—1998年)

这一时期,在南方集体林区,学习福建三明地区实施林业股份合作制。林业股份合作制是按"分股不分山、分利不分林"的原则,对责任山实行折股联营。1995年8月,国家体改委和林业部联合下发的《林业经济体制改革总体纲要》中明确指出,要以多种方式有偿流转宜林"四荒地"使用权,要开辟人工活立木市场,允许通过招标、拍卖、租赁、抵押、委托经营等形式,使森林资产变现。部分地区出现荒山使用权拍卖,荒山使用权拍卖使得产权进一步细分,产权形式出现多元化,呈现产权市场化导向。

(2)林业产权制度改革突破时期(1998—2003年)

1998年7月1日起施行的《中华人民共和国森林法》第十五条规定:"下列森林、林木、林地使用权可以依法转让，也可以依法作价入股或者作为合资、合作造林、经营林木的出资、合作条件，但不能将林地改为非林地：用材林、经济林、能源林；用材林、经济林、能源林的林地使用权；用材林、经济林、能源林的采伐迹地、火烧迹地的林地使用权；国务院规定的其他森林、林木和其他林地使用权。"这些条款给林权的市场化运作提供了政策和法律依据，使林权的市场化运作日益活跃。1998年8月第九届全国人大常委会第四次会议修订了《中华人民共和国土地管理法》第九条规定："国有土地和农民集体所有的土地，可以依法确定给单位或者个人使用。"对宜林荒山、荒沟、荒沙、荒丘（简称"四荒"）等荒地的拍卖工作也在全国展开。这一产权制度的改革加速了林业产权的流转，完善了产权保障体系，从而激活了产权经营主体的积极性。

林权的市场化运作，由最初的"四荒"资源的拍卖、中幼林及成熟林的转让，发展到林地使用权流转。这一时期的产权制度也是所有权与使用权的分离，按照集体和林农或其他经营者之间的合同约定产生权利义务关系，是一种债权关系。这一时期与林业"三定"时期相比，有以下特点：①林地使用权的主体地位提高。在最初的"承包"经营时，拥有使用权的村民作为村集体的成员，总会受到村集体过多约束。而在"租赁"经营形式下，本村村民或其他经营主体，通过竞价或协商取得使用权。通过这种方式取得使用权，租赁双方的地位更具有平等性，双方是平等的民事主体。承租方与集体经济组织是一种纯粹的经济关系，任何一方不能将自己的意志强加给对方。拍卖形式，则是通过竞价方式将林地使用权和林木所有权在一定时期内市场化转让，成交后在较短时间内交付全部买金。因此，通过租赁、拍卖等形式取得的林地使用权主体地位不断提高，使用权的排他性不断提高。从而对森林经营者的预期产生激励作用。②产权主体的多元化。最初的承包经营中，使用权主体只能是集体组织成员。后来则鼓励社会单位和集体成员以外的个人参与，只是本集体组织内的农民享有优先权。③林权界定的细分化。产权界定的细分化是指在所有者和使用者之间收益权的分割和处分权的分割。收益权和处分权在集体和经营者之间按合同约定进行了分割。承包金、租金等都是集体所有权的经济实现。经营者则享有剩余收益权。集体经济组织的处分权一般表示为"对于长期违约利用或开发的，可以收回使用权"。使用者的处分权表示为："使用者可以在有效期内转让的权利。"

这一时期的产权制度的变革，吸收了社会各阶层的资金，在更大的范围内实现了生产要素的优化配置，使大量的荒山得到开发，改变了"一主多山，一山多户"的状况，一定程度上实现了规模经营。因此，总体上看，促进了森林资源的可持续经营。但是，该时期林权在向有利于森林可持续经营的方向发展的同时，实践中也暴露出许多新的问题，如交易行为不规范，价格确定不合理，交易信息不灵等，而这些问题的根源在于林权的市场化运行机制不健全。

3. 新一轮集体林权制度改革（2003年至今）

集体林权制度虽经数次变革，但产权不明晰、经营主体不落实、经营机制不灵活、利益分配不合理等问题仍然存在，制约了林业的发展。2003年6月《中共中央 国务院关于加快林业发展的决定》的颁布，确立了林业改革与发展的大政方针和科学定位，实现了林业指导思想的历史性转变，并明确提出了"进一步完善林业产权制度"。2008年，《中共中央 国务院关于全面推进集体林权制度改革的指导意见》的颁布，标志着我国集体林权制度改革的全面推进，明确了集体林权制度改革的主要任务为"明晰产权、放活经营权、落实处置权、保障收益权"。这次集体林权制度改革的主要内容可以区分为主体改革和配套改革2个方面。

(1) 集体林权制度的主体改革

2008年6月《中共中央 国务院关于全面推进集体林权制度改革的指导意见》明确了"用5年左右时间，基本完成明晰产权、承包到户的改革任务"。2009年中央一号文件《中共中央 国务院关于2009年促进农业稳定发展农民持续增收的若干意见》也要求"用5年左右时间基本完成明晰产权、承包到户的集体林权制度改革任务"。新一轮集体林权制度的主体改革实质是通过建立集体林地家庭承包经营制度，把集体林地承包给亿万农民家庭，让农民在耕地之外，又获得一项重要的生产和生活资料，在农业之外，又获得一条重要的就业增收渠道。改革主要是确立农户在营林生产中的主体地位，保障农民的自主经营权，调动亿万农民发展林业的积极性，是我国继土地家庭承包经营改革之后农村生产关系的一次重大变革，是农村生产力的又一次大解放。截至2023年，我国已确权集体林地面积达27.05亿亩，占全国林地总面积的63.5%。全国集体林有林地面积较林改前增加了近4亿亩，森林蓄积量由46亿立方米增加到84.6亿立方米，净增38.6亿立方米。

(2) 集体林权制度的配套改革

集体林权制度改革是一个不断探索、创新、深化的过程，如果说完成明晰产权、承包到户的改革任务，落实了农户的林地承包经营权，解决了产权和公平的问题，深化集体林权制度配套改革的主要任务就是创新机制、解决发展问题，全面提升集体林业经营发展水平。2008年6月《中共中央 国务院关于全面推进集体林权制度改革的指导意见》提出了要"完善集体林权制度改革的政策措施"，其中包括完善林木采伐管理机制，规范林地、林木流转，建立支持集体林业发展的公共财政制度，推进林业投融资改革，加强林业社会化服务。2014年开始，国家林业局按照中央的部署，启动了林业改革试验示范区建设。2016年11月国务院办公厅出台了《完善集体林权制度的意见》，强调在坚持和完善农村基本经营制度，坚持农村集体林地所有，坚持家庭经营基础性地位，坚持稳定林地承包关系的基础上，针对集体林业发展中存在的产权保护不严格、经营自主权实现不充分、扶持政策不完善、服务体系不健全等问题，对构建新型产权关系和经营体系进行政策部署。随后，各地积极开展集体林权制度配套改革，主要包括：

①规范和促进林权流转。加强林权流转管理制度建设，规范林权流转，尤其是制定工商资本参与林权流转的管理办法，规范工商资本参与林权流转，保护农户的权益。建立林地、林木分级评价和林权流转基准指导价机制，探索建立林权流转风险防控机制，推行林权预流转制度，引入商业保险，开展林地流转履约保证保险。建立林地经营权流转证制度，该项制度的推行，实质上是通过林业主管部门的确权颁证，赋予经营权这一债权一定的物权功能，赋予《林地经营权流转证》按照流转合同约定实现林权抵押、林木采伐、享受财政补助等权益的功能，一定程度上实现了"所有权、承包权、经营权"的三权分置。

②开展林权抵押贷款和政策性森林保险。积极开展包括林权抵押贷款在内的符合集体林业特点的多种信贷融资业务，积极探索公益林补偿收益权质押贷款模式，破解公益林不

能直接抵押贷款的难题。探索建立面向林农、林业专业合作组织和中小企业的小额贷款与贴息扶持政策。部分地区对公益林进行了全部投保，部分或全部商品林也纳入政策性森林保险，提高保额和保费补贴标准，并建立再保险和森林巨灾风险分散机制。

③进一步搞活林业经营机制。探索以经营单位为基础编制森林经营方案。编制森林经营方案的主体由原先的仅家庭林场和村集体扩展到集体林场、家庭林场、股份合作林场、村集体和林业企业，对编案主体实行采伐指标单列或倾斜。创新公益林经营及管护机制，开展公益林林下空间利用；创新公益林流转机制，部分试验示范区不仅通过转包、出租、股份合作等方式流转，而且允许以"转让"方式进行流转。实施联户管护、第三方中介管护和委托管护的公益林管护模式，提高公益林管护效果。

④加强林业社会化服务体系建设。加强林权交易中心的建设，为林权登记管理、信息发布、森林资产评估、林权流转、林权抵押贷款、林业保险、林业法律咨询等提供一站式服务。加强森林资源资产的评估。主要评估模式有3种：林业主管部门技术力量评估、市场化的评估机构评估、金融机构授权村级合作社评估。建立林权收储和担保制度，建立包括国有或国有控股、财政资金注入的混合所有制、民间资本投资等多种所有制的林权收储机构。由专业担保公司或保险公司为经营主体林权抵押贷款提供担保，成立村级担保合作社，为本村村民提供林权抵押贷款反担保服务等。

20多年来，集体林权制度改革工作接续递进，成果持续巩固深化。特别是党的十八大以来，集体林权制度改革有力有序、纵深推进，取得了重大的阶段性成果：一是分山到户基本完成。截至2023年，全国共发放林权证1亿多本。初步实现了"山定权，树定根，人定心"。二是森林质量明显提高。推进森林分类经营和可持续经营。农民成为山林的主人，乱砍滥伐现象极少发生，造林护林营林积极性不断提高。林改改出了满目青山，集体林森林蓄积比林改前增加了近39亿立方米，增幅近85%，有林地面积增加了近4亿亩。三是森林资源逐步盘活。创新林权融资机制，推动集体林资源变资产、资产变资金。建立了林权抵押贷款制度，全国林权抵押贷款余额1300多亿元，成为支持林业生态建设和产业发展的重要资金来源。四是经营效益稳步提升。推动林权流转和林业规模经营。培育家庭林场、专业大户、林业合作社等林业新型经营主体近30万个。集体林地产出每亩约300元，比林改前增长3倍多。林业产业总产值超过8万亿元，部分集体林业大县农民50%以上收入来自林业。

(3) 集体林权制度的深化改革

在取得重大改革成果的同时，集体林区也出现了新情况：一是随着主体改革任务的完成，集体山林分到千家万户，林地分散，破碎化制约了集体林权制度改革目标的实现。一家一户的小农经济不适应千变万化的大市场。目前，全国90%的集体林地仍由家庭经营，户均经营面积仅30~50亩，经营管理水平较低。二是随着社会经济的发展，林区人口出现了"空心化"和老龄化。从事林业生产经营的劳动力严重不足。三是林权管理服务明显弱化。机构改革后，机构撤了、人员散了，基层的林业管理服务严重弱化。四是一些地区、一些干部片面理解生态文明建设。只追求严格保护，不讲究科学利用。出现了"过度保护，利用不足"的现象。五是林木采伐政策稳定性和连续性不够。致使广大林农和社会资本对投资林业有顾虑，不敢投，不愿投，严重影响森林经营和林业发展。六是支持林业保护发展的政策体系不健全。一方面财政扶持林业绿色产业发展不足。另一方面林业融资难、融资贵、贷款周期短的问题依然没有解决。

党的二十大报告提出："要深化集体林权制度改革，建立生态产品价值实现机制，完善生态保护补偿制度"，对新时期林业改革发展提出了新的要求。为解决当前集体林业发展中面临的突出问题，充分发挥森林多种功能，推动林业高质量发展，推进农民农村共同富裕，促进人与自然和谐共生，努力实现生态美百姓富的有机统一。2023年9月，中共中央办公厅、国务院办公厅印发《深化集体林权制度改革方案》（以下简称《方案》），对全面深化集体林权制度改革相关工作做出系列部署，并提出支持在福建、江西、重庆建设深化集体林权制度改革先行区，充分发挥引领作用。

《方案》规定到2025年，基本形成权属清晰、责权利统一、保护严格、流转有序、监管有效的集体林权制度。在此基础上，通过继续深化改革，进一步发展林业适度规模经营，推动森林经营更加科学高效、支持保护制度更加完善、林权价值增值途径更加多样，不断促进森林资源持续增长、森林生态质量持续提高、林区发展条件持续改善、农民收入持续增加。

深化集体林权制度改革的主要任务包括：①加快推进"三权分置"。其核心是放活经营权，《方案》指出流转期限5年以上的林地经营权可以向不动产登记机构申请登记发证，可以作为林权抵押贷款、申报林业项目、申请林木采伐及其他有关行政管理事项的凭证。②发展林业适度规模经营。该项改革任务主要为解决"单家独户怎么办"的问题，《方案》提出了鼓励各地采取措施，引导农户通过出租、入股、合作等方式流转林地经营权；支持小农户通过多种形式联合开展生产，推广家庭联合经营、农村集体经济组织与农户股份合作经营、农户委托经营模式等多项改革任务。③切实加强森林经营。从保障农民合法权益出发，依法依规科学划定公益林和天然林范围，不得随意扩大范围。合理优化公益林中集体林的比例。县级林草主管部门要探索建立以森林经营方案为基础的管理制度，支持和引导规模经营主体单独编制森林经营方案，将森林经营方案作为审批林木采伐、安排林业项目等行政管理事项的重要依据。实施森林质量精准提升工程。鼓励各地结合实际探索差异化森林经营补助政策。推行全周期森林经营。④保障林木所有权权能。该项改革任务主要是解决"树要怎么砍"的问题。《方案》提出对林业经营者实行林木采伐限额5年总额控制政策。取消人工商品林主伐年龄限制。明确人工公益林更新条件。实施林木采伐告知承诺方式审批等改革任务。⑤积极支持产业发展。加强木本粮油、木材、竹材、森林药材等重要初级林产品供给能力建设。鼓励林业大省、大市、大县培育林业支柱产业。实施兴林富民行动等。⑥探索完善生态产品价值实现机制。建立健全林业碳汇计量监测体系，形成林业碳汇核算基准线和方法学。支持符合条件的林业碳汇项目开发为温室气体自愿减排项目并参与市场交易，建立健全能够体现碳汇价值的生态保护补偿机制。探索实施林业碳票制度等。⑦加大金融支持力度。该项改革任务主要是解决"钱从哪里来"的问题。《方案》提出了充分发挥绿色金融引领作用，研究将符合条件的林权交易服务、林产品精深加工等纳入绿色金融支持范围，加大金融支持力度。完善绿色贷款统计。鼓励和引导金融机构结合职能定位和业务范围，加大对林业贷款的支持力度。将林权抵押贷款和林业经营主体贷款纳入金融机构服务乡村振兴考核评估范畴，强化激励约束等改革任务。⑧妥善解决历史遗留问题。基于第三次全国国土调查统一底图，加快推进林权登记存量数据整合移交，纳入不动产登记信息平台管理，妥善解决集体林地地类重叠、权属交叉等问题。开展集体林权首次登记的，相关经费纳入地方财政预算。发挥村组作用，在承包合同签订前，开展地籍调查工作等。

《方案》的出台具有重要意义：一是科学的明确了新时期林业发展的功能定位。发挥森林多种功能，在中央文件中首次提出。这表明党中央对新时期的林业工作有了新的定位。新中国成立以来，我国林业发展的前半段是以木头利用为主，后半段逐渐转变为以生态建设为主。森林多功能的定位，科学概括了森林的多元功能与多重价值，阐明了森林在国家生态安全和人类经济社会可持续发展中的基础性、战略性地位与作用，为重构林业价值体系拓展思路，指明了方向。二是体现了党中央对林业工作的高度重视，给予林业强有力的支持。在政策设计上，更加注重系统集成，从产权制度，资源管理，经营模式，投入机制，产业发展，政策保障等各方面协同发力，提出了一批发展所需，基层所盼，民心所向的创新举措。这表明中央正在以更高站位，更宽视野，更大力度来推进林业改革发展，推动林业在中国式现代化建设中发挥更大作用。

集体林权制度改革是一次综合性改革，改革内容涉及产权制度中的多项权利。随着改革的不断推进，成效也不断显现。但深化集体林权制度改革的任务是一项艰巨而繁重的任务，各地情况千差万别，没有统一的模式，改革不能只靠自上而下的行政推动，而要更多地依靠典型示范的带动。

5-3

(三) 集体林主要经营形式

20世纪80年代林业"三定"至今，集体林权制度改革不断深化和完善，集体林业产生了多种经营形式，主要包括家庭经营、联户经营、集体经营、股份合作经营、托管经营等。这里主要介绍家庭经营、联户经营、股份合作经营、托管经营4种形式。

1. 家庭经营

家庭经营又称单户经营，是指林地由单个农户家庭经营管理。集体林权制度改革以后，林农自主经营，获得了林木的所有权和林地的使用权等资源权属，在林地的生产与投入过程中都具有较高的自主性。这种经营方式有助于将资本、劳动和林地的收益结合起来，极大地调动农民林业生产经营的积极性和主动性，能够满足决策者和生产者的同一性，不存在内部不同要素主体权益的对立，有着其他林业经营方式无法比拟的优越性。家庭作为最紧密的利益共同体，不会从纯经济的角度计较个人的劳动付出和收益，不需要外界监督和管理，能够使得家庭劳动力可以不计工时，同时借用辅助劳动力来提高生产效率。

单户经营的目的是得到林地的生产性，并进而获得林地的经营收益。但森林资源除了具备一般性财产特点外，其自然属性和社会经济属性决定了其效益还具有外部性，林业产权的排他性无法完全实现。同时，所有权和使用权分离的分林到户经营模式会导致林地的细碎化，从而导致林地规模化经营优势的丧失，不利于林业经营效率的提升。

2. 联户经营

联户经营可以说是适应林业经营特点而产生的新的经营管理模式，主要是指在明晰产权到户的基础上，按照"自愿、协商"的原则，农户间自愿组合或由村集体组织、实行森林资源共管模式。其规模可大可小,合作经营的农户间通过协商,达成一致的林业经营管理办法和利益分配机制。这种经营方式既有效规避了分林到户过程中山林划分的困难,又有助于实现集约化、规模化经营,体现了农民在自主选择林权制度安排过程中的灵活性和创造性,提高和解放了林业生产力。

在现实的生产经营过程中,联户经营中的个人理性与集体理性会存在冲突,出现付出与收益不相等的情况,影响整体效率的实现。在规范性较差的情况下,联户经营会出现资源权属不明晰、林权纠纷增多等问题。

3. 股份合作经营

林业股份合作经营是一种采用股份制形式来运行合作经济的林业经营模式。这是一种投资主体多元化、投入方式多样化的经营形式。它把生产力各个要素进行合理分配,各种经济成分的所有者组合起来共同经营。针对林业特点,股份合作经营可以将集体财产等额股份化,将抽象的所有权股份化、具体化,然后均分到具体的每个人手中。它既有资金的联合,按股分红;也有劳动者的联合,按劳分配,是现代股份制和典型合作制的优势相互融合而产生的新型经济形式。推行股份合作制可以广泛吸收社会闲散资金,拓宽投资渠道,分散经营风险,调动职工积极性,促进企业间生产要素的合理流动和组合,提高全社会资源的配合效益。这种经营模式在当时,较好地保证了集体林业资产的完整性,解决了林业的林木培育与市场脱节的问题。

股份合作经营也会产生一系列的矛盾和冲突,股份合作经营主体的目标是追求利益最大化,这必然同它的成员追求个人利益最大化的目标之间存在差异甚至矛盾,为了协调生产经营过程中出现的矛盾和冲突,促进成员交流和有效合作,就会产生股份合作经营的协调成本。

林业股份合作经营的形式,主要有:①折股联营,即分股不分山,将集体的森林资源作价折股,按在册人口平均分配股份。例如,20世纪80年代初福建省三明市。②入股联营,即分林到户的地方,把已分到户的成片林根据实际情况折算为股份,重新联合。近年来,浙江省出现了林地股份合作经营形式和林木股份合作经营形式,林地股份合作经营形式以浦江县为代表,具体做法是林农将林地入股,合作社实行劳动联合与资本联合相结合,按林地股份分阶段分红。林木股份合作经营形式以安吉县为代表,以林权作价出资为基础成立林木股份合作社。林业股份合作经济是目前中国南方集体林区推行的联营经济模式。

5-4

4. 托管经营

托管经营是一种新型模式,将林地托管给有能力的龙头企业负责管理经营,林地权属仍归农民,农民得到受托方支付的林地托管费(或托管经营的利益分成)。林地托管可以很好解决"谁来种地"的问题,能够有效改善林地经营"小、散、弱"的粗放低效经营方式,实现林地经营方式向规模化、产业化、集约化的现代林业经营方式转变。

托管经营目前在多地都开展了探索实践,如广西壮族自治区崇左市宁明县创新推行"龙头企业+农户"的林地托管模式,引导农户(村集体)积极盘活闲置撂荒林地、疏残林地、低产林地等资源,将相对集中连片的土地,以及缺乏资金无力经营、人口变化无人经营、转移就业人口无心经营的林地交给有能力、有实力的龙头企业托管管理,形成了农民满意、林地提质增效、企业发展的三方共赢局面。福建省南平市通过鼓励竹农以竹山托管等形式组建专业合作社等新型经营主体,打造"全竹利用"产业链,推动竹产业全链条、全业态、全方位发展。安徽省宁国市通过托管经营推动"小山变大山",采用成片和整组托管、交互托管或小面积托管等多种形式,推进过程中遵循自愿、公平、公正原则,尊重群众意愿,充分发动群众,利用整合契机,有效解决了部分林权确权登记历史遗留问题,化解了矛盾,促进了和谐稳定。

综上所述,中国南方10省(自治区)以集体林为林权的主要形式,此种集体林产权制度安排对南方10省(自治区)的林业经济发展影响深远,合理进行集体林权制度改革,有利于盘活集体林资产,调动广大林农经营林业的积极性,促进林业增效、林农增收和林区发展。

第三节 国有林经营

一、国有林及国有林区的概念界定

(一)国有林

森林资源的产权包括林地、林木等森林资源的所有权、使用、收益和处分等多项权利的一组权利,根据产权归属(尤其是林地的所有权)不同,可将森林资源划分为国有林和集体林,其中,国有林是指归国家所有的森林资源。

我国《森林法》第三条规定,森林资源属于国家所有,由法律规定属于集体所有的除外。国家所有的和集体所有的森林、林木和林地,个人所有的林木和使用的林地,由县级以上地方人民政府登记造册,发放证书,确认所有权或者使用权。国务院可以授权国务院林业行政主管部门,对国务院确定的国家所有的重点林区的森林、林木和林地登记造册,发放证书,并通知有关地方人民政府。按照上述规定,除法律明确规定属于集体所有以外的所有森林资源都属于国家。森林、林木、林地的所有者和使用者的合法权益,受法律保护,任何单位和个人不得侵犯。

国有林产权是指国家或国家指定授权的所有者对国有森林资源的各项权利,包括对国有森林的占有、使用、依法收益和法定范围的处分权等多项权能。在我国,虽然国家拥有国有林的各项权利,但相对于实际权利而言,国家所有在很大程度上是一种象征意义。一般都是由国家委托具体的部门,如林业行政管理部门、地方政府部门或国有企事业单位等实际开展国有林的管理,也就是说国有林的实际经营、收益和处分权一般属于国家委托的具体部门。

(二)国有林区

国有林区是指森林资源以国有林为主的地区。具有大面积集中连片的国有森林资源,且区内林业经济活动的主体也多由大量国有林业企、事业单位组成,形成具有区域性集中分布且以林业生产经营活动在区域经济总量中占有绝对优势的特定区域范围。

中华人民共和国成立初期,为满足国民经济建设对木材等森林资源的需求,国家陆续对国有林区进行了大规模的开发,在东北、西南、西北9省(自治区)建立了138个国有林业局(其中企业局135个,营林局3个),是专门从事木材采伐加工的森工企业,以这些森工企业为主体形成了国有林区。其中,分布在黑龙江、吉林、内蒙古3省(自治区)的87个国有林业局组成了重点国有林区。这87个林业局分别隶属于内蒙古森工集团(内蒙古大兴安岭林管局)、吉林森工集团、龙江森工集团(黑龙江森工总局)、大兴安岭林业集团(大兴安岭林管局)、长白山森工集团5家森工集团管理。

位于内蒙古东北部、吉林省和黑龙江省北部的大兴安岭山脉,分布着寒带针叶林带,形成内蒙古国有林区和黑龙江大兴安岭林区。根据各大森工集团官方网站资料显示,内蒙古大兴安岭森工集团总面积10.67万平方千米,黑龙江省中国龙江森工集团总面积10.1万平方千米,黑龙江大兴安岭林业集团公司总经营面积7.98万平方千米,吉林森工集团和长白山森工集团的总面积分别为1.35万平方千米和4.06万平方千米,五大森工集团的总面积为34.16万平方千米。国有林区,除了国有林业企业,还有当地的旗、县地方行政管理机构,以及以农牧业生产为主的少量农牧民,而林业职工及其家属是当地家庭居民的主体。当地经济中,除了林业经济以外,还有为林业生产服务和林业职工家属生活服务的各类商品批发、商贸、广播电视、林区教育和卫生机构等经济组织,且多以林业企业自建为主,由于远离大城市,包括林业职工和家属,以及林区内其他社会人员和机构,形成独特的林业企业办社会的相对封闭,且以自给自足和自我服务的国有林区经济发展模式。随着改革开放和林业经济管理体制改革的不断深入,以及地方政府的经济实力不断加强,林业企业办社会的现象有所改善,促进了国有林业企业逐渐回归企业的原本属性。

二、国外国有林经营管理

(一)世界各国的国有林资源

从世界各国来看,大部分国家把森林资源规定为国有产权。但随着时间的推移,在许多国家,尽管大部分森林仍然属于公有(表5-3),但林地正在由国家管理转为地方管理(委托)。在其他国家如东欧国家,出现了林地由公有转变为私有(私有化)的趋势。人们对稳定的林木权属重要性的认识越来越高。在一些国家,林业的管理职责已从农业部门转到环境部门,这反映出林业发展的重点已从开发利用向保护转变。

表5-3 森林资源产权按面积分配状况(2020年)

地区	国家数量(个)	公有林		私有林		其他	
		面积(万公顷)	比例(%)	面积(万公顷)	比例(%)	面积(万公顷)	比例(%)
非洲	43	46 281	75	3601	6	11 431	19
亚洲	43	47 326	77	13 326	22	788	1
欧洲	42	89 545	90	9206	9	294	1

(续)

地区	国家数量（个）	公有林		私有林		其他	
		面积（万公顷）	比例（%）	面积（万公顷）	比例（%）	面积（万公顷）	比例（%）
北美和中美洲	22	45 682	62	26 583	36	1366	2
大洋洲	17	9624	52	8699	47	105	1
南美洲	13	52 770	63	27 358	33	3781	5
全球	180	291 228	73	887 721	22	17 765	4

资料来源：Global Forest Resources Assessment，2020。

（二）世界各国国有林经营管理

1. 加拿大

加拿大森林以公有林为主，森林面积中93%为公有林，其中77%为各省或地方政府所有，16%为联邦所有。加拿大联邦政府设有自然资源部林务局，联邦政府下属的10个省和3个地区分别设林业部或自然资源林务局。国有林的经营管理机制包括：①分级所有，各负其责。联邦政府、省政府和地区政府在管护和控制公有林事务中有各自特定的权限和责任。②公有私营，有偿使用。对于省有林，通常采取承包商制度，即各省林业管理部门通常采用招标方式与中标的私营林产品公司签订租地合同（林地特许协议），将公有林租赁给公司企业进行经营和采伐。还有部分省有林下放社区管理，由社区组织经营。③限额采伐，保证更新。尽管加拿大具有丰富的森林资源，但为了保证森林的可持续经营，加拿大公有林实行严格的采伐和迹地更新管理制度。森林采伐实行"总量刚性、年间弹性"的限额采伐制度。④采取分类管理，可持续经营。各省根据森林的区位分布、主体功能、环境及生物多样性保护等不同目标的需要，按不同的经营目的，将森林划分为商用林和非商用林等类型。加拿大各级政府还对林业发展采取资金扶持、税收扶持的政策等。

2. 德国

德国的森林资源中，公有林和国有林比重大约占53%，其中国有林约占30%，主要由各州所有。管理职能也主要在州一级。由于各州情况不同，形成了不同的管理体制。

①"政企分开"的垂直管理模式。州设有林业管理局、林业管理局垂直管理分区域设置的森林管理局，森林管理局垂直管理分区域设置的森林管理站。林业管理局、森林管理局、森林管理站属行政管理机构，负责国有林监督管理，不直接经营国有林，成立森林企业直接经营国有林，具有法人资格，国有经营企业实行收支两条线。

②"政企合一"的垂直管理体制。州以下实行垂直管理的"政企合一"国有林管理体制，林业机构既承担行政管理职能，又从事国有林经营，经营上也实行收支两条线。

从经营方向上看，德国经营目标以生态社会效益为主，以按自然要求经营林业。从20世纪70年代起，各级政府将国有林的经营目标由以生产木材为主转到以生态社会效益为主上来，把生态保护放在首位，提出"按自然生态要求经营山林"的原则。同时，国家对发挥生态功能为主的国有林实行全额投资,对林业采取了积极的财税政策。

3. 澳大利亚

澳大利亚国有林面积比重大约占72%,因此,国有林在澳大利亚林业中占据主体地位。

澳大利亚的林业管理机构由联邦林业管理机构、州林业管理机构和基层林业管理机构构成。森林资源管理的主体是各州或地区政府,对天然林和人工林采取不同的策略:①对天然林的保护和利用是澳大利亚公有林管理的重点,联邦政府从保护生态环境和森林永续利用的长期发展战略出发,制定了一系列约束力较强的政策、法规,开展天然林保护与利用管理。②加快发展人工林是澳大利亚林业发展的重要策略,人工林实行分类经营,通过发展集约人工林,满足国内木材需求,并实现对天然林的有效保护。澳大利亚的国有林经营主要采取多目标经营方式,明确声明国家森林经营的目标就是培育多功能的森林。

国有林的经营方式主要有:政府直接经营、承租经营、合作经营等。政府直接经营是由政府林业管理部分或国有林业公司从事造林、管护、森林采伐等生产、经营管理活动。承租经营是私人或私人公司租用国有林地从事生产经营活动。合作经营是各私人专业公司与林业管理部门或国有林业企业合作从事国有林的生产经营活动。

可见,发达国家国有林经营管理大多坚持"生态优先"原则,将政府的职能定位于资源管理上,坚持市场化的改革取向,森林资源的所有权与经营权相分离,国家拥有森林资源的所有权,将森林资源交由具有独立法人资格的企业经营,明确经营者的收益权,用利益机制来提高其生产的积极性。

三、中国国有林的形成过程

(一) 中华人民共和国成立前(1947—1948年)

从历史的角度,国有林古而有之。据资料记载和考证,距今3000年左右的西周时代已经设有管理山林的官吏。国有林由山虞、林衡管理,民有林则由山师管理,并开始征收林木税。同时还做了一些开、禁山林和利用森林的规定。历史上封建统治阶级为了自身的利益,对大片森林实行封禁。在清朝,为保护满族发祥地,清朝把东北林区全划为"四禁"区域,即禁伐森林、禁采矿产、禁渔猎、禁农牧、并实行移民封禁政策,如此延续了200~300年。

1947年,东北、内蒙古地区已先于全国其他地区解放,东北林业历史开始了新的一页。东北人民政府首先根据《中国土地法大纲》关于"大森林归政府管理"的条款,设置了林业机构,制定了《东北解放区森林管理暂行条例》《东北解放区森林保护暂行条例》,宣布森林(包括林木、林地)均归国有(以土改法取得所有权者例外)。与此同时,接收了敌伪林场、森铁、制材厂等。规定了有关采伐迹地更新、保安林抚育保护以及若干森林的法令。

从1948年开始着手林业恢复工作:筹建林业工会;组织群众开展以"反把头,反浪费,进行清理斗争"为中心的林业工人运动,激发广大群众积极性,生产了大量的枕木、电柱、军用木材。

1948—1949这两年,东北林区即为国家生产木材约600万立方米。1949年森铁运材达156万立方米,超过伪满时最高水平1943年105万立方米的47.1%,制成材57万立方米,出材率为70%,劳动生产率为0.076立方米/工时。1949年7月开始,对工人实行劳动保险,改善作业条件,增加福利设施,并结合生产,对工人开始进行政治、文化及技术教育。

(二)社会主义改造和建设时期(1949—1957年)

中华人民共和国成立后,实行了土地改革,政府把原来属于官僚资产阶级所有的森林以及大片原始森林收归国有。1949年9月,中国人民政治协商会议通过的《共同纲领》中规定:"矿藏、水流,由法律规定为国有林的森林和其他资源,都属全民所有。"这就从根本上改变了旧的私有制关系,并为新中国林业建设创造了物质基础。同时又提出"保护森林,并有计划地发展林业"的基本方针。10月1日中华人民共和国成立,中央人民政府设立了林业部(最初叫林垦部),各大行政区、省、县都分别成立了农林部、农林厅(局)、农林科等机构;在林业建设重点地区还单独成立了林业部(如东北人民政府林业部)、林业厅(如黑龙江省林业厅等)、县林业科。在组织机构设置的同时,配备了林业专业干部以及组建营林职工队伍5万余人(当时东北三省为2.2万人),为新中国的林业建设铺平了道路。

1950年6月通过的《中华人民共和国土地改革法》第十八条规定:"大森林、大水利工程、大荒地、大荒山、大盐田和矿山及湖、沼、河、港等,均归国家所有,由人民政府管理经营之。"进而形成以国有林业经营为主的区域,包括黑龙江、吉林、内蒙古、云南、四川、西藏、陕西、甘肃、新疆9省(自治区)。这些省份的国有林主要集中连片地分布在高山、丘陵山区,以及大江大河源头和中上游地区,对保护自然生态系统平衡、涵养水源、保持水土、调节气候、保障农牧业生产起到重要作用。同时,国有林也是为我国的建设提供木材及其他林产品的重要基地。自此,在自然经济的基础上,搬用苏联模式建立起了中国林业管理体制,这是带有自然经济特征的产品经济管理模式。它是一种高度集中、依靠行政管理的集权型体制,包括单一的全民所有制、单一的指令性计划、平均主义的分配制度等。

1950—1952年期间,在恢复国民经济的短短3年中,敌伪时期遗留的创伤,迅速得到医治,建设速度很快。植树造林约32.2万公顷,迹地更新1.2万公顷,建立和恢复苗圃370处,育苗18多亿株。到1952年,东北三省封山育林合计53.4万公顷,占全国269万公顷的17.8%。由于封山育林、护林防火成绩尤为突出,使东北山林火灾损失急剧减少。在森林工业方面,木材生产量始终占全国65%以上,3年为国家生产木材1650万立方米。木材生产中主要采用森铁运输、木材流送等方式进行组织生产,生产能力和效率都得到极大提高。

1952年,东北人民政府发布《关于营造东北区西部防护林带的决定》。这也是中华人民共和国成立初期林业建设上开创性的一件大事。国家计划,统一布置全国国营木材生产;统一资金和财政管理;实行全国统一的木材规格、木材检尺办法与木材材积表;根据国家木材分配计划,组织统一调拨。各省设森林工业局或森林工业管理局,直接受林业部领导。

从1953年起,我国进入了国民经济有计划建设时期,实施了第一个五年计划。在这一时期,国家对东北、内蒙古、西南和西北等地区进行了森林资源清查工作,编制了森林经营方案,有计划地建立了一批国有森工局、木材加工厂、林机厂等,并建立了森林调查、勘测、设计和筑路队伍,对原有的森工局进行了社会主义改造。全国采运企业达50多个,其中东北林区有32个。

在国营林场建设方面,中华人民共和国成立前,我国的林场数量连同国民党政府、教育界公营和资本家私营的林场总共只有 70 多个,且经营面积很小。中华人民共和国成立后,党和政府把兴办国营林场作为绿化荒山、培育后备森林资源的重要战略措施。在接管林场的同时,开始在荒山荒地多的地方和一些天然次生林区创办国营林场。到 1957 年国营林场发展到 418 个,造林 33 多万公顷。

在管理机构设置方面,1954 年林业部决定,大区森林工业机构撤销后,在东北成立吉林、哈尔滨、伊春 3 个森林工业管理局,在西南成立川康森林工业管理局,其余按原省森林工业局不动。

1956 年 5 月经全国人大常委会决定,成立中华人民共和国森林工业部。在东北林区下设:吉林、哈尔滨、伊春 3 个森林工业管理局,管理局下设森工局和厂。在内蒙古国有林区,下设内蒙古大兴安岭林业管理局,由森林工业部领导。

经国务院批复同意森林工业部《关于下放企事业单位的报告》,并于 1958 年 2 月将森林工业部与林业部合并为林业部。在内蒙古自治区,林业部将部属的各森林工业管理局下放,内蒙古森林工业管理局下放给内蒙古自治区林业厅领导。而在东北三省,林业部下设辽宁、吉林、黑龙江省林业厅;黑龙江省林业厅管辖牡丹江、伊春、松花江、黑河 4 个林业管理局,以及合江、嫩江专署林业局,下设林业局和厂。

随着第一个五年计划完成,我国的林业建设已走上了一个新的发展时期,即全民所有制和集体所有制林业构成了我国社会主义林业体系的基础和主导部分。林业生产迅速恢复和发展,但营林生产、采运、林产品加工、多种经营等产业的比例已经出现失调态势。

(三)严重挫折时期(1958—1976 年)

1958—1976 年,我国经历了"大跃进"、三年自然灾害和"文化大革命"等时期。这一时期的国有林也受到严重影响。

1. "大跃进"时期(1958—1962 年)

1958 年 3 月,林业部党组向中共中央提出第二个五年林业和森林工业计划的初步安排。

1958 年,国家科学技术委员会批准《直接使用原木》《加工用原木》《原木检验规程》等为国家标准,自 1959 年 1 月 1 日起开始试行。1960 年,林业部颁布《国有林主伐试行规程(修订本)》。1961 年财政部、林业部发出联合通知,在东北、内蒙古国有林区的森林工业企业建立"育林基金"和"更新改造基金",从每立方米原木成本中提取 10 元作为育林基金,供更新、造林、育林之用;提取 5 元作为更新改造资金,用于伐区延伸、转移的线路和相应的工程设施建设等。1962 年,财政部和林业部正式颁发《国有林区采伐企业更新改造资金管理试行办法》和《国有林区育林基金使用管理暂行办法》,规定每立方米原木成本提取 5 元作更新改造资金,专款专用;提取 10 元作育林基金,专款专用。

1962 年 11 月,周恩来总理指示"林业的经营一定要越采越多,越采越好,青山常在,永续作业"。

这一时期国有林场得到快速发展,到 1960 年,国有林场发展到 4000 多个,经营面积达 6700 万公顷,扩大了国有林造林面积。初步总结出"以林为主,多种经营,综合利用,长短结合,以短养长"的林场经营方针。对天然林区的开发步伐加快,1958—1965 年共修建森林铁路 5587 千米,加快了对大兴安岭和金沙江林区的开发建设。1958 年开始重点发展纤维板为主，以人造板为中心的木材综合利用，促进了林区采伐、造材和加工剩余物利用，提高了木材的综合利用率。

2. 国民经济"调整、巩固、充实、提高"阶段(1963—1965年)

这一时期国家颁布了一系列政策、条例，用于缓和"大跃进"和1959—1962三年自然灾害对林业生产的严重影响，国有林业生产开始实事求是进行调整。1963年，国务院颁发了《森林保护条例》，分为总则、护林组织、森林管理、预防和扑救火灾、防治病虫害、奖励和惩罚、附则等七章，共43条。林业部颁发了《森林工业基本建设工作条例(草案)》和《森林工业基本建设设计及概算预算编制暂行办法(草案)》。在林产化学工业方面，颁发了《栲胶分析方法》《橡椀栲胶》和《落叶松树皮栲胶》《松香》《松节油》两项部颁标准。

1964年初，中共中央、国务院批准成立大兴安岭特区。主要任务是开发大兴安岭林区，由林业部直接领导，同时接受黑龙江省和内蒙古自治区领导。批准成立开发大兴安岭林区会战指挥部。1965年，国家集中4个林区的森林调查大队进行资源复查，并由两个设计院进行总体规划设计。这一时期，林业生产经过调整和稳定，有了一定的生机。

3. "文化大革命"时期(1966—1976年)

1966年"文化大革命"开始，直到1976年结束，这期间林业建设遭受巨大损失。各级林业组织机构、林业方针政策和规章被废弃；毁林现象严重；林业教育和科研事业受到冲击等。从1971—1973年和1976年，全国各地的四旁植树、平原绿化工作进展较快，形成农田防护林的新体系，充分利用南方9省(自治区)的有利条件，营造速生丰产林，加强大片用材林基地建设，储备了一批后备森林资源。

在国有林经营管理体制和组织机构方面发生多次调整(表5-4)。

表5-4 东北国有林区管理体制演变历程

年份	林业管理机构变化
1967	国务院决定将牡丹江、伊春、哈尔滨、完达山4个林业管理局下放给黑龙江省
	将东北林业总局下放给黑龙江省
	将东北航空护林局、万山实验林场、东北地区森林植物检疫站、东北森林防火研究所、东北林业勘察设计院、林产工业研究所、中国林业科学研究院东北林业研究所、森林调查第十一大队、牡丹江林业学校下放黑龙江省领导
1968	将设在内蒙古、黑龙江、吉林等省、自治区的航空护林站下放给所在省、自治区领导(其中加格达奇航空护林站下放大兴安岭特区领导)
	将河北省塞罕坝机械林场、雾灵山实验林场、内蒙古自治区白狼实验林场、山西孝文山实验林场、吉林省马鞍山实验林场、安徽省老嘉山机械林场、河南省开封机械林场、甘肃省张掖机械林场、连城实验林场和小陇山实验林业局下放给所在省、自治区领导
1969	将林业部直属的吉林林业管理局(包括所属企、事业单位)及森林调查第二大队、白城子林业机构学校下放给吉林省；内蒙古林业管理局(包括所属企、事业单位)下放给内蒙古自治区
	内蒙古大兴安岭林业管理局随呼伦贝尔盟划归黑龙江省领导(以后简称牙克石林业管理局)、岭南林业管理局撤销，其下的巴林、免渡河、南木林业局归牙克石林业管理局代管；五岔沟和白狼林业局、场划归吉林省白城子地区

年份	林业管理机构变化
1970	四川、云南、甘肃省革命委员会，将金沙江、白龙江两地区的林业企、事业单位分别下放给各有关省领导
	《关于将西北、中南、华东三个林业设计院和第五、九两个森林调查大队下放给有关省的通知》
	农业部、林业部合并，成立农林部
	黑龙江省林业局下设牡丹、合江、松花江、绥化、牙克石、嫩江等六个林业管理局，以及伊春市生产委员会、黑河林业革命委员会、大兴安岭特区生产委员会等机构

四、我国国有林的改革和发展

(一)国有林改革和发展

在改革以前，国有林区就是单一的全民所有制包打天下，由国家统一管理、统一经营，国家所有的森林和林地都由国家作为所有者的代表直营管理。地处边远地区的大面积国有林如大小兴安岭、长白山、西北、西南等森林，由国家设立林业企业进行经营管理，称为国营林业企业；国家还在全国各地设立了经营面积不等的国营林场，实行荒山造林；分散在全国各地的小片国有林，由地方政府设立林业机构经营管理，称为地方国营林业企业。国有林面积占全国现有森林总面积的40%以上，其基层生产单位有国营林业局、国营林场、国民经济其他部门建立的林场。而在生产经营上，造林一定以营造用材林为主，并且要求以国有造林为主，而国有林业企业主要抓完成造林生产任务，把更新营林，林区多种经营和综合利用都摆在次要地位，造成生产和经营方式上的单一化。直接生产者只是劳动者，对经营成果的责权利关系不密切，他们的积极性受到了压抑，森林遭受不同程度的破坏，影响了林业的发展速度。世界上许多国家的国有林经营都包含森林经营和森林开发双重含意，其中：①森林经营指林木育种育苗、采伐迹地更新、人工造林、森林抚育、森林保护等一系列森林培育生产活动及相关政策和管理体制等。②森林开发则指天然林或人工林伐前准备作业和集运材等森林收获生产活动及相关政策和管理体制。然而，中国国有林则主要承担采伐作业任务，并在企业所在区域创办和管理社会。在"大木头"支持国家建设的思想指导下，重采轻育，可采资源锐减，更新造林速度缓慢，产业结构不合理，使国有林业企业陷入越砍越穷、越穷越砍的恶性循环，导致森林资源危机和企业经济危困的"两危"之中。

党的十一届三中全会以后，国有林经营管理体制伴随着国家经济体制改革逐步展开，并通过设立国家综合改革试验区等途径稳步地、有重点地进行了一些改革，从而使国有林经营形式也向多样化发展，促进了国有林业经济的发展。全民所有制林业不一定都由国家经营，国有林区林业局和国营林场可以全部或部分通过承包或租赁等形式转为集体经营，甚至实行家庭承包经营。主要表现在以下几个方面。

1. 逐步实施分类经营，发挥森林的多种功能

首先在改革实验区黑龙江苇河林业局进行试验。其具体做法是：林业用地按不同标准划分为商品林、多功能林和公益林;同时按经营林分不同分别确定商品林为集约经营区,多功能林为常规经营区,公益林为保护经营区,依据经营区林分功能的不同,采取不同的措施。2003年6月《中共中央 国务院关于加快林业发展的决定》颁发,提出了深化国有林场改革,逐步将其分别界定为生态公益型林场和商品经营型林场,对其内部结构和运营机制作出相应调整,其中:①生态公益型林场要以保护和培育森林资源为主要任务,按从事公益事业单位管理,所需资金按行政隶属关系由同级政府承担。②商品经营型林场和国有苗圃要全面推行企业化管理,按市场机制运作,自主经营,自负盈亏,在保护和培育森林资源、发挥生态和社会效益的同时,实行灵活多样的经营形式,积极发展多种经营,最大限度地挖掘生产经营潜力,增强发展活力。

2. 推行林价制度,实行森林资源的有偿使用

1991年1月1日经国务院批准,东北、内蒙古国有林区的带岭、苇河、穆棱、翠峦、双鸭山、大石头、三岔子、呼中、阿里河等9个林业局开始试行林价制度。林价的实施是国有林森林经营与资源管理方面最根本的、综合性的改革措施。1993年2月,林业部印发《关于在东北、内蒙古国有林区森工企业全面推行林木生产商品化改革的意见》。这项改革的主要内容是"全面推行林价制度,改革营林资金管理体制"。林价制度的实施,初步理顺了森林资源所有权与经营权的关系,建立起国家对企业实行资源的有偿拨交,企业对资源有偿使用的管理制度。

3. 组建国有林管理机构,强化国有森林资源监督管理

建立森林资源管理监督机构,强化国有森林资源监督管理。1989年5月,林业部在北京召开东北、内蒙古重点森工企业负责人会议,决定林业部向黑龙江省森林工业总局、吉林省林业厅、内蒙古大兴安岭林业管理局和内蒙古大兴安岭林业公司派驻森林资源监督专员。1994年9月,中央编制委员会办公室批复林业部派驻森林资源监督机构有关问题,核定林业部派驻吉林省、黑龙江省、内蒙古自治区和大兴安岭林业集团公司、四川省、云南省、福建省森林资源监督机构事业编制(全额拨款)125名。2000年9月,国家林业局驻四川省森林资源监督办事处在成都市挂牌成立。2002年10月同意国家林业局新增派驻郑州、新疆、西安、武汉、贵阳、海口、合肥、乌鲁木齐等7个森林资源监督专员办事处。对原派驻吉林省、四川省、福建省森林资源监督专员办事处予以更名,并调整监督范围。2004年5月,国家林业局召开东北、内蒙古重点国有林区森林资源管理体制改革试点工作会议,决定选择6个森工企业开展森林资源管理体制试点,组建国有林管理机构,实现国有森林管理权与经营权彻底分离。

4. 改革国有林区产权制度,丰富国有林经营形式

(1)改革国有林权制度

长期以来,国有林是全民所有制及计划经济一统天下,国有林的一切生产资料归国家所有,政府干预过多,企业自主权难以落实。通过引进股份制、职工家庭自营经济等形式进行产权制度改革,逐步形成以国有为主、产权主体多元化的格局。从而可以调动职工的积极性,充分利用林区范围内的资源。

1995年8月,国家经济体制改革委员会、林业部联合颁发《林业经济体制改革总体纲要》。总结了党的十一届三中全会以来林业改革发展的基本经验,提出了林业体制改革的

目标，内容涉及营林体制、产业政策、森林资源保护、市场体系建设、产权制度等，构筑了"九五"期间林业改革的总体框架。

特别是在天然林保护工程实施以后，国有林的产权制度改革发生了一些重要的变化。以伊春市为例。2004年4月23日，伊春被国家林业局确定为全国唯一的国有林区林权制度改革试点单位。2006年1月4日，国务院119次常务会议上原则通过了伊春的林权制度改革试点方案。2006年4月29日，敲响于小兴安岭伊春林区的国有林权改革试点的铿锵有力的林地拍卖槌声，拉开了中国国有林区林权制度改革的序幕，使伊春成为国有林区改革的一面旗帜，标志着国有林业的发展进入了一个崭新的历史阶段。

作为国有林权制度改革唯一试点，黑龙江省伊春市政府从400万公顷国有林中拿出8万公顷国有商品林地，约占伊春林区商品林总面积的9.3%，试点范围为伊春林区5个具有典型性的国有森工林业局。伊春此次国有林权制度改革试点模式被确定为"国有林地承包经营"，但与简单的承包方式不同的是，这次改革把林地的经营权、林木的所有权和处置权都交给了职工，50年不变，且允许承包林地和林木依法有偿流转。改革原则是"承包主体全部为林区普通职工，不接受社会资本，林场干部也不能'与民争利'"，目的是让林场职工获得"林权改革第一桶金"。此次伊春国有林权制度改革被评为2006年度中国改革十大案例、2008年度第四届"中国地方政府创新奖"，成为中国林业发展史上具有里程碑

5-5

意义的历史事件，它打破了60年来国有林区国有国营的经营管理体制，使国有森林资源的潜力得到挖掘，林业职工的潜能得到激发，为理顺国有林区管理体制、创新国有林业发展机制做出了有益探索，对增加林业职工收入、维护林区和谐稳定发展具有重要意义。此外，内蒙古国有林区也进行了改革，取得丰富经验。

(2) 丰富国有林经营形式

国有林一直实行林业局代表国家单一经营形式。单一性使林业经营缺乏灵活性，难以调动各方面的积极性。自1982年起，国有林区森工企业开始实行承包经营责任制。1985—1987年，全面推行局(厂)长负责制；1988年，结合《全民所有制工业企业承包责任制暂行条例》，森工企业普遍推行了以"六包三挂钩"为原则的承包方法。通过落实全员承包、全过程承包、系列化承包等不同形式的责任制，重新塑造了国有森工企业的经营主体地位，转换了企业经营机制。1991年，在国家"抓大放小"搞活国有大中型企业的改革形势下，12月国务院正式批准在东北、内蒙古国有林区组建四个企业集团，分别是中国龙江森林工业集团公司、中国吉林森林工业集团公司、中国内蒙古大兴安岭森林工业集团公司和大兴安岭林业集团公司，成为国家56个大型企业集团试点单位，按照现代企业制度实行改组、改造。这4个林业集团公司经过重新注册登记分别于1993年7月、11月和1996年1月正式成立，挂牌运营。同时在国有林区完善各种承包制，租赁经营，国有民营等经营形式，对国有"五荒"资源分户竞价租赁经营，统一发给国有"五荒"使用证，使土地使用权与所有权分离，把国有林范围内的可耕农地划分为工资田、劳保田、就业田，实行剥离经营。这些形式既解决了职工家属的就业问题，又满足了职工及家属在生产、生活上的多种需求，也提高了广大职工及家属的经济收入，调动了广大职工经营主动性和积极性。

5. 转变林业经营思想，实施重点生态工程

经过长期的开发和建设，国有林业始终围绕着以木材为中心的经营思想，国有林改革始终没有有效地实现林业既是基础性产业又是社会公益事业的双重职能。为了满足社会对生态环境改善的迫切需要，林业部门先后在国有林区开展了多项重点生态工程建设项目，后经整合形成目前的六大重点生态工程，包括天然林资源保护、退耕还林（还草）、京津风沙源治理、三北资源及长江中下游沿海防护林、自然保护区及野生动植物保护、速生丰产林等。

（1）天然林资源保护工程

1998 年年初全国林业计划会议对启动长江、黄河流域生态环境重点治理项目和国有林区天然林资源保护工程进行了重点研究。同年 8 月，国务院办公会议提出根治水患的 32 字措施："封山育林，退耕还林，退田还湖，平垸泄洪，以工代赈，移民建镇，加固堤坝，疏浚河道。"强调要把林业生态建设放在首位，全面停止长江、黄河流域天然林采伐，实施天然林资源保护。同年 8 月 23 日，天然林资源保护工程在四川省率先启动。云南、山西、甘肃、青海等省相继启动实施天然林资源保护工程。

1999 年，九届全国人大二次会议《政府工作报告》指出，坚决实行最严格的土地管理制度和保护森林、草原的措施。停止长江、黄河上中游天然林采伐，东北、内蒙古和其他天然林区要限量采伐或者停止采伐。同年 6 月，成立国家林业局天然林保护工程管理中心。

2000 年，国家林业局、国家计划委员会、财政部、劳动和社会保障部印发《长江上游、黄河上中游地区天然林资源保护工程实施方案》和《东北、内蒙古等重点国有林区天然林资源保护工程实施方案》。天然林资源保护工程全面实施。

（2）退耕还林（草）工程

2000 年 3 月 9 日，在长期酝酿的基础上，国家林业局、国家计划委员会、财政部印发《关于开展 2000 年长江上游、黄河上中游地区退耕还林（草）试点示范工作的通知》，确定在长江上游的云南、四川、贵州、重庆、湖北和黄河上中游的陕西、甘肃、青海、宁夏、内蒙古、山西、河南、新疆 13 个省（自治区、直辖市）的 174 个县（团、场），开展退耕还林（草）试点示范工作。

2001 年 4 月，六大林业重点工程管理办公室正式成立，标志着六大林业重点工程建设全面实施。2002 年，全国林业厅局长座谈会提出抓好六大林业重点工程，推进五大转变，不断开创林业跨越式发展新局面。

6. 国有林场和国有林区全面改革，转变经营方向

随着六大林业重点生态工程的深入，森林资源面积和蓄积量出现双增。2010 年以后，各项工程到期和延续，对于森林资源培育和保护的任务也随之发生转变。尤其是在整体生态环境得到改善，局部荒漠化治理成果显著的情况下，脆弱生态环境仍存在可能反复和恶化的威胁。为了巩固前期生态建设成果，进一步改善和恢复森林生态系统，建设健康高质量森林资源体系，担负着我国国有林保护、恢复和培育主要任务的国有林场和国有林区林业企业是完成这一历史使命的主体，备受全社会的关注。为适应新发展阶段的要求，必须做出林业生产经营方向的转变和与之对应的国有林经营管理体制的变化，国有林场和国有

林区开始进入新一轮的经营管理体制改革。

2011年国有林场改革试点开始。2011年10月,国家林业局、国家发展和改革委员会联合发出通知,在河北、浙江、安徽、江西、山东、湖南、甘肃7省开展全国国有林场改革试点。试点工作原则上在2年内完成。

2014年1月9日,国家林业局印发《关于切实做好全面停止商业性采伐试点工作的通知》(林资发〔2014〕3号),决定从2014年4月1日起,龙江森工集团和大兴安岭林业集团全面停止天然林商业性采伐。同时,就采伐管理提出了严格伐区设计审批管理、严格伐区采伐作业监管、严格木材运输销售监管、严格森林抚育经营管理、严格违法违规采伐责任追究的"五严格"管理规定。2015年2月8日,中共中央、国务院印发《国有林场改革方案》《国有林区改革指导意见》,新一轮的国有林区、国有林场改革全面启动。

(1)国有林场全面改革

国有林场是我国生态修复和建设的重要力量,是维护国家生态安全最重要的基础设施,在大规模造林绿化和森林资源经营管理工作中取得了巨大成就,为保护国家生态安全、提升人民生态福祉、促进绿色发展、应对气候变化发挥了重要作用。但长期以来,国有林场功能定位不清、管理体制不顺、经营机制不活、支持政策不健全,林场可持续发展面临严峻挑战。国有林场改革的四项基本原则包括:①坚持生态导向、保护优先。坚持改善民生、保持稳定。坚持因地制宜、分类施策。坚持分类指导、省级负责。森林是陆地生态的主体,是国家、民族生存的资本和根基,关系生态安全、淡水安全、国土安全、物种安全、气候安全和国家生态外交大局。要以维护和提高森林资源生态功能作为改革的出发点和落脚点,实行最严格的国有林场林地和林木资源管理制度,确保国有森林资源不破坏、国有资产不流失,为坚守生态红线发挥骨干作用。②坚持改善民生、保持稳定。立足林场实际稳步推进改革,切实解决好职工最关心、最直接、最现实的利益问题,充分调动职工的积极性、主动性和创造性,确保林场稳定。③以"因养林而养人"为方向,根据各地林业和生态建设实际,探索不同类型的国有林场改革模式,不强求一律,不搞一刀切。④中央对各地国有林场改革工作实行分类指导,在政策和资金上予以适当支持。省级政府对国有林场改革负总责,根据本地实际制定具体改革措施。

国有林场改革措施主要包括:①明确界定国有林场生态责任和保护方式;②推进国有林场政事分开和事企分开;③完善以购买服务为主的公益林管护机制;④健全责任明确、分级管理的森林资源监管体制;⑤健全职工转移就业机制;⑥社会保障体制等6个方面。

2015—2020年,通过全面停止天然林和压缩其他商品林的商业性采伐,国有林场每年减少消耗550多万立方米,占改革前国有林场年采伐量的50%,超额完成了改革确定的商业性采伐减少20%的目标,使6.7亿亩森林得到有效保护。通过加快推进国土绿化行动,全国国有林场森林面积较改革前增加1.7亿亩,森林蓄积量增加14.7亿立方米,森林面积和森林蓄积实现双增长,超额完成了中央确定的改革目标。2020年,全国国有林场林地面积达8.9亿亩,森林蓄积量48.3亿立方米,分别占全国总量的18.3%和28.3%。2015—2020年,国有林场新增森林蓄积量14.7亿立方米。据测算,国有林场在涵养水源、生物多样性保护、固碳释氧、保育土壤、净化大气环境、森林游憩和能源防护等7项服务功能总价值达8.4万亿元。此外,国有林场在保护好森林资源的前提下,依托森林旅游、林下经济、森林康养等产业,每年总产值达90亿元。国有林场是我国经济社会发展名副其实的"金山银山"。

2015—2020年,全国有1300多个林场建立了自然保护区,有2500多个林场建立了森林公园,有240多个林场建立了湿地公园,分别占我国总量的60%、90%和50%。旅游胜地黄山、张家界等,都坐落在国有林场内。10个国家公园试点里,有140个国有林场被纳入其中。这都成为人民休闲娱乐、享受自然最重要、最便捷、最普惠的公共渠道,极大提升了人民福祉。职工年均工资提高到4.5万元,是改革前1.4万元的3.2倍。中央投入资金158亿元,地方发挥兜底责任,实现了职工基本养老保险、基本医疗保险全覆盖。职工安全饮水和用电问题基本得到解决。中国银保监会出台了债务化解意见,交通运输部等4部门明确在2018—2020年间投资106.7亿元,建设国有林场场部和主要林下经济节点道路1.71万公里,国家发改委启动国有林场管护站点用房建设试点,总投资4.48亿元,支持建设管护站点2080个。

2015—2020年,通过体制改革和制度创新,不断健全管理体系。95.5%的国有林场被定为公益类事业单位,事业费纳入同级财政预算;4.5%被定为公益性企业。这为国有林场将主要精力转到保护培育森林资源、修复完善生态系统和提供生态服务上奠定了体制保障。此外,新修订的《森林法》专门增设了监督检查一章,并先后出台了《森林资源监督工作管理办法》《关于进一步加强森林资源监督工作的意见》《全国林地保护利用规划纲要》和《国家级公益林管理办法》等,审计署明确将国有林场场长森林资源离任审计纳入《领导干部自然资源资产离任审计规定(试行)》中,中组部明确将国有林场森林资源考核纳入《绿色发展指标体系》和《生态文明建设考核目标体系》中,资源监管分级实施的管控体系基本建立。

总体来看,国有林场的改革成效主要体现在3个方面:一是推行了林权制度改革。通过建立健全的森林资源产权制度,明确国有林场的所有权和经营权,激发了林场干部职工的积极性和创造性,使他们有了更大的发展空间。林权制度改革也吸引了社会资本的介入,推动了国有林场的资金、技术和管理水平的提升。二是建立了市场化的经营机制。通过引进竞争机制,激发了国有林场经营者的活力,促进了国有林场的经营效益的提高。在经营体制改革中,国有林场开始注重利益的最大化,积极探索多种经营模式,推动林业产业的发展。三是提高了国有林场的管理水平。通过建立科学的管理体制,强化了国有林场对森林资源的保护和管理,提高了生态系统的稳定性和可持续性。通过设置激励机制和监督机制,激发了国有林场管理者的积极性,加强了对违法砍伐和滥用林地资源的打击力度。总之,国有林场改革取得了显著成效,通过改革,国有林场管理体制更加灵活,资源配置更加合理,经营机制更加市场化,生态效益和经济效益双赢。

(2)国有林区全面改革

国有林区是我国重要的生态安全屏障和森林资源培育战略基地,是维护国家生态安全最重要的基础设施,在经济社会发展和生态文明建设中发挥着不可替代的重要作用,为国家经济建设作出了重大贡献。但长期以来,国有林区管理体制不完善,森林资源过度开发,民生问题较为突出,严重制约了生态安全保障能力。为积极探索国有林区改革路径,健全国有林区经营管理体制,进一步增强国有林区生态功能和发展活力。

国有林区改革的五项基本原则：①坚持生态为本、保护优先。尊重自然规律，实行山水林田湖统筹治理，重点保护好森林、湿地等自然生态系统，确保森林资源总量持续增加、生态产品生产能力持续提升、生态功能持续增强。②注重民生改善、维护稳定。改善国有林区基础设施状况，积极发展替代产业，促进就业增收，保障职工基本生活，维护林区社会和谐稳定。③促进政企政事分开、各负其责。厘清政府与森工企业的职能定位，剥离森工企业的社会管理和办社会职能，加快林区所办企业改制改革，实现政府、企业和社会各司其职、各负其责。④强化统一规划、融合发展。破除林区条块分割的管理模式，将林区纳入所在地方国民经济和社会发展总体规划，推动林区社会融入地方、经济融入市场。⑤坚持分类指导、分步实施。充分考虑国有林区不同情况，中央予以分类指导，各地分别制定实施方案，科学合理确定改革模式，不搞一刀切，循序渐进，走出一条具有中国特色的国有林区改革发展道路。

国有林区改革的主要任务包括：①区分不同情况，有序停止重点国有林区天然林商业性采伐，确保森林资源稳步恢复和增长。研究提出加强国有林区天然林保护的实施方案。稳步推进黑龙江重点国有林区停止天然林商业性采伐试点。在试点基础上，有序停止内蒙古、吉林重点国有林区天然林商业性采伐。②因地制宜，逐步推进国有林区政企分开。在地方政府职能健全、财力较强的地区，一步到位实行政企分开，全部剥离企业的社会管理和公共服务职能，交由地方政府承担；在条件不具备的地区，先在内部实行政企分开，逐步将行政职能移交当地政府。③逐步形成精简高效的国有森林资源管理机构。适应国有林区全面停止或逐步减少天然林商业性采伐和发挥生态服务主导功能的新要求，按照"机构只减不增、人员只出不进、社会和谐稳定"的原则，分类制定森工企业改制和改革方案，通过逐年减少管理人员，最终实现合理编制和人员规模，逐步建立精简高效的国有森林资源管理机构，依法负责森林、湿地、自然保护区和野生动植物资源的保护管理及森林防火、有害生物防治等工作。逐步整合规模小、人员少、地处偏远的林场所。④创新森林资源管护机制。根据森林分布特点，针对不同区域地段的生产季节，采取行之有效的管护模式，实行远山设卡、近山管护，加强高新技术手段和现代交通工具的装备应用，降低劳动强度，提高管护效率，确保管护效果。鼓励社会公益组织和志愿者参与公益林管护，提高全社会生态保护意识。创新林业生产组织方式，造林、管护、抚育、木材生产等林业生产建设任务，凡能通过购买服务方式实现的要面向社会购买。除自然保护区外，在不破坏森林资源的前提下，允许从事森林资源管护的职工从事林特产品生产等经营，增加职工收入。积极推动各类社会资本参与林区企业改制，提高林区发展活力。⑤创新森林资源监管体制。建立归属清晰、权责明确、监管有效的森林资源产权制度；建立健全林地保护制度、森林保护制度、森林经营制度、湿地保护制度、自然保护区制度、监督制度和考核制度。重点国有林区森林资源产权归国家所有即全民所有，国务院林业行政主管部门代表国家行使所有权、履行出资人职责，负责管理重点国有林区的国有森林资源和森林资源资产产权变动的审批。研究制定重点国有林区森林资源监督管理法律制度措施。进一步强化国务院林业行政主管部门派驻地方的森林资源监督专员办事处的监督职能，优化监督机构设置，加强对重点国有林区森林资源保护管理的监督。建立健全以生态服务功能为核心，以林地保有量、森林覆盖率、森林质量、护林防火、有害生物防治等为主要指标的林区绩效管理和考核机制，实行森林资源离任审计。科学编制长期森林经营方案。探索建立国家公园。⑥强化地方政府保护森林、改善民生的责任。地方各级政府对行政区域内的林区经济社会发展和森林资源保护负总责。要将林区经济社会发展纳入当地国民经济和社会发展总体规划及投资计划。国有林区森林覆盖率、森林蓄积量的变化纳入地方政府目标责任考核约束性指标。林地保有量、征占用林地定额纳入地方政府目标责任考核内容。省级政府对组织实施天然林保护工程、全面停止天然林商业性采伐负全责，实行目标、任务、资金、责任"四到省"。地方各级政府负责统一组织、协调和指导本行政区域的森林防火工作并实行行政首长负责制。⑦妥善安置国有林区富余职工，确保职工基本生活有保障。充分发挥林区绿色资源优势，通过开发森林旅游、特色养殖种植、境外采伐、林产品加工、对外合作等产业，创造就业岗位。中央财政继续加大对森林管护、人工造林、中幼龄林抚育和森林改造培育的支持力度，推进职工转岗就业。对符合政策的就业困难人员灵活就业的，由地方政府按国家有关规定统筹解决社会保险补贴，对跨行政区域的国有林业单位，由所在的市级或省级政府统筹解决。

2020年，国有林区各项改革任务圆满完成，取得显著成效，实现了"资源增长、生态良好、林业增效、职工增收、稳定和谐"的目标要求。国有林区改革的主要成效包括：①重点改革任务全面完成。完成了"停止天然林商业性采伐、推进政企分开、创新森林资源管护机制和森林资源监管体制、妥善安置富余职工"等国有林区重点改革任务，实现了生态功能显著提升、生产生活条件明显改善、管理体制全面创新三大改革目标。通过改革，实践了政事企分开的有效路径，实现政府、企业和社会各司其职；建立了所有权、经营权、监管权适度分开又相互协调的森林资源管理体制，国家林草局行使重点国有林区森林资源所有者职责、森工企业承担森林资源经营保护工作、地方政府负责林区经济社会发展和森林资源保护；探索出一揽子改善职工群众生产生活条件的有效政策，多渠道创造就业岗位，妥善安置富余职工，改善职工生产生活和居住条件。②生态功能显著提升。2015年4月全面停止天然林商业性采伐以来，国有林区森林面积增长1063.8万亩，森林蓄积量增长4.5亿立方米。改革期间累计减少森林蓄积消耗3100多万立方米，林区生物多样性日益丰富，东北虎、梅花鹿、紫貂等稀有野生动物数量明显增多，已绝迹20余年的野生斑羚再次出现，生态建设成效显著。③政事企分开取得积极成效。森工企业原本承担的行政职能和社会事务管理职能全面移交属地政府，打破林区社会多年以来政企合一的体制，实现了森工企业和地方政府独立运行。因地制宜推进企业办社会职能移交，共移交机构1361个、涉及人员9.77万，切实减轻了森工企业负担。④监督管理体制进一步完善。建立了纵向到底、横向到边覆盖全林区的森林资源管护体系，推广应用先进技术手段，采取远山设卡和近山设站、专业管护和家庭承包结合等方式，管护责任落实率达到100%。持续完善森林资源监管制度，对森林资源产权登记、资产有偿使用、森林采伐予以立法规范，加强对森林资源保护的监督管理。⑤职工群众生产生活条件持续改善。多渠道创造就业岗位，通过增加管护岗位、鼓励自主创业等途径妥善安置职工，职工社会保障基本实现全覆盖。改善职工生产生活和居住条件，林区防火应急道路、管护用房等重要设施明显改善，完成棚户区改造13.3万户，棚户区居民住房条件显著改善，近2万户职工从深山远山搬入中心城镇。

(二) 国有林改革发展存在的问题

国有林经营管理体制改革经历了数年的不断努力，已经取得一定成效，但是，面对新的发展阶段和经济社会需求，面临着一些新的问题，不能完全适应现代林业可持续发展的要求，主要包括以下 5 个方面。

1. 森林资源的培育、管理和开发利用方面的制度建设不够完善

尽管国家对国有森林资源培育、管理和开发利用等方面建立了森林资源监督检查制度，但仍然无法形成强有力的保障机制和作用，尚不能完全适应市场经济的要求。是否能够和如何进行对于国有林资源培育、保护和有偿使用等方面的经营管理问题，仍在研究和探讨中。

2. 国有林可采资源恢复和保护形势仍很严峻

根据第七、八次全国森林资源连续清查的结果，国有林所占比重有所下降。且国有林的林龄结构尚不合理，大部分是中幼龄林，成、过熟龄林资源数量少，可采资源日趋减少。在内蒙古林区，一些林地已经反复采伐多次，完全不符合禁回头采的作业规程要求。

与此同时，在天然林保护工程的要求下，对中幼龄林的抚育作业有严格限制，致使林区在后备森林资源培育方面，表现出现实与目标不协调的矛盾。

3. 国有林业企业管理体制改革进展任重道远

现有的部分国有林业企业管理体制改革仍然沿袭原有的组织形式和方法，远远不能满足社会主义市场经济不断完善条件下，现代林业企业生存和发展的需要。尽管国有林业企业也进行了一定程度的改革，但总的来说，不论是营林和木材生产，还是林业企业承担的社会责任方面，仍然不能完全彻底地改变旧体制，建立新的经营管理体制，而且改革的进度仍滞后于其他行业，其中改革的成本问题始终是困扰和阻碍改革进程的主要因素。

4. 林业资金投入难以满足国有林业发展的需求

国有林业的投入主要依赖政府的投入。特别是在进入 21 世纪之后，国有林以生态效益为先的经营方针，以及木材生产功能下降、产量缩减等原因，使得国有林的经营主体多样化受到一定程度的阻碍。在国有林区实施天然林资源保护工程以来，木材产量大幅度削减，工程补助资金数量有限，且具有专门用途。而国有林业企业为保护天然林资源，顺利实施天然林资源保护工程，还需要解决的诸如企业长期以来形成的债务、企业办社会、林业职工社会保障体系、职工再就业、林区基础设施建设、林区新兴产业的培育和产业结构调整等方面问题。这些都需要有大量的资金支持作为前提，以实现天然林资源保护和林区经济社会稳定发展的双重目标。

5. 国有林业企业的社会负担移交受地方政府财力的限制

就已有的改革经验，原由国有林业企业承担的社会职能占用了林业企业大量的资源，包括资金、人员和其他各种形式的生产要素。在林业企业所属地方政府财力较弱的情况下，地方政府很难接管从国有林业企业转交的各项社会职能，特别是在维护和不断提高林区社会的教育、医疗卫生等公共事业，以及市政公共基础设施的建设和维护等方面的经费支出。因此，在国有林业企业改革过程中，虽然部分重点国有林区的林业教育、医疗、宣传等方面的职能和相应人员都已进行了相应的转移，如内蒙古大兴安岭森工集团早在 2008

年就已进行此项改革,但是,仍然有像黑龙江森工集团及其下属40个林业局这样重点国有林业企业集团,无法将其所有承担的社会职能及其机构快速地转移交给地方政府。这就需要中央和各级地方政给予更大的关注和支持,以确保重点国有林业企业经营管理体制的改革能够顺利进行和不断深化。

第四节 林业经营理论与思想

林业的发展,首先要解决经营思想和发展战略问题,经营思想涉及林业管理体制、运行机制、经济政策、管理手段、经营措施和组织结构形式等多方面的深层次问题。从理论发展脉络看,林业经营思想是从单纯追求森林的经济效益最大化,转变为努力实现森林的经济效益、生态效益和社会效益平衡增长,主要包括森林的永续利用、林业分工论、近自然林业及新林业理论等。

一、森林永续利用理论

一般认为,德国是现代森林永续利用理论的发源地,森林永续利用理论始于17世纪中叶。从17世纪中期开始,德国因工业的快速发展,对木材的需求量猛增,开始大规模采伐森林,并导致18世纪初震动全国的木材危机。危机的出现,促使林业工作者思考如何"经营"森林。与此同时,1669年法国率先颁布了《森林与水法令》,明确规定森林经营原则是既要满足木材生产,又不得影响自然更新,木材的极限和永恒生产首次被列入国家法规。之后,德国林学家乔治·路德维希·哈尔蒂希(Georg Ludwig Hartig)在全世界率先明确提出了"森林永续利用理论"。这一重大理论提出后影响深远,成为当时各国传统林业发展的理论基础。

哈尔蒂希是"森林永续利用"理论的创立者。1795年,他在《关于木材税收和木材产量确定》(《Anweisungzur Taxation der Forsteoderzur Bestimmung des Holzertrags der Walder》)一书中首次发表了关于森林永续利用的论述:"森林经营管理应该这样调节森林采伐量,通过这种方式使木材收获不断持续,以致世世代代从森林中得到的利益至少达到目前的水平";同时指出"每个明智的林业领导人必须不失时机地对森林进行估价,尽可能合理地使用森林,使后人至少也能得到像当代人所得到的同样多的利益。国家森林所采伐的木材,不能多于也不能少于良好经营条件下永续经营所能提供的数量"。可以说,森林永续利用一词最早起源于德国的林业,德国林业为世界林业探索出一条可资借鉴的发展之路。

森林永续利用理论的最大贡献就是认识到森林资源并非取之不尽、用之不竭的,只有在培育的基础上进行适度开发利用,才能使森林持久地为人类的发展服务。实现森林资源的永续利用始终是林业发展的最终目标。但森林永续利用理论也有局限性,因为它只考虑木材生产。不过,在该理论指导下大面积种植人工纯林的不良后果很快就引起了林学家的关注。

二、林业分工论

20世纪70年代美国林业经济学家M·克劳森和R·塞乔等人提出了森林多效益主导

利用的经营思想。70年代后期，W·海蒂根据"效益标准"提出，不能对所有林地都采取集约经营措施，只能在优质林地上进行集约化经营，并使经营目标趋于单一从而导致经营目标的分工。林业分工论反对"永续收获"思想，认为这种思想大大限制了森林生物学潜力。其理论基础是"木材培育论"。新的木材培育论认为，在面积不大但立地条件优越、交通方便的宜林地，采用科学经营方法，营造速生丰产林，以资金和技术的高投入进行集约经营，可以获得木材高产和高效益。克劳森等人主张在国土中划出少量土地发展工业人工林，承担起全国所需的大部商品材任务，称为"商品林业"；其次划出一块"公益林业"，包括城市林业、风景林、自然保护区、水土保持林等，用以改善生态环境；再划出一块"多功能林业"，是商品林业和公益林业的过渡形态。他们认为，全球森林将朝着各种功能不同的专用森林—森林多效益主导利用发展，而不是走向三大效益一体化。世界范围有很多国家都有森林分类经营的案例(表5-5)。

表 5-5 世界主要国家(地区)森林分类情况

类	国家(地区)	划分的森林类型				
二类林	新西兰	商业性林		非商业林		
	澳大利亚	生产林		非生产林		
	菲律宾	生产林		非生产林		
	美国	生产林		非生产林		
	印度	生产林		社会林		
	泰国	商业性林		公益性林		
	瑞典	生产林		社会林		
	中国	商品林		生态公益林		
三类林	法国	木材培育林	公益森林	多功能森林		
	加拿大	偏远森林	生产林	非生产林		
多类林	日本国有林	国土保安林	自然维护林	空间利用林	木材生产林	
	奥地利	用材林	山地防护林	环境林	休闲林	平原农防林

在我国，1985年原林业部长雍文涛发起并主持了"中国林业发展道路的研究"，提出了以"林业分工论"为核心的中国林业发展的经营思想和与之相应的发展战略，并出版了《林业分工论——中国林业发展道路的研究》。之后，宋宗水、张建国等人也根据我国的国情、林情，主张林业分工论，建议实施森林分类经营战略。1995年8月，国家经济体制改革委员会、林业部联合颁发的《林业经济体制改革总体纲要》把林业分类经营思想、体制确定了下来。《纲要》提出：森林资源在依据《森林法》的规定划分用材林、防护林、经济林、能源林、特种用途林五大林种的基础上，将用材林、经济林和能源林纳入商品林类，将防护林和特种用途林纳入公益林类。《纲要》还规定将商品林的经营作为基础产业，以市场为导向，由经营者自主经营、自负盈亏，国家给予必要的扶持；将公益林列为社会公益事业，实行事业化管理，由各级人民政府通过财政统筹解决资金，组织社会力量共同建设和管理。

5-6

三、近自然林业

1898年，德国科学家K·卡耶尔提出了"近自然林业"的理论。该理论体现了"人类应尽可能地按照森林的自然规律来从事林业生产活动"的近自然林业经营思想，强调尊重森林生态系统自身的规律，实现生产可持续和生态可持续的有机结合。他认为，人工林的多样性低，稳定性差，造成生态功能低下；人工林虽然速生，但地力消耗大，无法实现林木的可持续利用。发展近自然林业就可以避免传统人工林的这些弱点。19世纪末、20世纪初，除德国南部外，还有瑞士、奥地利开始用卡耶尔的近自然林业理论进行实验。1900年以后，瑞士在苏黎世造林学教授埃恩勒尔（Anord Engler）的影响下已普遍向近自然林业转变。奥地利的维也纳森林也是近自然林业的典型。

"近自然林业"经营理念直到20世纪中后期才真正得到推广并得以广泛实践。1949年在德国成立了"适应自然林业协会"，系统地提出了"以适树、混交、异龄、择伐"等为特征的近自然森林经营的具体理论。这个以近自然林业为宗旨的组织，到1989年发展成为一个由欧洲10个国家的人员组成的国际组织。而比较有规模的试验是在1972年出现特大风灾伐除风倒木后开始的，同时森林生长模拟研究也随之兴起。这类试验的成功促使德国与欧洲的林业方针从20世纪90年代开始全面转向近自然林业经营。目前，欧盟各国普遍采用了近自然林业经营的方法，在现阶段和今后相当长的时期，近自然林业理论将是推动森林可持续经营的主导理论。

四、新林业理论

"新林业理论"是1985年由美国华盛顿大学福兰克林（J. F. Franklin）教授提出的。该理论以森林生态学和景观生态学的原理为基础，并吸收森林永续经营理论中的合理部分，以实现森林的经济价值、生态价值相互统一为经营目标，建立不但能永续生产木材和其他林产品，而且也能持久发挥保护生物多样性及改善生态环境等多种效益的林业。美国原是把森林按用途划分为生产林和非生产林进行分类经营管理的。福兰克林认为，这是一种把生产与保护对立起来进行分而治之的林业发展战略，不仅不能实现各自的目标，而且也不能满足全社会对林业的要求，结果使森林资源的永续利用也成了一句空话。

新林业理论的主张是把所有森林资源视为一个不可分割的整体，既强调木材生产，又极为重视森林的生态、社会效益，把生产和保护融为一体。促进森林经营者和环境保护者携手合作，与"林业分工论"背道而驰。新林业理论的主要框架是由林分和景观两个层次的经营策略组成。

①林分层次。经营目标是保护或再建不仅能够永续生产各种林产品，而且也能持续发挥森林生态系统的多种效益。为此，生产实践中要求采伐迹地保留一定数量的站杆、倒木、单株或团状分布的活立木，主张营造混交异龄林，延长轮伐期，增加大径木的数量和林分结构的复杂性。

②景观层次。经营目标是创造森林镶嵌体数量多，分布合理，并能永续提供多种林产品和其他各种价值的森林景观。在生产实践中，林业生产用地和自然保护区要进行统一规划，有机结合，并仔细确定其面积大小和分布，采取合理的采伐方式，降低景观的破碎程

度，减少因采伐对保护区造成的不利影响。

新林业理论提出后，引起美国林业界乃至新闻界和政界的广泛重视，美国国会两次邀请福兰克林参加众议院关于新林业的听证会，并提交了一项十分庞大的新林业综合计划。有人预言，新林业对美国林业的发展将产生深远的影响，很可能将彻底取代现行以伐木为主要目的的传统林业，创造出一条发挥森林生态效益、经济效益和社会效益的林业发展道路，将林业生产提高到一个新阶段。但事实证明，由于新林业理论的实践操作太过复杂，又仅适用于局部地区，因而未能成为处理全美林业的理论基础。

综观历史，西方国家林业经济学者对林业经营思想的讨论非常活跃，而且经常会产生一些新的认识和新的思路。这与时代发展及人们不断提高的生存需求是不无关系的。一方面，日益恶化的环境与日渐富裕的生活形成鲜明的对比，使各国人民改善生态环境的愿望越来越强烈；另一方面，科学技术的进步使人们越来越清楚地认识到森林的巨大的多重功能，并且也有能力提高对森林的经营水平，以满足人们不断增长的对森林三大效益的需求。正是这样，在各种经营思想的不断相互碰撞中，在各种经营理论被森林经营的不断检验后，人们的思路慢慢统一到"可持续发展"的总体思路中，并体现在大多数国家的森林经营政策中。

▎思考题

1. 简述产权、产权制度、产权的特征。
2. 简述林权、林权具有的要素。
3. 简述中国集体林权改革与发展的过程。新一轮集体林权制度改革的主要内容。
4. 简述我国集体林业的主要经营形式。
5. 简述我国国有林经营存在的问题及国有林产权改革的具体形式。
6. 简述西方林业经营思想的发展脉络。

第六章 林业政策

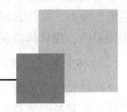

第一节 市场失灵与林业政策调控

一、市场失灵在林业中的表现

在社会主义市场经济条件下,市场机制是实现资源优化配置的基本方式。但市场机制有效发挥作用是有条件限制的,这往往使市场机制在很多场合不能实现资源的有效配置,"看不见的手"也就无法实现资源配置的帕累托最优状态,这就是所谓的"市场失灵"。导致市场失灵的因素主要包括外部性、公共品、不完全信息、垄断、收入分配等。市场失灵在林业领域有明显表现。

(一)林业外部性

外部性是指一个行为主体的行为没有通过价格而给另一个行为主体带来成本或收益的经济现象。由于外部性的存在,就经常会出现边际社会成本(收益)与边际私人成本(收益)的背离。此时,完全竞争市场的均衡将使产生外部成本的产品价格过低而产量过高,而产生外部收益的产品价格过高而产量过低,市场经济无法达到资源的最优配置。政府需通过罚款、征税、补贴、数量管制等方法来矫正这种背离。

林业经济中的"外部性"普遍存在。这里的外部性包括正外部性和负外部性,既包括林业给社会带来的正外部性,也包括林业给社会带来的负外部性。例如,森林的生态和社会效益自动外溢给社会其他行业和部门就是典型的正外部性;林主为获取直接经济利益而过度采伐森林,可能造成一定的环境问题和林业可持续发展问题,如林地生产力衰退、水土流失和环境破坏,这些就是典型的负外部性,有时这种外部性甚至是无可挽回的外部不经济问题。此外,经济社会活动(矿业开发、企业发电与排污)也会溢出大量的负效应到林业。

林业经济的外部性,破坏了资源的最佳配置,并造成社会福利损失。①林业外部正效应意味着林主的边际收益小于社会边际收益,即林主不能因其向社会提供了公益效能而增加经济收入,林业营利水平低于其他行业,甚至亏本,林主缺乏使林产品和服务供给达到最优水平的生产积极性。②林业外部负效应对林业发展带来负面影响,负效应的生产者无须支付必要的代价,其生产的边际成本小于社会边际成本,边际成本差额为林主所承担,这同时也导致了过多的资源被用于某项特定的生产活动。③社会外溢给林业的负效应增加了林业经营的负担。

在市场经济条件下，林业经济外部性会使生产要素大量退出林业领域，产生难以估计的后果。所以，要认真研究林业经济活动中外部效应的各种类型及其本质，灵活运用政府的干预手段，视具体情况做出不同的制度选择。

(二) 林业生产公共品特征

公共品是指在消费上具有非竞争性和非排他性，不能依靠市场力量实现资源有效配置的产品。公共品的非竞争性和非排他性给市场机制带来了严重的"搭便车"问题和私人部门的低效率，这些问题往往导致市场失灵，无法达到帕累托最优，这种情况下，公共品供给任务不宜由市场承担，而只能由政府承担。

林业存在公共品生产，许多森林类型属于公共品或准公共品，如生态公益林、各类防护林、自然保护区、森林公园、国家公园、湿地等自然保护地。一些资源经济学观点也认为，森林资源是介于私人产品和公共品之间的"准公共品"，既有私人产品的特征，也有公共品的特征，各种有形的林产品具有私人产品的特征，而森林的生态效益和社会效益则具有公共品的特征。当然，林业生产的经济、社会、生态效益是融合在一起的，在林业生产过程中，人们是为了取得某种效益而育林，但人们无法同时排斥森林其他效益的产生，有学者认为林产品具有排他性和耗竭性，同时也具有非排他性和非耗竭性，这些是密切联系在一起的，不可分割的，这是林业重要的特殊性之一。

林业公共品的存在容易引起"搭便车"行为，这使得经营一个有效率的市场是非常难的，缺乏有效的市场，也就缺乏以营利为目的的主体去提供这些公共品。因此，完全依赖市场机制将导致社会必需的林产品供给不足。

(三) 林业信息不对称

信息不对称是指信息在市场参与者之间的分布不均匀，当市场的一方无法观察到另一方的行为，或无法获知另一方行动的信息时，就产生了信息不对称。信息是稀缺资源，搜索信息的成本有时十分高昂，从而迫使市场参与者在信息不充分的情况下做出决策，从而导致市场效率下降。

信息不对称普遍存在于林业领域。林区一般地理位置偏远，交通不便，信息闭塞，林主一般缺乏关于林产品价格与供求关系信息的全面掌握，他们对林业经营的社会成本与利润认识不足；现有的林业科技水平对森林生态系统的结构功能和发展变化规律也认识不足，如对森林生产力规律、灾害发生规律认知不清等。信息不对称使林业不能获得与其他产业相同的竞争条件，林主在市场竞争中也处于不利地位，因此，林业经营必然大受影响。

(四) 林业市场不完全

垄断或不完全竞争造成市场不完全，导致资源配置的低效率，降低社会福利水平。因此，许多国家都通过法律限制可能出现的垄断，并对已存在的垄断采取相应的管制和税收政策。垄断或不完全竞争的根源一般包括：①成本条件。规模经济可使个别生产者拥有成本优势，易排挤其他竞争者，在行业中居于垄断地位。②对竞争的限制。法律政策限制（生产特许权、生产限额）、产品差别（自然差别、地域差别）等，这些因素强化了市场垄断或不完全竞争的程度,难以实现市场均衡。

法律政策方面的限制是使中国林业市场不完全的重要因素,突出表现在采伐限额制度。中国是森林资源相对缺乏的国家,为平衡森林资源经济效益和社会生态效益的综合发挥,《森林法》规定对森林资源实行限额采伐制度,且指标下达时间间隔较长,每五年不变。林主不可能根据市场供求变化来扩大供给,以实现其利益最大化的理性目标。这干预了林主的经营自主权,侵害了其在市场上的平等竞争权,使市场机制部分失灵,降低了林业产业的比较优势,投资者望而却步或退出。

二、林业政策调控

当市场这只"看不见的手"失灵时,就需要政府这只"看得见的手",以上讨论为林业政策发挥作用提供了充分依据。政府需建立起既利于市场功能有效发挥,又能有效克服市场缺陷的林业政策体系,以确保林业在社会主义市场经济体制下高效有序运行。

(一)林业政策调控的目标与原则

1. 林业政策调控的目标

(1)增加林产品有效供给

增加林产品有效供给是基于满足国民经济和社会发展及人民生活对林产品需求而提出的重要目标。随着世界人口增加、物质文化需求不断增长,世界木材消费量逐年增长,但全球可采森林不断减少,木材正成为支撑一国经济高速发展的重要基础,成为越来越宝贵的战略资源,木材尤其是珍贵木材及其产品贸易,已成为全球环境、政治、外交的核心内容。此外,林业可提供大量的绿色天然产品,满足人们的绿色消费需求;大量林产品(中药材、野生淀粉植物、经济林、野菜)是传统农业的有益补充,对丰富人民的"米袋子""菜篮子"和"果盘子",提高人民生活质量有重要作用。在一些地方,森林特别是木质能源是最重要的农村能源,对解决农村生活用能有重要作用。增加林产品有效供给这一目标要求中国林业应朝着资源总量、利润规模最大化和结构的最优化方向运行,不断增强林业产业的经济实力。

(2)增强林业生态服务功能

增强林业生态服务功能是基于保障经济社会持续稳定健康发展而提出的重要目标。近40年来,中国从森林资源贫乏、生态环境不断恶化逐步走向森林资源数量增长、质量提高,生态环境日益改善,林业政策的增强林业生态服务功能的政策目标起了重要作用。改革开放初,我国生态环境整体功能下降,生态系统抵御自然灾害能力减弱,水土流失、土地旱化、旱涝、赤潮、沙尘暴、次生地质灾害频繁发生,危害程度大。森林作为环境的重要组成部分,在促进土壤发育、涵养水源、保持水土、防风固沙、碳氧循环、抵御洪涝和干旱灾害方面有着特殊重要的生态服务功能。因此,早在1978年,我国就着手防护林体系建设,着力构建完备的森林生态体系,增强林业的生态服务功能并持之以恒,使我国成为全球增绿的主要贡献者。

(3)增加林农经济收入

增加林农经济收入是林业政策目标体系的基点。林农是林业建设的主力军,建设林业三大体系,增加林产品有效供给,增强森林生态服务功能,都必须以调动林农的积极性为前提。而林农从事林业经营的基本依据是收入预期,林农只有在增收的前提下,方能扩大林产品供给,林业发展的产品贡献、要素贡献、市场贡献、外汇贡献等作用才能得到充分发挥;反之亦然。山区拥有90%以上的森林资源,是林业主战场之一,也是林农靠山吃山的基础,发展林业产业,解决林农就业并增加林农经济收入是林业政策的重要目标,也是乡村振兴的重要举措。

2. 林业政策调控的原则

(1)明确界定政府作用边界

林业政策调控须明确政府干预范围,不越位,也不缺位或错位,政府干预行为不能扩展到林业生产各方面。具备市场经济条件的林业生产内容,如林产品加工、速生丰产林的经营等,不应再成为政府干预的受益者。政府不再直接参与林业经营性生产活动,或者说政府只解决市场解决不了或解决不好且自己有能力解决或解决得更好的问题,不做应由市场做的事情。基于此,政府不断增强对林业经济调节和林业市场监管能力,提高对林业提供公共服务的质量,从宏观上为"正确维护和调整林业生产关系"和"合理组织林业生产力"创造良好条件。

(2)政府与市场有机结合

先市场后政府,二者有机结合。"先市场"是指以市场机制为基础,市场机制的基础性和常规性作用不可逆转。完善的市场机制能使林业经营者和林产品消费者根据各自的利益,汇聚在市场交换的过程中,使有限的资源在趋向于竞争力强、效益高的最佳分布和组合的过程中,形成敏感的利益链。遵循该规律,林业政策调控方可朝预定的目标运行。

市场和政府都不完美,单纯的市场和完全的政府都不适用于林业,必须依据林业经济的现实状况,将两种资源配置方式紧密结合起来,形成有效配合,最大限度地解决市场不能解决的问题。二者结合要"适度""适当","适度"指政府干预有特定的范围,"适当"指政府干预不是限制和取代市场的作用,而是在充分尊重市场规律的基础上,在利于市场机制发挥作用的前提下,对市场的作用进行补充,促进市场机制的完善。

(3)中央与地方分级调控

中国林业资源地域分布不平衡,林区经济社会发展不平衡,市场发育程度不一,因此,林业政策调控应在中央统一规划的前提下,实行中央与地方分级调控,合理划分中央与地方的调控权限,发挥两方面的积极性。在分级调控体系中,中央调控处于主导地位,应承担全局性、根本性的调控任务,地方根据中央调控的总目标和总政策,结合本地实际,制定本地区林业政策调控具体细则,推动地方林业经济发展。中央与地方分工协作,能不断降低调控的成本和政府失灵的可能性,最终提高调控效果。

(4)充分利用林业中介组织

中介组织是林业政策调控的有效支点。中国林业经营分散,政府难以直接面对千家万户,而中介组织是介于政府、林主之间的第三种力量,其从事的活动可实现政府的某些职能,因此中介组织可成为各类政策通向林主的桥梁。例如,政府可通过中介组织搜集信息、传递政策、实施项目、组织林业生产等。国内外实践表明,政策调控信号通过中介组织往往可以实现更有效的推行,日本森林组合就是典型代表。发展、完善并利用林业中介组织,建立政府—中介组织—林主的多层次经营管理系统,可增强林业政策调控的成效。

(5) 多种调控手段综合运用

林业市场主体多元化（企业、个体户、林农），林业利益主体多元化（政府、投资者、经营者、消费者），林业决策主体多元化，林业产业类型和经营目标多元化，这决定了林业政策调控的手段不是单一的，而是经济、法律、行政多种手段的综合，即林业政策调控是多形式、多层次、不同调节手段共同的、复合重叠的调节。在不同时期，确定重点的调控手段，并加强各手段间的衔接，寻求不同手段组配的综合效应，形成一致的调节合力，为实现活而不乱的林业经济新秩序服务。

(二) 林业政策调控的手段

1. 计划手段

市场经济不排斥计划，计划仍是林业调控的重要手段，因为"计划手段"不等于"计划经济"，后者指高度集中的指令性计划，而前者指以指导性、全局性、总体性为特征的计划。政府合理确定林业发展的战略目标，搞好经济发展预测，制定短、中、长期经济计划，规划林业经济结构和生产力布局，可促进国民经济持续、健康发展。例如，林业发达国家日本就特别强调计划手段对林业的调控作用，日本的森林计划体系值得借鉴。

2. 行政手段

行政手段是指通过制定和发布政策、政令等方式管理林业，行政手段一般包括行政命令、行政制度、行政规章和条例。行政手段具有权威性、强制性、无偿性、速效性、灵活性等特点，是林业政策调控体系中的基本手段。但行政手段是非常规手段，不可滥用，一般应在发生了森林灾害、生态系统退化等严重事件时采用。随林业市场经济体制的完善，行政手段的运用范围将趋小，须在尊重林业经济客观规律的基础上，从实际出发谨慎运用。

3. 法律手段

法律手段是指制定和实施林业行政法规，并监督林业法律的执行。法律手段包括正式颁布的法律及各类管理机构制定的具有法律效力的规范。法律手段具有权威性、强制性、稳定性、规范性的特点。法律手段是政策执行活动得以进行的根本保障。世界各国，特别是林业发达国家普遍运用法律手段调控林业发展：芬兰早在1886年就颁布了《森林法》，到20世纪末，瑞典共颁布6部《森林法》；美国与林业有关的法令、条例达100多个。改革开放以来，中国先后制定和修订了《中华人民共和国森林法》《中华人民共和国野生动物保护法》《中华人民共和国防沙治沙法》等多部法律，实行依法治林，为推动中国林业发展起了重要作用。

4. 经济手段

经济手段是指通过调节林业经济变量来影响林业微观经济行为的政策措施，主要包括林业财政、林业金融、林业税收、林业保险等手段。一定时期的林业发展目标确定后，政府必然选择适当的经济杠杆，促其发展。经济手段具备间接性、有偿性、关联性、灵活性，可以将调控目标与物质利益挂钩，并以责、权、利相统一的形式固定下来，给人以内在动力，充分调动人们的积极性，能最经济有效地实现调控目标。经济手段是林业调控的主导手段。

需要指出的是，经济手段符合市场经济原则，市场经济的实质是"法制经济"，包括经济手段在内的其他手段，都须以法律为依托，在法律范围内行使和运用。所以，在实际运用中，要以经济和法律手段为主，配合使用其他手段。

(三)林业政策调控的内容

1. 制定林业建设的宏观发展目标和规划

这是林业政策调控的主要任务之一。通过制定各种长、中、短期规划,搞好生产力布局,对林业的发展方向、发展阶段、发展目标等做出预先设想,可以科学利用全国林业资源,实现林业的长期、协调、稳定和可持续发展。这些宏观发展目标及规划可以包括:保护全国林业用地面积,提高全国森林覆盖率,增加全国林木蓄积量,提高全国林产品生产总值,增加全国动植物保护数量,保护全国自然保护区的数量和面积等。

2. 确定林业经营组织的运行规则

研究林业经营组织的运行规则是指政府为林业经营者制定的在本行业内进行公平竞争的各项规则。这些规则可以包括:林业产权主体的行为规则、林业产权客体的转让规则、森林经营和生产规则、林业资金及其他林业公共资源使用规则、林产品市场买卖规则、林业国际经济合作规则等。这些规则实质上是在明确鼓励什么,限制什么,以确保林业经营的秩序。

3. 干预林业"市场失灵"的领域

①提供林业公共服务。例如,通过完善社会化服务体系,对林业提供包括技术推广、信息咨询、林产品检验、林产品营销促销、病虫害控制等在内的公共服务。

②维护林业市场秩序。限制各种非正当行为,维护公平竞争的林业市场秩序,例如,限制垄断,促进竞争,引导林业发展。此外,还需预先防范可能出现的市场不稳定因素,阻止市场无序。

③直接参与林业经营,保证公共品供应。政府可参与对国民经济发展十分重要、人民生活必需、而社会商品经营者不愿直接参与的林业经营领域(生态公益林、自然保护区、国家公园、湿地等自然保护地)。当这些领域的经营活动具备了参与市场竞争的条件后,政府应退出。

④调节林业收入分配。可考虑调整林业生产要素相对价格,转换收入的功能分配,消除生产要素价格扭曲;合理化税制、税种与税率,进一步"多予、少取、放活";对林产品价格实行保护政策;科学化林业扶持政策体系,调节林业经营收入。

第二节 林业产业政策

一、产业政策

(一)产业政策的概念和特征

产业政策是指一国政府根据产业发展规律的客观要求,综合运用经济手段、法律手段以及必要的行政手段,调整产业组织结构、产业结构和产业分布结构,以及实现社会资源的最优配置,推动整个产业持续、稳定、健康发展的政策体系。

产业政策具有4个方面的特征:

①政策目标多重。既包括经济目标,也包括社会目标。它既能弥补资源配置的市场缺

陷，获得经济增长高速度，又能保证社会稳定、充分就业和社会公平。

②政策体系复杂。涉及多层次的内容。宏观上主要为产业发展提供良好环境。中观上主要调整产业结构，使其合理化。微观上主要调整产业内的组织关系，保证有效竞争。

③政策作用范围广泛。产业政策要解决产业组织合理化、产业结构高度化、产业分布的协调性和经济增长的效益性等问题，它不一定以产业为直接对象，但其直接或间接地与产业有关。

④政策实施手段多样。主要包括非指令性的经济计划、经济措施、经济立法、必要的行政指导等。

(二) 产业政策的作用和类型

1. 产业政策的作用

①弥补市场失灵。市场无法避免垄断、不正当竞争、基础投资不足等现象，各国产业政策最普遍的作用，就是弥补市场失灵的缺陷。

②缩短赶超时间。发展中国家在经济"起飞"初期都会遇到基础设施和基础工业薄弱的"瓶颈"制约，这些部门具明显的"外部性"，仅靠市场机制无法在短期内实现经济"起飞"的条件，而产业政策恰是后发国家实现超常规发展、缩短赶超时间的重要工具。

③优化配置产业资源。与市场机制相比，产业政策作为政府行为，完全可以根据科学地预见实现事前调节，避免不必要的资源闲置和浪费，实现资源的优化配置。

④增强产业国际竞争力。产业国际竞争力与本国资源的比较优势、骨干企业的创新力、国际市场开拓能力有关，而产业政策对增强企业创新能力和国际市场开拓能力有重要作用。

2. 产业政策的类型

①产业组织政策。产业组织政策是指为了获得理想的市场效果，由政府制定的干预市场结构和市场行为，调节企业间关系的公共政策，其实质是协调竞争与规模经济间的矛盾，以维持正常的市场秩序，促进有效的竞争态势。

②产业结构政策。产业结构政策是指政府制定的通过影响与推动产业结构的调整和优化来促进经济增长的产业政策。它是发展中国家实现赶超目标的必由之路，是发达国家保持优势地位的重要法宝。

③产业布局政策。产业布局政策指政府机构根据产业的经济技术特性、国情国力状况和各类地区的综合条件，对若干重要产业的空间分布进行科学引导和合理调整的意图及其相关措施。产业布局政策是产业政策体系中不可或缺的重要内容，也是区域政策体系中的重要组成部分。

④产业科技政策。产业科技政策指国家对产业科技发展实施指导、选择、促进与控制的政策的总和。它以产业科技为直接的政策对象，是保障产业科技适度和有效发展的重要手段。

二、林业产业政策

(一) 林业产业政策的概念和特征

林业产业政策是国家为了实现经济和环境目的，通过对林业产业的保护、扶持、调整和完善，积极参与林业产业的生产经营活动，直接或间接干预林业发展的政策的总称。

林业产业政策具有以下5个方面的特征：

①林业产业政策的稳定性。无论从国土开发和生态保护，还是从林业生产的长期性来看，林业产业发展的稳定性和连续性必须要保证，林业产业政策需要具备相对稳定性。

②林业产业政策的权变性。林业产业政策的相对稳定性，并不排除为适应内外条件的变化所进行的适时调整，只是变动不宜过频，尤其是针对生产周期长的产业。

③林业产业政策的协调性。林业产业由多个产业构成，林业产业政策不仅要协调林业同其他产业间的关系，还要协调林业产业内部各产业间的关系，各项政策措施间需相互协调。

④森林资源政策的基础性。森林资源培育在林业产业体系中处于基础性地位，它既是第一产业的重要组成，也是第二、三产业的物质基础。森林资源培育政策的科学性直接影响着林业产业政策成败。

⑤林木系列产业政策的主导性。林木系列产业指由林木资源培育、采伐运输、加工和销售组成的产业系列。它和由其他资源的保护、培育、收获、加工组成的非林木系列产业构成林业产业的两大系列。在产业发展中，林木系列产业居主导地位，林木系列产业的政策也就有了重要地位。

(二) 林业产业政策的原则

①坚持宏观引导。以产业政策和产业发展规划为导向，综合运用经济、法律和行政等手段，逐步缓解林业物质产品、生态产品和文化产品总需求与总供给、消费结构与产品结构之间的矛盾。

②坚持生态优先。鼓励发展循环经济，提高资源综合利用水平，降低资源消耗，减少环境污染，走资源节约型、环境友好型发展道路。

③坚持因地制宜。既坚持产业规划布局的统一性，又发挥各区域比较优势，实现资源的合理有效配置。

④坚持多元化投入。多渠道筹集资金，打破部门、区域和所有制的限制，大力发展非公有制林业，形成多层次、多元化共同发展林业产业的新格局。

⑤坚持科教兴林。鼓励自主创新，推动产业技术进步，提高林业产业技术含量和整体素质。

⑥坚持对外开放。统筹国内外两种资源、两个市场，提高国际化经营水平。

(三) 林业产业政策的内容

林业产业政策包括林业产业组织政策、林业结构政策和林业产业科技政策三个方面，在此简要介绍这3个方面的政策要点。

1. 林业产业组织政策

①培育有特色、有竞争优势、带动力强的林业龙头企业，实现规模化经营，带动中小企业发展，形成大中小企业协调发展、有序竞争格局。

②鼓励企业以市场为导向，以资本、技术为纽带联合重组，通过股份出售、转让等形式推进产权结构优化。

③打破区域界限，按自愿互利原则，采取联合、兼并、股份制等形式组建跨地区的林业产业实体，发展混合所有制经济。

④按专业化协作原则,加快国有森工企业的改革、改造和重组。

⑤培育品牌企业和品牌产品,尤其是有原产地特色的产品企业和品牌,加大保护和宣传力度,发挥其示范、辐射和带动作用。

⑥消除垄断和地方保护,发展区域性林产品交易市场,建立公平、规范有序的林产品与服务市场体系。

⑦扶持林业专业经济合作组织,完善现有林业专业协会,发挥其在政府、企业和林农之间的桥梁作用。

⑧在资源利用、资金和信贷支持、税费等方面一视同仁,消除体制性障碍,大力发展非公有制林业。

2. 林业结构政策

(1)区域结构政策

中国当前的区域结构政策主要围绕构建"一圈三区五带"而展开。"一圈"为京津冀生态协同圈。着力打造京津保核心区并辐射到太行山、燕山和渤海湾的大都市型生态协同发展区,增强城市群生态承载力,改善人居环境,提升国际形象。"三区"为东北生态保育区、青藏生态屏障区、南方经营修复区。这三个区域作为我国国土生态安全的主体,是全面保护天然林、湿地和重要物种的主阵地,也是保障重点地区生态安全和木材安全的战略基地。"五带"为北方防沙带、丝绸之路生态防护带、长江(经济带)生态涵养带、黄土高原—川滇生态修复带、沿海防护减灾带。这五个带作为我国国土生态安全的重要骨架,是改善沿边、沿江、沿路、沿山、沿海自然环境的生态走廊,也是扩大生态空间、提高区域生态承载力的绿色长城。按照"山水林田湖草"生命共同体的要求,优化林业生产力布局,以森林为主体,系统配置森林、湿地、草原、沙区植被、野生动植物栖息地等生态空间,引导林业产业区域集聚、转型升级。

(2)产业结构政策

当前中国林业产业结构政策主要体现在以下4个方面。

①加强特色林业基地建设。加快木本粮油产业发展,推进油茶、核桃等木本粮油高产稳产基地建设;大力发展林木种苗、花卉、竹藤、生物药材、木本调料等基地,推进布局区域化、栽培品种化、生产标准化、经营产业化;大力发展林下经济,增加生态资源和林地产出。

②加快产业优化升级。加快提升林产加工业,强化木竹加工、林产化工、制浆造纸和林业装备制造业转型升级,全面构建技术先进、生产清洁、循环节约的新业态,提高资源综合利用水平和产品质量安全。大力扶持战略性新兴产业发展,培育木结构绿色建筑产业、林业生物产业、生物质能源和新材料产业,加强林业生物产业高效转化和综合利用。做大做强森林等自然资源旅游,大力推进森林体验和康养,发展集旅游、医疗、康养、教育、文化、扶贫于一体的林业综合服务业。

③发展优势产业集群。促进产业聚集和融合发展,培育国家级现代林业产业示范园区和木材加工贸易区。优化人造板、家具、木浆造纸、林业装备制造和林业循环经济等产业布局,依托资源禀赋和口岸,打造一批精深加工产业集群,发挥重点产业聚集效应和区域产业竞争优势。依托特色林产品基地、森林食品基地及竹藤示范区,建设特色林业精品园等现代产业示范园区。大力培育林业龙头企业。

④完善产业服务体系。加快健全林业产业和林产品标准体系,逐步建立林产品产前、产中、产后的全系列标准规范,把无公害、"绿色"标准的推广与优质林产品基地、现代林业标准化科技示范园建设紧密结合起来,建立健全林产品质量检测认证体系和林业产业信用体系,制定林业产业和市场准入负面清单。积极推进产销监管链、竹林经营和生态产品服务认证机制。淘汰落后产能,压缩疏导过剩产能,进一步优化产业结构。加强林业产业和林产品市场监测预警工作。加快实施林业品牌发展战略,建设国家森林标志性产品体系。建设林产品电子商务交易平台,鼓励森林产品连锁超市、新型电商企业和仓储物流业发展。

3. 林业科技政策

林业科技政策是指国家和政党在一定历史时期为保证林业产业科技的发展和应用,使林业科技更好地服务于林业经济和社会发展而制定并付诸实施的行为规范和准则。我国林业科技处于"总体跟进、局部并行、少数领先"的发展阶段。2015 年林业科技进步对林业发展的贡献率为 48%,与全国科技进步贡献率平均为 55% 和农业科技进步贡献率为 56% 相比仍然偏低,林业产学研结合不够紧密,成果转化率仅 55%,比发达国家低 20 个百分点。当前林业科技政策重点包括以下方面:

(1) 改革科技创新体制机制

围绕推进创新型林业产业建设,充分发挥科技的支撑引领作用,加快建立林业企业为主体,市场为导向,产、学、研、用紧密结合的技术创新体系。围绕良种育苗、木材加工、林业生物质能源、林业生物提取物等重点方向,构建适应产业转型升级的技术体系。优化林业科技管理机制,落实财政科研项目资金管理政策,改进和规范科研项目资金管理。健全绩效评价体系,建立以能力和贡献为导向的评价和激励机制。强化协同创新机制,推进林业科技教育、产学研紧密结合。健全技术创新的市场导向机制和政府引导机制,引导科技要素向生产企业集聚,提高企业自主创新能力。

(2) 加强科技创新能力建设

以增强自主创新能力为目标,建设一批具有国际水平、突出学科交叉和协同创新的科研平台与长期科研试验示范基地等。支持建立创新战略联盟,打造和构建产、学、研相结合的成果转化平台。加强林业技术服务平台建设。培育发展新型研发机构,鼓励研发类企业专业化发展,积极培育市场化新型研发组织、研发中介和研发服务外包新业态。

(3) 推动科技成果转化

积极探索科技成果产业化路径,推动林业产业科技成果融合转化应用。健全以国家公益性林业科技推广机构为主导,科研院校、企业、专业合作组织等社会力量广泛参与的新型科技成果转移转化体系。完善科技成果转移扩散机制,引导科技要素深度融入林业生产建设全过程。推动建设科技成果中试基地,瞄准战略性新兴产业领域,建设一批符合特色林业产业和市场需求的科技成果产业化示范基地。建立健全林业科技成果信息与推广转化平台,强化科技成果转移转化市场化服务。

(4) 强化科技人才队伍建设

加强林业产业人才发展统筹规划和分类指导。组织实施人才培养计划,加大人才培养力度,完善研发、生产、管理人才培养体系。深入开展林业科技特派员科技创业行动,鼓励企业与学校合作,培养科研人员、技术技能人才与复合型人才。加强产业人才需求预测，培育建立统一开放的林业产业人力资源市场。强化国际化人才培养，建设一支结构合理、业务素质高、爱岗敬业的林业科技创新队伍。

(5) 加强知识产权保护

加强植物新品种、新技术、新产品的知识产权保护，支持发明专利申请和保护。积极扶持对林业产业发展有重要推动作用的高科技专利项目，保证专利制度各项奖酬兑现。支持科研单位和科技人员开发专利新产品，利用知识产权制度占有和垄断市场，加强对外经济技术贸易中的知识产权保护。加强对知识产权法律实施的监督、检查工作，建立常态监督和重点检查相结合的机制。加大知识产权执法力度，对侵犯知识产权的事件予以打击，推动林业科技进步和林业产业发展。

第三节 森林生态服务补偿政策

森林生态系统的开放性使其提供的生态服务具有无偿性和外部性，成为最廉价的生态服务提供系统。长期以来，森林生态服务价值未得到人们的充分认识，即使在市场经济条件下，人们也仅考虑森林资源可实现的经济价值，很少顾及其潜在的环境与生态价值。近年来，随着全球性生态环境问题的加剧，对森林生态服务政策的研究越来越受重视。从国际上看，对森林生态服务进行补偿已形成共识，成为世界性的大趋势。

广义的森林生态服务补偿包括对森林生态环境本身的补偿、对个人或区域保护森林生态环境的行为进行补偿、对具有重要生态环境价值的区域或对象的保护性投入，它既包括公益林生态补偿，也包括林业重点工程建设、病虫害防治、森林防火等多方面。狭义的森林生态服务补偿则仅指现行的公益林森林生态服务补偿制度所涵盖的内容。

一、国外森林生态服务补偿政策

(一) 森林生态服务补偿政策概述

国际社会对森林生态服务补偿有较长的实践。从补偿资金的来源渠道来划分，主要包括公共财政预算列支、建立林业基金进行补偿、征税补偿、市场补偿等。

1. 公共财政预算列支

公共财政预算列支是指公益林的经营及补偿费用直接由公共财政预算列支。如芬兰政府规定："在私有林地上建立保护区要得到林主的许可，其损失可得到各级政府的经济补偿"。瑞典《森林法》规定"如果某块林地被宣布为自然保护区，那么该林地所有者的经济损失将由国家给予充分补偿"，而且瑞典政府还利用补贴政策来鼓励林主从事那些有利于森林生态效益发挥的营林活动。如对自然保护或文化价值的营林活动进行补贴，在1992—1995年的4年时间内这一补贴就达到6200万克朗。奥地利在建立旨在保护生物多样性的天然林保留地时，根据林主自愿的原则与农林部签订天然林保留地协议，政府则必须按公布的补偿标准向林主付费并按预算每年拨付。1997年奥地利政府为建立天然林保留地而向林主补偿的金额达800万奥地利先令。另一个例子是德国黑森州，该州《森林法》规定："如林主的森林被宣布为防护林、禁林或游憩林，或者在土地保养和自然保护区范围内，颁布了其他有利于公众的经营规定或限制性措施，因而对林主无限制地按规定经营其林地产生不利，则林主有权要求赔偿。"

2. 建立林业基金制度进行补偿

在补偿资金的筹措上，除了公共财政预算开支外，大多数林业发达国家都建立了林业基金，林业基金的建立虽然是出于从总体上扶持林业或对林业进行宏观调控，而非仅仅用于生态效益补偿，但它在客观上确实为生态效益补偿提供了比较可靠的资金来源，为补偿的推进提供了保障。如法国的国民林业基金和英国的国家林业基金都对造林予以补助。英国政府规定：凡个人的 10 公顷以上的土地永远用于生产木材、涵养水源、保护农田、净化空气者，每 10 公顷发给造林费用 100 英镑（针叶林）或 225 英镑（阔叶林）。此外，每公顷每年发给抚育费 3 英镑，针、阔叶林分别发放 25 年和 50 年，这实际上就是一种生态效益补偿。此外，日本、德国、瑞典、新西兰、加拿大等国也都建立了林业基金制度。

3. 征税补偿

1991 年，瑞典颁布了世界上第一个生态税调整法案，根据产生二氧化碳的来源，对油、煤炭、天然气、液化石油气、汽油和国内航空燃料等征税，排放 1 吨二氧化碳征税 120 美元。法国从 2001 年 1 月 1 日起对每吨碳征收 150~200 法郎的税收。哥伦比亚在补偿资金的筹措上也采用征收生态服务税，专门用于水流域保护，征税对象主要是电力部门和其他工业用水用户，发电能力超过 1 万千瓦的水电公司按照电力销售总额的 3% 征收，其他工业用水用户按 1% 征收。

4. 通过林业重点工程进行补偿

除以上各类直接补贴、补助政策外，世界各国还以重点林业生态工程为载体，实现对森林生态服务的补偿。这里列举一些典型计划或工程。

(1) 苏联"斯大林改造大自然计划"

1948 年，苏联实施"斯大林改造大自然计划"，1949—1965 年，营造各种防护林 570 多万公顷，营造了 8 条总长 5320 千米的防护林带。到 1982 年，苏联防护林总面积达 5000 万公顷，其中农田防护林面积 1600 万公顷。此外，苏联十分注意将许多天然林划为防护林，重视森林保护环境和涵养水源的能力。

(2) 美国"罗斯福工程"

1935—1942 年美国提出"大平原各州林业计划"，也称"罗斯福工程"。工程纵贯北达科他、南达科他、内布拉斯加、堪萨斯、俄克拉荷马、得克萨斯 6 州，南北长约 1850 千米，东西宽 160 千米，整个工程建设范围约 1851.5 万公顷。1934—1942 年 8 年间植树 2.17 亿株，营造林带总长度 28 962 千米，防护林类型主要为农田防护林、农舍防护林、牧场防护林、野生动物防护林。

(3) 日本"治山计划"

第二次世界大战后，日本针对本国多次发生大水灾的现实，提出治水必治山，治山必造林，特别是营造各种防护林，于是 1954—1994 年连续实施了四期防护林建设计划，防护林比例由 1953 年占国土面积的 10% 提高到 1994 年的 32%，其中水源涵养林占 69.4%，并在 3300 公顷的沙岸宜林地营造 150~250 米宽的海岸防护林。从 1960 年制定第 1 期"治山事业 5 年计划"至今，已连续实施了 8 期治山事业 5 年计划。造林款政府补贴 50%（中央政府承担40%，地方政府承担10%）。

(4) 法国"林业生态工程"

法国从1860年起大规模兴建五大林业工程：地中海防风固沙林、加斯科尼荒地造林、索洛涅造林、香巴尼荒地造林和山地恢复工程。此外，阿尔卑斯山区各国从1950年起在FAO欧洲林业委员会中专门设立了山区流域治理工作组。

(5) 芬兰"防护林建设"

芬兰重视湿地地区的林业开发，在国家林业研究所内设立沼泽地研究所，对沼泽地的性质、水文、排水、改良和造林等方面开展研究。1970—1981年，每年改造沼泽地17.9万公顷，20世纪末实现650万公顷的改造目标，预计每年增加林木生长量1500万立方米。

(6) 菲律宾"全国植树造林计划"

菲律宾1986年开始实施"全国植树造林计划"，目标是增加森林覆盖率，稳定生态环境，提供就业机会，改善乡村地区的贫困状况，恢复退化的热带林和红树林。

(7) 印度"社会林业计划"

印度针对本国经济社会实际，实施具有鲜明特点的社会林业计划，在国际上享有盛誉。于1973年正式执行社会林业计划以来，取得巨大成绩，被FAO誉为发展中国家发展林业的典范。

(8) 韩国"治山绿化计划"

为防止水土流失，改善生态环境，韩国先后组织实施了三期治山绿化计划。20世纪80年代末，已消灭荒山荒地，完成国土绿化任务，水土流失基本得到控制，森林涵养水源功能日渐增强，生态环境有较大改观。

(9) 尼泊尔"喜马拉雅山南麓高原生态恢复工程"

尼泊尔从1980年初开始实施喜马拉雅山南麓高原生态恢复工程，耗资2.5亿美元，工程实施5年后，为该国573万人提供了全年需要的燃料用材，为13.2万头牲畜提供充足饲料，同时使该地区粮食产量增加了约1/3。

此外，北非五国（摩洛哥、阿尔及利亚、突尼斯、利比亚、埃及）的"绿色坝工程"以及加拿大、英国、意大利、奥地利、阿根廷等许多国家在生态林业工程实践方面做了大量工作，成效明显。

综合以上这些途径，比较有代表性的国家采取的补偿实践见表6-1所列。

表6-1 国外生态效益补偿政策的实践

国家	补偿资金来源	补偿对象	补偿标准	补偿程序
美国	政府公共财政	私有林主	采用成本分摊法，政府付给签约林农所需成本的50%~75%	政府同退耕私有林主直接签订合同确定补偿面积、退耕租金费，退耕租金费是政府按年度直接发给签约林主
哥斯达黎加	化石燃料税、水电公司支付的补偿金、碳汇贸易补偿	私有林主	采用机会成本法确定，高于放牧地的租金	政府同私有林主直接签订合同，规定每个林主补偿面积不超过300公顷。事先确定补偿面积和补偿费，补偿费由政府按年度直接付给签约林主

(续)

国家	补偿资金来源	补偿对象	补偿标准	补偿程序
芬兰	政府公共财政	私有林主	采用自然价值，根据环境指标确定为50~280欧元/公顷	政府同私有林主直接签订合同确定补偿面积、补偿金额，补偿资金是政府按年度直接发给签约林主
日本	政府和地方财政预算、征收水源税	私有林主及市町村、森林组合等森林经营者	损失补偿，经过有资质的机构评估，按年度给予全额补偿	政府直接与符合保安林条件的森林所有者签订合同，在实施过程中确定补偿面积，在合同期内按年度给予全额补偿，同时给予税制优惠和政策性贷款
巴西	生态增值税、储藏量的可贸易权	私有林主	由各个州自己制定补偿标准	各州根据本州情况确定补偿方法，政府允许从农业生产中获得较高收益，但违反了国家法律规定的林农向森林覆盖率保持在高于80%以上的林农购买其林木采伐权

资料来源：①郭广荣，李维长，王登举．不同国家森林生态效益的补偿方案研究．绿色中国，2005，14：14-17；②朱小静，Rodriguez C M，张红霄，等．哥斯达黎加森林生态服务补偿机制演进及启示．世界林业研究，2012，25(6)：69-75．

(二) 森林生态服务补偿政策特点

1. 坚持公共财政支付和市场机制补偿有机结合

在国外，生态服务补偿的主体是政府和市场，且多是二者综合运用，互为补充。如哥斯达黎加1996年颁布的《森林法》为国家森林基金规定了多样化的资金来源，主要包括：①国家投入，涉及化工燃料税收入、森林产业税收入和信托基金项目收入。②与私有企业签订协议。③项目和市场工具，包括世界银行、德意志银行等组织的贷款和捐赠、国际债务交换、金融市场工具(债券和票据)等。通过该方式，哥斯达黎加1995—2004年，国家森林基金共启动了约9000万美元用于生态补偿项目，受保护的天然林面积为45万公顷，约占全国陆地总面积的8%。以上资金来源既有公共财政支付的，也有市场机制筹集的，两类补偿有机结合，相得益彰，有力地支撑了森林生态服务补偿制度建设。

6-1

2. 坚持保护性政策和扶持鼓励性政策有机结合

在补偿政策的制定过程中，许多国家都将保护性政策和扶持鼓励性政策结合起来统筹考虑。例如，美国1891年颁布了《森林保留地条例》，并在黄石公园附近划定了第一处保留林。1911年颁布《威克斯法令》以使森林免遭林火危害。1960年颁布了《森林多种利用及永续生产条例》。1964年颁布的《野生动物保护法》从国有林的采伐区内划出364万公顷的林地，以保持其原始特点。1976年颁布《国有林经营法》，将《国家环境保护法》的条款融入国有林的经营中，要求各国有林经营单位每10~15年更新一次林业经营计划，并在国有林中保留一定密度且分布均匀的脊椎动物。同时，通过税收政策对森林经营者实行优惠，向小私有林主发放专门贷款，利率为5%~6.5%，年限为1~7年，对上缴木材所得税也给予一定的优惠,有效地激发了私有林主营林的积极性。正是有了这些强有力的保护和扶持鼓励性政策,才使美国林业得以持续健康快速发展。

3. 坚持传统产业与多种经营有机结合

通过拓展森林生态服务补偿的范畴,将部分补偿资金用于鼓励发展林业多种经营,使保护森林生态环境与开发非木质林产品协调统一起来,有效解决了保护生态与林区居民收入降低之间的矛盾。例如,美国非常重视发展非木质林产品,包括食用林产品、花卉及绿色装饰物、药用及保健营养品、木质特色产品等,同时美国大力开发森林旅游、游憩、狩猎产业,收入不菲。澳大利亚在发展传统森林工业的同时,大力发展蜂蜜、桉叶油和森林花卉等非木质林产品,西澳大利亚的森林花卉年销售量达5000万澳元。这些产业的发展有效增加了人们的收入,激发了他们保护森林生态资源的积极性、主动性。

4. 对生态服务补偿制度化、法律化

国外对生态服务补偿机制的建设已逐步制度化、法制化,如日本、美国、法国、巴西、哥斯达黎加都分别在不同的保护领域建立了相应的政府补偿法律制度。例如,原德意志联邦共和国黑森州《森林法》规定,如林主的森林被宣布为防护林、禁林或游憩林,或在土地保养和自然保护区范围内,颁布了其他有利于公众的经营规定或限制性措施,因而不利于林主无限制地经营其林地,林主有权要求赔偿。瑞典《森林法》规定,如某块林地被宣布为自然保护区,该地所有者的经济损失将由国家给予充分补偿。实践证明,上述补偿制度为生态林建设提供了资金来源,提高了林农育林的积极性,促进了生态林的发展,对于生态环境的改善起到了显著的效果。

结合中国实际,有选择地吸收、借鉴国外成功经验,可使中国森林生态效益补偿政策更具针对性、合理性和实用性。

二、中国森林生态服务补偿政策

同各国类似,中国也采用直接补贴补助政策、生态工程建设政策实现对森林生态服务的补偿,且生态工程建设(退耕还林还草工程、天然林保护工程等)是实现对森林生态服务补偿的重要政策手段。有大量文献对中国林业生态工程建设进行了详尽的研究,但鉴于教材篇幅,本节不涉及林业生态工程建设政策,只讨论其他直接补贴、补助政策,即中国正实施的、狭义层面上的森林生态服务补偿政策。

(一)中国施行森林生态服务补偿政策的必要性

1. 基于理论视角

①再生产理论。由于生态公益林提供的是无形的生态效用,经营者创造的森林生态服务价值得不到补偿,投入的成本无法收回,必将导致其生产经营不可持续,所以,应当给予经营者经济补偿,以完成公益林生产完整的价值循环。

②公共品理论和外部性理论。生态公益林的生态服务不能储存和移动,是一种公共物品,具有消费上的非竞争性和非排他性,使森林经营者私人边际收益小于社会边际收益,其产生的外部正效益为他人和社会所享用,单纯依靠市场机制无法保障生态公益林的正常经营,适当的经济补偿是纠正这种市场失灵的必要措施。

③其他理论。有学者提出劳动价值论、可持续发展论、生态资本理论、生态安全理论、稀缺理论、投入产出原理、市场经济的运行规则来论证森林生态服务补偿的必要性，此处不再赘述。

2. 基于现实视角

①林业生产实践的迫切需要。受多种因素的综合影响，林业生产长期不能摆脱资源危机、资金困扰的局面。而森林生态服务补偿政策的推行则必将引发森林培育与保护机制的根本变革，为建立完备的森林生态体系、发达的林业产业体系和繁荣的森林生态文化体系提供坚实的制度支撑。

②经济社会持续发展的内在需要。干旱、洪涝、沙化、荒漠化、水土流失、生物多样性濒危灾害频发，严重制约了经济社会的全面发展。森林是陆地生态系统的主体，被称为"地球之肺"，推行森林生态服务补偿政策，加强森林资源的保护、培育和管理，可使国家生态保护方针长期、稳定实施，维护国土生态安全，减少经济发展中的环境成本，为经济社会可持续发展构建生态屏障。因而，森林生态服务补偿政策是经济社会可持续发展的内在需求。

③弥补生态公益林建设资金不足的需要。中国生态公益林建设资金严重不足，体现为建设初期造林费用不足、森林管护费用不足、对林业经营者投入成本的补偿没有实现。实行森林生态服务补偿政策，通过公共财政补贴、"谁受益，谁补偿"等政策手段弥补资金不足，对推进生态林业发展资金良性循环有着积极的意义。

④贫困生态脆弱区摆脱恶性循环的要求。中国的生态公益林大多分布在边远山区、江河源头、水库周围、风沙沿线、黄河沟壑和石质山区，而这些地区基本是我国经济欠发达地区，有相当一部分居民仍面临着生存危机。实施森林生态服务补偿政策，特别是跨行政区划的生态补偿政策，对林业经营者进行补偿，在促进林业生产为主向以生态建设为主转变的同时，增加林农收入，减轻地方财政负担，利于区域经济、社会和生态建设的全面发展。

3. 基于国际规则视角

《农业协议》"绿箱"措施可免于削减承诺，成为各国用于农林业补贴的最具潜力的支持规则，成员国纷纷将农林业补贴政策"绿箱"化。森林生态效益补偿政策是重要的林业补贴政策之一，施行森林生态效益补偿政策符合"绿箱"措施的主旨，国外各类森林生态服务政策都可从"绿箱"措施各条款中找到依据。制度经济理论早已指出了制度竞争的重要意义，任何国家的森林生态效益补偿政策，对于补偿不善的国家来说都会造成更高的、制度层面的无形的竞争，它将扶持全球最有效率的林主打败最缺乏效率的林主。此外，"绿箱"措施具有制度刚性，在世贸组织中，"规则面前，人人平等"不遵守游戏规则就将遭受惩罚。所以，中国也须依据"绿箱"措施，积极创新森林生态效益补偿政策，根本性地提升林业的生态经济生产力和国际竞争力，最终实现中国林业的可持续发展，这是时代之需。

①"绿箱"措施的内容。"绿箱"措施是指政府在执行某项农业计划时，其费用由纳税人负担而不是从消费者转移而来，没有或仅有最微小的贸易扭曲作用，对生产的影响很小的支持措施，以及不具有给生产者提供价格支持作用的补贴措施。《农业协议》附件2规定了"绿箱"措施的内容：

a. 一般政府服务。主要包括研究、病虫害控制、培训服务、技术推广和咨询服务、检验服务、市场营销和促销服务、基础设施建设服务等。

b. 以粮食安全为目的的公共储备。为保障国内粮食的安全供应，政府可直接以财政支出来维持粮食储备，或者为私人储备提供财政补贴。但这类支出或补贴均不得表现为高价收购储备粮食或低价销售储备粮食。

c. 国内粮食援助。赈济本国(地区)饥民是每个政府所必须承担的责任，而为低收入居民保障粮食供给也是许多政府需要承担的义务，为此目的而做出的财政开支或对非政府援助行动减免税收均是正当补贴。

d. 给予生产者的直接支付。这包括以下8类直接支付措施：不挂钩的收入支持；政府财政参与的收入保险和收入安全网计划；自然灾害救济支付；通过生产者退休计划提供的结构调整援助；通过资源轮休计划提供的结构调整援助；通过投资援助提供的结构调整援助；环境计划下的支付；区域援助计划下的支付；其他直接补贴，以上未包含的任何现行或新的直接支付也有免除削减的规定，但这些支付必须符合"不挂钩收入支持"的基本条件。

②"绿箱"措施的特点。

a. "绿箱"措施的资金来源与支出。实施"绿箱"措施的支出应通过财政或公共基金提供，不可通过价格扭曲、贸易扭曲从消费者转移资金，即费用主要由纳税人负担。其中，一般政府服务补贴以计划或项目形式支出，而并不针对具体的农业生产者提供现金补贴，也并不直接针对特定的农林产品提供支持。

b. "绿箱"措施的脱钩性、非随意性和无界性。脱钩性指"绿箱"措施不能与生产类型和产量高低挂钩，不能与价格挂钩，不能产生与价格支持相同的效果；非随意性指各支持措施须事先做出明确的规定和标准，高度透明，各补贴措施的补偿额度不得超过实际损失，不得随意支持；无界性指"绿箱"措施不仅免于减让，而且无上界，《农业协议》并不限制成员方将来扩大或强化使用这些政策。

c. "绿箱"措施对农业生产与农产品贸易扭曲作用甚微。《农业协议》未给出贸易扭曲的精确内涵，但根据国际经济学理论，我们可认为不会给农业生产者和农产品消费者福利造成负面影响的农业补贴政策不具有贸易扭曲性，反之则具有明显的贸易扭曲性。

(二) 中国森林生态效益补偿政策的演进

1. 建立历程

我国公益林补偿制度从构想到建立走过了一个曲折的过程。从20世纪80年代末90年代初提出森林生态效益的补偿问题，1995年初财政部、林业部(现国家林业和草原局，简称国家林草局)组成森林生态效益补偿办法研究小组，开展森林生态效益补偿制度的研究，到2001年11月23日，森林生态效益补助资金正式被纳入国家公共财政预算支出体系，可以分为以下3个阶段。

(1) 第一阶段：收费方案提出

1996年12月27日，财政部、林业部正式向国务院呈报了《森林生态效益补偿资金征收管理暂行办法》，提出了森林生态效益补偿收费方案，即根据"谁受益，谁负担"的原则，在全国范围内对受益于森林生态公益林的单位和个人，征收森林生态效益补偿资金。补偿基金的征收对象暂限为与森林生态效益密切相关的国家大型水库，全国各类旅行社及从事其他旅游业等经营活动的单位和个人，并制定了具体的征收标准。但收费方案最终没有被采纳。虽然"谁受益、谁负担"的原则在理论上是正确的，而且也为社会所认可，但由于涉及的部门多、征收难度大、征收成本高，并且征收的总金额较少，难以满足全国生态林业建设的需要，所以这一方案被搁浅。

(2) 第二阶段：政府基金分成方案提出

该方案由国家林业局和财政部于1999年12月向国务院报送。其主要思想是从现有的14项政府性基金中提取3%用于建立森林生态效益补偿基金，并随"费改税"逐步规范，纳入政府财政预算渠道。其中，中央政府性基金收入提取的森林生态效益补偿基金，作为中央基金预算收入，专项用于国家重点公益林；地方政府性基金收入提取的森林生态效益补偿基金，作为地方基金预算收入，用于各省、自治区、直辖市人民政府确定的公益林。该方案克服了收费方案筹集资金少、征收成本高等方面的缺陷。但"基金中建基金"的做法从实质来看，是一种权宜之计，还没有正式在政府财政预算中列项安排。"基金中建基金"无法满足生态林业投入长期性、持续性、稳定性的要求，也不符合当时中国财政体制改革中清理各类基金、收费的做法。该方案最终未能得到国务院的批准。

(3) 第三阶段：财政预算单列方案提出

因收费方案和政府基金分成方案都未被采纳，2000年7月国家林业局再次向财政部提出请求尽快建立森林生态效益补偿资金。2001年1月财政部做出回复同意建立森林生态效益补助资金，建议国家林业局做好公益林清查，并从试点开始。

2. 实施进程

2001年11月23日，财政部和国家林业局关于印发《森林生态效益补助资金管理办法（暂行）》的通知指出"中央财政从2001年起设立森林生态效益补助资金，用于重点防护林和特种用途林保护和管理的补助"。森林生态效益补助资金正式被纳入了国家公共财政预算支出体系，成为财政对公益林补偿持续稳定的支出。森林生态效益补助资金从2001年11月23日起在全国11个省（自治区）658个县的24个国家级自然保护区进行试点，总投入10亿元，共1333.33万公顷森林。标志着我国公益林补偿制度正式建立。2001—2003年，中央财政每年投入10亿元。

2004年12月10日，国家林业局召开全面启动森林生态效益补偿基金制度电视电话会议。会议宣布：中央森林生态效益补偿基金制度正式确立并在全国范围内全面实施。中央森林生态效益补偿基金是对重点公益林管护者发生的营造、抚育、保护和管理支出给予一定补助的专项资金；基金的补偿范围为国家林业局公布的重点公益林林地中的有林地，以及荒漠化和水土流失严重地区的疏林地、灌木林地、灌丛地。2004年，中央政府将先期拿出20亿元，对全国2666.67万公顷的重点公益林进行森林生态效益补偿。中央补偿基金的补偿标准为：平均每年每公顷75元，其中67.5元用于补偿性支出，7.5元用于森林防火等公共管护支出。

2007年，为进一步规范和加强中央财政森林生态效益补偿基金管理，提高资金使用效益，财政部和国家林业局对《中央森林生态效益补偿基金管理办法》进行了修订，制定了《中央财政森林生态效益补偿基金管理办法》，明确了补偿对象：为国家林业局会同财政部，按照国家林业局、财政部印发的《重点公益林区划界定办法》核查认定的，生态区位极为重要或生态状况极其脆弱的公益林林地，中央财政补偿基金平均标准：每年每公顷75元，其中71.25元用于国有林业单位、集体和个人的管护开支，3.75元由省级财政部门列支，用于省级林业主管部门组织开展重点公益林管护情况检查验收、跨重点公益林区域开设防火隔离带等森林火灾预防以及维护林区道路的开支。

根据2010年中央1号文件，国有的国家级公益林补偿标准保持在每公顷每年75元，集体和个人所有的则提高到每公顷每年150元。2019年中央1号文件再次提高中央财政对国家级公益林森林生态效益补偿标准，国有的提高到每公顷每年150元，集体和个人的提高到每公顷每年240元。

3. 全国森林生态服务补偿实践

（1）林业六大生态工程

自1998年起，我国整合形成天然林资源保护工程、退耕还林工程、京津风沙源治理工程、"三北"和长江中下游地区等重点防护林建设工程、野生动植物保护及自然保护区建设工程和重点地区速生丰产用材林基地建设工程六大重点生态工程，范围覆盖了全国97%以上的县，工程范围之广、规模之大、影响之深，为世界生态工程建设之最，成为时代标志。

①天然林资源保护工程。主要解决天然林的休养生息和恢复发展问题。工程实施范围包括：长江上游、黄河上中游地区和东北、内蒙古等重点国有林区的17个省（自治区、直辖市）的734个县和167个森工局。从2000—2010年主要实现三大目标：一是切实保护好现有森林资源；二是加快森林资源培育步伐；三是妥善分流安置富余林业职工。

②退耕还林工程。这是涉及面最广、政策性最强、群众参与度最高的再造秀美山川的关键工程，主要解决重点地区的水土流失问题。工程覆盖了中西部所有省区市及部分东部省区。规划在2001—2010年，退耕还林2.2亿亩，宜林荒山荒地造林2.6亿亩。工程建成后，工程区将增加林草覆盖率5%，水土流失控制面积13亿亩，防风固沙控制面积15.4亿亩。

③京津风沙源治理工程。主要解决首都周围地区的风沙危害问题。工程建设范围包括北京、天津、河北、山西、内蒙古5省（自治区、直辖市）的75个县，总面积为46万平方千米。工程建成后，京津地区的生态将大为改观。

④"三北"和长江中下游地区等重点防护林建设工程。三北防护林工程是指在中国三北地区（西北、华北和东北）建设的大型人工林业生态工程。我国政府为改善生态环境，于1979年决定把这项工程列为国家经济建设的重要项目。工程规划期限为73年，分八期工程进行，已经启动第六期工程建设。工程建设范围囊括了三北地区13个省（自治区、直辖市）的725个县（旗、区），总面积435.8万平方千米，占中国国土总面积的45%，在国内外享有"绿色长城"之美誉。

⑤野生动植物保护及自然保护区建设工程。主要解决物种保护、自然保护、湿地保护等问题。工程实施范围包括具有典型性代表性的自然生态系统、珍稀濒危野生动植物的天然分布区、生态脆弱地区和湿地地区等。

⑥重点地区速生丰产用材林基地建设工程。主要解决木材供应问题，减轻木材需求对森林资源的压力。工程布局于我国400毫米等雨量线以东的18个省份的886个县、114个林业局及场，计划在2001—2015年，分三期建立速生丰产用材林基地近2亿亩。工程建成后，提供的木材约占我国当时商品材消费量的40%。

(2)"山水林田湖草沙冰"生态保护修复工程

山水林田湖草生态保护修复工程(以下简称"山水工程")是指按照山水林田湖草是生命共同体理念,依据国土空间总体规划以及国土空间生态保护修复等相关专项规划,在一定区域范围内,为提升生态系统自我恢复能力,增强生态系统稳定性,促进自然生态系统质量的整体改善和生态产品供应能力的全面增强,遵循自然生态系统演替规律和内在机理,对受损、退化、服务功能下降的生态系统进行整体保护、系统修复、综合治理的过程和活动。

山水林田湖草沙一体化保护和修复工程是贯彻习近平生态文明思想的重要举措,是践行"绿水青山就是金山银山"理念的重要载体,对我们坚持以生态文明引领高质量发展、奋力迈向人与自然和谐共生的现代化具有重要意义。统筹山水林田湖草沙系统治理,实施好生态保护修复工程,加大生态系统保护力度,提升生态系统稳定性,方能在可持续发展道路上行而致远。

我国从2016年开始实施山水林田湖草沙生态保护修复工程。2016年批准的第一批5个试点为河北京津冀水源涵养区、江西赣南、陕西黄土高原、甘肃祁连山、青海祁连山。2017年批准的第二批6个试点为吉林长白山、福建闽江流域、山东泰山、广西左右江流域、四川华蓥山、云南抚仙湖。2018年批准的第三批14个试点为河北雄安新区、山西汾河中上游、内蒙古乌梁素海流域、黑龙江小兴安岭——三江平原、浙江钱塘江源头区域、河南南太行地区、湖北长江三峡地区、湖南湘江流域和洞庭湖、广东粤北南岭山区、重庆长江上游生态屏障、贵州乌蒙山区、西藏拉萨河流域、宁夏贺兰山东麓、新疆额尔齐斯河流域。2020年批准1个山南市雅江流域山水林田湖草生态保护修复项目。2021年开始,取消试点,项目正式更名为《山水林田湖草沙一体化保护和修复工程》,截至2023年12月4日,国家部署实施了50多个山水林田湖草沙一体化保护和修复工程,统筹考虑生态系统的完整性和自然地理单元的连续性,实施系统治理、综合治理、源头治理,累计完成治理面积8000万亩。此外,自然资源部还扎实推进蓝色海湾整治行动、海岸带保护修复工程、红树林保护修复专项行动,整治修复海岸线2000千米,修复滨海湿地60万亩,我国红树林面积已达43.8万亩,我国成为世界上少数几个红树林面积净增加的国家之一。

6-3

4. 地方森林生态服务补偿实践

全国各地在森林生态服务补偿方面作为许多有益的探索,从补偿资金的筹集渠道来看,大致分为地方公共财政预算支出和向受益者收取补偿费两种类型。

(1)地方公共财政预算支出

在中央建立森林生态效益补偿基金制度的同时,地方也积极建立森林生态效益补偿基金制度,这一制度与国家森林生态效益补偿基金由中央财政预算支出相似,即将补偿费用直接纳入地方公共财政预算支出。

(2)向受益者收取补偿费

早在1998年《森林法》规定设立生态效益补偿基金之前,我国各地就已根据当地的情况出台了一批关于森林生态效益补偿的规定,这些规定大多按照"谁受益,谁补偿"的原则向生态公益林的受益方收取生态效益补偿费,收取的费用用于生态公益林建设。

6-4

6-5

(三) 中国森林生态效益补偿政策存在的问题

中国森林生态效益补偿政策取得了显著的效果，表现为：公益林管护制度不断完善、重点公益林得到有效保护、生态环境趋于改善、森林灾害及林政案件明显减少、群众管护积极性提高，林农收入增加等。但是，目前中国森林生态效益补偿政策依然存在一系列问题：

1. 补偿政策的法律体系建设滞后

2013年，国家林业局、财政部联合印发的《国家级公益林管理办法》已于2017年修订后，有效期延长到2025年年底，但这改变不了森林生态效益补偿没有专门立法的现实，中国现行的补偿制度仍不完善，如对利益相关者权利义务的责任规定不明确、对补偿内容方式和标准的规定不明确、立法落后于生态保护和建设的发展、法规对生态保护和补偿的规范不到位、法规的刚性规定缺乏柔性政策的补充、法规执行中存在执法不严与监督不力等问题。缺乏强有力的法律支撑，使森林生态效益补偿工作难以顺利、有效地开展。

2. 筹资渠道单一

中国生态补偿的筹资渠道单一，还没有充分发挥市场机制的作用，社会捐资的氛围也未形成，尚未真正建立起政府、社会、市场参与的多元化筹资机制。中央及各级人民政府是社会的代表，是森林生态效益的主要购买者，各级财政拨款成为补偿资金的主要来源，但政府财政转移支付缺乏持续性和稳定性，难以满足中国生态公益林营造与管护的需求。

3. 补偿标准单一

中国森林生态效益补偿标准按面积发放，国有林一个发放标准，集体林和林农所有林一个发放标准。而现实中不同地理位置、不同类型、不同质量的公益林发挥的生态功能不同。国家补偿标准没有考虑到生态区位、生态质量、林分类型、林分质量等因素，也未考虑各地经济条件的差异，对有林地、疏林地、灌木林地和灌丛地实行同一补偿标准，缺乏公平性和科学性，难以鼓励各类主体加强公益林经营和管护以提高公益林建设质量。

4. 补偿标准偏低

目前，国家重点公益林中央财政补偿标准为国有的120元/(公顷·年)，集体和林农的225元/(公顷·年)，补偿金远低于木材经济利用的价值。国家规定的"补偿费"在实际运作中主要用于管护森林，尤其是集体林，林农获利不多。所以，现行补偿政策不是真正的"补偿"，而只是部分成本的"补偿"或"补助"，未真正体现"生态补偿"的内涵及意义。这既不符合市场经济等价交换原则，也不适应现代林业发展的要求。

5. 补偿资金使用不规范

森林生态效益补偿资金数额大，仍存在使用不规范问题。如生态补偿资金的拨付存在许多委托代理环节，即中央政府→省政府→地区政府→县(市、区)政府→乡(镇、街道)政府→村委会→生态公益林林主，中央投资顺着链条自上而下流动，最后到达林主，容易出现道德风险，补偿效率与激励作用低下。在部分地区生态公益林补偿中出现了优亲厚友、吃拿卡要、虚报冒领、违规套取、截留、挪用、无故滞留、克扣、冲抵、个人侵吞领取集体资金、私分集体资金或其他违规行为。在部分地区因存在纠纷未进行兑现、兑现方式未按规定实施、提取资金管理不尽规范等问题。此外，中央与地方财权事权划分不清、财务管理队伍不健全、会计核算不规范、监督机制不完善等也是导致使用不规范的重要原因。

6. "山水林田湖草沙"一体化治理理念下的森林生态效益补偿机制有待进一步完善

山水林田湖草沙是一个生命共同体，创新探索"山水林田湖草沙一体化"治理理念下的森林生态效益补偿政策机制中仍面临挑战。一是跨流域生态系统治理中"山水林田湖草沙一体化"补偿机制仍需完善。森林生态效益具有明显外溢性。但目前流域生态系统治理中，尤其是跨省域内自然资源开发利用、森林资源保护补偿等政策制度规定有差异，亟需跨流域的"山水林田湖草沙一体化"生态补偿机制，实现跨行政区域的森林资源系统保护。二是多部门协同的"山水林田湖草沙"一体化治理理念下的森林生态效益补偿机制亟需建立。"山水林田湖草沙一体化"治理涉及自然资源、环境保护、林业、水利、农业农村、财政等多个不同相关部门，亟需明确牵头部门，协调不同部门的相关利益需求，将各部门涉及的相关生态补偿政策进行系统整合。

(四)进一步完善中国生态效益补偿政策的措施

1. 完善顶层设计，建立"山水林田湖草一体化"的生态效益补偿政策机制

推进基于"山水林田湖草沙一体化"治理理念下的生态效益补偿机制，做到区域、部门、产品一体化谋划。一是完善组织机制。明确主要牵头部门，建立生态效益补偿的多部门协同机制，整合现有的针对不同自然资源产品的生态效益补偿政策，明确生态效益补偿实施条件、范围、原则、标准，界定各相关部门职责范围。二是制定"山水林田湖草沙一体化"的生态效益补偿办法与标准。三是建立全国领域的多元化生态效益补偿机制，在重点流域实施"山水林田湖草沙一体化"的生态效益补偿制度试点。

2. 建立完善的法规保障体系，探索重点生态区位商品林赎买政策

必须建立完善的法规体系，实现生态效益补偿的法治化。早在《关于全面推进依法治林实施纲要》中指出，要围绕以生态建设为主的林业发展战略，加强对生态建设、生态安全和生态文明的立法，建立完善林业法律体系。

2016年，《关于健全生态保护补偿机制的意见》明确提出：到2020年，实现森林、草原、湿地、荒漠、海洋、水流、耕地等重点领域和禁止开发区域、重点生态功能区等重要区域生态保护补偿全覆盖，补偿水平与经济社会发展状况相适应，跨地区、跨流域补偿试点示范取得明显进展，多元化补偿机制初步建立，基本建立符合我国国情的生态保护补偿制度体系，促进形成绿色生产方式和生活方式。国家林业局提出积极配合相关部门，按照"谁开发谁保护、谁受益谁补偿"的原则，探索建立以政府为主导、多渠道筹集资金来源的生态效益补偿制度。但迄今为止，公益林法律法规不完善。可根据"受益者付费、损害者赔偿"等原则，借鉴国外成功经验，系统梳理中国有关法律法规，制定专门的《森林生态效益补偿法》或《森林生态补偿条例》，用法律的形式把补偿的目的、主体、对象、标准等固定下来，用法律手段保证政府投资林业的长效、规范和稳定，真正尊重集体和林农等林权所有者的利益，提高其爱林护林的积极性。

探索重点生态区位商品林赎买政策。根据生态安全的需要，对部分生态地位极其重要区域由非国有投资主体营造的重点公益林，特别是林农营造的重点公益林，由国家征收或

赎买，转变其所有制形式，以保障林主合法权益。重点生态区位商品林赎买政策，早在2013年福建省永安市即有开展，已经积累了一定的经验。国家应尽快研究政策，确定赎买标准，落实赎买资金，在试点的基础上推开。优先赎买被划入国家自然保护区核心区等对国土生态安全影响大的非国有重点公益林，以及林农营造的、事关林农收益、生存等切身利益的个人所有重点生态区位的商品林。同时对生态脆弱地区，结合精准扶贫工程有效实施生态移民。

3. 制定科学的补偿标准，适时调高补偿额度

森林生态效益补偿标准受各地经济社会发展水平、经济社会发展对森林生态环境的需求程度、社会公众对森林生态效益补偿资金的承受能力等因素的制约。只有充分考虑到相关利益团体经济承受能力、公共意识、森林持续经营的成本及其缺口，所确定的补偿标准才具有可行性。此外，还应考虑各种森林造林抚育成本、林分质量、林分生态区位重要性程度的不同，考虑不同林地发挥生态效益的差别，实行分层、分级、分类补偿，坚持公平性与优质优价原则相结合，避免一刀切。

适时调高补偿额度。生态补偿政策关系着国土生态安全，应随中国经济社会发展水平的变化，根据价格指数的变化，对补偿标准作相应的调整，使其更符合市场经济规律和现代林业建设的要求。此外，还需在现有财政预算基础上，每年以不低于财政增长比例的幅度增加森林生态效益补偿金的总量，并随经济社会的发展，不断提高补偿金在财政收入中的比重。

4. 探索生态补偿市场化途径，拓宽生态补偿资金来源

任何国家都无法靠财政承担全部生态费用，当务之急是通过市场化途径实现补偿资金的多层次化、多渠道化，这也体现了"谁受益，谁补偿"及生态效益社会共享共担原则。目前，主要的市场化途径包括：

(1) 森林碳汇交易市场

通过系列制度的设定，使碳源主体和碳汇主体进行公平自愿交易的市场。为减少交易成本，交易价格可参照国际碳汇交易价。碳汇交易理论上可行，实际操作难度大，但随着国际气候谈判进程的不断深入，可作为国家向相关部门征收生态补偿资金的一种途径。

(2) 森林生态旅游市场

林权制度改革后，林地所有权、使用权、经营权和收益权明晰，林主可以通过生态旅游市场的开发，实现生态效益的价值补偿。依据自然环境的承载能力，积极开展生态旅游、开发旅游特色产品是实现森林可持续发展的有效途径。

(3) 森林水文服务交易市场

即流域上游提供水文生态服务应该得到补偿。在补偿主体和补偿对象较为明确、生态服务功能、种类及其受益范围易于确定的情况下，流域上下游企业之间及企业与林农个体之间，通过自发组织的私人交易达成补偿协议可能是更为有效率的方法。

(4) 生物多样性交易市场

森林生物多样性可提供具体的效益，如药材、其他林产品及其他非木质林产品，这构成了林主的生计资本。生物多样性的社会价值(娱乐、精神、文化)也被认为是人类健康的基础。森林生物多样性补偿的市场化途径主要以生物医药企业、科研院所与自然

保护区等之间签订交易协议的形式进行，需求者获取了在森林物种中进行新型基因提取培养的权利，供给者在交易中取得了用于森林保护发展的资金。

当然，还可以探索其他融资途径，例如，环境债务互换、征收生态税、试行 BOT 融资、发行生态彩票、发行国债、建立社会捐资制度等，不断拓展生态补偿资金来源。

5. 加强补偿资金的管理

森林生态补偿金数额大、政策性强，要在管理上给予足够重视：①建立完善的财务制度，设立"森林生态效益补偿"专户；②指定专门机构进行管理，落实职责，管好用好资金，确保专款专用；③审计部门要加强对补偿资金使用情况的审计和监督；补偿资金使用情况定期向社会公布，接受社会监督。此外，建议精简资金拨付的委托代理链条，回避道德风险，减少补偿资金下行的中间环节，保证资金及时、足额、直接分发到林主私人账户，以实现生态补偿资金补偿效率的最大化。

▲ 思考题

1. 简述市场失灵在林业领域的表现。
2. 简述林业政策调控的目标及原则。
3. 简述林业政策调控的手段和模式。
4. 简述在社会主义市场经济条件下，林业政策调控发挥的主要作用。
5. 简述林业产业政策的重要意义。
6. 简述林业产业政策的目标和制定原则。
7. 简述林业产业政策的内容构成。
8. 论述国外森林生态服务补偿政策的核心内容及其可供借鉴之处。
9. 试述我国森林生态服务补偿政策的必要性。
10. 简述当前我国森林生态服务补偿政策的主要内容。
11. 简述当前我国森林生态服务补偿政策主要存在的问题。
12. 简述如何完善我国森林生态服务补偿政策。

第七章 林业与区域发展

第一节 林业与山区共富

一、中国山区的特征和面临的挑战

(一) 中国山区的特征

1. 地理分布

中国是多山的国家，山区面积占国土面积的 2/3 以上。在《中国综合自然区划》中将中国山区划分为以下五大区：①东北山区，大兴安岭、小兴安岭、长白山、内蒙古中东部和辽西接壤山区；②西北山区，天山、阿尔泰山、内蒙古中西部山区、贺兰山等相邻地区；③华北山区，燕山、太行山、秦岭、大巴山、大别山、沂蒙山区等相邻地区；④西南高山区，祁连山、阿尔金山、昆仑山、巴颜喀拉山、阿尼玛卿山、邛崃山、冈底斯山、喜马拉雅山、横断山、大凉山、大娄山、无量山、唐古拉山等相邻地区；⑤南方丘陵山区，雪峰山、桂北山区、南岭、武夷山、赣皖浙山区、罗霄山区、江南丘陵等广大地区，以及五指山区、台湾中央山区等相邻、相间地区。山区在各省级行政区划中的分布情况见表 7-1 所列。

表 7-1 中国各省级区划山区县数量及比重

省级区划名称	县级区划数	山区县数	比重(%)
北京市	16	3	18.75
天津市	16	1	6.25
河北省	168	28	16.67
山西省	119	30	25.21
内蒙古自治区	103	4	3.88
辽宁省	100	9	9.00
吉林省	60	15	25.00
黑龙江省	128	15	11.72

(续)

省级区划名称	县级区划数	山区县数	比重(%)
上海市	16	3	18.75
江苏省	96	23	23.96
浙江省	89	27	30.34
安徽省	105	17	16.19
福建省	89	44	49.44
江西省	100	43	43.00
山东省	137	24	17.52
河南省	158	17	10.76
湖北省	103	35	33.98
湖南省	122	40	32.79
广东省	121	43	35.54
广西壮族自治区	111	27	24.32
海南省	23	5	21.74
重庆市	38	13	34.21
四川省	183	78	42.62
贵州省	88	78	88.64
云南省	129	112	86.82
西藏自治区	74	67	90.54
陕西省	107	23	21.50
甘肃省	86	48	55.81
青海省	43	38	88.37
宁夏回族自治区	22	8	36.36
新疆维吾尔自治区	105	8	7.62

资料来源:《中国县域社会经济年鉴》《中国统计年鉴》2018年，表中不含台湾地区和香港、澳门特别行政区数据。

2. 山区资源

①植物资源。中国山区植物资源丰富，种类繁多。据统计，中国约有高等植物 30 000 多种，水杉、银杉、百山祖冷杉、香果树等 17 000 多种植物为中国所特有。世界上发现的

大部分野生植物，在中国山区几乎都能找到。中国山区植物资源可分为森林资源和草场资源。国土资源部资料显示，截至2016年年底，全国实际经营的牧草地(草场)面积达2.24亿公顷。中国草场资源主要分布在西藏自治区、内蒙古自治区、新疆维吾尔自治区、西北地区和四川西部草甸草场，合称为中国的五大草原。南方山地丘陵零散分布的草场也有不少，许多地方拥有大面积集中连片的草山，具有发展畜牧业生产的潜力。

②动物资源。森林是各类野生动物繁衍生存的良好场所，因此，山区野生动物资源丰富。各种野生动物遍布全国各山区，种类繁多，其中以东北的大、小兴安岭和长白山、四川山区、云南山区等地最为著名。据统计，除鱼类外，中国约有脊椎动物2619种，其中哺乳类581种、鸟类1331种、爬行类412种、两栖类295种，大熊猫、朱鹮、金丝猴、华南虎、扬子鳄数百种珍稀濒危野生动物。野生动物是生物圈和森林资源的重要组成部分，具有很高的科研和观赏价值，科学保护、合理利用野生动物资源，是山区经济建设中的一项重要内容。

③水资源。中国山区面积辽阔、河流众多，水资源丰富。据初步估算，全国地表水资源量26 377亿立方米，其补给来源主要为山区。全国拥有地下水资源8122亿立方米/年。山岳冰川也是水资源的来源之一，中国拥有冰川面积59 406平方千米，是世界上冰川资源最丰富的国家之一。山区水力资源丰富，不但水资源总量大，而且山区河流具有坡陡急流、落差集中、季节差异相对较小的特点。据统计，中国水力资源的理论蕴藏量60 829亿千瓦/年，其中技术可开发量54 164万千瓦/年，经济可开发量40 179万千瓦/年，几乎全部集中在山区，又主要集中在西南地区的广大山区，截至2022年，水电装机容量41 350万千瓦，仍具有巨大的开发潜力。

④旅游资源。中国山区旅游资源丰富。山区拥有独特的地形地貌、奇花异木、珍禽异兽、历史古迹、乡土风情等多种观赏内容，自然资源与人文资源相结合，使山区显示出旅游的多种功能，提高了旅游附加值。中国山区旅游资源，按地貌类型，分为岩溶、花岗岩、丹霞和火山风景4类。

3. 经济社会状况

①人口状况。人口文化素质低，是全国各山区的共同特征，是制约山区经济社会发展的一个重要因素。山区生产力水平较平原地区低，山区居民物质生活贫乏，文化生活落后，智力开发的程度较低。同时，山区农业人口比重大。山区农村家庭劳动力从事农业经营的比重远高于其他区域。山区农业人口比重大，农业也是山区农村居民家庭的主要收入来源。

②文化教育。山区教育事业落后，突出地表现为普通教育和高等教育的入学率、升学率低，办学条件差和师资力量薄弱。师资是办学的先决条件，决定了教学质量。目前山区师资力量薄弱的问题普遍存在。这种薄弱的焦点不仅体现在量上，更体现在质的方面。其原因一是本地师资来源不足；二是山区条件差，外面的教师不愿进山。山区乡镇中等教育设施要比非山区薄弱，而且地域间也有一定差异，西部山区更为落后。山区文化设施较全国平均水平低，而且地域之间差别较大，尤以西部山区更为落后。

③基础设施。山区基础设施薄弱。虽然农村基础设施普遍薄弱，但是山区乡镇在公路、电力和邮政物流等方面与全国其他相比，更加薄弱，尤其是西部山区，对外交往更不便捷，这直接延缓了山区经济社会发展。

(二) 中国山区发展面临的挑战

中国山区现阶段大部分处于农业社会向工业社会的过渡阶段。其中中西部山区或省域的边远地带还处于农业社会阶段，而其面对的却是全国已进入工业化中期，部分地区特别是城市已处于工业化后期的周边环境。这种态势既有利于山区的发展，又对山区发展构成巨大的挑战。这种机遇与挑战对中国山区而言，具有特定的内涵：

1. 山区生态屏障功能与工业化之间的矛盾

山区是生物多样性中心，是水源涵养地、中国的"水塔"，是天然植被的主要分布区。山区的生态质量除了维护自身安全外，还起着保护、影响平原和城市的作用。山区与平原生态功能的相互影响是不对称的，山区生态系统可以明显地影响平原；反过来，平原却很难对山区构成影响。这种不对称性使山区的生态功能超越了山区自身的意义，从而对维护山区生态功能特别是水源涵养、优良水质、平稳水情、水土保持、植被覆盖、生物多样性、特有生物资源保护、特殊景观保护等提出了更严格的要求。

当前，中国山区正逐步朝着实现全面小康、工业化、现代化过程方向发展。除了山区本身发展需要的建设和大规模的人类活动外，更重要的是全国工业化、城镇化的发展也正在加大对山区资源开发的需求，加大对山区水电、煤矿、有色与黑色金属矿、建材（水泥、岩石板材等）、木材（造纸纸浆原材料）等资源的开发以及山区旅游业、交通业等的发展也正在对山区环境产生巨大冲击，如果这种冲击超过山区生态系统的承受能力，则必将削弱山地生态系统的功能，其对平原和城市原有的保护功能有可能转变为破坏功能。

2. 山区开发的高成本与低效益之间的矛盾

山区不仅远离经济中心，而且地形起伏大，城乡之间距离远，自然灾害多，因此，铁路、公路、输变电、邮电通信、城镇建设等投入远比平原高，建设周期长，建成之后其运营、维护成本也高，且往往由于人口少、货物量小，周转困难。因此，基础设施的利用率低、效益不高，不少会陷于亏损经营状态。这种投资—效益关系，对山区的发展极为不利。在市场经济条件下，竞争的规律是优胜劣汰。对投资者来说，山区是一块被视为畏途的"冷土"。因此，尽管山区急需投资拉动，但长期来看很难吸引到投资。许多山区基层财政承担基础设施建设能力很弱。因此，主要靠国家和省级财政投入，而西部省（直辖市、自治区）本身投资能力有限，往往先投到见效快、条件好的平原、城市和开发区。这样，山区急需投入与财政薄弱的矛盾就成了发展的重要瓶颈。

3. 山区发展的"马太效应"

"马太效应"在经济社会发展上表现为越早发展的地区越先发达，发展越快；迟发展的地区发展慢，惰性越大，发展越困难，两者的共同作用使区域发展差异越来越大。从发展历史阶段上说，"马太效应"有其必然性和普遍性，是一个在相当长发展时期不可避免的问题。目前中国山区相比全国，特别是发达地区的发展态势正处于"马太效应"期。就山区本身而言，除了自然条件不利外，还存在大量的其他竞争劣势，如人才缺乏、观念陈旧、信息封闭、科技薄弱、投资环境欠缺，加上发展阶段滞后、投资拮据等，都使得山区开发举步维艰；长期累积形成的主体市场不发育、流通市场不畅、资源难成产品、产品难有市场、市场难以做大等严重制约着山区的发展。再从当前的国家发展战略上看，对山区的开发，基本上侧重于对全国资源的补充，对于某些平原缺乏而山区丰富的资源，该山区即有开发前景，而未列为国家需求的资源，则前景并不乐观。而山区资源开发提供的电力、能源、矿产、特产品、中药材基本上都属低附加值产品，且开发者往往是非山区的企业家或投资者，对于带动山区的发展虽有作用，但并不十分显著。鉴于中国山区发展的历史及现状，平原、城市与山区发展间存在的"马太效应"还将持续相当长的时间。

二、林业与山区共富的意义

（一）共同富裕的内涵

实现共同富裕是社会主义的本质要求，是中国共产党矢志不渝的奋斗目标。党的二十大报告明确提出，中国式现代化的核心目标是全体人民的共同富裕，将人民对美好生活的向往作为现代化建设的出发点和落脚点。

共同富裕的内涵包括发展性、共享性和可持续性3个维度。

（1）发展是实现共同富裕的前提

共同富裕首先要富裕，历史上诸种社会理想都是在物质、文化、技术高度发达的基础上描述分配问题。经济总量增强是实现共同富裕的必要条件，社会、文化、生态等各方面全面协调可持续是高质量发展和高水平共同富裕的内在要求。

（2）共享性是共同富裕的核心元素

共同富裕的共享性必须要体现"共同""公平""平等"等元素，但又要避免走入平均主义的歧路。

（3）共同富裕的第三个关键要素是可持续性

它包括发展的可持续和共享的可持续。发展的可持续性意味着发展要与人口、资源和环境的承载能力相协调，要与社会进步相适应。共享的可持续性不能只依靠不断加重个人税赋负担、出台过多社会政策、过多过高承诺社会保障水平来实现。

（二）林业与山区共富的关系

林业作为山区乡村的主要生态资源，在山区不仅是一种特色经济产业，更是山区实现共同富裕的路径。一方面，林业资源的丰富性为山区带来了独特的经济支持。山区地形适宜树木生长，形成了丰富多样的林木资源，为林业产业的发展提供了天然的条件。这为当地居民提供了丰富的就业机会，提升了农民的收入水平，是共同富裕目标实现的基石。另一方面，林业产业被认为是加快"两山"转化的关键通道。通过科学合理的规划和资源管理，林业产业可以实现山区生态环境的改善，并促进生态与经济的协同发展。合理的林业经营有助于防止水土流失，保护自然生态系统，维护生态平衡。这不仅为当地居民提供了清洁的生活环境，同时也为生态文明的建设注入了新的动力。广大山区依托丰富的生态资源，大力发展山区乡村特色产业，拓宽农民致富增收渠道建立生态产品价值实现机制，推动生态资源禀赋优势向乡村经济发展和农民福祉增进优势的高质量转变，助力缩小城乡差距，是全面推进乡村振兴和扎实推进共同富裕的重要战略选择。

可以发现，林业与山区共富的关系体现在以下4个方面：

（1）林业被视为实现共同富裕的重要途径

通过发展林业，提高农民收入，缩小城乡收入差距，是共同富裕目

7-1

标的重要途径之一。林业的可持续经营和合理管理为农民提供了稳定的就业机会，带动当地经济的发展，为居民提供更多脱贫致富的机遇。

(2) 林业被认为是实施乡村振兴战略的关键抓手

许多山区属于农村地区，而林业的发展不仅提高了农民的经济收入，还为乡村振兴提供了新的支撑点。林业产业的发展不仅意味着经济的增长，更是提升农村生态环境、改善农民生活水平的有效途径。通过引导林业向现代化、科技化方向发展，可以为乡村振兴注入新的活力，推动农村全面发展。

(3) 林业的发展有助于加强生态文明建设

党的二十大强调了生态文明的建设，而林业产业作为生态经济的重要组成部分，通过生态保护、合理开发和可持续管理，为实现生态文明目标提供了实际行动。林业产业的可持续经营有助于维护山区的生态平衡，保护水源、净化大气，从而为实现绿色发展、生态平衡提供了有力支持。

(4) 林业的发展还有助于推动"两山"理念的实施

通过合理规划和管理林业资源，可以促进山区生态环境的改善，实现"两山"转化，使山水林田湖草沙得到全面保护和系统治理。这既符合党的二十大提出的生态文明建设要求，也为实现共同富裕目标创造了更为有利的条件。

第二节 非木质林产品

一、非木质林产品产业

(一) 非木质林产品定义和分类

1. 非木质林产品定义

世界各国关于非木质林产品(non-wood forest products)的叫法很多，如非木材林产品(non-timber forest products)、其他林产品(minor forest products)、多种利用林产品(multi-use forest products)、林副特品(special forest products)等。第二次世界大战后，许多国家根据森林永续利用的传统概念，把林产品划分为主林产品(major forest products)和其他林产品(minor forest products)，即把木材和薪材划为主林产品，而把从森林中获得的其他产品划为其他林产品。随着科技的发展和人们对森林生态效益及社会效益要求的提高，林业生产中林产品多样化日益突出。1954年，第4届世界林业大会就提出把"其他林产品"一词改为"非木质林产品"，相继得到许多国家的响应。FAO和国际林业研究中心(The Center for International Forestry Research, CIFOR)经多年研究确定采用"非木质林产品"。FAO把非木质林产品定义为：从森林及其生物量获取的各种供商业、工业和家庭自用的产品。如果采收数量适度，方式合理，不削弱林木的基本繁殖功能，则可持续地从森林生态系统中获取这类产品。

2. 非木质林产品分类

FAO把非木质林产品划分为两大类，即适合于家庭自用和适于进入市场的产品。前者是指森林食品、医疗保健产品、香水化妆品、野生动物蛋白质和木本食用油；后者是指竹藤编织制品、食用菌产品、昆虫产品蚕丝、蜂蜜、紫胶等，森林天然香料及树汁、树脂、树胶、糖汁和其他提取物等。但是二者界限并不清楚，可兼用。

现在，亚太地区许多国家把非木质产品划分为木本粮食、木本油料、森林饮料、食用菌、森林药材、香料、饲料、竹藤制品、野味和森林旅游。

(二) 非木质林产品的功能

非木质林产品在社会、经济与生态环境方面具有非常重要的作用，特别是在山区农民脱贫致富、保护生态环境和促进林业可持续发展方面起着特殊重要的作用，包括以下 4 个方面。

1. 食品的重要组成部分

非木质林产品中的野生植物食品和野生动物食品是人们的重要食品，它是一种营养丰富的食品，不但可提供必需的维生素、蛋白质和矿物质，而且是人类膳食的美味佳肴，特别重要的是，它对防止营养不良或季节性饥荒具有重要的作用，亦可作为旱灾、水灾或战争期间的应急食品。因此，森林食品对发展中国家来说更加至关重要。例如，印度、巴布亚新几内亚和非洲一些地区的部落全靠采集森林食品和野味来维持生存。

森林食品的品种和范围很广，从昆虫的幼虫到林果，例如，非洲干旱和半干旱沙漠草原带，经过鉴定的可食用植物种类多达 800 种。印度和泰国可食用森林植物有 150 种。中国有果品植物 300 多种，淀粉植物 300 多种，油脂植物 600 多种，蔬菜植物逾 80 种，山野菜 700 多种。热带国家可食用的森林植物种类就更多，而且其营养也非常丰富。如板栗蛋白质含量 10%，猴面包蛋白质含量高达 13%，刚果(金)有 30 多种食用蘑菇的蛋白质平均含量达干重的 20%，酸枣果实维生素含量是橘子的 17 倍。

野生动物性食物(野味)也是重要的森林食品，是一些国家山区居民的日常主要食品。例如，秘鲁亚马孙河流域的农民消费的野生动物和鱼类的蛋白质占肉食消费量的 85%；尼日利亚林区居民野味肉消费量占食肉消费总量的 70%。有些热带国家把白蚁、毛虫蛹、蜜蜂幼虫和其他一些软体昆虫作为高蛋白食品和营养增补剂。野味也是一些发达国家人们膳食的重要组成部分。

2. 提供中药材和药物原料

药材是最重要的非木质林产品之一，历来就是人们不可缺少的医疗保健品。据 FAO 估计，世界的药物的有效成分是直接从植物中提取的，每年植物性药物制剂的价值达 430 亿美元。有些药材是非常有效的。例如，治疗疟疾的药物奎宁就是从热带雨林植物提取的。抗癌药物长春生物碱就是从马达加斯加天然长春花中提取的。各国民间医药种类繁多，基本上都是以植物提取物为主要成分。中国是拥有药用植物品种最多的国家，有 4000 多种，以中草药为基础的中医医学具有悠久的历史。巴西药用植物种类也有 3000 多种；印度和马来西亚分别有 2000 和 1000 多种。实际的数字比这个还大。中草药或民间医药最大的优点是，它可为无条件接受其他医疗保健的数十亿人口提供服务。

3. 家庭经济收入的主要来源

近年来，随着森林资源的破坏和生态环境的恶化，人们对保护和开发非木质林产品资源价值又有了新的认识。林业专家对亚马孙热带森林资源评价时指出，热带森林资源的价值远远大于以前所估计的价值，木材的经济效益比非木质林产品的价值小得多，从非木质林产品中所获得的税收是木材的 1 倍多。

森林中的非木质林产品资源非常丰富，特别是热带森林。开发利用非木质林产品不仅可满足人们日常生活的需要，而且可提供就业和增加经济收入，对许多发展中国家的山区农村经济的发展起了决定性的作用。它是实现山区富民兴村，促进林业可持续发展的重要途径。

4. 促进森林可持续发展和改善生态环境的重要途径

随着森林可持续发展战略的发展，保护和开发非木质林产品资源对森林可持续发展具有重要的意义。开发利用非木质林产品资源与采伐森林不同，它只是对森林生态系统部分进行开发利用，不会造成不可逆转的破坏。在生态系统允许范围内，森林系统本身就会自行恢复。所以，非木质林产品生产是生态、社会与经济效益兼容的可持续森林经营的重要途径，有利于森林可持续发展，改善生态环境，促进农村经济的发展。

从森林资源管理者的观点看，非木质林产品的开发可推动传统林业和森林工业管理体制的改革。它可使农用林业等土地综合利用形式发挥更强的功能，通过提高现有森林的经济效益价值和多种效益，缓解当地森林过伐的压力，使可持续林业的措施更易于普及推广。更重要的是，通过创造经济效益，可激发保护自然生物的爱心和动力，从而对大规模流域治理或防止水土流失项目起重大推动作用。它可为防止气候变化异常、保护生物多样性等全球性问题筑起又一道防线。

(三) 国内外非木质林产品产业发展情况

1. 国外非木质林产品产业发展情况

近年来，国际组织和许多国家对保护和开发利用非木质林产品都非常重视。1991年第10届世界林业大会强调指出："虽然目前我们对非木质林产品的认识还不全面，对非木质林产品的收获和加工在增加就业和收入方面的工作估计不足，但我们对它的认识却在不断深入"。20世纪90年代初开始，FAO对热带森林非木材林产品资源管理结合用材林造林系统进行了研究，并定期发布《森林资源评价报告》，2005年的报告首次把非木材林产品问题纳入了报告。1992年，联合国环境与发展大会在《21世纪议程》中明确地指出"森林和林地作为发展的一种重要资源的巨大潜力，尚未得到充分认识。森林管理的改善可以增加产品和服务的产量，尤其是木材和非木质林产品的产量，从而有助于增加就业和收入，林产品加工和贸易的增值，增加外汇收入，增加投资利润。森林是可再生资源，所以应采用与环境保护相容的方式，实行森林可持续经营。在制定林业政策时，必须充分考虑利用森林资源对森林其他价值的影响。还可通过如生态旅游之类的'非破坏性'利用和提供遗传物质来提高森林的价值……"，并强调指出，各国政府应对非木质林产品的开发和利用进行科学调查，对木材和非木质林产品的特性及其用途进行研究，以促进更佳利用提倡和扶持非木质林产品的加工，提高其价值和效益宣传与推广非木质林产品，促进其发展。

随着森林资源的严重破坏，全球生态环境日趋恶化，已引起世界各国人民的关注。为了保护和发展森林资源，改善生态环境，1992年联合国环境与发展大会正式提出了林业可持续发展战略，得到许多国家的认可和赞同。而且国际组织和各国政府，为了实现这一战略，越来越重视非木质林产品的发展，如FAO在1995年制订了《关于非木质林产品资源开发与利用的未来行动计划》。许多国家也都在制订非木质林产品发展计划，积极发展非木质林产品。例如，加拿大制订了《示范性森林计划》，其目的在于使大型森工企业和木材加工企业的运作与环境要求、森林旅游,以及与当地居民对非木质林产品的要求和谐统一。日本林野厅设立了林特产政策室专门来研究制定振兴非木质林产品的发展对策。印度也在着手制定非木质林产品资源清查和经营规划并强调指出,在国有林与农用林业系统中加强培育非木质林产品资源;加强非木质林产品的采集、干燥处理、贮藏、深加工及销售等方面的技术研究;天然林实行可持续经营;加强对非木质林产品投资可行性的研究等。

2. 中国非木质林产品产业发展情况

中国与世界各国一样,对森林生态系统的综合资源的理解经历了漫长的过程,过去传统林业的主体是木材生产经营。随着时代进步和经济社会发展,林业经营思想也发生了根本变化。近年来,中国对非木质林产品发展也很关注,在《面向21世纪的林业发展战略》中强调指出林副特产品是森林资源的重要组成部分。发展和开发林副特产品是实行高效、优质和高产林业的要求,是使林区、山区富裕起来的重要途径。并在《中国21世纪议程林业行动计划》中明确地提出了非木质林产品生产的指导思想,即"合理利用非木质森林资源,提高林化工业技术水平,逐步实现原料供应由依靠天然次生林为主,向依靠人工优质高产基地林为主的转变;产品结构以初级产品为主,向以深度加工产品为主的转变;企业管理由粗放经营向集约经营的转变。提高林化工业的产品质量、经济效益、创汇能力和管理水平"。在《国有林区天然林资源保护工程实施方案》中又进一步提出,根据国家产业政策和国有林区的资源条件,扬山富之长,避林贫之短,树立大资源的观点,充分挖掘林区多种资源潜力,合理选择转产项目,对市场前景广阔、容纳人员多、投资少、见效快的项目优先予以安排。这一指导方针为中国发展和利用非木质林产品指明了方向。表7-2表示近年来我国非木质林产品的生产情况。

表 7-2　近年来中国非木质林产品产业产值情况　　　　　　　万元

	2021	2020	2019
经济林产品种植与采集	172 771 757	161 113 805	150 841 253
其中:水果、坚果、含油果和香料作物	110 994 403	105 322 658	99 248 596
茶及其他饮料作物	19 422 999	17 740 065	15 837 968
森林药材、食品种植	25 726 432	23 974 751	23 203 473
林产品采集	16 627 923	14 076 331	12 551 216
花卉及其他观赏植物	30 023 257	27 698 369	26 854 311
野生动物的繁殖与利用	2 925 257	3 240 583	5 020 076
森林旅游	160 960 742	142 739 048	153 923 928
竹产业	36 064 677	32 179 802	28 919 692

资料来源:《中国林业统计年鉴》

3. 非木质林产品产业发展优劣势分析

从全球看,开发非木质林产品,既有它的有利条件,又有它的限制因素。尽管各国两者的情况各异,但开发非木质林产品的有利条件大于限制因素,前景广阔,这是各国共同的特点(表 7-3)。

表 7-3 非木质林产品产业发展的优劣势分析

有利条件	限制因素
①随着森林资源的破坏,生态环境恶化,人们对保护和开发非木质林产品资源越加重视 ②非木质林产品资源丰富,开发潜力巨大 ③发达国家又重新热衷于天然产品的开发,为非木质林产品开辟了新的市场 ④为寻找医治癌症、艾滋病等疑难病药物,进一步促进了森林药材的开发 ⑤随着人口的增加,森林资源的减少,增加了寻求多样性潜在资源的积极性	①由于把非木质林产品视为"其他林产品",在其利用方面被忽视 ②非木质林产品经营分散,规模小,缺乏有效的流通渠道和资金 ③缺乏非木质林产品资源分布和变化规律的调查材料,以及可持续经营的知识 ④尚未制定出完善的政策和法规。信息不灵,贸易困难多

资料来源:熊立春,程宝栋. 国内外非木质林产品与农户生计研究进展[J]. 农林经济管理学报,2017,16(05):692–697。

(四)非木质林产品发展的途径

1. 以市场为导向,因地制宜选择发展项目

非木质林产品发展过程中,项目的选择至关重要,山区具有丰富的自然资源,但如何把潜在的资源优势转化为现实的经济优势,是一个值得重点关注的问题,这就意味着选择发展项目时一定要以市场为导向,遵循"市场需要什么——我有什么资源——生产什么产品——销售什么产品"的理念去因地制宜地发展非木质林产品,唯有如此,才能生产出适销对路的非木质林产品。

2. 政府、科技人员和农民的共同参与

在非木质林产品发展过程中,离不开政府、科技人员和农民三者的共同参与,他们各自承担着不同的角色和发挥着不同的作用。

(1)政策导向和组织保障

政策引导是发展非木质林产品的必然选择,通过政府的优惠政策如补贴等,引导农民发展非木质林产品产业,这在中国山区经济林发展过程中已经得到验证。同时,还需要一系列的组织保障,包括各级林业主管部门、非政府组织等各方面。

(2)科技注入

科技是发展非木质林产品的重要动力和引擎,非木质林产品的开发依靠科技,往往通过科技人员的试验、示范,辅之以培训与推广,才能使非木质林产品得以持续发展。

(3)农民参与

农民是非木质林产品发展的主体,无论是政府还是科技人员都是为了引导和帮助农民选择和发展非木质林产品,只有农民广泛而积极地参与,才能使非木质林产品真正得以发展。

二、森林旅游与森林康养

(一) 森林旅游

1. 森林旅游经济活动的条件

旅游，作为一种社会现象，是随着生产的发展，社会分工的分化而逐渐发展起来的。旅游是旅行与游览的结合，其中游览是旅游的目的，旅行则是实现这一目的的手段。旅游活动即是以旅游为目的的旅行，是指人们出于休闲、商务等动机，离开居住地到另一地区或国家旅行游览一段时间，然后返回原住地的整个活动过程。

旅游经济是旅游活动在商品生产和商品交换充分发展的基础上，采取商品形式所发生的各种经济现象和经济关系的总和。概括地说，就是在旅游商品化的基础上所形成的各种经济现象和经济关系的综合。旅游经济活动要得以顺利进行，必须具备一定的宏观和微观条件。

(1) 宏观层面

从宏观上说，旅游经济活动进行的重要条件是整个经济社会发展水平。经济社会发展水平，既包括一个国家或地区的经济发展水平如工业、农业、交通、商业、服务等已经达到的水平，又包括一个国家或地区的文化、教育、卫生等社会发展水平。经济社会发展水平对旅游经济活动的影响可以从两个方面表现出来：①它关系到旅游产生国或地区的经济社会发展水平，关系到该国或地区居民的文化教育水平能否使他们产生到别国或地区旅游的要求，以及经济能力是否达到满足他们外出旅游的程度，从而决定了该国或地区外出旅游者的数量及消费水平。一国或地区的社会经济发展水平越高，所产生的旅游者的数量就越多，旅游消费水平就越高。②整个经济社会发展水平关系到旅游目的地国或地区的经济力量和经济条件，它决定了社会能够在旅游业方面投入多少人、财、物力资源，形成多大的旅游接待能力以及与旅游业相关行业的发展水平。一国或地区发展水平越高，所形成的接待能力就越大。所以，一国或地区旅游经济活动的进行与发展是以经济社会发展水平为前提的。

世界上许多国家或地区由于其经济社会发展水平较高，它们既是旅游产生国或地区，又是旅游接待国或地区，如美国、法国、德国等国家。有的国家如日本，由于资源有限，是世界重要的旅游产生国，但并非重要的旅游接待国。有的国家则正好相反，是重要的旅游接待国，但非重要的旅游产生国，如西班牙。可见，对于不同的国家和地区旅游经济的进行，还应考虑其他一些因素。

(2) 微观层面

从微观上说，旅游经济活动进行的条件又可分为主体因素和客体因素。前者是指旅游者方面的因素，后者是指有关旅游企业方面的因素。旅游者与旅游经营企业，从旅游需求与旅游供给之间的关系构成了旅游经济活动的主要内容，二者对旅游经济活动的进行都有重要的影响。

①从主体因素方面来看，一个健康的人能否成为旅游者，取决于多种社会经济因素的影响，而其中可自由支配收入和余暇时间是最为重要的影响因素和旅游经济活动进行的两个最主要的条件。

第一，人们可以自由支配收入。所谓可自由支配的收入是指扣除全部税收及社会消费以及生活必须消费品之后所余下的收入。旅游消费属于需求弹性较大的高层次消费，人们只有在衣、食、住、行等基本生活得到满足之后，才会考虑这种高层次的消费。一般来说，社会经济越发达，人们可自由支配的收入越多，用于旅游的消费就越多。而且，当可自由支配收入能够满足外出旅游所需经济条件时，每增加一定比例的收入，旅游消费便会以更大的比例增加。

第二，余暇时间。余暇时间也称可自由支配时间，是人们在日常工作、学习、生活与其他必需时间之外，可用以自由支配、从事娱乐或自由乐于从事的任何其他活动的时间。旅游消费不同于其他商品的消费，其他商品是通过物质产品的流动和所有权的转移而被使用者消费的。而旅游是需要旅游者前往旅游目的地而进行消费，旅游产品的所有权不发生转移。在此过程中，旅游者不但要支付一定量的可支配收入用于途中和在旅游目的地的花费，而且必需支付一定量的时间，用于从居住地到目的地，目的地停留期间以及从目的地返回原住地的时间消耗。虽然余暇时间本身不是一个经营范畴，但却是以整个社会经济发展水平为基础的。社会经济越发达，劳动生产力水平越高，社会在生产中用于满足社会成员在文化、教育和休憩的时间就越多。旅游需要时间，而且需要一定数量较为集中的余暇时间。余暇时间按时间长短可分为每日余暇、每周余暇、公共假日和带薪假期4种。其中，公共假日特别是带薪假期对旅游尤为重要，是旅游经济活动进行的必要条件。总之，人们拥有的闲暇时间越多，旅游经济活动进行的条件就越充分。

②从客体方面来看，旅游经济活动的进行是旅游需求与供给两方面共同作用的结果。影响旅游供给，从而影响旅游经济活动顺利进行的因素主要有以下几个方面：

第一，旅游资源的存在。旅游资源包括自然资源和人文资源两大类，是指对旅游者具有吸引力的各种自然因素和社会因素的总和。它们具有使用价值，能满足旅游者的欣赏、参观、游览和享受的需求。旅游资源作为旅游活动的客体，一般是指一国或地区已经被开发利用的旅游资源，是旅游业赖以存在和发展的基本条件，也是旅游经济活动进行的必要前提。世界上许多旅游资源丰富或吸引力较强的国家或地区，旅游业都较为发达。

第二，旅游设施的存在。旅游设施是指旅游者进行旅游活动的凭借物，如旅馆、餐厅、交通工具、娱乐场所及供水、供电系统、通信系统、道路系统等。旅游者只有借助于旅游设施，才能到达旅游目的地，并在目的地进行旅游活动。所以，旅游设施的完善与否在很大程度上影响旅游业的发展，是旅游经济活动进行的物质基础。

第三，旅游服务的提供。旅游服务是旅游从业人员借助各种设施、设备向旅游者提供各种劳务，如食宿服务、导游服务、代办服务等。旅游者在旅游过程中，几乎无时无处不利用旅游企业所提供的各种服务。旅游服务构成旅游产品的主要部分，是旅游经济活动顺利进行的重要条件。

当然，旅游经济活动能否顺利进行还受到其他多种经济和非经济因素的影响，如个人的身体状况、家庭结构、政府的政策法令等。

2. 森林旅游的经济学特点

森林旅游业是以森林旅游资源为基础，旅游设施为条件，向旅游者提供旅游活动所需要的各种产品和服务的经济部门，是现代旅游活动的一个重要组成部分。区别于其他的部门和行业，森林旅游具有以下3个方面的特点。

（1）综合性

旅游业是关联性很强的产业，其综合性特点体现在以下3个方面：

①旅游业是集行、游、住、食、购、娱为一体的综合性行业。旅游业是通过满足旅游者的需要以达到盈利的目的，而旅游者的需要又是多方面的和多层次的。满足旅游者的多种需要，这一纽带把众多不同类型的企业联系到一起，各自提供能够满足旅游者某一方面需要的产品，共同为旅游供给，向旅游者提供综合性服务。旅游业涉及交通、住宿、饮食、金融、商业、娱乐等一系列行业。随着现代旅游的发展，旅游社会化程度的提高以及包价旅游服务的兴起，旅游业各有关行业出现了集中的趋势，具体表现为横向结合与纵向结合两种方式。所谓横向结合，是指行业内部若干经营单位之间的合作。如饭店之间进行计算机联网，共同开展预定业务，或是航空公司与租车公司之间开展联运业务等。所谓纵向结合，是指与旅游业相关的若干不同行业之间，处于经营上的目的，相互达成协议进行合作，如航空公司和饭店之间互相提供客源；或者某个行业在其内部进行多种经营，提供多种服务项目，如饭店向旅游者提供饭店与机场或车站之间的接送服务；航空公司为旅游者提供食宿产品等。这些结合一方面为旅游者的旅游活动提供了便利条件，另一方面为旅游企业提供了经营上的优势。

②旅游业所提供的旅游商品是多种成分和多类项目的综合体。旅游商品的3个构成要素本身既有有形的物质成分，又有无形的社会与精神成分。

③旅游业的发展受众多部门的共同作用。这些部门既包括国民经济中的一些物质资料生产部门，又包括一些非物质资料生产部门，如文教、卫生、海关等。

在其他行业中，供需双方对产品的看法是一致的，但旅游业并非如此。在旅游者看来，旅游产品是从他离家的时间开始，到他返回原住地为止所获得的全部感受，是一次经历，即不是孤立的一个饭店床位、一个飞机座位，而是由很多组成部分构成的整体。所以，在旅游经营中，整体中的任何一个部分如果出现问题，都会影响到整个旅游产品的质量，影响到旅游者的整体感受。因此，一个国家或地区在发展旅游业时，必须进行全面规划。每个旅游企业、旅游企业中的每个成员都必须充分意识到自身在旅游业中所起的作用和可能产生的影响，保证提供高质量的产品和服务。旅游业的发展也要同其他相关部门和行业的发展相协调，从而保证旅游经济活动的顺利进行。

（2）敏感性

旅游业的敏感性是指旅游业的发展必须受到多种因素的影响和制约。这些因素可分为内部条件和外部条件两类。

①内部条件。是指旅游业内部各组成部分之间以及旅游业相关的多种部门与行业之间的比例关系的协调。旅游业是由许多部门、环节组成的有机整体。在旅游业的发展过程中，各部门、环节之间，客观上存在着一定质和量的关系，如交通设施与住宿设施之间，住宿设施与娱乐设施之间，同一设施各组成部分之间的规格、等级、类型等方面，旅游业同轻工业、农业等部门之间都存在一定比例关系。一个国家或地区发展旅游业，都必须保持这些比例关系的协调，任何一方面的脱节，都会造成整个旅游供给的失调，结果必然会影响到旅游产品价值的实现，影响到旅游业的顺利发展。

②外部条件。是指各种自然的、经济的和社会的因素，对旅游业的发展都会产生影响。因为一个国家或地区发展旅游业必然是以各种经济的以及非经济的环境为背景的，这些非旅游业所能控制的因素会直接或间接地作用于旅游供给与需求，从而使旅游业在某一特定时期或某一特定地区有很大的波动性。例如，自然因素中的地震、火灾；政治因素中的国内政局动荡，国家或地区间的战争，都会导致旅游业的大幅度滑坡。

另外，旅游属于一种高层次消费，需求弹性较大。影响旅游需求的各种因素的微小波动，都会在较大程度上对旅游需求发生作用，使其对一个国家或地区旅游产品的需求发生大幅度的波动，从而增加了旅游业的不稳定性。由此可见，一个国家或地区的经济不能过分地依赖旅游业，旅游业的敏感性使之不适合作为一个国家或地区经济的支柱。

(3) 垄断性与竞争性并存

一个国家旅游业的发展与天然赋予是紧密相连的。有些自然景观和历史遗迹是某一地区独有的，如我国的万里长城、埃及的金字塔、地中海地区独特的气候条件等，这些都是人工无法取代的。如果一个国家没有海岸线，海滨旅游就无从发展；如果历史没有赋予一个国家古老的文化和丰富的历史遗迹，任何模仿都是非常困难甚至是徒劳的。从这个意义上说，旅游业具有垄断性。另外，也有一些非垄断性的旅游资源，如许多国家拥有的山林资源、滨海旅游资源、雪资源等，都可以进行大规模的人工开发。这些非垄断的领域，由于面对相同的客源市场，就会形成较为激烈的竞争。旅游设施和旅游服务也很难形成垄断。世界经济的一体化及各地区技术水平的趋同都使得某些新技术、新设施只有短期的垄断性。

旅游业这一既垄断又竞争的特点，决定了一个国家在发展旅游业时，要注重保护其垄断资源并以此为基础形成一系列拳头产品；对竞争性的产品，只能靠服务质量、价格来争取更多的客人，以优质的、有特色的服务来弥补无特色的产品。

(二) 生态旅游

1. 生态旅游的发展背景

生态旅游的思路从提出至今仅有40年，在全球环境危机、人们"生态觉醒"的大背景下，生态旅游的思路对旅游业产生了较大的影响。参与其中的国家、组织和机构也非常多，主要有科研保护和非政府组织、多边援助机构、发展中国家和旅游业内部等。而一些国际性的组织和机构参与其中，并广为推崇是生态旅游大发展的主要原因之一。其中，国际生态旅游协会(International Ecotourism Club)从1991年起与华盛顿大学合作，面向社会提供生态旅游的教育和培训服务，还通过创办论坛和专题讨论会，提供最新的生态旅游发展趋势和各种规划管理方法。世界旅行旅游理事会从1994年起创立"绿色环球21"(Green Globe 21)生态旅游认证标准体系，从1999年起开始独立运作，全球有超过1500家企业或机构得到认证，并形成了一定的共识。澳大利亚生态旅游协会制定的NEAP(The National Ecotourism Accreditation Program)生态旅游认证体系已被世界部分地区采纳。2002年，澳大利亚生态旅游协会与"绿色环球21"共同制定了《国际生态旅游标准》，2004年经过重大修改提出了11条原则。世界自然基金会(World Wide Fund for Nature or World Wildlife Fund，WWF)则更多地致力于环境脆弱区域的生态旅游实践，在全球引起了广泛的关注，在发展中国家产生了良好的影响。经过40多年的研究，国际上初步形成了生态旅游的3大核心理念：保护、负责任和维护社区利益。

生态旅游的思想是在20世纪80年代随着全球生态旅游热潮的兴起而进入中国的，但真正受到国内重视是在1995年。1995年1月，中国旅游协会生态旅游专业委员会在中国科学院西双版纳热带植物园召开了第一届"中国生态旅游研讨会"，首次倡导在中国开展生态旅游活动。之后，1996年、1997年分别在武汉、北京召开的生态旅游或可持续旅游研讨会，极大地推动了生态旅游的发展，尤其是国家旅游局将1999年确定为"99生态环境游"，更是将生态旅游推向高潮，"生态旅游"成为中国最时尚的名词，变成旅游市场营销的"法宝"，产生了巨大的影响，也呈现出其内涵先天不足的问题。自生态旅游的概念进入中国后，国内一批科研机构相继对此进行了研究和实践。一些组织和机构主张编制生态旅游的规范和标准，以达成共识，促进生态旅游的开展，目前已推出《中国生态旅游推进行动计划》（中国生态学会旅游生态专业委员会）、《生态旅游区标准》（中国科学院和国家环保总局）等。

2. 生态旅游的定义

生态旅游（ecotourism）一词是由国际自然保护联盟（IUCN）生态旅游特别顾问墨西哥人H. ceballor-Lascurain于1983年首先提出的。他认为，"生态旅游就是前往相对没有被干扰或污染的自然区域，专门为了学习、赞美、欣赏这些地方的景色和野生动植物与存在的文化表现（现在和过去）的旅游"。他强调生态旅游的区域是自然区域。直到1992年，联合国世界环境和发展大会在世界范围内提出并推广可持续发展的概念和原则之后，生态旅游才作为旅游业实现可持续发展的主要形式在世界范围内被广泛地研究和实践。

尽管生态旅游概念提出来已有多年，但是内涵界定依然模糊。不同的组织和机构为了不同的目的，在不同的区域实践着各自认为"最佳的"生态旅游模式，由于其重视生态旅游的原因和目的各不相同，于是对生态旅游的理解也大相径庭。所以，与生态旅游几乎同一时期出现的相关概念和词汇也很多，如自然旅游（nature tourism）、荒野旅游（wilderness tourism）、探险旅游（adventure tourism）、可持续旅游（sustainable tourism）、绿色旅游（green tourism）、替代性旅游（alternative tourism）、与环境资源相适应的旅游（appropriate tourism）、科考旅游（scientific tourism）、文化旅游（cultural tourism）、无负面影响的旅游（low impact tourism）、农业旅游（agro tourism）、乡村旅游（rural tourism）、软旅游（soft tourism）等。这里列举3个概念：

①在满足自然保护前提下，从事对环境和文化影响较小的游乐活动。

②具有保护自然环境和维系当地人民生活双重责任的旅游活动（生态旅游协会Ecotourism Society，1993）。

③以欣赏自然美景为旅游的初衷，同时表现出对环境的关注（国际资源组织，1992）。

但大部分生态旅游的概念和定义都可以浓缩为"生态旅游是基于自然的，可持续的旅游和娱乐"。该定义有3个特点：①阐明了生态旅游这个概念的描述性以及规定性两个方面。以自然为基础属于描述性，因为它仅仅描述了活动的地点和有关的旅游者动机。可持续方面属于规定性，因为它反映了人们想要的生态旅游活动是什么样子的，可持续性结合了环境、经历、社会文化和经济等方面（经历方面是指维持旅游者经历的质量）。②注重环境教育。反映在两个方面：即，希望使旅游者满意——是最终达到可持续经历的手段；希望利用教育来减少对环境的不利影响——是最终达到环境性的手段。③重视结果（期望的可持续性状况），该定义推动了对构成生态旅游的关键性成分的评价，对旅游者的要求。

3. 生态旅游的内涵

(1) 以自然为基础的旅游活动

生态旅游作为一种以自然旅游为主的旅游形式，其本质仍然是一种旅游活动。以自然为基础的旅游者主要是利用相对原始的自然和文化资源，通过尽情观赏和享受富饶的自然风光、地方风情和野生动植物资源，来满足游客身心上"回归自然"的需求。当然这种旅游活动的顺利开展，还依赖于旅游活动的规模、时间长短及其对环境和地理社会经济文化的影响程度、目的地的社会文化背景、基础设施状况和资源环境的承载能力或生态容量、游客的支付意愿等多方面的因素和条件。当然生态旅游也与一些以自然为基础的其他旅游形式产生交叉重叠，如探险旅游等。但这些另类的自然旅游是否属于生态旅游，应该根据生态旅游的原则进行区分，只有那些在自然旅游的过程中符合环境伦理道德规范，接受环境教育和以学习大自然为主要目的的、小规模的、低影响的自然旅游活动才可称为是生态旅游活动。

(2) 旅游者是生态旅游者

生态旅游者是指那些作为娱乐者或旅游者参观大自然的人。旅游者追求人与环境和谐共处的自我满足感。虽然对生态旅游的定义有些不同意见，但一般对生态旅游者特征有一些共同的认识，即生态旅游者不同于传统的大众旅游者，是因为他们在相对未受影响的环境中追求一种人与环境和谐共处的自我满足，而非其他另类旅游追求的是一种以自我为中心的满足感。例如，希望在垂钓旅游时想方设法要钓到大和多的鱼类，这种行为违背了生态旅游应该是一种非消费性的旅游活动的原则，生态旅游者应该以全新的生态伦理观来认识生态系统中生物的生存价值，并且尽可能采取措施保护甚至提高自然环境的存在价值。生态旅游活动需要明确的目标和切实可行的项目，那种在人工创建的环境中进行的仿自然旅游的活动不是真正意义上的生态旅游。

生态旅游者对自然或文化要有求知欲。生态旅游与现代生态文明的环境标准要求相一致。生态旅游把生态保护作为生态旅游发展的前提，把环境教育和自然知识的普及作为核心内容，是一种求新求知的学习型、参与型的旅游活动。通过生态旅游的学习和理解，使游客重视对生态旅游资源内在价值的认识。因此，对自然的求知欲是生态旅游者的最重要的特征之一。生态旅游应该不仅使旅游者从自然环境的被动的娱乐中获得满足，而且应该使旅游者变被动为主动，从积极的有益于身心健康和环境生存的活动中获得收益。通过自我发现、积极地参与和在环境的解说中培养对自然环境的情感（激起好奇心和兴趣、产生行动的动机并付诸行动如参与环境保护组织、并能对行动进行评估和反馈），从而达到认识自然、保护自然并从自然中获得知识和受到教育的目的。

旅游者要有环境责任意识。保护自然生态环境是生态旅游区别于传统大众旅游的最大特点。从生态旅游概念的提出至今，强调自然环境保护和生物多样性保护的重要性一直是生态旅游的核心所在。旅游体验质量的提高不应以牺牲地方特定的生态文明和社会文明为代价，相反，两者应相互依存，共同促进。这就要求生态旅游必须比一般的旅游者更具有环境道德意识。

(3) 生态旅游对社区社会文化和经济的贡献

生态旅游不仅要注重保护自然，也需要利用自然为地方创造社会经济效益。生态旅游区别于其他以自然为基础的旅游类型的特征之一是需要对地方社区的经济社会发展、环境教育和自然保护做出贡献。除了发展旅游业所获得的收益外,生态旅游受益方要对保护区提供一种经济合理性的补偿。生态旅游俨然已成为保护自然生态和文化生态的有效方式,成为筹集自然保护经费的最佳渠道。

(4)科学的管理与有效的运作

完整而处于动态平衡中的生态系统不仅对生态旅游而且对于地方社会经济与环境的发展有着不可估量的价值。在生态旅游管理中环境管理是基础,但对旅游者的管理也是管理的重要方面。因为旅游者的环境伦理道德水准是有差别的,在实际生态旅游过程中,有自律性强的严格的生态旅游者和自律性一般的生态旅游者,以及从属于大众旅游者的偶尔的生态旅游者。因此,不同的生态旅游管理模式产生了不同的生态旅游经营模式。在市场上,给自然旅游乱贴生态旅游标签或打着生态旅游旗号进行虚假的生态旅游经营的活动屡见不鲜。对于生态旅游的组织与管理者来说,首先要充分认识与了解生态旅游的观念和生态旅游者的动机,生态旅游是一种在维持生态环境资源价值的可持续性基础上追求适度经济效益的活动,它是一种价值导向而非价格导向的旅游活动。生态旅游的一项重要内容是采用必要的设施设备并运用现代科技手段对旅游者进行生态、环保等科普知识和美学教育。生态旅游管理者对生态旅游者的了解和对生态旅游资源体系及其价值进行生态学评估和管理监督,是搞好生态旅游的又一个基本条件。总之,在生态旅游中,要求所有参与者都能遵守生态伦理道德,这是保证生态旅游以质取胜的基本条件。

4.生态旅游的可持续性分析——规定性

(1)环境方面

生态旅游的规定性内容包括旅游对自然环境的影响。许多生态旅游者的动机是保护环境,因此人们可指望他们对环境产生较少的影响。但是即使是最具善意的旅游者也会导致人们所关注的环境影响。

生态旅游的影响按"直接"和"间接"来分类。①直接影响。包括:土质侵蚀和紧实;对野生物的干扰;对植被的践踏;消除植被(如采集植物或薪材);火灾频率的增加;枯枝落叶和破坏行为。②间接影响。包括:为基础设施开垦土地(如建造旅馆);水污染和空气污染;购买利用受威胁,或濒危物种制作的纪念品。由于生态旅游会带来环境影响(一般是不利影响),所以关键问题就成了:这些影响的可接受程度是什么?利用和影响程度之间的关系是什么?管理活动是怎样影响这种关系的?

(2)经历方面

在生态旅游范围内,注意力都集中在环境的可持续性上。但从其他角度(包括经历方面)来讲,旅游应该是可持续的。如果旅游者经历降到一定程度,旅游就会减少,并威胁可持续性。经历方面的影响通常为3类:①拥挤。旅游者的感觉是他们在旅游时看到人太多,因而经历的质量下降了。②冲突。旅游者感到不能与其他旅游者和谐共存,或对其他旅游者有敌意而使得经历的质量下降。③环境退化。旅游者觉得环境遭到其他旅游者的破坏而使经历的质量下降。这些问题存在的程度怎样?在什么条件下,经历影响可能比环境影响更重要?

(3)社会文化方面

和自然环境一样,社会文化环境既可以作为一种吸引力,又是生态旅游受影响方。若其影响整体来讲变得太不利的话,当地生态旅游的可持续性就会受到威胁。在一些地区,当地居民对生态旅游的发展相当不满,因而他们就破坏生态环境旅游发展所依赖的自然资源。很多政策制定者和研究人员现在意识到了有必要让当地社区参与旅游发展和保护区管理的过程,要了解和说明对社区的不利影响。

旅游结果和居民态度价值/偏好的结果主要取决于以下8个方面。

①净经济收益。旅游会产生大规模的经济效益(如就业机会)和经济代价(如通货膨胀),净经济收益(效益—代价)与居民的态度显著相关。

②日常生活的最小干扰与破坏。例如,交通堵塞,商店和其他地方拥挤以及犯罪率的增加,被居民认为破坏了"日常生活"。

③适当的娱乐设施。增加娱乐设施的数量,又增加对这些设施的需求,态度与旅游对娱乐设施的可利用性和质量的影响之间呈相关性。

④具有美学价值的环境。旅游有益于构造具有美学价值的环境,例如,通过旅游催化使不景气地区重新恢复元气。旅游也可能贬损具有美学价值的环境,例如,旅游引起一些被认为是不适宜的建设,增加了废弃物数量或破坏他人(或公共)财产的行为等。

⑤满足与非当地居民的相关关系。非当地居民从和当地居民的接触中得益,感到和接受新的思想和友谊。

⑥满足当地居民的关系。影响当地居民之间的关系,例如,旅游活动中商业竞争行为的增加使当地居民间的友谊淡漠了。

⑦社区、文化的不同。可促使当地文化得到认同,并让当地社区感到自豪。减少了传统的产业或传统的活动,被认为是扰乱当地文化,特别是与这些旅游产业相联系的文化。

⑧对社区决策影响。在决策过程中,相对理解的程度影响着对最终结果的满意度,故当地居民的参与可以增加当地居民对旅游业和资源管理的支持。

(4)经济方面

生态旅游有各种各样的利害关系,其共同点是都想从生态旅游中获得经济效益。主要包括:经营者——指销售和利润;管理者——指使用者付款的收入;社区——指就业机会和收入。

①经济价值和费用。从使用者消费那里获得收入的能力取决于旅游者对生态旅游经历的乐意付款,这种乐意付款对生态旅游者来说正是一种显示旅游区价值的经济措施。经济理论的基本前提是:一个人买越来越多的任何一种物品时,最后一次购买是物品质价值就下降了。例如,王先生,两年只来旅游区1次,他可能觉得旅游的价值很高,若来两次,则他对第2次旅游的评价肯定会比第一次低……,以王先生进入旅游区的个人需求线的形式描述该概念(图7-1),点 A 显示第一次旅游的价值是4.5美元,点 B 显示,第二次旅游的价值是4美元,若门票是1美元,王先生每年将游览8次,因为在 C 点,王先生通过旅游获得价值(1美元)正好等于门票价格。

王先生首次旅游的价值是4.5美元,这是他乐意付的一次门票,但是,他只付了1美元就进去了,这样人就得到了3.5美元的"额外"效益,经济学者称这种额外效益为消费者剩余价值。王先生从他前7次旅游中都取得了消费者剩余价值,在第8次旅游中,他愿支付的钱正好等于门票费,这一次他没有获得消费者剩余价值,王先生的总消费剩余价值是介于他的需求线之下和价格线之上的部分(图 7-2)。

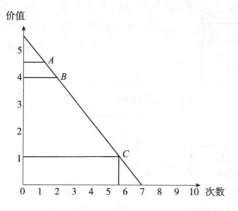

图 7-1　王先生进入森林区的个人需求线

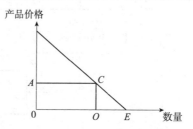

消费者剩余——消费者实际支出与愿意支付之差
总消费者剩余价值是介于需求线之下和价格线之上的部分

图 7-2　王先生的总消费剩余价值

旅游区的所有旅游者的需求线(集合需求)是通过把公园所有个别旅游者的需求线相加而得来的(图 7-3)。因每个个体需求是向下倾斜的，集合需求线也是向正下倾斜的，根据这条线可以计算旅游点产生的消费者剩余价值。同样，消费者剩余价值介于价格线之上和需求线之下。这种消费者剩余价值是该公园提供给王先生和所有其他旅游者的经济效益。传统上用需求来估算消费者剩余价值，但需求线也可能来确定费用(价格)和游览次数之间的门票、人数、收入关系。由于收入是价格与旅游次数的乘积，需求线还可用来确定每种价格的预期收入。实际上，需求曲线将与供应(成本)曲线联合起来分析，以确定旅游的适宜水平，并与此来适度开发生态旅游。

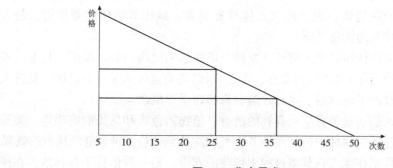

图 7-3　集合需求

②经济影响——工作收入。生态旅游给当地带来的就业机会方面的利益大小各不相同，缘于旅游吸引的质量，旅游地的可达性等差异，在有些情形下，生态旅游所产生的就业机会将会减少，但对农村经济来说，也可能产生重大的影响，但不能过分夸张。旅游业的影响划分为 3 种类型：直接影响，来源于起初的旅游花销售(如花费在饭店的钱)的影响；间接影响，饭店从别的商店购买物品和服务设施(投入)；引发影响，饭店雇员用他的部分工资来买各种各样的物品和服务设施。若饭店从别的地区购买物品和服务设施，这样，这些钱对本地区没有产生影响，资金外流了。图 7-4 说明了这些影响和外流的费用几种情况：

一个共同考虑的优先问题是增加地方经济效益，传统方法是增加旅游者人数，从各种

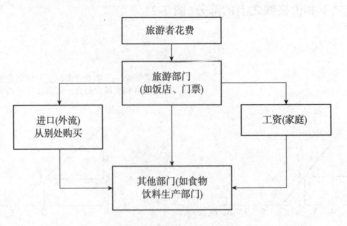

图7-4 旅游的经济影响

不同的角度来说,假定负面影响(环境的、经历的、社会文化和经济的)都与旅游者人数相对应,那么一般地,通过以下方法增加效益将更为可取。即,增加每位旅游者所花的费用;增加后方联系;增加当地对本行业的参与。例如,可通过销售目前还没有的手工艺品来增加每个旅游者的花销,后方联系的加强可通过扩大地方农产品和其他产品的利用来实现,如销售当地土特产等。

(三) 森林康养

1. 森林康养的概念

森林不仅具有涵养水源、减少水土流失、吸收二氧化碳、释放氧气、滞尘等良好的生态功能,还因为富氧的环境、洁净的空气、较高的负离子含量、舒适的森林小气候、益身的植物精气等丰富的保健效益因子而对人体具有调养、减压等康体健身作用,是人们游憩、休闲、保健、疗养的优良场所。

基于对森林的上述认知以及人类社会发展中所面临的健康问题,德国、日本、韩国等发达国家率先意识到引导人们"回归自然、走进森林"将有益于人类身心健康,促进人类社会可持续发展,并提出了森林浴、森林疗法和森林医学等概念。

①森林浴是指人们通过感官享受森林的清香、植物的色彩和鸟类的鸣唱等,类似天然芳香疗法,旨在通过呼吸森林中的挥发性芳香类物质达到镇静安神和舒缓压力的效果。

②森林疗法是日本在推广森林浴过程中创建的术语,是一种依托于森林浴,在医师指导下开展的医学疗法。

③森林医学是2007年日本森林医学研究会成立时首次使用的术语,是研究森林环境对人类健康影响的科学。目前,我国将利用森林环境使人的身心得到康复、人的情操得到培养等一系列促进公众健康的休闲活动统称为森林疗养,主要有林间散步、野营、冥想和瑜伽等活动形式。

国内外研究者对"森林浴""森林疗养""森林休养""森林医学"等进行了理论探索与实践。这里将森林康养定义为:将优质的森林资源与现代医学和传统医学有机结合,开展森林康复、疗养、养生、休闲等一系列有益人类身心健康的活动。从定义可知,森林康养包涵森林浴、森林疗(休)养等概念,并突出了"康"。"康"可理解为康复、促进和维护健康等。"森林康养"这一术语能够更好地凸显森林与人类健康的关系,使林业发展更加契合"健康中国"这一国家战略,融合了健康产业与林业产业。

2. 森林康养的内涵

森林康养与森林疗养之间的科学内涵既有其相同之处,又有一定差异。森林疗养以森林医疗为主,主要针对疾病的预防、压力的缓解和病体的康复,适合亚健康人、老年人和病体康复群体;森林康养是以人为本、以林为基、以养为要、以康为宿,目的是预防养生、休闲娱乐、保健康体。森林康养延伸和拓宽了森林疗养的内涵,它不仅涵盖了森林疗养的内涵,而且覆盖了旅游、休闲、养生、健身等,其受众更广,适合所有的群体。森林康养的科学内涵包括以下4个方面。

①森林康养以人为本。世界卫生组织对人类健康状况调查显示,经医院诊断患各种疾病的占20%,处于亚健康状态的占75%,符合真正健康标准的人仅占5%。森林康养坚持"以人为本"理念,强调满足不同人群对不同健康层次的需求,有针对性地开展康养活动。

②森林康养以林为基。森林康养的基础在于优质的森林资源。优质的森林资源需满足以下3个条件:一是具有一定规模的集中连片森林。二是景观优美,森林风景质量等级应达到《中国森林公园风景质量等级评定》(GB/T 18005—1999)二级以上,附近没有工业、矿山等污染源。三是充足的负氧离子,即氧气、植物精气和空气负离子。

③森林康养以养为要。森林康养的要点在于"养"。实现这个"养",不仅需要一片优质的森林资源,还需要融合现代医学和传统医学。森林康养区别于大众化森林旅游和低端化森林观光之处即在于此。它是以现代医学和传统医学为手段,检测人们在开展森林康养活动前后的身体状况,以寻求一种人在森林中进行活动后健康得到恢复和促进的科学行为。森林康养注重人与自然的融合,提倡以回归自然的方式进行养生,即养身、养眼、养心、养颜、养病。

④森林康养以康为宿。森林康养的最终目的是恢复、维护和促进人体健康,实现人类的健康长寿。"康"是森林康养的目标所在,是森林康养的归宿。"康"的保障在于优质森林资源的"优"要有数据,准确健康体检的"准"要有保障,技术精良的康养从业人员的"精"要有国家职业资格认定。

3. 森林康养基地建设与认证

(1)国外森林康养基地建设与认证

自从19世纪40年代德国在巴特·威利斯赫恩镇创立世界上第一个森林浴基地以来,优良的森林环境对人体健康的维护和促进作用日益受到国际社会和各国政府的高度重视。荷兰每公顷森林年接待康养者达千余人,有近1/5的人口参与森林康养活动。1982年,日本林野厅首次提出将森林浴纳入健康的生活方式;2004年成立森林养生学会,开始森林环境与人类健康相关性研究工作;2007年成立日本森林医学研究会,建立了世界首个森林养生基地认证体系。截至2022年年底,日本共认证了3种类型的65处森林疗养基地,每年近8亿人次到基地进行森林浴。韩国在1982年开始提出建设自然疗养林,1995年启动森林利用与人体健康效应的研究。迄今为止,韩国共营建了近400处自然休养林、森林浴场和森林疗养基地,制定了完善的森林疗养基地标准,建立了森林疗养服务人员资格认证和培训体系。自2011年以来,美国联邦政府汇集以林业为主的8家机构实施的大户外战略成为提振美国经济和增加就业的重要举措。目前,美国平均每人每年收入的1/8用于森林康养。由此可见,利用森林环境开展养生保健、预防疾病,已成为国际社会维护人类健康的新潮流和新趋势。

(2)国内森林康养基地建设与认证

目前我国森林康养仍处于起步阶段。北京、湖南、四川、浙江等省份率先开展了森林疗法的实践探索。北京市组织翻译出版了专著《森林医学》,开展了森林疗养师的培训,并多次组织森林康养体验活动。广东省于2011年在石门国家森林公园规划建立了森林浴场。四川省启动了森林康养示范基地建设,并于2015年召开了"中国四川首届森林康养年会"。黑龙江省伊春市正在规划发展森林避暑康养度假基地。2016年国家林业局公布了率先开展全国森林体验基地和全国森林养生基地试点建设的单位名单,共18个基地,覆盖13个省(自治区、直辖市)。为促进森林体验和森林养生规范健康发展,2019年3月6日,国家林业和草原局、民政部、国家卫生健康委员会、国家中医药管理局联合印发的《关于促进森林康养产业发展的意见》明确提出,到2022年,建成基础设施基本完善、产业布局较为合理的区域性森林康养服务体系,建设国家森林康养基地300处,建立森林康养骨干人才队伍。到2035年,建成覆盖全国的森林康养服务体系,建设国家森林康养基地1200处,建立一支高素质的森林康养专业人才队伍;到2050年,森林康养服务体系更加健全,森林康养理念深入人心,人民群众享有更加充分的森林康养服务。截至2022年,全国各类型森林康养基地4000余家、96个国家森林康养基地、1321个国家级森林康养试点建设基地,覆盖全国30个省(自治区、直辖市)。

4. 国内外森林康养科学研究状况

(1)国外森林康养科学研究

国外有关森林康养的科学研究主要是针对森林环境对人体生理和心理反应、人体免疫功能、人体内分泌系统等的影响开展了一系列医学实证研究。研究表明,森林康养范畴中的森林浴、森林休闲等活动能在一定程度上促进人体生理和心理健康,如可降低皮质醇浓度以及心跳速率和血压,提高副交感神经活动,降低交感神经活性、尿中肾上腺素和去甲肾上腺素及唾液中皮质醇的水平,从而产生放松效果,增加人体NK细胞活性和NK细胞数量、改善睡眠、降低糖尿病患者的血糖水平、增加血液脂联素及硫酸脱氢表雄酮水平、降低血液中的N-端脑钠肽前体水平、改善心血管和代谢指标等。

(2)国内森林康养科学研究

国内有关森林康养的科学研究处于起步阶段,主要集中在森林环境对森林疗养效果的影响,如光照、温度、相对湿度、辐射热、风速、声压、植物精气、空气、负离子对森林康养功效的影响。国内关于医学实证研究的报道较少,主要是浙江省老年医学研究所开展的一系列关于森林浴的人体实证研究。研究表明,森林浴能在一定程度上改善老年人的高血压症状,对老年慢性阻塞性肺疾病(chronic obstructive pulmonary disease, COPD)患者的健康有良好的影响。也有研究表明,森林浴对飞行员睡眠质量提高效果确切,优于常规疗养。上述实证研究为森林康养的发展提供了科学依据,同时也为更深入的医学实证研究奠定了基础。

5. 森林康养产业发展展望

森林康养产业发展涉及林业、工商、国土、交通、税收、卫计、旅游、体育和民政等多个部门职能。但目前国家层面缺乏整体规划,政策不协调,很多法律法规仍是空白;森林康养基地基础建设薄弱,设施缺乏,森林康养效果难以感知;森林康养适宜人群以及森林康养安全性、持续性和有效性等基础研究极其缺乏;森林康养标准体系亟待建立;人才匮乏;服务形式单一;优质的生态资源还未有效转化为优质的生态健康服务产品;生态服务价值未充分显化和量化。虽然森林康养产业集保障我国民众健康、维护生态平衡、推动山区人民脱贫致富、促进我国经济转型等作用于一体,但在面临着良好历史发展机遇的同时也存在着巨大挑战。

7-6

如何让森林康养从一个概念发展成一种业态,从而造福更多人群,还需全社会从以下 8 个方面去努力。

(1) 现代化的健康管理理念

2020 年我国决胜全面建成小康社会取得决定性成就,对健康进行长期的综合管理将替代目前"生病才去医院"的健康观。发展森林康养就是要通过向人们提供全方位、个性化、保姆式的健康管理去赢得市场、引领潮流。

(2) 系统化的政策和财政支持

将森林康养纳入国家和各地发展规划,在规划编制、财政保障、科技支撑、政策咨询、贷款融资、管理服务等方面形成系统化的政策支持体系,建立健全合作机制,统筹推进产业发展。森林康养应主要由企业来投资,由市场来买单。要趁社会资本转型发展绿色产业之势,加大招商引资力度,积极探索公私合作模式(PPP)、特许权投融资模式(BOT)等多种模式,通过融资担保、贷款贴息等途径鼓励社会资本投向森林康养产业。

(3) 科学理论和技术支撑

整合资源建立森林康养科技创新平台,联合国内外知名医院、高等院校,包括森林康养人家、森林康养运动场、森林浴场、森林康养文化创作基地、森林康养药食材基地、森林康养医院等。目前,德国、日本、韩国等发达国家在生态旅游或森林旅游的基础上形成了以森林浴、森林疗养、森林康复等为主打品牌的经营模式。从某种程度上说,森林康养是生态旅游和森林旅游的升华与创新。为此,应充分挖掘和融合森林食疗、药疗、水疗、芳香疗法等各类养生手段,积极开发具有本地特色的森林浴、森林休闲、森林食疗、森林茶疗、森林水疗等特色品牌,使森林康养的主打品牌注入健康元素,融合养生理念,附加长寿价值。院校、研究机构开展森林康养养生、保健和康复有效性、持续性和安全性评价科学研究,包括森林康养适宜环境、适宜人群、适宜康养技术和功能产品的动物实验和人群实验研究,为森林康养产业发展提供安全有效的技术支撑和优质产品。

(4) 优质化的森林康养环境

以现代科学研究为依据,选择适合森林康养的优良树种,着力培育出景观优美、林相优化、生态优良、具有森林康养特殊功效的森林康养林。加强森林生态环境因子监测,在主要森林健身休闲场所设立温度、湿度、空气负离子和植物精气等因子监测点,提升森林康养环境水平和质量。

（5）特色化的森林康养基地和森林康养品牌

以国家公园、森林公园、湿地公园、自然保护区等为主体，建设适合不同人群的特色化森林康养基地。

（6）精细化的建设标准

根据森林资源条件、交通等基础设施和不同消费群体的需求取向，合理布局不同业主、不同类型、不同层面的康养场所，形成多元化、多层次、多形式的发展格局。学习和借鉴发达国家先进理念、技术和经验，严格制定森林康养基地建设与认证标准，逐步构建森林康养标准化体系促进森林康养产业规范发展。

（7）专业化的人才队伍

促进技能培训机构将森林康养纳入培训课程，依托市场建立合理的薪酬激励机制，吸引各类人才踊跃投入森林康养产业。

（8）多样化的森林康养文化建设与传播活动

开展丰富多彩的森林康养科普教育活动，出版森林康养科普知识宣传册、读本等出版物，制作森林康养网站，大力推进森林康养知识传播，使森林康养知识走进千家万户、深入人心。

三、林下经济产业

（一）林下经济的概念与内涵

2018年，中国林学会颁布《林下经济术语》（T/CSF 001—2018），对林下经济作了明确定义，林下经济是指依托森林、林地及其生态环境，遵循可持续经营原则，以开展复合经营为主要特征的生态友好型经济，包括林下种植、林下养殖、相关产品采集加工、森林景观利用等。定义强调了林下经济绿色、循环、可持续和立体复合经营等特点，为林下经济学科研究、生产实践、产值统计、对外交流等方面明确了范畴。林下经济作为一项生态富民产业，在充分保护森林资源的基础上，通过充分发挥林下土地和林荫的优势，能有效提高林地综合效益，增加林业附加值，拓展农村产业发展空间，实现农民增收，为助推生态文明建设、巩固拓展脱贫攻坚成果同乡村振兴有效衔接做出了重要贡献。

林下经济产业涵盖4个主要方面：林下种植、林下养殖、林产品采集和加工以及森林旅游。在林下种植方面，包括中药、森林食品、水果、花卉、观赏性植物等多元种植。林下养殖涵盖了林禽、林畜、林蜂、林蛙以及特种动物的养殖。此外，林产品采集和加工领域包括山野菜、山野果、野生药材等。这一产业的内涵主要包括以下几个方面：

①多元化的经济活动。林下经济产业不仅涵盖了林下土地的种植，如中药、森林食品、水果、花卉、观赏性植物等，还包括了林禽、林畜、林蜂、林蛙等的养殖，以及野生山菜、山野果、野生药材等的采集和加工，形成了多元产业的有机融合与复合经营体系。

②劳动密集和资源密集结合。林下经济产业的双重属性使其成为劳动密集型和资源密集型产业。这一特性既提供了就业机会，促进了劳动力的就业，也在利用和管理森林资源方面具有一定的技术含量，需要科学合理的资源配置。

③低投入、高产出。由于充分利用了已有的林木和土地资源，林下经济产业具有低投

入、高产出的特点。相对于传统的木材生产,这种经济模式更具经济效益,更符合可持续经济发展的要求。

④生态修复与环境保护。林下经济产业的可持续发展需要与生态修复相结合,通过科学的经营管理方式,防止过度开发导致的环境问题,保护生态系统的平衡,促进生态环境的良性循环。

⑤推动农民增收与农村经济发展。林下经济产业的发展为农民提供了多元化的经济收入来源,提高了农民的收入水平,同时也促进了农村地区的经济发展,带动了相关产业链的发展。

(二)我国林下经济发展历程与现状

随着集体林权制度改革的不断深入,林下经济得以快速发展。2012年7月,国务院办公厅印发了《关于加快林下经济发展的意见》,鼓励各地合理利用森林资源,科学发展以林下种植、林下养殖、相关产品采集加工和森林景观利用等为主要内容的林下经济,持续增强农民增收能力、优化农村产业结构、巩固集体林权制度改革和生态建设成果。2014年,在对全国林下经济发展情况摸底调查的基础上,原国家林业局制定并发布了《全国集体林地林下经济发展规划纲要(2014—2020年)》,明确了全国集体林地范围内林下经济的发展战略、指导思想、目标任务及保障措施,以促进林下经济健康有序发展。2021年,为进一步引导和推动全国林下经济高质量发展,巩固拓展脱贫攻坚成果同乡村振兴有效衔接,国家林业和草原局编制了《全国林下经济发展指南(2021—2030年)》。

7-7

截至2022年底,全国林下经济经营和利用林地面积6亿多亩,年产值从2013年的4575亿元增加到2022年的超1万亿元。林下经济提供林菌、林药、林茶、林菜、林禽、林畜、林蜂等丰富多样的森林食品和中药材,年产林禽49亿只、林畜5000多万头,对保障粮食安全和健康中国建设作出积极贡献。全国从业人数超过3400万人,各类经营主体95万个,发展林下经济年人均增收1万多元。

(三)林下经济产业发展存在的问题

发展认识不足,比较优势弱。随着林下经济规模不断扩展,虽已形成了企业+农户、企业+合作社+农户、企业+合作社+农户+基地等多种组织形式,但林农单户经营仍是林下经济的主要生产组织方式。林农对发展林下经济的重要意义和作用认识还不到位,仍存在只看短期收益、缺乏长远规划,发展林下经济的积极性不高等问题。

(1)一、二、三产融合不够,产业链条短

现阶段林下经济产品结构相对单一,产业化程度不高,产业融合不够。第一产业发展相对迅速,第二产业发展较为迟缓,第三产业近年来虽然发展势头迅猛,但是产业融合仍显不足,产业链尚未完全贯通,生产基地和企业多以单一产业为主,一、二、三产齐备的基地和企业较少。现有林下经济产品仍以销售初级产品为主,深加工率低,产品附加值不高。原料供应基地与林产品加工企业的有效衔接不足,供应机制不健全。

(2)市场化水平低,品牌建设弱

大多数林下经济产品为区域性自产自销,在种养和经营品种选择上存在一定的盲目性。缺乏市场意识和品牌意识，尚未形成成熟的经营模式和稳定的销售渠道。经营主体对网络推广、电子商务等现代营销方式运用不多，市场开拓能力不足。缺乏带动力强的龙头企业和地方特色突出的知名品牌，品牌影响力不足。

(3) 科技支撑不足，产业效益低

目前林下经济科技水平有待提升，产品研发创新能力不足，成果转化较慢，产品品质良莠不齐，尚未形成有竞争力的优质产能，影响林下经济产品产量和质量的提高。尚未建立完善的林下经济科技支撑体系，基层林业技术人才缺乏，科研设施水平滞后，科技推广经费不足，先进实用技术在基层推广普及力度不够。林下种植、养殖多沿用传统方式，科学种养技术掌握不足，林下经济规模化、产业化发展成本高、效益低。

(4) 发展资金短缺，经营融资难

林下经济生产经营环节存在不同程度上的融资慢、融资难问题。高标准林下经济项目前期投入较大，多数经营者缺乏启动资金，发展之初就受到限制，难以高标准起步、做大做强。一些山区林区基础设施条件滞后，存在水、电、路、通信等基础设施配套不足的问题，制约林下经济标准化、规模化、集约化发展。

(四) 林下经济产业发展的主要模式

(1) 林下种植

依托森林、林地及其生态环境，遵循可持续经营原则，在林内开展的种植活动，包括人工种植和野生植物资源抚育。主要包括林药模式、林菌模式、林茶模式、林果模式、林菜模式、林苗模式、林草模式、林花模式等。

(2) 林下养殖

依托森林、林地及其生态环境，遵循可持续经营原则和循环经济原理，在林内开展的生态养殖活动，包括人工养殖和野生动物驯养繁殖。主要包括林禽模式、林畜模式、林蜂模式、林渔模式、林特模式等。

(3) 林产品采集和加工

充分利用大自然为人类提供的丰富资源，对森林中可利用的非木质资源进行的采集与加工活动。主要包括山野菜、野果、野生菌类等的采集和初加工活动。

(4) 森林景观利用

合理利用森林资源的景观功能和森林内多种资源，开展有益人类身心健康的经营活动。主要包括森林康养、森林人家、林家乐、农家乐等。

第二节 社会林业

一、社会林业及其特征

长期以来，林业主要关注森林的培育、营造、保护和木材的加工利用，较少涉及周围社区的综合发展和参与，也很少顾及林业工作者与当地社区文化和习俗的关系。以至于世界上许多国家都出现了传统林业发展受挫，广大社区群众参与林业活动的积极性不高，并导致许多林业项目未达到预期效果，特别是在边远山区，农户反映冷漠，许多造林或森林保护措施无法实施。与此相反，毁林开荒、乱砍滥伐屡禁不止，造林不见林，森林植被数量质量不断下降。社会林业是人类为了纠正农业发展过程和工业化工程中片面追求过伐森林收获木材的效益而引起的生态社会问题，适应社会发展的特点和文化背景而产生的一种社会协调组织形式。

社会林业的出现是因为科技进步和人类社会化生产促进了经济社会的发展，同时也在不同程度上破坏了历史形成的人与自然的，特别是人与森林的关系，迫使人类回过头来借助社会的力量，恢复并发挥自然的、特别是森林的社会功能，以求得人与自然、人与森林关系维持在最佳状态。

从发展中国家来看，乡村贫困是突出问题，由此而产生的毁林造田、乱砍滥伐、过度放牧等，导致森林资源迅速减少，进而造成生态环境恶化，严重阻碍经济社会发展。解决这一问题的最好办法是把林业纳入整个乡村发展规划，通过林业促进乡村发展。

(一) 社会林业的概念

社会林业的实践在历史上早已有之，但作为一个明确的概念提出则是起源于印度。由印度林学家 J. C. Westoby 于 1968 年在第九届英联邦林业代表大会上提出，并在 1978 年雅加达第八届世界林业大会上得到正式确认。印度政府于 1973 年率先实施"社会林业计划"，取得显著成果，得到包括 FAO 和各国政府在内的国际社会的共同关注和支持，社会林业才得以发展。在印度，社会林业被定义为"当地人民组织起来直接参与规划、执行和管理等过程，并可从中获得利益的林业活动"。FAO 则定义为"任何地方群众参与的林业活动，主要由地方社区群众所做的一系列相互联系的工作和措施，其目的是为了改善他们的生活"。

1995 年 4 月在菲律宾大学林学院举行的社会林业课程研讨会上，与会者经过反复的斟酌和讨论，从作为一门学科的角度出发，定义为："社会林业是林业科学的一个分支，它研究在各种生态背景和各种社会背景下森林与人们的相互关系和相互作用。"从实施社会林业的角度出发，则定义为："社会林业是通过有效的和有意义的群众参与，实现永续性的森林资源管理、发展、公平分配与利用和促进生产发展"。

总而言之，社会林业强调两个方面：①主体的参与性。社会林业是当地居民自愿参与的林业活动，居民参与计划决策，参与经营与管理，林业活动的主体是当地居民，而不是外在的或外来的力量，并且居民是以主体的身份参与的。②主体的收益性。即社会林业强调居民参加林业活动的直接目的是获益，不仅要有长远利益，更重要的是近期利益。因此，从本质上说，社会林业是民众的林业，是民众直接参与并使民众直接受益的林业。它强调主体的参与性和主体收益性。

(二) 社会林业的特征

当世界受到不理智的大面积的森林毁坏以及随之而来的人类赖以生存的生态环境恶化的警告，迫使人们探求导致产生此现象的贫困、社会财富和森林资源的利用和分配不公平，以及政策失误等社会原因时，社会林业作为解决这些问题的一种革新和有效的手段得以讨论。社会林业的本质特征包括以下 4 个方面。

1. 生产性

社会林业的最主要目标是为林区群众创造利益。社会林业活动应能提高对土地生存和经济依赖性很强的社区群众的生产水平。这对目前生产水平仅能维持生活的农户非常重要。通过生产，要解决农民对建材、燃料和饲料等基本需求，并减轻他们的贫困以及防止森林遭到毁坏。

生产性要求在认识、了解当地的条件和情况的基础上，合理利用土地、选择合理的生产技术。如采用混农林业技术，选择种植那些既适合农民和市场需要，又适应当地土壤、气候条件的树木种类，提高生产率。单一的林木种植只能提供单一产品，而混农林业则可给处于维持生活水平的农户提供多种的农、林产品，提高他们的生活水平。合理的农、林作物种类的搭配、混作还可以尽可能地提高单位面积土地上的经济产出。

从经济角度看，生产性原则要求社会林业促进劳动力就业和提高农户的收入水平。混农林业技术既可以给农民提供更多的进行生产工作的机会，又可以通过出卖自足以外的农林产品增加农民的经济收入，还可以使农林产品在一年中季节上的分配更趋于合理。

社会林业不仅要增加在土地上的劳动就业机会，还要增加非土地上劳作的就业机会。如小规模的农林产品加工业和农林产品贸易等。这样就可以大幅度提高社会林业项目参与者的劳动生产率。社会林业活动的林业资源管理的目的是为了人民生活的提高。群众在社会林业活动中是作为促进经济社会发展的主体，而不是被动地作为经济社会发展的目标。

2. 自然资源利用和发展的永续性

社会林业应创造一种可持续的发展，所选择的策略和应用技术应能保证为社会林业的参与者获得持续的较高的农林业产出和家庭收入。在评价社会林业项目时，持续性发展有着多方面的衡量标准。

社会林业要通过采用合理的生物、物理技术，如混农林业和各种水土保持技术来保持土地的生产力，充分利用并保护人类的生产和生活所依赖的生态环境和生物资源。社会林业选用的技术和土地利用方法要符合当地的劳力、农户和自然资源的实际情况，以及当地的文化习惯。发展的永续性则要求政府政策的稳定性，土地权属等林业政策应稳定。这些政策与农民是否积极采用合理的耕作方式、农林业生产技术和积极提高生产率密切相关。采用当地群众易于接受的方式，协调好群众、土地、生产技术、气候和经济社会结构的相互关系，使社会林业活动产生持久的经济和生态效益。

3. 公平性

社会林业项目及其所采用的策略应促成森林所产生的效益的公平分配。这既要考虑在大范围内的、整个社会中的林业利益的公平分配，又要考虑在项目实施地区群众参与社会林业所创造的效益的公平分配。社会林业应直接使乡村的贫困农民受益。在很多第三世界国家中，传统林业的效益偏向于伐木者和社会中某些有影响力的阶层，这恰恰是导致大面积森林被毁的主要原因之一。在林业利益的分配中，不能歧视贫困地区和贫困农户，社会林业所创造的利益的公平分配是指在社会林业活动中贡献大者所得利益多，从而调动群众参加社会林业活动的积极性。

4. 群众参与性

社会林业强调当地群众自主地、直接参与式地管理和开发森林资源。与传统的乡村发展方法不同,社会林业把群众看作推动发展的主体,注重群众参与。让群众自己决定他们的发展目标和要解决的问题,以及解决系列问题的方法和先后顺序。

社会林业注重群众参与林业的全过程,项目的规划设计、实施、监测与评估都应有群众的积极参与。群众参与可保证社会林业规划内容能针对他们的真正需要,并且设计群众乐意为自己的利益而去实施的具体社会林业活动。也只有通过群众参与,社会林业项目的实施才具有所需的人力资源。由群众实施项目可以培养他们掌握社会林业所应用的各种知识和技能,也可建立起他们对发展的自信,这就保证了在外部对项目的支持结束后,社会林业活动仍能持续开展下去。

二、社会林业的类型

社会林业的类型包括广义的社会林业和狭义的社会林业。

(一)广义的社会林业

广义的社会林业是指以保存生物基因,协调全国、大区域的生态环境为目标的社会林业。主要包括两种类型:一是保存生物基因的社会林业,如自然保护地。二是协调大区域人类生存、生产环境的社会林业,如生态公益林建设工程、面积广袤的大林区如天然林区等。广义的社会林业目标远大,关系到国家民族的长远利益,所以,由国家设立专业机构进行科学经营管理。

(二)狭义的社会林业

狭义的社会林业是指森林的社会功能在特定的社区发挥作用,由社区组织林业活动,社区和参与者直接受益的林业。主要类型有3种:

①乡村社会林业。包括平原、山区、林区林业,以改善乡村生态环境,为村民提供薪材、饲料、食物和经济收入为宗旨。

②城市林业。包括城区和郊区林业,以美化、绿化城市环境,净化空气,为居民创造优良的生活、生产、工作环境为宗旨。

③特殊社区的社会林业。包括工厂、矿区、军营等特殊社区的林业,以改善本社区生活、生产、训练环境为宗旨。

印度的狭义社会林业经营形式主要有:

①农户林业。即林业资源为个体农户所有,主要是林粮间作或农田林网的森林和林木。

②乡村林业。主要在公共土地上造林,由政府和村庄联营,多数由政府雇工造林,村民负责管护,所得收入由政府和乡村平分。

③路旁水旁造林。土地属于国家所有,当地群众负责造林,由林业局雇人看护,收入由林业局与参与造林的村庄按比例分成。

④林区林户造林。这一类型大部分发生在少数民族地区,由国家组织少数民族在林区土地上造林,林业局每年给林户一定数量的无息贷款,直到林木采伐时为止,造林及前三年的管护费由林业局垫付,等林木有收入时,扣回贷款和造林费、管护费。

⑤城市林业。主要由居民、学生、士兵在城市土地上造林。

社会林业这一概念传入中国的时间虽然不长,但社会林业的思想和实践在中国有着悠久的历史及各种各样的存在形式。例如,中国《园圃志》及南北朝时期《齐民要术》所述及后世创新的混农林业经营方式等直到现在仍为各地所采用。经过多年发展,中国社会林业呈现出家庭经营、合伙制股份合作制、要素组合式股份合作制等多种模式。

①家庭经营。社会林业的直观和典型的经营形式。以参与性作为收益性的前提,以收益性作为参与性的保障,社会林业的这一本质内容在家庭经营形式中表现为家庭成员参加林业经营活动的成果直接归家庭所有。

②合伙式的股份合作制。3~5户家庭自愿组成的股份合作的联合体,合作者共同参加经营与管理并共同受益。

7-8

7-9

③要素组合式的股份合作制。由农户以投入的资金等要素作为股份合作的黏合剂,组合成新的股份联合体,它表现出要素入股的"合"的特征,由此来建立私人产权约束机制。实践中形成的家庭经营、合伙制股份合作经营和要素组合式股份合作制各有其利弊、适用范围和发展方向。家庭经营是社会林业最具活力的经营形式,它是一种最能充分发挥个性、调动家庭经营潜能的制度。合伙式股份合作制经营由于其成员一般较少,股东之间的协调较易,监督与谈判的费用较低,它所要求的制度较为简单,因此其制度运作的成本较低。相反,要素组合式股份合作制的经营规模虽大,但对制度的要求较高,尤其是需要建立起有效的私人产权的约束机制,以保证委托—代理关系不产生异化,才能成为实现社会林业本质要求的经营形式。

第三节　城市林业

一、城市林业发展背景

(一)国外城市林业发展

城市林业最早起源于北美洲,主要是加拿大和美国。早在1910年,美国就有人提出"林学家的阵地就在城市"的口号。1962年,美国政府在户外娱乐资源调查中,首先使用"城市森林"(urban forest)这一名词。1965年加拿大多伦多大学Erik Jorgensen首先将"城市"与"林业"结合起来,提出了城市林业(urban forestry)的概念,并率先开设了城市林业课程。同年,美国林务局代表在美国国家森林公园白宫会议上,提出了城市森林发展计划。1967年,美国农业和自然资源委员会出版《草地和树木在我们周围》,提出美国生活方式和对城市环境评价。1968年,美国娱乐和自然学居民咨询委员会主席S. S. Rokeeller向美国总统提出关于城市和城镇树木计划报告,鼓励研究城市树木问题,为建设和管理城市树木提供资金和技术。当时的总统接受了这个报告。自此,官方承认了城市林业和城市森林的概念。从1968年以来,美国有33所大学的森林系、自然资源学院和农学院等开设了城市林业课。1970年,美国成立了平肖(Pinchot)环境林业研究所,专门研究城市林业,以改变美国人口密集区居住环境。1971年,美国国会城市环境林业计划议案,为城市林业提供3500万美元资金。1972年,《美国公共法》第92-288款支持林务局发展城市林业计划。同年,美国林业工作协会设立城市林业组,专门组织研究城市森林和有关学科。1972年,美国国会通过《城市森林法》。以后,许多州修订了各自的合作森林法条款。1973年,国际树木栽培协会召开城市林业会议。1978年,美国国会制定了《1978年合作森林资助法》,其中第六部分是发展城市森林,对城市森林管理、病虫害防治、森林防火等予以资助。联邦政府授权树木栽培协会,对各州林业工作者提供经济和技术援助。同年,国际树木栽培协会成立一个城市林业委员会,联邦政府授权树木栽培协会对州林业工作者提供经济和技术援助。从1978年以来,美国举行了35次全国城市林业会议,研究城市林业发展。1979年,加拿大建立了第一个城市林业咨询处,研究、回答城市林业的有关问题。美国林学会1981年创办了《城市林业杂志》。

北美洲城市林业和城市森林的兴起与发展影响并带动了其他国家和地区。英国在1988年后普遍承认并接受了"城市林业"这个名词。1987年9月,伦敦实施一项《伦敦森林计划》,目的不单是植物,而是通过对城市森林功能作用的研究与宣传提高市民对林木和环境污染之间关系的认识。这项计划对英国城市林业的发展影响极大。其他如北欧的挪威、丹麦等也陆续开展了城市森林的研究。除此之外,在亚洲如日本,虽说国土面积小,但市政府常购买郊区的土地建成绿色的保护区,称为"市民森林"。目前许多国家已接受并有运用城市林业的概念,实际上美国召开的城市林业会议已成为国际性会议。美国林务局设有国际资助城市林业的国际间合作机构。

7-10

(二) 中国城市林业发展

虽然中国引入和认识城市林业较晚,仅始于20世纪80年代末,但其在全国范围内的发展和建设确实很迅速。1989年,中国林业科学研究院开始研究国外城市林业发展状况;1992年,中国林学会召开设立城市林业研究室;1994年,成立中国林学会城市林业研究会,中国林业科学研究院设立城市林业研究室;1995年,全国林业厅局长会议确定城市林业为"九五"期间林业工作的两个重点之一,林业部领导指出,大力发展城市林业势在必行;1996年,北京市林业局和林业部共同下达"北京市城市林业研究"项目,由北京林业大学、北京市林业局共同承担,研究北京市城市林业可持续发展战略,主要包括北京市城市林业概念与范畴的界定、北京市城市林业的结构与功能、北京市城市林业的发展模式、21世纪北京城市林业发展规划设想等。这些研究为中国城市林业的发展起到了奠基性和开拓性的推动作用。

中国各地城市林业发展情况。1988年,吉林省长春市率先开展森林城市建设,并被列入国家森林城市建设试点之一,随后,安徽省合肥市、辽宁省阜新市、湖南省娄底市纷纷制定了森林城市建设规划,国家在政策和资金上给予了一定支持。经过这些年的建设,这些城市的森林体系建设已大见成效。长春市已形成"一环五带"(环城500米宽的绿化林带,城市和郊区的五条林荫大道)为主的城市森林格局。合肥市通过营造城市片林、森林大道,发展田园经济林,建设生态防护林,加强农田林网、县乡道路、四旁植树等综合措施,形成城乡一体的绿色景观和多层次、多功能、多效益的城市森林生态体系。在全国绿化委员会办公室的指导下,从2000年开始,福州、合肥、无锡、遵义、赤峰、濮阳等城市开始

实施城乡一体的森林体系建设。近年来,中国城市林业建设的一个显著标志是普遍开展环城绿化林带建设。北京市正在实施隔离区绿化林带、五河十路防护林带建设措施,加快城市森林体系建设。上海市不仅正在开展 500 米宽的环城绿化林带建设,而且还较为科学地实施大树进城,这几年共移植各类高大乔木 20 多万株,城市森林得到迅速发展,使城市绿地结构、生态景观明显改善。上海市还规划在城近郊区拿出 1/3 的土地发展城市森林。广东省是中国城市林业建设的先进地区,1996 年以来先后有广州、中山、东莞、珠海、南海、深圳、潮州等 10 多个城市制定了以建立城市森林体系为中心内容的城市林业规划,开展城市森林建设。2000 年,深圳市以其良好的城市森林生态景观被联合国环境规划署评为"全球环境 500 佳"。广州市在城区开展高标准园林绿化带建设,在近郊建设了几十处森林公园、风景林、防护林,在远郊山区营造了 40 万公顷生态公益林。城市的森林生态景观和功能效应日益得到显现。

二、城市林业及其功能

(一) 城市林业的概念

城市林业是一门迅速发展、前景广阔的边缘科学,它是由林学、园艺学、园林学、生态学、城市科学等组成的交叉学科。内容涉及广泛,以城市森林培育、经营和管理为核心和重点,与景观建设、公园管理、城市规划等息息相关。加拿大 Erik Jorgensen 认为"城市林业并非仅指对城市树木的管理,而是对受城市居民影响和利用的整个地区之所有树木的管理。这个地区包括服务于城市居民的水域和供游憩及娱乐的地区,也包括行政上划为城市范围的地区"。城市林业是传统林业的凝练与升华,它广泛参与城市生态系统中物质、能量的流动和转换。因此,城市林业的出现受到了世界各国的普遍重视,并在城市生态环境建设及城市可持续发展中发挥着越来越重要的作用。

城市林业可分为狭义和广义两种概念。狭义的城市林业概念是:城市林业是林业的一个专门分支,它是研究培育和管理那些对城市生态和经济具有实际或潜在效益的森林、树木及有关植物,其任务是综合设计和管理城市树木及有关植物,以及培训市民等。广义的城市林业概念是:城市林业是研究林木与城市环境(小气候、土壤、地貌、水域、动植物、居民住宅区、工业区、活动场所、街道、公路、铁路、各种污染等)之间关系,合理配置、培育、管理森林、树木和植物,改善城市环境,繁荣城市经济,维持城市可持续发展的一门科学。

(二) 城市林业的功能

1. 生态功能

(1) 吸收有害气体、烟尘和粉尘和杀菌,净化城市空气

①吸收有害气体。污染大气的有害气体主要是化学性燃料排放到大气中的氯、氟、烃、甲烷、一氧化碳、氧化氮等 40 多种。森林植物在其生命活动的过程中,对许多有毒气体有一定的吸收功能,虽然这些对有害气体的吸收能力或抗性性能比较微弱或者有限,但能减少或改善局部地区污染状况,在净化环境中起到积极作用。

②吸收烟尘和粉尘。空气中的烟尘和工厂中排放出来的粉尘,是污染环境的主要有害物质。森林植被由于具有大量的枝叶,其表面常凸凹不平,形成庞大的吸附面,每公顷林木的叶面积相当于占地面积的7.5倍,有的还有很大绒毛或分泌有黏性的原汁和油脂,因而很容易吸附滞留住粉尘,能够阻截和吸附大量的尘埃,起到了降低风速、对飘尘的阻挡、过滤和吸收作用,而这些枝叶经过雨水的冲洗后,又恢复其吸附作用。

③减菌、杀菌。空气中有害菌含量是评价城市环境质量优劣的重要指标之一。在人口大量集中、活动频繁的城市空气中通常有近百种细菌。绿色植物可以减少空气中的含菌量,许多森林植物种类具有对有害菌有抑制和杀灭的作用,它们在其生命活动过程中能分泌出具有挥发性的植物杀菌素。另外,树木的枝叶可以附着大量的尘埃,因而减少了空气中作用有害菌载体的尘埃数量,减少了空气中的含害菌数量,净化了城市空气。

④维持碳氧平衡。空气是人类赖以生存和生活不可缺少的物质。随着人口的急剧增加、工业的迅速发展,排入大气中的二氧化碳相应地增加。城市森林植被通过光合作用释氧固碳的功能,在城市低空范围内调节和改善城区的碳氧平衡,缓解或消除局部的缺氧,以改善局部地区的空气质量。森林植被的这种功能,也是在城市环境这种特定的条件下,用其他手段所不能替代的。

(2)减弱、消除噪声

城市人群聚集,车辆繁多,工厂遍布,发出各种噪声。噪声使人感到烦躁、厌倦。长期伴随噪声生活的人,常常引发听力衰退、神经衰弱、高血压、心血管疾病、肠胃系统机能障碍等各种疾病和心理变态反应。绿色植物对声波具有吸收和散射作用。粗糙的树干、茂密的枝叶能够阻挡声波的传送,树叶的摆动能使通过的声波减弱并迅速消失。另外,绿色植物也可以通过对环境中气候的影响而间接地降低或减弱噪声,例如,绿色植物可以缩小温差,降低风速等。

(3)涵养水源、调节和改善小气候

①涵养水源。城市的地下水一方面得不到水源的补充,另一方面还不断地被抽取,造成地下水源急剧减少,以致整个地层下陷。这种整个城市下陷的情况在世界各地均有发生。森林由于有强大的树冠和庞大的根系以及良好的土壤结构,将大量的降水转为地下水,从而补充地下水源。也正因为如此,在城市规划和建设时,不要将土壤封得严严实实,留一些降水渗透的通道有利于补充城市的地下水。例如,在公园、人行道上,应杜绝将路面全部用混凝土覆盖,可以采用一些留有露土通道的地砖铺就地面。

②调节和改善小气候。由于"城市热岛"效应,一般比城市周边的农地等处温度高0.5~1.5℃。在冬天,这种状况颇为舒适;在夏天则相反,城市里因缺乏植物的原因而比较热。森林植物通过其叶片的大量蒸腾水分而消耗城市中的辐射热和来自路面、墙面和相邻物体的反射而产生的增温效益,缓解了城市的"热岛效应"。在城市内,利用种植树木和其他绿色植物,并根据它们对太阳辐射、空气运动等的作用机理,适当配置各种植物,就能够产生类似于室内那种令人舒适的小气候。

(4)保健功能

森林除具有吸碳放氧、杀菌滞尘、吸收有毒气体、减轻噪声等有益作用外,还对人们的精神、健康状况等心理和生理方面产生更大影响,起到潜移默化的保健作用。森林能产生有益于健康的物质。森林植物的叶、干、花、果等会散发一种叫作"芬多精"的挥发性物质，能杀死空气中的病原微生物，并防止害虫、杂草等侵害树木，因此，森林环境可大大减少人们致病的机会。另外，植物除光合作用外，还会产生一些含有多种成分、带有特殊芳香的萜烯类气态物质，吸入人体内，可刺激人体的一些器官功能，起到消炎、利尿、加速呼吸器官的纤毛运动和祛痰等作用。据研究，森林环境中，瀑布、溪水等溅起的水花，植物光合作用制造的新鲜氧气，以及太阳光的紫外线等，均会产生阴离子。空气中阴离子多，对人体健康有很大促进作用。森林的医疗保健作用。随着人们生活水平的不断提高，大家逐渐认识到森林不仅可提供美的享受，而且还能促进身心健康。森林对人类健康的作用，在医学界中称为"自然疗法"，是近年来发展起来的新学科，也称"森林健康学"，是指在森林中运动和治疗以保持身心健康的养生方法。近二三十年来，森林疗养业在国外已引起医生、心理学家、生理学家和林学家的高度重视。

2. 经济功能

城市林业不仅有巨大的生态效益，而且经济效益也十分显著。据计算一座具有城市林业特色的城市，可以为城市居民提供50%的薪材、80%的干鲜果品，目前，许多国家的城市已经改变直接烧用薪材的习俗，而将采下的树枝叶送进化工厂气化，供给居民烧用。一个完好的城市防护林体系可以使郊区粮食增产10%～15%，降低能源消耗10%～50%，降低取暖费10%～20%。

城市森林游憩已成为居民重要的休闲娱乐活动之一，城市森林旅游也成为城市林业的创收大户。目前，旅游业已成为世界最大的就业部门，而森林旅游、森林康养近年来已成为旅游业的热点，特别是城市森林已逐渐成为城市居民旅游的理想胜地。

3. 社会功能

(1) 增加城市景观、美化城市

运用森林植物的不同形状、颜色、用途和风格，因地制宜地配置各种乔木、灌木、花卉、草坪，形成五颜六色的多彩城市景观，为城市增添自然美。多姿多彩的绿色植被打破了水泥建筑物僵硬的外角，烘托建筑物的美，从而展示城市的美。使人们回归自然、贴近自然，创造一个新鲜的空气、明媚的阳光、清澈的水体和舒适而安静的生活和工作环境。

(2) 文化教育作用

城市绿地就是一座丰富的知识宝库，例如，一个公园，一条林带或一处公共绿地，包含有许多生物种类，它们具有不同的形态特征、生态习性、审美价值及艺术效果，以及它们的养护管理等方面的知识，都可以学习、研究和探索。在文学艺术方面，城市绿化除了为文学家、艺术家提供安静、舒适、优美的创作环境外，还为他们的创作灵感提供了很好的素材和对象。另外，城市绿化还为人们提供了良好社交场所和机会。绿化优美的城市环境，吸引国内外宾客参观、游览，从而开阔眼界、增进友谊。同时，优美的环境使户外活动者，自觉地衣着洁净合体、款式新颖、俏丽夺目的服装，以展示社会文明及生活水平。

(3) 增加城市就业

城市林业不同于传统林业，其原则是高效、和谐，既要有高的物质生产能力，提供丰富的其他林产品，又要有高的精神生产能力，给人以美的享受。因此，从苗木培育、种植养护到其他林产品的综合利用，以及森林旅游、森林康养等，都需要劳动力，发展城市林业可以提供就业机会。

总之,城市林业作为新兴边缘学科,在城市生态、景观、文化等方面发挥重要作用,作为城市规划与管理的重要组成部分。越来越受到了世界各国的普遍重视,在城市生态环境建设及城市可持续发展中发挥着愈加重要的作用,并在实践中广泛运用。

第四节 自然保护地与国家公园

一、自然保护地

(一)自然保护地的概念

根据国际自然保护联盟(International Union for Conservation of Nature,IUCN)的定义,自然保护地是以实现对自然及其生态系统服务和文化价值的长期保护为目标,通过法律或其他有效手段来认定和管理的边界清晰的地理空间(Dudley,2008)。我国政府文件对自然保护地的定义是,由各级政府依法划定或确认,对重要的自然生态系统、自然遗迹、自然景观及其所承载的自然资源、生态功能和文化价值实施长期保护的陆域或海域。

1864年,美国的约瑟米蒂谷被列入受保护的地区,成为世界上首个现代自然保护地,此后,各种自然保护地在全球相继建立起来。根据IUCN世界自然保护地数据库的统计,全球已经设立包括自然保护区、国家公园在内的约22万个自然保护地,其中陆地类型的就超过20万个,覆盖了全球陆地面积的12%。我国自1956年第一个国家自然保护区——鼎湖山国家级自然保护区建立以来,截止2022年,已建立各级各类自然保护地超1.18万处,面积约占国土陆域面积的18%,陆地生态系统和国家重点保护野生动植物物种得到有效保护。

(二)自然保护地的类型

按照自然生态系统原真性、整体性、系统性及其内在规律,依据管理目标与效能并借鉴国际经验,将自然保护地按生态价值和保护强度高低依次分为3类。

(1)国家公园

以保护具有国家代表性的自然生态系统为主要目的,实现自然资源科学保护和合理利用的特定陆域或海域,是我国自然生态系统中最重要、自然景观最独特、自然遗产最精华、生物多样性最富集的部分,保护范围大,生态过程完整,具有全球价值、国家象征,国民认同度高。

(2)自然保护区

保护典型的自然生态系统、珍稀濒危野生动植物种的天然集中分布区、有特殊意义的自然遗迹的区域。具有较大面积,确保主要保护对象安全,维持和恢复珍稀濒危野生动植物种群数量及赖以生存的栖息环境。

(3)自然公园

保护重要的自然生态系统、自然遗迹和自然景观,具有生态、观赏、文化和科学价值,可持续利用的区域。确保森林、海洋、湿地、水域、冰川、草原、生物等珍贵自然资源，以及所承载的景观、地质地貌和文化多样性得到有效保护。包括森林公园、地质公园、海洋公园、湿地公园、沙漠公园、草原公园等各类自然公园。

(三) 中国自然保护地治理的发展历程

我国自然保护地建设事业从20世纪50年代中期设立第一批自然保护区至今，主要经历了摸索创建阶段(1956—1978年)、稳步发展阶段(1979—1993年)、快速发展阶段(1994—2009年)和高质量发展阶段(2010年至今)4个阶段(王昌海和谢梦玲，2023)。

(1) 摸索创建阶段(1956—1978年)

1956年，第七次全国林业大会审议并通过了《关于天然林禁伐区(自然保护区)划定草案》，标志着中国从国家层面正式关注自然保护区建设。同年，我国第一个自然保护区广东鼎湖山自然保护区建立。此后，各地先后在浙江天目山、海南尖峰岭、广西花坪等地陆续建立自然保护区，截至1978年年底，全国共建立自然保护区34个，总面积1.265万平方千米，约占国土面积的0.13%(高吉喜等，2019)。

(2) 稳步发展阶段(1979—1993年)

1985年，我国颁布了第一部自然保护区建立和管理方面的法规《森林和野生动物类型自然保护区管理办法》，为规范建立自然保护区体系提供了法律依据。随后1987年5月，国务院环境保护委员会颁发了《中国自然保护纲要》，这是我国第一个保护自然资源和自然环境的宏观指导性文件，它明确表达了我国政府对保护自然环境和自然资源的政策。自此，我国自然保护区建设步入了有法可依、有章可循、与国际接轨的稳步发展轨道。截至1993年，全国各类自然保护区数量达到763处，总面积66.18万平方千米，占国土面积的6.84%，接近世界平均水平(王智等，2008)。

(3) 快速发展阶段(1994—2009年)

1994年，中国首部自然保护区法律法规《自然保护区条例》正式颁布并实施，使中国自然保护事业进入了有法可依、有章可循的快速发展阶段。1999年开始，我国陆续启动了天然林保护、退耕还林等一系列重大生态工程，自然保护区数量和覆盖面积快速增长。仅2000—2007年，中国建立了1300余个自然保护区，接近60年(1956—2016年)建设总数量的50%，到2009年年底，全国大陆地区已建立各类自然保护区2541个，总面积约1.47亿公顷，占陆域国土面积的14.7%。

(4) 高质量发展阶段(2010年至今)

"十二五"期间，国家发展改革委、财政部安排专项资金用于自然保护区开展生态保护奖项、生态保护补偿等政策，支持国家级自然保护区开展管护能力建设、实施湿地保护恢复工程等，自然保护区发展进入了高质量发展阶段，其中最鲜明的变化在于新建了国家公园保护地类型。2013年，党的十八大首次提出建立国家公园体制。2015年，中共中央制定了生态文明建设的改革方案，开启了为期3年的国家公园试点。2021年，在国家公园体制试点的基础上，中国正式设立三江源、东北虎豹、大熊猫、武夷山以及海南热带雨林等第一批国家公园。经过60多年的发展，中国自然保护区建设取得了一系列积极成就。截止到2021年底，全国建立了各级各类自然保护地9195处，总面积185.4万平方公里，约覆盖了陆域国土面积的18%。自然保护地在保护生物多样性、维护生态安全的核心作用日益突出，基本覆盖了全国90%以上的陆域生态系统类型、74%的国家重点保护野生动植物物种主要栖息地；基本涵盖了 54 万平方公里天然草原、35 万平方公里天然林、近 20 万平方公里天然湿地、1.2 万平方公里海洋。

二、国家公园

(一) 国家公园的概念

国家公园是指国家为了保护一个或多个典型生态系统的完整性，为生态旅游、科学研究和环境教育提供场所，而划定的需要特殊保护、管理和利用的自然区域。它既不同于严格的自然保护区，也不同于一般的旅游景区。我国国家公园是由国家批准设立并主导管理，边界清晰，以保护具有国家代表性的大面积自然生态系统为主要目的，实现自然资源科学保护和合理利用的特定陆地或海洋区域。

"国家公园"的概念源自美国，名词译自英文的"National Park"，据说最早由美国艺术家乔治·卡特林(Geoge Catlin)首先提出。1832 年，他在旅行的路上，对美国西部大开发对印第安文明、野生动植物和荒野的影响深表忧虑。他写到"它们可以被保护起来，只要政府通过一些保护政策设立一个国家公园，其中有人也有野兽，所有的一切都处于原生状态，体现着自然之美"。之后，即被全世界许多国家所使用，尽管各自的确切含义不尽相同，但基本意思都是指自然保护地的一种形式。自从 1872 年世界上第一个国家公园——美国黄石国家公园建立以来，国家公园在世界各国迅速发展。经过上百年的探索实践，国家公园的理念和发展模式已成为世界上自然保护的一种重要形式。全球已有 200 多个国家和地区建立了上万个国家公园，总保护面积超过 600 万平方千米。

7-12

(二) 国家公园的特征

国家公园以生态环境、自然资源保护和适度旅游开发为基本策略，通过较小范围的适度开发实现大范围的有效保护，既排除与保护目标相抵触的开发利用方式，达到了保护生态系统完整性的目的，又为公众提供了旅游、科研、教育、娱乐的机会和场所，是一种能够合理处理生态环境保护与资源开发利用关系的行之有效的保护和管理模式。尤其是在生态环境保护和自然资源利用矛盾尖锐的亚洲和非洲地区，通过这种保护与发展有机结合的模式，不仅有力地促进了生态环境和生物多样性的保护，同时也极大地带动了地方旅游业和经济社会的发展，做到了资源的可持续利用。综观世界上各种类型、各种规模的世界国家公园，一般都具有两个比较明显的特征：①国家公园自然状况的天然性和原始性，即国家公园通常都以天然形成的环境为基础，以天然景观为主要内容，人为的建筑、设施只是为了方便而添置的必要辅助。②国家公园景观资源的珍稀性和独特性，即国家公园天然或原始的景观资源往往为一国所罕见，并在国内、甚至在世界上都有着不可替代的重要而特别的影响。

(三) 设立国家公园的意义

国家公园在景观资源的保存与保护、资源环境的考察与研究、旅游观光业的可持续发展等方面发挥着重要作用。同时，国家公园具有提供保护性的自然环境、保存物种及遗传基因、提供国民游憩及繁荣地方经济、促进学术研究及环境教育等多项功能。

经验表明，保护意识和行为的产生往往是破坏的行为结果倒逼出来的。在漫长的历史长河中，人类享受着自然的供给，人们对自然资源的索取没有超过自然界自我恢复的阈值，人与自然相安无事。随着人类数量的增长以及利用自然手段和能力的增强，特别是工业化以来的200多年来，资源的短缺和环境的退化现象从局部蔓延到全局，生态环境问题成了全球性问题。具有5000多年文明史的中国发展到今天，遇到了前所未有的资源趋紧、生态退化、环境污染加剧、生物多样性锐减的严峻局面，人类赖以生存的自然环境面临严重威胁。保护原生自然生态系统、修复退化生态环境，成了当代人的历史重任。相比破坏了再来投入资金修复(有的生态系统一旦破坏就无法修复)，投资自然保护能够获得最大化的费效比，因此，国家应该十分重视自然保护事业。

(四) 国家公园的管理

经过100多年的研究和发展，"国家公园"已经成为一项具有世界性和全人类性的自然文化保护运动，并形成了一系列逐步推进的保护思想和保护模式。主要包括：①保护对象从视觉景观保护走向生物多样性保护；②保护方法从消极保护走向积极保护；③保护力量从一方参与走向多方参与；④保护空间从点状保护走向系统保护。

根据1974年国际自然资源保护联盟(IUCN)认定的国家公园标准为：①面积不小于1000公顷的范围内，具有优美景观的特殊生态或特殊地形，有国家代表性，且未经人类开采、聚居或开发建设之地区；②为长期保护自然原野景观，原生动植物，特殊生态体系而设置保护区之地区；③由国家最高权力机构采取步骤，限制开发工业区、商业区及聚居之地区，并禁止伐林、采矿、设电厂、农耕、放牧、狩猎等行为，同时有效执行对于生态、自然景观维护之地区；维护目前的自然状态，仅准许游客在特别情况下进入一定范围，以作为现代及未来世代科学、教育、游憩、启智资产之地区。

总体来看，国外国家公园主要有3种管理体制。

(1) 自上而下的垂直管理体制

这种体制最为普遍，实行的国家最多，包括美国、巴西、阿根廷、澳大利亚等。作为世界上第一个国家公园的诞生地，美国国家公园走过了150多年的曲折历程，建立了成熟的国家公园体系，国家公园管理局管理着63个国家公园，以及国家历史公园等20多种类型共423处国家公园管理单位，总面积为34.5万平方千米，约占国土面积的3.6%。由于美国的自然保护地体系由国家公园管理局、林务局、鱼类及野生动植物管理局、土地局等部门分别管理，不是"大部制"管理，相对分散，各行其政，完整性仍然受到影响，彼此之间也有难以协调的问题。巴西是生物多样性大国，其国家公园的管理模式为中央集权型管理，自上而下实行垂直领导并辅以其他部门合作和民间机构的协助，管理体系健全，层次清晰，职责划分明确，值得参考借鉴。阿根廷国家公园历史悠久，1934年成立国家公园管理委员会，正式确立了国家公园为主的自然保护体系。阿根廷的自然保护体系以国家公园为主，此外还有自然保护区、濒危物种保护区、人类文化和自然遗产保护区等。国家公园管理局隶属于阿根廷环境与可持续发展部。国家公园管理局是阿根廷国家公园及其他保护地的管理机构，不仅负责对全国国家公园的管理，同时也要负责自然保护区、世界遗产、国家纪念地等的管理，内设机构简单明了，部门设置科学，职责划分合理。

(2) 自上而下与地方自治相并行的管理体制

最典型的是加拿大和日本。加拿大的管理机构建立最早，经过100多年的发展逐步形成,内设机构健全,分为国家级和省级国家公园,国家级国家公园由联邦政府实行垂直管理,省级国家公园由各省政府自己管理,两级机构没有交叉也不相互联系。

(3)地方自治型管理体制

采取这种体制的国家较少,代表性国家是德国。德国国家公园的建立、管理机构的设置、管理目标的制定等一系列事务,都由地区或州政府决定,联邦政府仅为开展此项工作制定宏观政策、框架性规定和相关法规,基本不参与具体管理。

在借鉴国际先进做法和经验的基础上,结合中国自然保护地实际,以加强自然生态系统原真性、完整性保护为基础,以实现国家所有、全民共享、世代传承为目标,理顺管理体制,创新运营机制,健全法制保障,强化监督管理,构建统一规范高效的中国特色国家公园体制,建立分类科学、保护有力的自然保护地体系。国家公园管理局负责管理以国家公园为主体的自然保护地体系,肩负着守护者、管理者、使用的监管者、生态产品的供给者、生态文化传播和对外交流的使者等角色,以构建生态安全屏障、保护野生动植物、维护生物多样性、满足人民认识自然和亲近自然的精神文化需求、确保国家的重要生态资源全民共享、世代传承的职责,以建设美丽中国、维护中华民族永续发展的生态空间为使命。成立国家公园管理局的做法与国际上绝大多数国家做法相近,又结合中国国情,体现了中国特色,具有科学性和前瞻性,一旦实施,将在全球自然保护地体系治理方面独树一帜,为发展中国家保护自然生态环境提供中国经验。

(五)我国国家公园的实践

我国将国家公园定位为自然保护地最重要类型之一。国家公园是指由国家批准设立并主导管理,以保护具有国家代表性的大面积自然生态系统为主要目的,兼有科研、教育、游憩等功能,实现自然资源科学保护和合理利用的特定陆地或海洋区域。将最具有生态重要性、国家代表性和全面公益性的核心资源纳入国家公园,实行最严格的保护,属于全国主体功能区规划中的禁止开发区域,是国家国土生态安全屏障的主要载体,是全民整体利益的组成部分,用国家意志和国家公权力行使管理权,是统筹国家利益和地方利益的载体,也是中央规范地方行为的工具。与一般的自然保护地相比,国家公园范围更大、生态系统更完整、原真性更强、管理层级更高、保护更严格,突出原真性和完整性保护,是构建自然保护地体系的"四梁八柱",在自然保护地体系中占有主体地位。通过建立国家公园体制,改革自然保护领域存在的问题,建立以国家公园为主体的自然保护地体系,恰逢其时。

我国第一个"国家公园"是1984年在我国的台湾地区建立的,即垦丁国家公园(Kenting National Park)。这是中国第一个以"国家公园"为名称的保护区。我国大陆的第一个国家公园提法则始于2006年,云南迪庆藏族自治州通过地方立法成立香格里拉普达措国家公园,并宣告已于1988年由国务院批准划入"三江并流国家重点风景名胜区"的有关地域为中国大陆地区的第一个"国家公园",2007年6月21日,香格里拉普达措国家公园正式揭牌。2008年10月8日,环境保护部和国家旅游局已批准建设中国第一个国家公园试点单位——黑龙江汤旺河国家公园。该公园地处小兴安岭南麓,范围包括汤旺河原始森林区和汤旺河石林区。此区域是松花江一级支流汤旺河的源头,植被覆盖率99.8%以上。以红松为主的针阔叶混交林是亚洲最完整、最具代表性的原始红松林生长地,同时分布着大量云杉、冷杉、白桦、椴树等多达110余种的珍贵树种。区域内生物多样性丰富，有野生植物612种，国家重点保护珍稀濒危植物10种；野生动物250多种，国家重点保护的珍稀濒危物种40余种。区域内自然景观独特，百余座花岗岩石峰构成了奇特的地质地貌，是目前国内发现的唯一一处造型丰富，类型齐全，特征典型的印支期花岗岩地质遗迹。

建立国家公园体制是党的十八届三中全会提出的重点改革任务之一，是我国生态文明建设的重要内容。2013年11月，党的十八届三中全会首次提出建立国家公园体制。环境保护部和国家旅游局决定开展国家公园试点，主要目的是为了在中国引入国家公园的理念和管理模式，同时也是为了完善中国的保护地体系，规范全国国家公园建设，有利于将来对现有的保护地体系进行系统整合，提高保护的有效性，切实实现保护与发展双赢。

2015年5月18日，国务院批转《国家发展和改革委员会关于2015年深化经济体制改革重点工作意见》提出，在9个省份开展"国家公园体制试点"。国家发展和改革委员会同中央编办、财政部、国土部、环保部、住建部、水利部、农业部、林业局、旅游局、文物局、海洋局、法制办等13个部门联合印发了《建立国家公园体制试点方案》(以下简称《方案》)。

7-13

2015年9月，中共中央、国务院印发《生态文明体制改革总体方案》，对建立国家公园体制提出了具体要求，并强调"加强对重要生态系统的保护和利用，改革各部门分头设置自然保护区、风景名胜区、文化自然遗产、森林公园、地质公园等的体制""保护自然生态系统和自然文化遗产原真性、完整性"。

从2015年起，我国陆续设立了三江源、东北虎豹、大熊猫、祁连山等10个国家公园体制试点(表7-4)。2017年9月26日，中办国办印发《建立国家公园体制总体方案》(以下简称《方案》)。《方案》指出，到2020年，中国建立国家公园体制试点基本完成，整合设立一批国家公园，分级统一的管理体制基本建立，国家公园总体布局初步形成。

2021年10月12日，习近平总书记在《生物多样性公约》第十五次缔约方大会领导人峰会上宣布了第一批中国国家公园(三江源、大熊猫、东北虎豹、海南热带雨林、武夷山)。这标志着我国生态文明领域又一重大制度创新落地生根，也标志着国家公园由试点转向建设新阶段。

表7-4 我国10个国家公园体制试点

序号	名称	面积(万平方千米)	区位	特色	备注
1	三江源国家公园	19.07	长江、黄河和澜沧江的源头地区	我国重要的淡水供给地，维系着全国乃至亚洲水生态安全命脉，是全球气候变化反应最为敏感的区域之一，也是我国生物多样性保护优先区之一	第一批
2	大熊猫国家公园	2.7	四川、甘肃、陕西三省部分区域	为保护"国宝"大熊猫的栖息地而设立的，重点在于加强大熊猫栖息地廊道建设，连通相互隔离的栖息地，实现隔离种群之间的基因交流	第一批

（续）

序号	名称	面积（万平方千米）	区位	特色	备注
3	东北虎豹国家公园	1.41	吉林、黑龙江两省交界的广大区域	分布着我国境内规模最大、唯一具有繁殖家族的野生东北虎、东北豹种群，是温带森林生态系统的典型代表	第一批
4	海南热带雨林国家公园	0.43	海南岛中部山区	保存了我国最完整、最多样的岛屿型热带雨林，是全球最濒危的灵长类动物 海南长臂猿的唯一分布地	第一批
5	武夷山国家公园	0.13	福建省北部	保存了地球同纬度最完整、最典型、面积最大的中亚热带原生性森林生态系统，也是珍稀、特有野生动物的基因库	第一批
6	钱江源-百山祖国家公园	0.075	浙江省西南部	钱塘江的发源地，拥有大片原始森林，是中国特有的世界珍稀濒危物种、国家一级重点保护野生动物白颈长尾雉、黑麂的主要栖息地	试点
7	神农架国家公园	0.12	湖北省西北部	拥有亚热带森林生态系统、泥碳藓湿地生态系统和生物多样性而被誉为"地球之肺"、"地球之肾"和"地球免疫系统"	试点
8	湖南南山国家公园	0.14	湖南邵阳城、永州市	长江流域和珠江流域的分水岭、是洞庭湖的沅水、资水、湘江和珠江流域西江水系的重要发源地。也是中亚热带森林草地湿地复合生态系统的典型代表、中国丹霞壮年期的模式地、南山丘陵山地带生态屏障的中心区域、长征红色文化和苗民等少数民族文化的传承地	试点
9	普达措国家公园	0.13	云南省迪庆藏族自治州香格里拉市	包含了较为原始完整的森林灌丛、高山草甸、湿地湖泊、地质遗迹、河流峡谷生态系统等，具有较高的地理科学价值与旅游观赏价值	试点
10	祁连山国家公园	5.02	青藏高原东北部	属高原大陆性气候区，地带性植被有山地草原、温带灌丛、山地森林、亚高山灌丛、高山亚冰雪稀疏植被等类型，有维管植物95科451属1311种，有野生脊椎动物28目63科294种	试点

资料来源：https://www.forestry.gov.cn/c/www/kpgjgy/137010.jhtml 国家林业和草原局政府网（forestry.gov.cn）。

第一批正式设立的5个国家公园，充分体现了践行习近平生态文明思想，坚持"生态保护第一、国家代表性、全民公益性"的中国特色国家公园理念；实现了重要生态区域的整体保护，涵盖了所在区域典型自然生态系统以及珍贵的自然景观和文化遗产，保护了最具影响力的旗舰物种；都是我国生态安全战略格局的关键区域，对构建以国家公园为主体的自然保护地体系发挥着示范和引领作用。

思考题

1. 试述中国山区特性和经济社会发展中的挑战。
2. 请结合实际，论述林业与山区发展中的作用。
3. 简述非木质林产品产业的发展路径。
4. 试述生态旅游的概念和内涵。
5. 试述林下经济的概念与内涵。
6. 试述自然保护地和国家公园的概念与内涵。
7. 试述我国国家公园的发展历程。
8. 试述社会林业及其具有的特征。
9. 试述狭义的社会林业类型。
10. 试述国内外城市林业发展历程。
11. 试述城市林业的功能。

第八章 林业发展新趋势

第一节 森林认证

在20世纪90年代,人们将森林的可持续经营与木材的销售市场联系在一起,环境意识强的消费者希望通过他们只购买源自经营良好森林的木材产品的行动来支持森林可持续经营。森林认证为适应这种市场机制而兴起,并蓬勃发展起来。

一、森林认证概述

(一)森林认证的背景

过去二三十年中,全球的森林问题越来越突出,森林面积减少,森林退化加剧。人们普遍认为引起森林问题的根本原因是政策失误、市场失灵和机构不健全。国际社会、各国政府以及非政府环境保护组织对此表示了极大关注,并采取了一系列的行动:①国家政策改革。一些国家制定并实施了向森林可持续经营转变的基本政策,着手解决林业上存在的问题,优先发展林业和保护环境。②国际政府间进程。通过国际政府间进程,鼓励和促进国家水平上林业的可持续发展。③非政府组织和其他私营部门的活动。国际非政府组织,特别是环境保护组织,如世界自然基金会(WWF)、绿色和平组织(GP)和地球之友(Friends of the Earth International, FOEI)等,对上述活动促进森林可持续经营的效果表示一定的质疑,并和民间团体开始探索新的途径。

为了消除热带国家的森林危机,欧洲及北美掀起了限制进口热带木材运动,使热带国家的木材无法出口到消费国。通过这场运动,消费国的消费者普遍形成了热带国家的木材质量劣于非热带国家木材质量的观念。但是到了20世纪90年代,这种观念遭到了北方木材生产国(主要是北欧及北美国家)的非政府组织的强烈反对,他们认为本国的森林经营也并非全是可持续性经营的,长此以往,必然会极大损害本国的森林资源,破坏当地的生态环境。同时热带国家的森林并非是完全不符合可持续经营的标准,并且这些国家也有出口木材的需求。因此,木材消费国的一些非政府组织又发起一场运动,试图使消费者改变以往的观念,即无论木材产地在哪里,只要它们来源于一片可持续经营的森林,就可以被接受和利用;反之,就应该被禁止使用。这样就需要有一套被大家广泛认同的方法和标准,使消费者能知道并追溯到木材的来源,由此就产生了森林认证。森林认证正是由一些非政府环境保护组织认识到一些国家在森林可持续发展中存在一些政策失误,而国际政府间组织解决森林问题的效果有限,以及林产品贸易无法证明其产品来源于何种森林以后,作为保护环境发展及促进森林可持续经营的一种市场机制。

它力图通过对森林经营活动进行独立的评估,将"绿色消费者"与寻求提高森林经营水平和扩大市场份额以求获得更高收益的生产商联系在一起。促进森林可持续经营的传统方法(如发展援助、软贷款、技术援助和海外培训等)大多忽视了商业部门,特别是忽视了木材产品的国际贸易。在世界范围内,仅20%的林产品进入国际市场(安迪·怀特,2007),但贸易对森林的直接影响是很明显的。人们认识到,以森林可持续经营为基础的林产品贸易也能促进环境保护。森林认证的独特之处在于它以市场为基础,并依靠贸易和国际市场来运作。

"可持续森林管理"的国际治理话语产生于1992年的里约峰会之后,产生了涉及非政府组织和商业(ARTS和Buisher,2009)的新工具和伙伴关系。1992年以前,非政府组织就有认证设想,但没有取得进展。1992年,来自世界各地的178个国家首脑参加了联合国组织的环境和发展大会,会议通过《里约环境与发展宣言》和《21世纪议程》,并对全球环境和可持续发展问题达成了共识,世界各国都承诺社会经济的可持续发展。一些非政府组织共同发起,提出森林认证的概念及目的,并更好地解决了环境保护与经济发展之间的矛盾。1993年6月,国际标准化组织(ISO)成立"环境管理技术委员会"(ISO/TC207),负责环境管理体系方面的国际标准化工作,并颁布了ISO 14000系列标准的最重要和最基础的标准——《ISO 14001:1996 环境管理体系——规范及使用指南》,并将其用于森林可持续经营认证。同年11月,国际森林管理委员会(Forest Stewardship Council,FSC)成立,并开始了全球范围内的森林认证活动。1994年FSC通过了原则和标准,开始授权认证机构根据此原则和标准进行森林认证。一些国家和地区也开始了自己的认证进程。随着人们对环境问题的日益重视,人们更加关注产品的环境保护性,而森林认证正好提供了一条可行性途径,所以它得到了世界各国的广泛认可,并得以迅速发展起来。

(二)森林认证的概念和目标

1. 森林认证的概念

森林认证是一种运用市场机制来促进森林可持续经营的工具,又称为木材认证或统称认证。它包括森林经营认证和产销监管链认证两个方面内容。

①森林经营认证。是指由独立第三方认证机构根据所制定的森林经营的标准,按照规定的和公认的程序,对森林经营绩效进行审核,以证明其达到可持续经营要求并颁发证书的过程。

②产销监管链认证。是指对木材加工企业的各个生产环节,包括从原木的运输、加工到流通整个链条进行鉴定,以确保最终产品源自经过认证的经营良好的森林。通过认证后,企业有权在其产品上标明认证体系的名称和商标,即林产品认证的标签。

森林认证提供了一种全新的市场模式,代表着未来全球林产品市场的发展方向。在这个新的市场模式中,每个环节都明明白白,生产者知道其原料来自可持续经营的森林,销售商知道其产品经过森林认证,消费者自愿购买具有认证标志的产品。这是一种对环境负责、社会负责和经济可行的市场模式。随着经济全球化和贸易自由化的发展,以及全球对森林问题的日益关注,森林认证将有可能改变全球的森林经营模式。

2. 森林认证的目标

森林认证有以下两个主要目标：

(1)提高森林经营水平和森林生产力，促进森林的可持续经营

非政府组织提出森林认证的主要目标就是促进森林的可持续经营。虽然不同认证体系制定或应用的森林认证原则和标准有差异，但都包含了森林可持续经营的基本要求和要素，如遵守国家法律法规，明确林地和森林资源所有权和使用权，维护当地居民和劳动者权利，提高森林效益，保护森林生态环境和生物多样性，制定合理的森林经营规划，开展森林监测与评估等内容。按照认证标准经营森林，从长远来看，能持续提供木材，增加木材总产量，提高森林生产力。

(2)促进并保证林产品的市场准入

森林认证的主要推动力是市场压力，大多数企业是为了保证和开拓林产品的国际市场而开始认识，并重视森林认证的，这正是森林认证的市场机制作用所在。随着消费者环保意识的不断提高，绿色消费已经成为一种时尚，越来越多的消费者开始使用符合环保要求的林产品。特别是欧洲、北美等地区十分关注环境问题的消费者，他们要求购买经过森林认证的林产品，以此项行动来支持森林的可持续经营。近年来，有些国家和地区对林产品进口提出了环境要求，如欧盟出台了"贸易鼓励安排"政策，即产品生产符合其要求(包括环境要求)，将享受一定的关税折扣。开展森林认证，是企业突破非关税贸易壁垒，开拓和进入环境敏感市场有效工具，也有助于提高企业形象，增强企业的市场竞争力。

可见，促进森林可持续经营是非政府组织为解决森林问题而提出的，是开展森林认证的主要目标；促进市场准入是企业自愿运行这种机制所要实现的目标，它反过来又可以促进前者的实现。这两个目标是相互作用，相互影响的。

除此之外，不同组织开展和推动森林认证还有其他的一些目标，包括：①提高森林经营的透明度和管理能力；②确保土地使用费、森林税或其他费用的征收；③有利于森林经营单位从有关方面获得财政资助，增加用于森林经营的基金；④降低用于环境保护措施的生产成本；⑤促进木材工业的合理发展；⑥提高生产效率，降低生产成本；⑦森林服务的商品化；⑧降低投资风险；⑨加强国家法律法规的实施等。

(三)森林认证的方式

按照森林经营者参与方式，可将森林认证分为独立认证、联合认证和资源管理者认证3种方式。

(1)独立认证

独立认证是指对独立经营者经营的森林进行认证。其优点是，由于森林经营者的经营活动是独立的，其森林类型、经营方案和社会状况等条件相对较一致，开展森林认证较容易。独立认证一般适用于森林面积比较大的森林经营单位。

(2)联合认证

联合认证即将多个森林经营者拥有的，分散的、相互独立的小片森林联合在一起，组成一个"联合经营实体"来开展认证。联合认证可以大幅降低每个小林主的森林认证成本，同时联合认证实体给会员们提供有关信息、培训和技术支持，为会员之间的信息、技术交流提供了机会。

(3) 资源管理者认证

由若干个林主将其拥有的森林委托给资源管理者(可以是一个组织,也可以是个人)经营管理,由资源管理者来负责这些森林的认证。这种方式省去了由小林主成立联合认证协会带来的一系列组织工作,同样达到了简化手续、节省费用的目的。

另外,森林认证认可计划体系(Program for the Endorsement of Forest Certification Scheme,PEFC)还提出了区域认证的概念,它可以对一个区域内的全部森林进行认证,但其可信性受到非政府环保组织的质疑。

(四)森林认证的程序

森林认证是由独立的认证机构进行审核。认证机构组织主审员和当地专家组成审核组,依据森林认证标准进行评估,并在审核过程中征求有关利益方的意见。各体系的认证程序不完全相同,一般包括以下步骤:准备与申请、预审(考察)、主审、同行评审、认证决定并颁发证书、监督审核。如果通过认证,就可颁发认证证书,证书有效期一般为5年,每年进行一次年审。

(1) 准备与申请

森林经营单位应根据市场的需要确定是否开展森林认证,并选择哪种体系的认证。最好先根据认证标准对本单位的森林经营情况进行内部评估,确认基本达到认证标准的要求,即可向认证机构提出申请。应选择信誉度较好,收费较低的认证机构。

(2) 预审(考察)

此程序是可选的,其主要目的是使认证机构初步了解申请认证的森林经营单位的基本情况,确定森林认证是否可行。认证机构派审核员对申请认证的林地进行考察,找出现有森林经营状况与认证标准的差距,并对认证审核提出建议,以避免直接开展主评估不能通过产生的风险。主要的审核方法包括现场考察、文件审查和相关方咨询。

(3) 主审

审核组按照标准对森林经营绩效进行全面的评估和审核,审核采用抽样方法进行。其程序与预审基本相同,包括文件审核、野外考察及利益方访谈3种形式,只不过审核的内容比预审更为具体、准确。根据审核发现,审核组根据满足标准的程度,撰写审核报告,提出主要不符合项和次要不符合项。主要不符合项需在认证证书颁发前予以纠正,出现次要不符合项可颁发证书,但需在认证有效期的一定期限内予以纠正。

(4) 同行评审

审核组撰写的报告要提交给森林经营单位审阅,森林经营单位可就某些错误或疏忽的信息或结论进行澄清。为了确保审核报告的可靠性,审核报告和相关文件资料还需交给由3名独立专家组成的审核(或复查)小组审阅。

(5) 认证决定

认证机构的决议委员会将根据审核报告和同行评审专家的意见对是否通过认证作出最后决定。如果批准,则颁发认证证书。森林经营单位可公布认证的消息,并申请认证标志。

(6) 监督审核

为了确保被认证的森林经营单位的森林经营状况持续符合认证标准,认证机构要对其经营活动开展定期监督审核,一般每年开展一次。

(五)森林认证的费用和效益

1. 森林认证的费用

森林认证的费用包括直接费用和间接费用。直接费用,即认证本身的费用;间接费用,即为满足认证要求,森林经营单位在提高管理水平、调整经营规划、培训员工等方面所支付的费用。多数情况下,后者比前者高。

(1)直接费用

直接费用又称固定费用,主要是审核员对申请认证的森林经营单位进行审核的费用和年度审核的费用,其中包括审核员的工资、差旅费等。支付方式通常是森林经营单位将直接费用付给认证机构。影响直接费用的因素有:

①森林经营单位管理体制的健全程度和透明度。管理体制健全的森林经营单位,森林认证所需的文件、档案齐备,对其经营活动有详细记录,对森林生态系统进行了长期监测,积累了相关数据,可以减少审核员外业审核的工作量,从而可以降低认证费用。

②实施认证的规模和难易程度。认证的难易程度和规模受认证森林的面积、类型、管理水平、生物多样性、社会环境等因子的影响。相对于面积较小、林分结构和生物多样性较单一的森林开展森林认证而言,对森林面积大、林分结构和生物多样性复杂的森林开展森林认证时,审核员选择的样点更多,采取的调查方法也更多,审核员的工作难度和工作时间增加,认证费用增加。

认证的直接费用还因不同认证机构收费标准而有所差异。森林经营单位在申请森林认证前,应该进行多方咨询,选择声誉好、收费合理的认证机构开展认证。

一般来说,因受森林经营管理水平、林型、气候条件和生物多样性等方面的影响,热带雨林的认证费用要高于温带林,天然林的认证费用要高于人工林。另外,如果森林经营单位的所在国没有认证机构和认证专家,需要从国外的认证机构聘请认证专家进行认证,也会提高认证费用。

关于具体的认证费用,不同认证机构收取的费用不一。从国际平均水平来看,每年每公顷森林认证费用约为 0.22 美元(约折合人民币 1.8 元),但因经营规模和森林类型而异。如一片面积为 10 万公顷的热带天然林,进行一次有效期为 5 年的森林认证,在 5 年内所花费的认证费用约 11 万美元。在同等经营水平下,规模小的森林比规模大的森林的单位面积平均认证费用要高。产销监管链认证的费用相对较低,因企业规模而异,100 人左右的中小型企业每次认证大约需要 1 万美元。

(2)间接费用

间接费用是指申请认证的森林经营单位,为了使本单位的经营水平达到森林认证标准所做工作的花费,又称可变费用。间接费用可以很低,也可能很高,与其认证单位的经营状况直接相关。经营状况良好的森林经营单位,其经营水平达到或基本达到认证标准,所用的间接费用较少;而经营状况差的森林经营单位,为使其经营水平达到认证的标准,就必须对现有的森林经营长远规划、森林作业操作规程做大的调整,开展能力建设(包括对职工进行生产技术、操作安全和管理方面的培训)、改善经营状况,这些都需要投入,因此间接费用就高。

森林认证的费用一般由申请认证的企业或森林经营单位承担，它们通过获取市场利益和占领市场份额而得到一定的补偿。但相对认证的收益来说，认证费用较为昂贵，很多企业难以承受，特别是发展中国家的中小型企业。因此，有些国家森林经营单位的认证费用得到了政府、国际环保组织、采购商的支持。如马来西亚各州国有林的认证由政府出资。中小企业组织起来开展联合认证也是降低认证费用的有效途径。

2. 森林认证的效益

森林认证的效益主要表现在3个方面：环境效益、社会效益和经济效益。

(1) 环境效益

森林认证的主要目的是保护环境，在不同认证体系制定的森林认证标准中，都包含有森林经营活动对环境影响的内容，通过要求认证的森林经营单位制定合理的森林经营规划，防止外来有害物种的入侵，控制化学制剂的使用，减少采伐，道路建设及其他机械活动等措施，减少其森林活动对森林及其水资源的破坏，保护森林生态环境。森林认证的实施，可以取得以下环境效益。①保护森林的生物多样性、水资源、土壤、独特而脆弱的生态系统和自然景观等。②维持森林的生态功能和生态系统的完整性，促进森林的可持续经营。③保护了森林中的濒危动、植物物种及其生境。

(2) 社会效益

森林认证的社会效益主要反映在确保所有权益相关者的权利得到尊重和实现。主要表现在以下3个方面：①森林认证强调权益相关者共同参与森林经营标准的制定和监督森林经营的过程，通过森林认证，使更多的人参与或关心森林可持续经营。②森林认证维护了森林经营单位和企业职工的各种权利，如参与决策、劳动保护、福利待遇等权利。③森林认证要求尊重和维护当地居民利用森林资源的传统权利，使他们获得了进入森林采集水果、薪材、建筑材料和药用植物等林产品的合法权利，并尊重当地居民与森林相关的信仰、埋葬、打猎等习俗。

(3) 经济效益

森林认证所产生的经济效益对于参与认证的森林经营单位和企业尤为重要。通过森林认证产生的经济效益不仅表现在直接经济利润上，而且表现在潜在的商业机遇和其他商机带来的利润上。其效益主要表现在以下3个方面。

①促进森林的可持续经营，提高森林生产力。森林的可持续经营需要森林经营的新技术和林业企业的新能力。认证提供了一套切实可行的森林可持续经营标准，供森林经营单位参考与使用。认证进程对经营单位所有的森林经营活动进行评估，它使得森林处于"健康"状态，按照认证标准进行经营从长期来看能增加木材总产量，提高森林生产力。

林产品加工企业需要确保其加工的原材料——木材等原材料的供应是长期的、持续的。森林认证能保证森林以可持续方式经营，即采伐量不会超过生长量，从而保证森林资源的可持续供应。

森林认证还为企业提供了加强经营管理、环境管理的工具。企业具有良好的经营体系是森林认证的首要要求。认证为企业引进了一套先进的管理体系和经营体系，可以提高经营单位管理人员的管理能力，改善企业的经营管理状况，从而提高其生产效率和经济效益。由于对森林问题的日益关注，一些国家对开发森林很谨慎。开展森林认证对于公司或国家都提供了一种保障，有利于获得长期稳定的经营特许权。

②保持或增加市场份额，获取市场利益。环境敏感市场，尤其是西欧和北美的消费者对林产品的环境和社会性能非常重视，他们要求森林经营要符合环境和社会的标准。20世纪90年代，全球经济发达国家的公司都普遍感受到这种压力，他们纷纷表态，要采购经过森林认证的林产品。越来越多的消费者愿意通过购买贴有认证标签的林产品的方式来支持森林可持续经营。目前，东南亚一些国家为了遏制由于环境运动导致的林产品在欧洲的市场份额的下降（68%），保住这部分国际市场，他们开展了森林认证（徐斌，2014）。欧洲的一些大公司也普遍开展森林认证，以保证他们的林产品市场。

认证产品的价格一般比未经认证的同类产品的价格一般高出5%~15%（佚名，2009）。由于可以获得长期的供应合同并扩大了市场份额，林主可能获得更多的市场利益。由于通过认证的产品将贴上标签。企业还可以通过认证在市场上区分其产品。随着越来越多的认证产品在市场上销售和市场的认可，第三方认证越来越被作为沟通环境政策和市场最可信的工具。

③树立企业良好形象，增加其市场竞争力。除直接获取经济效益外，提高企业形象，增强企业在市场的竞争能力，也是目前很多企业寻求认证的重要原因。

森林认证为企业创造了良好的外部环境，企业良好的生产、销售循环系统，增强了自身的可信度，提高了企业在绿色市场中的形象和信誉。随着企业良好形象和信誉树立，有更多的商家愿意购买其产品。因此，森林认证不仅可以扩大企业林产品在国际市场上的竞争力，而且因其产品的信誉，使其能够获得长期、稳定的供应合同，从而获得更多的市场利益。与此同时，企业的兴旺、发达，也能吸引更多的人才为之服务。信誉良好的企业，容易获得银行、政府和国际组织等有关方面更多的资金和技术支持，强有力的资金和技术支撑又提高了企业在市场的竞争力。

（六）森林认证体系

目前，世界上有多层次的森林认证体系在运作，主要分为全球性体系、区域性体系和国家体系3类。在全球认证体系中，森林管理委员会体系（FSC）是市场认可程度较高的体系，因为关注环境和社会方面的要求而受到环保组织和贸易组织的推崇。区域性认证体系包括森林认证认可计划（PEFC）和泛非森林认证体系（Pan African Forest Certification，PAFC），国家体系包括马来西亚木材认证委员会（Malaysian Timber Certification Concil，MTCC）、加拿大标准化协会（Canadian Standards Association，CSA）、可持续林业倡议（Sustainable Forsestry Initiative，SFI）现已并入 PEFC 体系、印尼生态标签研究所（LEI）等。森林认证体系的发展趋势是多样化与趋同性并存，越来越多的国家在发展国家认证体系的同时，又在积极寻求国际认证体系的认可或相互认可。

1. 森林管理委员会体系（FSC）

森林管理委员会（FSC）成立于1993年11月，它是一个独立的、非营利性的非政府组织，由来自50个国家的环境保护组织、木材贸易协会、政府林业部门、当地居民组织、社会林业团体和木材产品认证机构的代表组成。主要职责是进行认证机构授权和依据FSC全球原则和标准框架推动制定全球、地区和国家森林认证标准。该委员会的主要任务是：评估、鉴定和监督认证机构；为发展国家和地区认证标准提供指导和机制；通过开展宣传、培训活动和建立国家认证体系来提高国家认证和森林可持续经营的能力。它的目的是通过制定世界范围内公认和尊重的森林经营原则，促进全世界对环境负责、对社会有利和经济上可行的森林经营。FSC 认证的木材和木制品贴有特定的标志，通过零售商和媒体向消费者宣传可持续经营理念，主要靠采购集团和森林与贸易网络推动。FSC 体系是目前最成熟、完善的森林认证体系。

1994 年，FSC 制定了《FSC 原则和标准》。其中 FSC 的原则包括：①遵守法律及 FSC 的原则；②所有权、使用权及责任；③原住居民的权利；④社区关系与劳动者的权利；⑤森林带来的收益；⑥环境影响；⑦经营规划；⑧监测与评估；⑨维护高保护价值森林；⑩人工林。这些原则和标准为认证优质森林经营提供了框架或一般标准，适用于热带、温带和寒带林，有些也可应用于人工林和半人工林，但须辅以适于国别、区域、地方的更详细标准。这些标准不仅与 FSC 的原则和标准相容，同时也与当地情况相适应。这些标准在当地制定，应与所有参与者磋商。必须把这些原则和标准有机结合于所有寻求 FSC 授权的认证机构及区域/国家 FSC 的标准和评估体系中。FSC 原则与标准需由成员反复审核修订，它主要是针对生产木材产品的森林经营而制定的，但在一定程度上也可应用于生产非木材产品或提供其他服务。另外，应用 FSC 原则和标准需遵守相关的国家、国际法律和制度。FSC 只是作为所有支持良好森林经营活动的一种补充。

2. 森林认证体系许可计划(PEFC)

PEFC 认证委员会于 1999 年 6 月 30 日在巴黎成立。PEFC 是由欧洲的几个国家林业利益团体创立的，目的是创建一个在国际上可信的欧洲森林认证体系和国家倡议的框架。PEFC 所使用的认证标准是以泛欧进程国政府制订的指标和标准为基础的，同时，其创立是对 FSC 的一种响应，因为这些林业利益团体普遍认为 FSC 不能使小私有林主的需要得到满足，并且是由非政府组织控制的。PEFC 的主要目标是提高林业和木材作为可再生原料的形象及向广大的消费者保证其在市场上购买的林产品是来自经过该体系认证的可持续发展的森林。主要目的是促进赫尔辛基进程所定义的森林的经济、环境和社会效益的发挥。PEFC 根据以赫尔辛基进程为基础的认证标准评估国家标准和体系，采用泛欧标准评估森林经营，并考虑国家森林经营业绩要求的不同引进了区域认证的概念。目前，国家认证体系 CSA 和 SFI 都已经成为 PEFC 的会员。

目前，20 个国家倡议已得到该体系的认可，其中包括奥地利、澳大利亚、加拿大、比利时、智利、捷克、丹麦、德国、芬兰、葡萄牙、法国、挪威、意大利、拉脱维亚、卢森堡、瑞典、斯洛伐克、瑞士、西班牙、英国。经过该体系认证的森林面积超过 1.22 亿公顷，并且有 2000 个森林经营单位获得产销监管链证书。

3. 美国可持续林业倡议体系(SFI)

美国可持续林业倡议(SFI)认证体系是由美国林纸协会和外部专家发起的。根据 1994 年制定的 SFI 标准和指标，其可以由第三方机构开展审核认证，也可以进行自我评估。SFI 的主要原则包括可持续发展的林业、负责任的经营实践活动、特殊地区保护及持续改进。该体系采取会员制，凡是美国林纸协会的会员都要承诺按照该标准开展森林经营。2002 年该体系成为 FSC 的会员。该体系在北美地区开展认证，针对的对象主要是大规模的工业林。

4. 加拿大标准化协会体系(CSA)

加拿大标准化协会(CSA)是一个独立的、非营利性的标准制定机构,是制定标准和实施认证的自愿会员协议。其资金由加拿大林产品协会和加拿大联邦政府提供。1994年初,加拿大制浆造纸协会与加拿大标准化协会签订协议,由加拿大标准化协会成立技术委员会负责制定森林认证标准,并作为加拿大的国家标准。加拿大标准化协会(CSA)体系是由加拿大的森林工业利益团体发起的国家森林认证体系。它主要包括:建立管理体系,并且以蒙特利尔进程标准作为基础确定业绩目标和经营目的。加拿大标准化协会体系认证途径包括:监控某一地域的森林经营管理体系,以确保标准及当地森林可持续经营的价值和目标定位中公众参与的合理机制。该协会的经营体系以ISO14001环境管理体系作为体系标准。2005年已得到PEFC批准,成为PEFC认可的国家认证体系。

5. 马来西亚木材认证委员会体系(MTCC)

马来西亚木材认证委员会(MTCC)于1999年1月1日正式成立,是一个非营利性组织,并由各方利益代表组成"托管理事会"进行管理。该组织由政府发起成立,开展和管理马来西亚独立的第三方认证体系。该组织根据国际热带木材组织(ITTO)指标与标准和该国的法律,制定了认证标准。2002年1月,MTCC体系正式运作。MTCC体系包括森林经营认证、产销监管链、森林可持续经营的标准化以及林产品标签。为了确保国际上对其标准和体系的认可,MTCC于1999年开始寻求与FSC合作,2001年开始制定与FSC相符的认证标准,并将在未来应用。

二、中国森林认证进展

在世界森林认证蓬勃发展的同时,我国政府也开始关注森林认证,将它视为促进森林可持续经营和林业可持续发展的一种潜在的市场政策工具,并开始建设我国的森林认证体系。自1995年以来,中国政府的有关人员参加了政府间森林问题工作组和政府间森林问题论坛会议,参与了有关森林认证问题的国际讨论。1999年7月国家林业局与WWF在北京联合召开了森林可持续经营和认证国际研讨会,促进了政府、学术界和企业对认证的认识和了解。2000年10月,中国正式加入蒙特利尔进程。2001年11月,中国承办了蒙特利尔进程第12次会议。这次会议引起了我国政府对森林认证的高度重视。此后,中国政府着手开展中国的森林认证工作。

2001年3月,国家林业局专门在科技发展中心下成立了森林认证处。同年7月又组织成立了中国森林认证领导小组,下设办公室,具体负责森林认证工作。这标志着我国政府正式启动中国森林认证进程。中国森林认证工作领导小组于2001年9月召开了第一次会议,会议确定了领导小组及办公室的职责,并明确指出,中国将在吸收各种森林认证体系优点的基础上,遵循可持续发展的原则,发展中国自己的森林认证体系。我国森林认证工作的主要推动力与大多数开展森林认证的国家一样,最初都是来自国际市场的压力。一些企业为了保证和开拓出口市场而开始认识和接受森林经营认证和产销监管链(COC)认证。2001年4月,我国先后有两家森林经营单位进行了FSC森林认证的预评估。它们是由瑞士通用公证行(SGS)进行森林经营认证评估的广东高要区嘉耀林业发展有限公司和由认证机构 SmartWood 进行的森林经营、产销监管链认证评估的浙江省临安区国营昌化林场，这是中国首批森林经营单位开始森林认证的评估工作。2002 年，浙江临安区昌化林场的 940 公顷森林率先通过了 FSC 的认证，其中包括 820 公顷的生产林和 120 公顷的保护林。2003 年 6 月，《中共中央 国务院关于加快林业发展的决定》中提出了"积极开展森林认证工作，尽快与国际接轨"。2005 年 4 月，黑龙江省友好林业局和吉林省白河林业局的 42 万公顷的国有森林也通过了 FSC 的认证，这为我国开展森林认证工作奠定了一个扎实的基础，也是我国森林认证工作的一个重要的里程碑。2007 年 9 月，我国森林认证标准正式发布。2009 年，我国第一家森林认证机构——中林天合正式注册成立，标志着我国有了自己的森林认证体系。2010 年 3 月，浙江省安吉县 114 万亩林地通过国际森林联合认证，其中毛竹、杉木、马尾松、阔叶树种等认证竹材、木材共计 226 400 立方米，成为我国南方集体林区认证面积最大的林区县。截至 2023 年，中国大陆获得 FSC 认证的森林面积约 3 万公顷。

截止 2023 年，中国大陆获得 FSC 认证企业约 2 万家，这些认证的企业大部分为外资企业和中外合资企业，主要分布在香港、广东、福建、浙江等沿海地区，产品以小型家具及配件、家居用品为主，认证产品的原材料均来自国外，产品销往欧洲、北美地区等国际市场。国内授予通过 COC 认证的这些林产加工企业的机构主要是 SGS、SmartWood 等。

关于认证标准方面，我国于 2002 年由国家林业局开始组织研究和制定《中国森林认证标准》和《中国产销监管链标准》，该标准由标准制定小组和分别代表政策、环境、社会和经济组的专家咨询组共同制定完成，在黑龙江省伊春市友好林业局进行测试，并在全国范围内广泛征求了意见。该标准重点参考了《FSC 原则与标准》，依据我国的法律法规制定，为我国标准获得国际认可奠定了基础。该森林认证标准采用 9 项原则 45 个标准，为全国性的标准（图 8-1）。

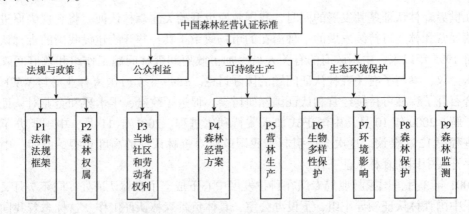

图 8-1　《中国森林认证标准》的结构

此标准于 2007 年 10 月得到国家林业局的正式批准，并对外发布。《中国森林认证管理办法》及其他的相关制度也正在起草之中。这些标准和技术规程的制定与实施，为开展森林认证活动奠定良好的技术基础。2008 年，经国家标准化技术委员会批准，成立"全国森林可持续经营与森林认证标准化技术委员会"。2015 年，国家认证认可监督管理委员会、国家林业局发布《森林认证规则》。

8-2

综上所述，森林可持续经营认证是利用市场机制来为可持续经营森林提供更好的市场机会，并借此来提高全球森林的经营水平，但实质是限制低森林经营水平的林产品贸易。对发达国家而言，森林认证为其设置环境贸易壁垒，限制发展中国家的林产品进入国际贸易提供了重要的理论依据。但对广大发展中国家而言，普遍面临的生存压力、落后的森林经营水平、难以承担确保森林可持续经营的成本和高昂的森林认证费用等现实情况，严重限制了发展中国家短期内实现森林可持续经营，因森林认证问题而产生的绿色贸易壁垒已成为发展中国家林产品进入一些环境敏感市场的重要障碍，恶化了发展中国家林业产业发展的国际环境。

尽管森林认证目前仍然面临着一些困境，如森林认证的成本问题、权威性问题、公平性问题、有效性问题，但在发达国家和国际非政府组织的推动下，世界范围内经过认证的森林已形成了规模，进行森林认证已经成为森林经营的大势所趋。对于我国林业而言，积极建立自己的森林认证体系，并与国际上其他的森林认证体系的互认是降低我国森林经营成本，确保我国林产品国际贸易健康发展的重要途径。

第二节　林业生物质能源

生物能源是太阳能以化学能形式储存在生物质中的能量形式，它以生物质为载体，直接或间接来源于植物的光合作用，可转化为常规固态、液态和气态燃料以替代煤炭、石油和天然气等化石燃料。从广泛定义看，沼气、农作物秸秆能源、用作能源的树木、燃料乙醇、生物柴油等都属于生物能源范畴。生物能源是目前除煤炭、石油和天然气外的第四大能源类型，约占全球能源总需求的15%（仇焕广和黄季焜，2008）。

生物质能源是未来最有希望的替代能源之一，林业生物质能源是生物质能源重要组成部分。长期以来，林业一直是农村的主要传统能源。过去大都是传统的炕灶直接燃烧耗能方式，转换效率低。随着农村经济的发展和生活水平的提高，传统的用能方式已发生了很大的变化，使林业生物质资源得以采用新技术实行工业化生产清洁高效能源，来替代化石能源。

根据国际能源署（IEA）发布的《2018年可再生能源：2018—2023年市场分析和预测》报告显示，可再生能源将持续强劲增长的态势，占全球能源消费增长的40%。

一、林业生物质能源产生的动因

近几年来，随着全球的经济发展，各国对煤炭、石油等能源的需求量迅速增加，传统的能源供给显得日益短缺，石油价格节节攀升。为应对全球能源危机，生物液体能源在全球范围内迅速崛起。在生物质能源的迅速发展过程中，欧美等发达国家及巴西、印度、中国等发展中国家生物质能源产业的发展最为突出。

全球生物质能源产业能够取得快速的发展，主要是世界各国出于能源安全、环境保护和促进本国农业发展等方面的考虑，积极鼓励生物质能源的发展。

1. 保障能源安全

能源是当今各国取得经济快速发展的关键因素，一个国家要取得经济的快速增长必须有充足的能源作为保障。随着全球经济的不断扩张,各国对能源需求的压力也越来越大。全球石油价格从2004年的每桶40美元迅速增长到2022年最高每桶94.33美元。寻求新能源以保障本国能源安全已成为包括中国在内的很多国家的重要战略目标。2022年世界生物质燃料产量增长了22.3%,美国贡献了增量的最大部分(26 572万桶)。

2. 环境保护

自工业革命以来,由于人类对能源需求的急剧增加引起对煤炭、石油等化石燃料的开采和使用,已经正在并且还将继续对人类的生活环境造成巨大的破坏和灾难。研究表明,大气中85%的硫、75%的二氧化碳和35%的悬浮颗粒物来自石化能源的燃烧,同时石化能源在开采中也严重危害了地表生态环境。当前,为了应对因人类从前对化石燃料的燃烧带来的环境破坏和全球变暖,世界各国都付出了沉重的代价。

3. 促进农业和农村发展,提高农民收入

进入工业社会以来,农业由于自身的特点逐渐变成了弱势产业,其受自然条件影响较大,附加值低;农村是全球经济发展普遍的欠发达地区和落后地区;贫困问题是始终困扰着农民的重大问题。虽然不少国家都对农村的发展给予财政上的支持,对农业发展进行补贴,但农民整体收入偏低的问题还没有得到根本解决,并且在发展中国家尤为突出。研究表明,如果没有生物质能源发展,全球农产品价格将延续过去100多年持续下降的趋势,农民与其他部门生产者的收入水平差距也会日益扩大。如何为农业发展找到新市场和提高农民收入,不仅是发展中国家也是发达国家面临的重要挑战。生物液体能源的出现为农产品找到了新的市场,并直接把农产品价格与能源市场价格连接起来,推动了农产品市场价格上涨,也间接提高了土地、劳力等农业生产资源的机会成本。作为这些农业生产资料的占有者,农民收入也会随之提高。

二、世界各国林业生物质能源产业发展现状和政策

为保障本国能源安全,保护生态环境,促进农业农村发展和农民增收,世界各国纷纷出台措施发展本国的林业生物质能源。目前各国积极发展的生物质能源主要是生物乙醇和生物柴油等生物质能源。

(一)生物乙醇发展现状及各国的激励政策

自20世纪70年代中期的石油危机以来,以美国和巴西为主的一些国家开始推行生物乙醇发展计划,但是生物乙醇的大规模迅速扩张是从2001年开始的。1975年全球生物乙醇产量只有5.7亿升,到2000年增加到了170.3亿升。从2001年到2007年,全球生物乙醇产量迅速扩张,年均增长率达到30%,2007年的全球生物乙醇产量约为496亿升,是2000年产量的近3倍。生物乙醇产量经过2006—2010年的较快增长后,受粮食消耗争议的影响,2011—2013年全球生物乙醇产量增速放缓,维持在每年830亿~857.6亿升的水平。直到2014年,生物乙醇市场出现一定程度的恢复,达到901.6亿升。美国和巴西是生物乙醇最主要的生产国,分别以玉米和甘蔗为原料,其产量占全球总产量的80%以上,中国2021年的生物乙醇产量为257.26万吨,仅次于美国与巴西,位居世界第三位,主要以玉米为原料。欧盟和加拿大等也利用质量较差的小麦生产,但比重很小(表8-1)。

表 8-1　世界主要国家燃料乙醇发展目标及主要原料

国家	发展目标	主要原料
美国	2022 年 350 亿加仑	玉米
巴西	2016 年 115 亿加仑	甘蔗
欧盟	2020 年 10%（生物柴油约占 80%）	小麦、甜菜
中国	2020 年 33 亿加仑	玉米、小麦、木薯

资料来源：Renewables 2020 Global Status Report。

为了实现上述目标，各国纷纷通过税收减免、直接补贴、强制性混合配比等措施，鼓励生物乙醇产业发展。如美国可再生能源序列号机制（RIN）的管理经验，完善强制添加生物液体燃料的政策。

(1) 美国

全球范围来看，美国是世界上生物乙醇的主要生产国，美国生物乙醇主要以玉米为原料，在发酵、分离技术和综合利用方面尤为领先，也是较早发展生物乙醇产业的国家。美国发展生物乙醇的最初目的是为了国家的能源安全，后来更多的是出于环境保护的考虑。随着生物乙醇的逐步推广，生物乙醇产业已经在减少美国原油进口依赖、削减贸易赤字、增加农业收入和就业，以及降低农业生产成本等各方面发挥了重要作用。

美国是目前世界上最大的车用乙醇汽油生产和消费国，目前美国已经有 50 个州都在使用车用乙醇汽油，大部分地区使用的是 10% 比例的乙醇汽油（E10），部分地区使用的是更高比例的 E15 乙醇汽油。当前美国生物乙醇的生产量和消费量逐年上升，2022 年，美国在产的玉米生物乙醇生物炼制厂共 199 家，分布在 25 个州，生产能力达到 179.5 亿加仑。

为了促进生物乙醇的生产与使用，美国政府对生物乙醇生产采取了一系列的政策优惠和保护措施。包括：直接补贴生物乙醇生产，对企业生产的每加仑生物乙醇补贴 51 美分，同时为了防止进口生物乙醇对国内市场的冲击，对进口生物乙醇征收每加仑 54 美分的高关税；对小规模生物乙醇生产者实施收入税减免措施。从 1990 年开始，对于年生产能力小于 3000 万加仑的生物乙醇生产者，美国政府对其实施每加仑 10 美分的收入税减免政策。根据 2005 年颁布的《能源政策法案》规定，将享受收入税减免优惠的企业生产能力上限，进一步提高到了 6000 万加仑；美国联邦政府还通过优先采购生物乙醇、对生物乙醇技术研发进行支持等政策，间接鼓励生物乙醇的发展。另外，能源政策法案、清洁空气法案、汽车代用燃料法案等也直接或间接促进了生物乙醇产业在美国的发展。此外，美国对生产侧和消费侧进行补贴、提供债券和贷款担保等。2015 年，30 个州实行了强制性的可再生能源发电配额制，要求电力供应商生产或采购生物质能源为主的可再生能源生产的电力。2022 年 8 月美国出台的《减少通货膨胀法》，是自 2007 年扩大可再生燃料标准以来，生物乙醇行业最重要的联邦立法，主要的支持政策包括：为高产混比的基础设施提供 5 亿美元赠款，为清洁燃料生产设立新的税收抵免，延长若干现行生物燃料税收抵免，建立可持续的航空燃油税收抵免。

(2) 巴西

巴西是最早开始建设生物乙醇项目的国家，是全球第二大生物乙醇生产国，几乎所有的生物乙醇都是用甘蔗生产。早在20世纪70年代中期，巴西政府就开始推行"生物乙醇计划"（National Fuel Alcohol Program），是全球最早立法支持生物能源的国家，20世纪80年代初便已开始全面使用乙醇汽油。经过40多年的不断发展，巴西已经掌握了较为先进的生物乙醇生产技术与方法，再加上由于气候条件适宜，巴西的甘蔗具有单产高、含糖量高的特点，其生物乙醇生产成本是全球最低的，无需政府补贴就可以达到商业化发展的要求。2015年2月15日起，巴西政府将乙醇掺混比例由25%提高至27%。2022年，巴西生物乙醇产量达到87.11亿加仑。由于对甘蔗的需求急剧增加，巴西南部一些地区已经不再种植谷物和含油种子，而改种植甘蔗。

为了推动"生物乙醇计划"发展，巴西政府采取了一系列激励政策与措施。主要包括：对生物乙醇生产相关的技术研发进行资助，重点是甘蔗品种基因改良和生物乙醇专用汽车的开发；通过提供低息优惠贷款的方式对生物乙醇生产相关的企业给予补贴，1980—1985年期间，政府向相关企业提供了20多亿美元低息贷款，约占投资总额的29%；对生物乙醇实行市场保护，由国家石油公司对生物乙醇按保护价收购，并在发展初期限制生物乙醇进口。

(3) 欧盟

欧盟是最早制定可再生能源量化目标的经济体，欧盟的"20—20—20"战略提出到2020年温室气体排放量将在1990年基础上减少20%；可再生能源占总能源消费的比例将在2008年8.2%的基础上提高到20%，其中生物液体燃料在交通能源消费中的比例达到10%；能源利用效率将提高20%，即能源消费量在2006年基础上减少13%。为了保障"20—20—20"战略目标的实现，欧盟及各成员均启动了相应的立法，并制定了相应的行动计划。

在欧盟可再生能源政策的强有力支持下，作为对化石燃料的替代，欧盟新兴的生物乙醇（原材料主要为甜菜）产业快速发展，年生产能力达80亿升，产值接近80亿欧元，欧盟是当前全球生产和消费生物质燃料最多的地区，美国排在全球第二位，但与欧盟在利用规模上仍存在较大差距。这两大主体引领着全球生物质能源的发展。对比各国的政策和法规，上网电价优惠、税费减免和财政补贴是最为常用的激励性政策手段。

(4) 中国

为了提高中国能源供给能力，保障国家能源安全，从20世纪末中国政府就开始通过资助科研项目以及直接投资建厂等方式鼓励生物乙醇的发展。2001年中央政府投资50亿元在黑龙江、吉林、安徽和河南等省建立了4个大型生物乙醇生产企业，年生产能力在130万吨左右（约合4.4亿加仑），2007年又在广西建立了以木薯为原料的生物乙醇生产企业，年设计产量为20万吨（约合0.7亿加仑），并于2008年建成投产。

虽然我国是世界上第三大生物乙醇生产国和消费国，但产能和产量仍然偏小。截至2017年12月底，国内共有8家生物乙醇定点生产企业，10多个获批生物乙醇项目。我国生物乙醇属于政策驱动型行业，国家相关能源与农产品政策的变化对于生物乙醇行业影响较大。目前我国生物乙醇为国家指令性计划产品，其生产及销售按国家专项产业规划发展要求，国家实施的产业政策核心可以概括为"核准生产、定向流通、封闭运行、有序发展"。所谓核准生产是指生物乙醇生产企业需要国家批准，但2017年变成生物乙醇由省政府投资主管部门核准。自2001年国家批准四家企业以来，陆续批准了中粮广西、中兴能源、山东龙力等企业；定向流通则是指生产出来的生物乙醇需要定向销售给中石油和中石化等生产企业，销售价格为93号汽油的91.1%；而封闭运行则是指生物乙醇推广区域限制，目前限于河南、安徽、黑龙江、吉林、辽宁、广西、湖北、内蒙古、山东、河北、江苏等省（自治区）。

我国生物乙醇产业经过10多年发展，以玉米、木薯等为原料的1代和1.5代生产技术工艺成熟稳定，以秸秆等农林废弃物为原料的2代先进生物燃料技术已具备产业化示范条件。国家能源局印发的《生物质能发展"十三五"规划》，明确提出了要在具备资源和市场条件的地区积极发展生物质成型燃料供热。生物质燃料供热将一定程度上缓解大气污染形势严峻的津京冀、长三角等地区的环境问题，2017年，国家发展和改革委员会、国家能源局等15部委联合印发了《关于扩大生物燃料乙醇生产和推广使用车用乙醇汽油的实施方案》，明确了扩大生物乙醇生产和推广使用车用乙醇汽油工作的重要意义、指导思想、基本原则、主要目标和重点任务，生物乙醇产业迎来了新的发展机遇和更广阔的发展空间。2022年，国家发展和改革委员会、国家能源局印发《关于完善能源绿色低碳转型体制机制和政策措施的意见》，支持生物乙醇等清洁燃料接入油气管网，加快生物乙醇等先进可再生能源燃料关键技术协同攻关及产业化示范。

（二）生物柴油发展现状及各国的激励政策

生物柴油最早诞生于1988年，由德国聂尔公司发明。生物柴油以其突出的"环保性"和"可再生性"，已引起了世界发达国家，尤其是资源贫乏国家的高度重视。目前，它围绕着几种主要油脂原料的盛产区，已经形成三大生物柴油生产基地，并逐步向世界普及和扩展。在人类向低消耗、低排放和低污染的/低碳经济迈进的时代，大力开拓和发展生物柴油产业是一条可持续发展之路。

世界上生产生物柴油的原料主要包括菜籽油、大豆油、棕榈油、葵花籽油等植物油脂，以及民用和工业废弃油脂等。在2004年之前，世界生物柴油年均绝对增长速度相对较慢；近年来，由于国际石油价格持续攀升，各国纷纷出台各种鼓励生物柴油发展的政策措施，加之生物柴油生产技术不断提高，生物柴油产业发展步伐明显加快。2023年全球生物柴油产量超5000万吨。

从地区分布来看，全球生物柴油生产主要集中在欧洲、南美洲及北美地区，其中欧洲是使用生物柴油最多的地区，占据全球生物柴油产量的37%；南美洲占比26%；北美地区占比21%，其中美国是生物柴油产量最大的国家，占全球总产量13.94%；亚洲（不包括中国）占比13%，中国生物柴油发展较晚，目前占比相对较少，仅为3%（2017年）。值得注意的是，近年来印度、马来西亚、印度尼西亚和中国等许多发展中国家，均已制定了生物柴油发展规划，并出台了相应的扶持政策（表8-2）。

表 8-2　世界主要国家生物柴油发展计划及主要原料

国家或地区	生物柴油发展计划	主要原料
欧盟	2020 年占交通所用能源的 10%（其中 80% 为生物柴油）	油菜籽
美国	2016 年 38 亿升	大豆、动物油
巴西	2013 年占交通柴油用量的 5%	大豆、蓖麻籽
印度	2012 年占交通柴油用量的 20%	麻风树油
中国	2020 年 25 亿升	麻风树油、餐饮废油
泰国	2011 年占交通柴油用量的 3%	棕榈油、麻风树油
菲律宾	2011 年占交通柴油用量的 2%	椰子

资料来源：Renewables 2020 Global Status Report。

为了实现上述目标，各国及地区纷纷通过税收减免、直接补贴、强制性混合配比等措施，鼓励生物柴油产业发展。

(1) 欧盟

欧盟是目前最主要的生物柴油生产基地，按照《京都议定书》规定，欧盟 2008—2012 年间要减少碳排放量 8%。生物柴油的碳排放量比矿物柴油大约少 50%。为此，欧盟把生物燃料作为主要替代能源，并制定了《欧盟生物燃料战略》，规划生物燃料占全部燃料的比重将从 2005 年的 2% 增长到 2010 年的 5.75%；到 2030 年，生物燃料在交通运输业燃料中占的比重将达到 25%。与扩大生物柴油的生产相适应，欧盟发布了两项新的促进其市场销售的指令，要求欧盟各国降低生物柴油税率；从 2009 年开始，强制性地将生物燃料调配入车用燃料中，掺入量至少为 1%，这些措施有力地促进了生物柴油的商业化进程。

(2) 美国

美国是世界上最大的生物乙醇生产国，生物柴油规模相对较小。近年来，美国开始重视生物柴油发展。1999 年，美国政府颁布了开发生物质能源的法令，生物柴油是其中重点发展领域之一。为鼓励生物柴油发展，自 2004 年开始，美国政府对生物柴油产业也给予了玉米乙醇产业所享受的同等优惠政策。例如，对以废油和大豆为原料生产的生物柴油，政府将分别提供每 3.785 升（等于 1 加仑）0.5 美元和 1 美元的税收减免，对于年产量低于 22 710 万升（6000 万加仑）的小型生物柴油生产企业，对其在 5677.5 万升（1500 万加仑）以内的生物柴油产出给予 2.64 美分/升（10 美分/加仑）的企业所得税优惠。美国的可再生能源政策中，既有法律法规，也有依托相关法律制定的具体实施方案，同时还建立了严格的合规审查系统。美国环保署（U.S. Environmental Protection Agency，EPA）依照美国 2005 年《能源政策法案》的授权制定并实施《可再生燃料标准》（Renewable Fuel Standard，RFS）。RFS 由 EPA、USDA 以及 DOE 联合协商执行。2007 年 EPA 根据《能源独立与安全法案，2007》对 RFS 作了进一步修订形成了《可再生燃料标准Ⅱ》（Renewable Fuel StandardⅡ，

RFSⅡ)。RFS 为强制指令，但是考虑到实施过程中可能对经济或环境造成的影响，EPA 可以根据评估结果对每年的使用量做出调整，国会要求 EPA 在每年的 11 月 30 日之前以联邦公报(Federal Register)的形式公布出来。

根据美国能源信息署(EIA)的数据，目前美国有 102 家生物柴油工厂，生物柴油生产能力为 26 亿加仑/年(即 167 000 桶/日)。

丰富的原料资源，为美国生物柴油产业迅速发展打下了坚实基础。另外，美国政府在税收、资金补贴等方面为生物柴油产业提供了大力扶持，从而使美国生物柴油产业发展异常迅猛，目前已成为世界第二大生物柴油生产国，而且有大量出口，已经对欧盟的生物柴油产业产生了强烈冲击。

(3)印度

印度是世界上能源需求增长速度最快和最主要的石油进口国之一。2003 年，印度政府制定了"国家生物液体燃料发展计划"(National Mission on Biofuel)重点推行"麻风树生物柴油计划"，并出台了一系列激励政策与措施。主要包括：①由政府建立示范项目。由政府建立 40 万公顷集中连片的麻风树示范基地，并计划投入 149.6 亿卢比(约 3.4 亿美元)对麻风树种植、生物柴油加工、销售以及技术研发等各个环节提供资助。②实行生物柴油收购政策。③向麻风树种植农户提供为期 4 年的优惠贷款，并由国家或企业与农户签订合同，以每千克不低于 5 卢比价格回收麻风树种子。④对能源实行分类制度，并对可再生类能源实施税收优惠政策。印度石油和天然气部 2005 年 10 月 9 日颁布《国家生物柴油购买政策》，以推动生物柴油使用。该政策规定：国家石油公司将在指定的 20 个采购中心以每升 26.5 卢比价格(相当于 0.65 美元)购买生物柴油，并以 5%比例和高速柴油混合，该政策于 2006 年 1 月 1 日生效。

(4)中国

中国生物柴油企业主要或基本全部采用废弃油脂为原料，限于原料和技术瓶颈等原因，中国的生物柴油规模有限。据统计，2012 年中国生物柴油总产能在 300 万吨左右，2013—2015 年受原油价格下跌影响，我国生物柴油产量出现下滑。2015 年，我国生物柴油产能及产量虽都有所提升，但产能利用率仍较低。2015 年全国生物柴油装置的平均开工率只有 25%左右。2015 年产能达到 600 万吨，生物柴油产量为 150 万吨。而 2016 年下半年开始，国际原油价格有所回升，生物柴油行业也开始逐步回暖，2016—2018 年我国生物柴油产量呈现上升趋势，2022 年生物柴油产量达 211.41 万吨。

中国是世界第三大生物液体燃料生产国，目前以玉米燃料乙醇为主。2007 年中国政府出于粮食安全的考虑，紧急出台政策限制玉米生物乙醇生产，林业生物柴油成了未来生物液体燃料发展的重点方向之一。例如，国家林业局已经编制了《全国能源林建设规划》和《林业生物柴油原料林基地"十一五"建设方案》，提出在"十一五"期间，中国发展生物柴油能源林 83 万公顷，到 2020 年定向培育能源林 1330 万公顷，满足年产 600 万吨生物柴油生产的原料需要。在《林业产业发展"十三五"规划》中，提出大力培育生物柴油、生物乙醇等生物质能源产业，将其作为培育战略性新兴产业的重要领域。近年来，我国也在积极研发木本油料作物。未来，微藻为原料将是生物柴油的主要发展方向，目前以中国科学院青岛生物能源与过程研究所、华东理工大学、新奥集团股份有限公司等科研院所、高校、企业正在开展研发攻关。

为了促进生物柴油产业发展，中国政府专门制定了生物柴油产业发展优惠政策。2006年政府颁布了《关于发展生物质能源和生物化工财税扶持政策的实施意见》，明确规定对生物能源与生物化工行业实施建立风险基金制度、实施弹性亏损补贴；原料基地补助；对具有重大意义的技术产业化企业的示范补助及税收扶持四大财税优惠政策。2007年9月《生物能源和生物化工农业原料基地补助资金管理暂行办法》正式出台，规定对林业原料基地给予3000元/公顷补助。

总体来看，目前生物柴油生产的主要技术还是化学酯交换法，主要使用液体催化剂。其中，应用液体碱催化法必须严格脱除原料油中的游离酸和水分，避免催化剂失活而影响酯交换效率；应用液体酸催化法，虽可使少量水分和游离酸不影响产率，但甲醇和副产物丙三醇成乳化相很难分离，且酸易腐蚀设备。此外，液体酸碱催化工艺的环境友好性差，且液体酸碱法均需要工艺后分离过程，不利于生产的高效进行。由于生物柴油绿色转化工艺的要求，固体酸碱催化剂及连续化、干洗等先进生产工艺正成为生物柴油技术的发展趋势，国外正在开展大量的研究工作，并取得了一定突破。近年来，我国生物柴油技术取得多项突破。例如，中国农业科学院油料研究所研发了共沸蒸馏酯化、甲酯化生物柴油转化技术；卓越新能源公司研制了新型催化剂和管式连续甲酯化生产装置，实现油脂中脂肪酸三甘酯和脂肪酸的甲酯化反应连续进行，使98%以上的废动植物油脂转化为生物柴油，并建设了年产12万吨生物柴油生产基地；北京化工大学研发了酯化专用脂肪酶技术，酶活已达到8000IU/mL，超过了国际上脂肪酶的垄断企业丹麦NOVOZYMES公司，并研制了全球第一套年产200吨酶法生物柴油中试装置。

8-4

三、中国林业生物质能源产业发展的对策

（一）中国发展林业生物质能源的优势

我国现有森林面积2.31亿公顷（2022年），生物质总量超过194亿吨，林业生物质能源发展潜力巨大。我国可利用的林业生物质能源资源主要有三类：一是木质纤维原料，包括能源林、灌木林和林业"三剩物"等，总量约有3.5亿吨。二是木本油料资源，我国林木种子含油率超过40%的乡土植物有150多种，其中油桐、光皮树、黄连木等主要能源林树种的自然分布面积超过100万公顷，不仅具有良好的生态作用，还可年产100万吨以上果实，全部加工利用可获得40余万吨的生物柴油。三是木本淀粉植物，如栎类果实、板栗、蕨根、芭蕉芋等，其中栎类树种分布面积达1610万公顷，以每亩产果100千克计算，每年可产果实2415万吨，全部加工利用可生产燃料乙醇约600万吨。这些丰富的林业生物质资源，不仅可以为林业生物能源可持续发展提供良好的物质基础，而且可利用空间很大，可为缓解国家能源危机、调整和优化能源结构、实现能源可持续供给提供有力的资源保障。

据不完全统计，截至2022年，全国共完成能源林以及良种繁育和培育示范基地建设逾500万公顷。生物质发电装机容量550万千瓦以上，成功投产运营生物质直燃发电项目超过160个，林业剩余物成为生物质发电的主要原料。

因此，中国不仅现有林业生物质能源资源总量大，而且林业生物质能源资源培育的潜力也很大，这是发展林业生物质能源的基础，也是发展林业生物质能源的优势所在。

(二) 中国发展林业生物质能源面临的挑战

中国林业生物质能源的发展也面临众多的挑战，主要是对发展林业生物质能源的重视不够、认识不足，能源林建设标准低、开发技术不成熟，相关政策、机制、标准等保障措施不配套、不健全、不规范，支持林业生物质能源企业的资金渠道较窄。

我国的林业生物质能源工作刚刚开展，远滞后于美国、巴西等国，社会各方面对发展林业生物质能源的认识还不足，林业生物质能源工作基础还十分薄弱，林业生物质能源工作体系还不够健全，很多种类的林业生物质能源开发技术还不成熟，发展林业生物质能源相关政策、标准等保障措施还不配套，特别是原料不能规模经济性供应已成为目前发展林业生物质能源的主要瓶颈。同时，林业生物质能源培育开发是一个新的领域，开发成本高，市场风险大，社会资金难以主动进入在良种选育、资源培育、转化利用、技术研究等方面，目前，普遍缺乏资金。

(三) 中国林业生物质能源产业发展的对策

基于中国林业生物质能源发展的优势和面临的挑战分析，中国的林业生物质能源产业发展需要在以下方面采取对策。

(1) 把发展林业生物质能源产业作为各级林业部门的一项重要工作

发展林业生物质能源是各级林业部门的一项重要工作。各级林业部门要高度重视，要把林业生物质能源工作放到林业全局中统筹安排，建立与之相适应的工作管理体系。当前要认真开展好林业生物质能源开发利用项目资源调查与评价，编制好本地区林业生物质能源资源培育开发规划，指导本地区林业生物质能源健康有序地发展。

(2) 切实做到生态建设和产业发展相结合

发展林业生物质能源要正确处理好生态与产业的关系。林业生物质能源资源培育是促进生态建设，但开发利用不当有可能带来生态负面影响。原料生产过程中，要切实预防可能发生的水土流失、林地肥力下降等土地退化现象。在开发生产过程中要优化工艺、完善技术，净化排放物，减少环境污染，使林业生物质能源成为全过程的名副其实的清洁能源。

(3) 把能源林培育放在发展林业生物质能源的突出位置

目前，制约林业生物质能源产业化发展的主要瓶颈是原料不能规模经济性供应。现有的林业能源资源丰富但分散，难以满足林业生物质能源开发利用需要。要有超前意识，加快能源林基地建设，因为林木本身还有一个生长过程，完全等技术完善、工厂建起来了，再培育原料就来不及了。要结合现有国家林业重点工程，推动能源林培育，如天然林资源保护、退耕还林、防沙治沙等林业重点生态工程，在满足生态建设总体要求和统一规划的前提下，选择合适的能源树种，建设能源林基地。

(4) 加快制定完善促进林业生物质能源发展的政策措施

国家相关生物质能源发展政策已陆续出台，国家林业和草原局还需要对推进林业生物质能源工作做出具体安排，以进一步鼓励和规范企业和其他社会力量进入林业生物质能源领域。

(5) 加强发展林业生物质能源的科技研发和创新

林业生物质能源培育开发与高新技术紧密相关。目前林业生物质能源技术尚处于初级阶段，要加快推广应用基本成熟的林业生物质能源技术。结合示范建设，研究促进资源培育和生产开发技术的创新，把科技贯穿林业生物质能源资源培育和开发利用全过程。

(6) 积极推动林业生物质能源国际合作

目前，已有一些外国企业进入中国林业生物质能源培育开发领域，中国也有企业到东南亚国家培育林业生物质能源资源，开拓海外市场。发展林业生物质能源需要积极开展国际合作，充分利用"两种市场、两种资源"，既要很好吸收利用国外先进技术和资金，又要鼓励引导国内企业走出去，开展海外资源培育和开发，以增强中国林业生物质能源发展的国际竞争力。

8-5

第三节 林业与气候变化

全球气候变暖已经成为不争的事实。研究表明，1861—2000 年的 140 年间全球地表平均增温 0.6℃。进一步的研究表明，全球气候变暖与大气中二氧化碳等温室气体浓度的剧烈增加有直接关系。二氧化碳是所有温室气体中数量最多，影响最大的温室气体，据估计大气中二氧化碳的温室效应占全部温室气体总温室效应的 61%。从 1860 年左右开始的工业革命到现在，大气中二氧化碳浓度已由 280 毫克/立方米上升到 353 毫克/立方米（约增长了 26%），而目前的年增长速度为 1.8 毫克/立方米（即 0.5% 左右），按目前的增长速度计算，到 2050 年，大气中的二氧化碳浓度将达到 550 毫克/立方米。根据现有研究结果，大气中二氧化碳的迅速增长主要是由于人类活动造成的。其中最主要的是由于工业的发展中大量使用化石燃料造成的。此外，在工业发展过程中对森林的破坏也是二氧化碳迅速增长的主要原因之一。据某些研究估计，1850—1950 年，由于化石燃料的燃烧，总计向大气排放的碳为 1500 亿~1900 亿吨，而同期由于森林的破坏排放的碳总量估计为 900 亿~1200 亿吨。

8-6

目前人类应对全球气候变暖的基本手段包括两个方面：①提高人类应对气候变暖的适应能力；②减缓气候变暖的速度。就后者而言，关键是减少温室气体在大气中的积累，其具体措施包括减少温室气体排放（源）和增加温室气体吸收（汇）两个方面。减少温室气体排放源主要是通过减少能耗、提高能效（如使用清洁能源）等来实现，这将对一个国家的经济产生重大影响；而增加温室气体吸收汇，主要是通过利用森林等植物的生物学特性，即通过光合作用吸收二氧化碳，放出氧气，把大气中的二氧化碳固定到植物体和土壤中，在一定时期内起到降低大气中温室气体浓度的作用。

当今时代，林业的发展已经远远超出了仅仅为人类提供各种林产品和休闲服务等功能，林业正与应对全球气候变暖发生着越来越密切的联系，林业在减缓全球变暖中的作用正得到越来越多的重视。发展林业已经成为许多国家，特别是发展中国家应对气候变化的重要战略举措之一。

一、林业在应对气候变化中的作用

森林生态系统是地球上最大的陆地生态系统,森林在固定二氧化碳、增加碳汇、降低大气中二氧化碳浓度等方面具有重要作用。自从《京都议定书》把恢复和保护森林作为降低大气中二氧化碳浓度,减缓全球变暖的重要措施以来,林业就与气候变化发生着越来越大的联系。随后的应对气候变化的一系列会议和协定都把保护和发展森林作为应对气候变化的重要举措。《中共中央 国务院关于全面推进美丽中国建设的意见》要求到2035年,全国森林覆盖率提高至26%,水土保持率提高至75%,生态系统基本实现良性循环。这些举措,充分显示了国际社会和中国政府在应对全球气候变暖问题上对林业给予了越来越多的重视。

在减缓气候变化的各种努力中,林业活动的地位和作用,集中反映在保护碳贮存、增强碳吸收汇、减少碳排放和碳替代等方面。

(1) 维持生态系统碳储库

森林作为陆地生态系统的主体,以其巨大的生物量储存着大量的碳,森林植物中的碳含量约占生物量干重的50%。2020年森林中的碳总量662千兆吨,大多数森林碳存在于生物量中土壤有机质(44%)和土壤有机质(45%),其余为枯木和凋落物。占全球土地面积约30%的森林,其森林植被的碳储量约占全球植被的77%,森林土壤的碳储量约占全球土壤的39%;单位面积森林生态系统碳储量是农地的1.9~5倍。可见,森林是陆地生态系统中最大的碳库,其增加或减少都将对大气二氧化碳产生重要影响。

(2) 增加二氧化碳吸收

森林植物在其生长过程中通过光合作用,吸收大气中的二氧化碳,将其固定在森林生物量中。研究表明,林木每生长1立方米,平均可吸收1.83吨碳,释放1.63吨氧,1公顷阔叶林1天可吸收1吨碳,释放0.73吨氧。增强碳吸收汇的林业活动包括造林、再造林、退化生态系统恢复、建立农林复合系统、加强森林可持续管理以提高林地生产力等。

(3) 减少二氧化碳排放

毁林是指森林向其他土地利用的转化或林木冠层覆盖度长期或永久降低到一定的阈值以下。由于毁林导致森林覆盖的完全消失,除毁林过程中收获的部分木材及其木制品可以较长时间保存外,大部分储存在森林中的巨额生物量碳将迅速释放进入大气。森林退化也是导致森林生态系统碳排放的主要过程。在热带亚洲,森林退化引起的碳排放与毁林相当。而保护碳储存是指保护现有森林生态系统中储存的碳,减少其向大气中的排放。主要措施包括减少毁林、改进采伐作业措施、提高木材利用效率以及更有效的森林灾害(如林火、病虫害等)控制。其中改进采伐作业措施是保护现有森林碳储存的重要手段。传统的采伐作业对林分的破坏很大,对保留木的破坏可高达50%,通过改进采伐作业措施可使保留木的破坏率降低50%,从而降低采伐引起的碳排放。此外,通过提高木材利用率,可降低分解和碳排放速率。如增加木质林产品寿命,可减缓其储存的碳向大气排放;又如,废旧木产品的垃圾填埋,可延缓其碳排放,部分甚至可永久保存。

(4) 提高林木碳替代量

碳替代的具体措施包括以耐用木质林产品替代能源密集型材料、生物能源(如能源人工林)利用、采伐剩余物的回收利用(如用作燃料)等。例如，以耐用木质林产品替代水泥、钢材、塑料、砖瓦等消耗化石燃料的能源密集型材料，不但可增加陆地碳储存，还可减少生产这些材料过程中化石燃料燃烧引起的温室气体排放。而生物质燃料燃烧排放的二氧化碳可通过植物的重新生长从大气中吸收回来，从而降低人类活动的碳排放量。

林业在应对气候变化方面大有作为，因此要加大林业在应对气候变化方面的宣传力度，让全社会都注意到林业在应对气候变化方面的贡献，积极营林造林，加强森林经营管理，提高森林质量，减少毁林和森林退化，让林业在应对气候变化方面做出更多的贡献。

二、森林碳汇经济

森林碳汇是和国际社会应对气候变化的具体行动直接相关的一个概念，随着气候变化问题引起全球范围内越来越多的关注，森林碳汇的概念为越来越多的人所熟知。随着国际碳市场的发展，森林碳汇市场也逐渐开始形成。

(一)森林碳汇的概念

碳汇一般是指从空气中清除二氧化碳的过程、活动或机制。与碳汇相对应的一个概念是碳源，它是指自然界向大气释放碳的母体。碳汇主要是指森林、草原、海洋、农田等生态系统吸收并储存二氧化碳的多少，或者说这些生态系统储存二氧化碳的能力。其中森林生态系统是最主要的碳汇，因此，一般的碳汇指的是森林碳汇。

森林碳汇是指森林生态系统吸收大气中的二氧化碳并将其固定在植被和土壤中，从而减少大气中二氧化碳浓度的过程。它是属于自然科学范畴的一个概念。

与自然科学的森林碳汇概念经常联系在一起的概念是林业碳汇。林业碳汇是指通过实施造林再造林和森林管理，减少毁林等活动，吸收大气中的二氧化碳并与碳汇交易结合的过程、活动或机制。它既有自然属性也有社会属性。

(二)森林控制减少空气中二氧化碳的途径

当然森林固碳的成本很大程度上取决于在什么地方用何种方式来实现。目前的主要4种森林固碳方式是：①营造新的人工林；②改变森林的经营方式；③用木材产品来替代其他高能耗产品；④减少毁林和森林的退化。

从经济学角度出发，很重要的一项基础性工作就是要分析不同方式的成本和森林固碳的潜力和供给曲线。我们将造林、森林的经营、木材替代品和减少毁林看作生产同一产品碳汇的4种不同生产方式，有不同的供给曲线。选取何种方式最经济有效取决于不同方式的边际成本。如图8-2所示，当价格从10美元每单位上升到20美元每单位时，通过A方式获取的碳汇量小于B方式获取的碳汇量，即B方式的边际成本较低，所以B方式更有效。当然，不同方式的供给曲线是复杂的，不仅与区域特征包括政策、税收及自然环境密切相关，而且与森林的类型、管理方式也紧密联系。例如，土地价值很低时用营造人工林的办法比改变经营方式边际成本低，而当土地价值升高到一定程度时，集约经营(即改变原有的经营方式)则反而边际效益更高。即使对其中的一种方式，不同的计量方法给出的曲线也都不同。

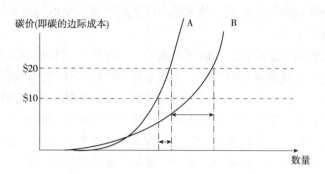

图 8-2　不同途径的碳产品的价格供应曲线

值得一提的是，碳的边际成本是从一种"机会成本"的角度来看的。碳补偿的部分是弥补原来生产的价值因"固碳"的损失部分。例如，在单位农地比林地生产价值高的情况下通过弥补农林与林地价值之间的"差价"来激励农地到林地的转化。所以，当我们说固碳成本时，并不是指营造新的人工林或者改变管理方式的成本，而是指这种改变带来的损失进行的补偿成本。

1. 营造新的人工林

首先，营造新的人工林是从扩大林地面积的角度来增加碳汇。显然造林面积越多林木储碳就越多，然而是否越多的土地用来造林就越好呢？如何才能激励土地利用转换为造林呢？土地生态系统的固碳水平与不同的土地利用分布及每种土地利用中的固碳率模型相关。不同土地，造林的边际效应不同。林地中碳的变化来自有林地中碳密度的变化及广度。不同的地理环境下，土地的自然特性（如土壤的组成、高度、坡度及其他肥力的影响因素）不同；不同的经济环境（如人口、交通状况）下，土地的自然特性将受到不同程度的影响。这些因素关系着土地利用的获利水平。因此，土地利用具有多样性的特点。土地质量的差异性表明不同的土地对碳的反映是不同的。碳的价格取决于碳密度土地利用的边际变化。假设从碳的零价格变到有价格，即对碳进行补偿，那么农业用地转为林地的收益就会增大，就会有更多农业用地转换为林地，因为碳提供了价值。这也就是造林的激励机制。

有研究表明，碳价提高可以影响造林或者通过减少毁林的方式显著地提高固碳量。有学者预测超过65%的减排项目在热带雨林区域，而其中65%是通过土地利用变化实现的。温带地区总的来说减排的总量相对较低，但超过一半的量可以通过改变森林管理方式来实现。碳价的升高对温带地区固碳量的影响在早期有较大影响，之后影响减弱。非洲、亚洲和南美洲通过新增营林固碳的空间较大。而当考虑不同国家的风险要素时，各个国家的固碳空间有了明显减少，但从总量来看仍然是非洲和亚洲较高。大洋洲在风险调整资本回报率为3.6%时，固碳量反而有所增长。欧洲固碳量减少主要是由于俄罗斯、罗马尼亚等国家的不确定因素造成的。

其次，在给定单位的土地中要获取更多的固碳就要改变森林的经营方式。在低碳价情况下，小规模进行实践是经济可行的。例如，对轮伐期时间长短进行轻微的变动及低水平施肥，但较高的价格会带来管理上更多的变化和更高的固碳率。碳补偿价格逐渐上升，土地将逐渐转为碳密度高的利用方式,越来越多碳集约经营,土地生态系统固碳也越多。

2. 改变森林经营方式

营造新的人工林和改变经营方式的研究表明,当碳价比木材价格升高得更快时,那么保留现有林地,延长采伐期就更有优势。土地本身的特性多样化,较高价值的农地转换为林地的边际成本是很高的,因此仅用单一的点或者一条连续的线来预测固碳的边际成本是有偏差的。更多的研究采用动态模型的方法来推算最佳轮伐期与碳补偿的关系,在不同碳补偿和价格的影响下最佳采伐周期的变化,研究表明碳补偿的引入,无论在最大化森林现有价值还是最大化社会价值的前提下,都会促使最佳采伐期的延长。

3. 木材原料替代

用木材作为原材料替代水泥、钢材、塑料等高能耗、高排放的能耗密集型原材料,减少温室气体的排放具有低成本的优势。并且,木材制品的使用保存时间较长,而塑料等制品在环境中不易分解,容易造成环境污染。因此,木材产品有天然、经济、环保和低能的优势。应采用集约经营的方式提高木材生产以保证更多的木材产品能替代高能耗的产品。仅仅通过碳补偿的方式来延长采伐期的做法其实不一定能达到固碳的目的;在对林地所有者进行碳补偿,加快木材生产的同时也要考虑到原始成熟林的生态效益如生物多样性等。生产者和消费者分析表明,对木材产品的选择上应尽量减少高能耗产品的使用,当碳汇价格上升或者石油等能源的价格上升时,市场机制会促进更多替代品的使用以及林产品利用率的提高。这些研究对木材产品多用途的了解及制定相应的政策有重要意义。

4. 减少毁林和森林的退化

减少毁林和森林的退化对减少碳排放有重要意义。目前大量的研究表明,森林破坏(尤其是热带雨林的破坏)已成为继化石燃料燃烧之后大气中二氧化碳浓度增加的第二大来源,占二氧化碳增量的12%~17%。大部分对森林储碳的区域研究表明,林木储碳在土地成本低的地方边际效益最高,而这些地方往往是在发展中国家甚至是最不发达国家,如非洲的一些国家。随着土地价值的升高,边际成本也随之上升。通过减少毁林固碳的潜力巨大,通过碳补偿或投资在热带欠发达地区建立鼓励减少毁林的机制大有可为。

(三)森林碳汇交易机制

按照《京都议定书》和相关规划的要求或出于自愿行为,交易的买卖双方(有时有中介机构),在市场上相互买卖经核证的碳信用指标或投资进行减排增汇的活动,形成了碳市场。

国际碳市场目前形成了以非京都市场为主流市场、京都市场为辅助市场的市场结构。京都市场是强制市场,主要是项目市场,如欧盟排放贸易计划和其他排放贸易计划;非京都市场是自愿市场,既有项目市场也有准许市场,准许市场有芝加哥气候交易所、英国排放贸易计划、澳大利亚新南威尔士温室气体削减计划、南美洲和其他市场。

项目市场和准许市场的区别在于是否有相关的管理机构和实体。

①准许市场。即受到有关机构控制和约束的碳市场,如《京都议定书》下的指定数量单位(AAUS)和欧盟排放贸易计划下的准许排放量等,这些排放指标都是由一个管理机

构的相关规则约定的,属于准许市场的范畴。准许市场的交易量占整个碳市场的比例非常小,但是交易的产品类型却很广。形成这种情况的原因主要是准许市场还处在发展初期,绝大部分的活动还仅仅是在英国排放贸易计划下开展的。随着欧盟排放贸易计划的国家分配任务的落实到位,以及加拿大和世界其他地方相应地采取准许市场计划,准许碳市场的交易量将会逐步增加。

②项目市场。与准许市场不同的是,即使缺乏相关的管理机构和实体,只要买卖双方同意,通过项目级的合作,买方向项目提供资金资助以获得温室气体减排信用指标为条件所完成的碳交易就是项目市场。项目市场的交易量是碳市场交易的主体,在项目市场交易中主要有2种项目类型:一种是与《京都议定书》灵活机制相一致的项目,如联合履约(Joint Implementation,JI)和清洁发展机制(Clean Development Mechanism,CDM)项目,被称作是京都项目;另一种是与《京都议定书》灵活机制不相一致的项目,被称作是非京都项目。非京都项目的交易类型较广,交易数量较大。做这类项目的目的主要取决于买方自己的意愿和买方所在国或区域的相关要求。

目前国际上几个主要的碳交易市场包括欧盟排放贸易计划、芝加哥气候交易所、新南威尔士州温室气体减排计划等,其中欧盟排放贸易计划是全球最大的碳交易市场;芝加哥气候交易所是全球第一个也是北美地区唯一的一个自愿性参与温室气体减排量交易并对减排量承担法律约束力的先驱组织和市场交易平台;澳大利亚新南威尔士温室气体削减计划是地方级的温室气体交易计划。

1. 欧盟排放贸易计划

欧盟碳排放交易体系(The EU Emissions Trading System,EU ETS)是全球首个、也是世界上最大的跨国、跨行业温室气体排放交易机制,而且也是全球温室气体排放权交易发展的主要动力。它涉及欧盟11 500个高耗能装置及占欧盟近1/2的二氧化碳排放量。这些高耗能装置包括燃烧装置、石油炼化装置、焦炭炼炉、钢铁装置、制造水泥、玻璃、石灰、砖、陶、纸浆和纸等装置。欧盟排放交易体系的管制对象为工业企业,交易也主要是私人企业(包括金融机构)之间的排放配额的转让。

欧盟排放交易分为3个阶段,包括第一阶段(2005—2007年)、第二阶段(2008—2012年)及第三阶段(2013—2020年)。各阶段内容均包含不同产业、排放权核配、管制气体与罚款规定,目前第三阶段仍在规划中。在第三阶段中,"碳排放配额交易系统"将从仅覆盖工业部门扩展至其他行业,并在全欧盟范围内使用单一的温室气体排放上限限额。进入第三阶段后,"碳排放配额交易系统"将开始以拍卖方式购买和转让碳排放权,并逐步降低部分无偿获得碳排放权的比例。

欧盟各成员国根据欧盟委员会颁布的规则,为本国设置一个排放量的上限,确定纳入排放交易体系的产业和企业,并向这些企业分配一定数量的排放许可权——欧洲排放单位(EUA)。如果企业能够使其实际排放量小于分配到的排放许可量,那么它就可以将剩余的排放权放到排放市场上出售,获取利润;反之,它就必须到市场上购买排放权,否则,将会受到重罚。欧盟委员会规定,在试运行阶段,企业每超额排放1吨二氧化碳,将被处罚40欧元,在正式运行阶段,罚款额提高至每吨100欧元,并且还要从次年的企业排放许可权中将该超额排放量扣除。由此,欧盟排放交易体系创造出一种激励机制,它激发私人部门最大可能地追求以成本最低方法实现减排。欧盟试图通过这种市场化机制,确保以最经济的方式履行《京都议定书》,把温室气体排放限制在社会所希望的水平上。

据估计,欧洲气候交易所吸引了欧洲碳市场上85%的场内交易量。欧洲气候交易所在2005年4月就上市了欧盟排放配额EA期货合约,在2006年、2008年和2009年相继上市了EUA期权合约、CER期货及期权合约、EUA及CER(核证减排量)现货合约。

从总交易量来看,2008年该所总交易量达到了28.1亿吨,是2005年总成交量的近30倍。从日均交易量来看,2008年的日均交易量已接近1100万吨碳,是2005年的12.2倍。2009年11月的日均交易量已经超过2000万吨碳。据统计,2023年欧盟排放交易体系(EU ETS)仍然是全球最大的市场,占全球碳市场总价值的87%左右。

EU ETS第一阶段运行期间,2005年、2006年末碳配额价格比较稳定,而2007年末碳市场价格归零,其主要原因就是第一阶段配额不能存储到2007年以后使用。配额不能跨期存储使得第一和第二阶段完全分割,使得配额市场失去了时间上的连续性,降低了企业实现早期减排的动力。而在第二阶段向第三阶段过渡的时期(2012—2013年),由于金融危机的影响使欧洲经济萎缩、碳排放大幅度减少,导致碳配额的需求降低,碳市场价格也不断下跌。为了维持第二阶段末期碳市场价格的平稳,EU ETS允许第二阶段的剩余配额带入第三阶段继续使用。由于预期第三阶段2020年之前经济复苏,这一举措促使部分企业在2012年年底逢低买入配额,从而对第二阶段末期碳市场价格起到了支撑作用。EU ETS第三阶段允许配额在阶段内跨年度存储和借贷。

2. 芝加哥气候交易所

芝加哥气候交易所(Chicago Climate Exchange,CCX)成立于2003年,是全球第一个也是北美地区唯一的一个自愿性参与温室气体减排量交易并对减排量承担法律约束力的先驱组织和市场交易平台。其核心理念是"用市场机制来解决环境问题"。目前,CCX是全球第二大的碳汇贸易市场,也是全球唯一同时开展二氧化碳(CO_2)、甲烷(CH_4)、氧化亚氮(N_2O)、氢氟碳化(HFCS)物、全氟化物(PFCS)、六氟化硫(SF_6)6种温室气体减排交易的市场。

芝加哥气候交易所是由会员设计和治理,自愿形成一套交易的规则。交易所的会员自愿但从法律上联合承诺减少温室气体排放,并要求会员实现减排目标:做到在2003年到2006年间,每年减少1%的排放,并保证截至2010年年底,所有会员将实现6%的减排量。具体来说,就是允许那些已经超额完成减排义务的国家,将自己多余的减排份额有偿地转让给那些达不到减排目标的国家。

2006年,芝加哥气候交易所的碳汇交易量达到2.83亿吨,占欧盟京都议定书气候贸易体系交易总量的80%~90%,成为欧盟系统中最大的交易所。CCX 2007年的交易量猛增,是2006年的两倍,交易额突破7000万美元。2008年的增势更猛,第一季度的交易额就轻松突破2007年的总额。然而,芝加哥气候交易所在2010年11月暂时关闭了碳交易市场,但部分农林相关的减排交易活动仍将持续至2012年。碳交易市场关闭的原因主要有两个:①美国气候法案在参议院未能获得通过,使北美的碳排放交易形同虚设;②大量的碳补偿项目的涌入使得供需失衡,碳价一度跌至几美分一单位,无利可图最终导致了这一交易市场的黯然退场。尽管碳交易市场暂时关闭了,但其在全球气候变化中的努力和经验仍然得到了广泛认可,与此同时,期货交易营运商洲际交易所(Intercontinental Exchange, ICE)也表示将继续维持欧洲地区的气候交易活动。

3. 澳大利亚新南威尔士州温室气体减排计划

2003年,澳大利亚新南威尔士州温室气体减排体系建立,是世界上最早实施的强制性温室气体计划(The New South Wales Greenhouse Gas Abatement Scheme, NSW GGAS),通过分配一定数量的许可排放量,实现碳信用的交易,该体系是澳大利亚的一个地方性的温室气体排放交易体系。2007年澳大利亚前任总理陆克文执政后,加入了《京都议定书》,因此,为了实现温室气体减排目标,新政府已经制定了澳大利亚国家减排措施与建立碳交易体系的关键性报告,其中包括《京都议定书》减排额的使用等,并于2009年提交立法程序获得法律保护,陆克文希望这些减排措施以及在此基础上建立的碳交易体系在2010年可以正式运行。GGAS最初规定每吨二氧化碳当量罚款12澳元,且处罚额度和当年的通胀指数相连。2005年的交易额达到59 000万美元,2007年为2.24亿美元,2012年7月1日以每吨23澳元的定价向全国294家排污最严重的企业征收碳排放税。与一般的排放贸易体系不同的是,新南威尔斯州温室气体减排体系从根本上说是一个基于项目的交易体系,由于电力销售公司履行承诺产生了对温室气体减排量的购买要求,形成了一个区域性的温室气体减排指标的交易市场。

4. 美国加利福尼亚州批准碳交易相关法规

尽管美国国会未能通过全球气候变暖解决法案,但美国加利福尼亚州作为全美应对气候变暖问题的先锋,政府在大力发展新能源和相关产业,降低温室气体排放上做出了一系列努力。按经济总量计算,加利福尼亚州在全世界名列第八。2010年12月16日,加州空气资源委员会批准了碳交易相关的法规(此法规是以降低温室气体减排为目标的加州2006年气候法,被称为AB32,即"Assembly Bill 32",AB32要求在2020年加州温室气体排放量减少到1990年的水平)的关键部分,为于2012年1月开始运作的美国第一个涵盖所有行业的碳交易市场创造了条件。

加利福尼亚州的行动也给西部气候计划注入了新的活力,WCI是美国、加拿大西部州和省份组成的一个联合体,谋求设立地区性碳交易市场,旨在到2020年将碳排放量在2005年的水平上减少15%。2010年12月6日,WCI的另一个成员新墨西哥州批准了适用于电力公司和其他温室气体排放行业的碳排放限额。位于美国西南部的新墨西哥州计划从2013年开始每年减少3%的碳排放,其目标是将碳排放降低至1990年水平的25%以下。

综上所述,国际碳交易市场随着《京都议定书》的生效正快速发展,不管是交易量、交易额还是交易的种类在2006年以来都有较快的增长。2008年年底以来尽管因为国际金融危机和国际经济危机,导致发达国家对碳排放需求的减少,引起碳交易量、交易价格的降低,但是从长期来看,由于经济发展的需要、气候变化引起越来越多的重视以及林业与气候变化的关系得到越来越多的认可,特别是森林碳汇其独特的成本优势和由此带来的生态效益等原因,其碳交易需求、交易量和交易价格都会保持上升的趋势。

5. 从CDM到REDD

《联合国气候变化框架公约》(以下简称《气候公约》)、《京都议定书》和《哥本哈根协议》共同构成了应对全球气候变化的国际基本政治和法律框架。《京都议定书》规定了工业化和经济转型国家可以通过排放贸易(ET)、联合履约(JI)和清洁发展机制(CDM)3种方式履行各自的温室气体减排任务。其中清洁发展机制是《京都议定书》中唯一与发展中国家相关的机制。在随后的国际气候谈判中达成的《波恩政治协定》和《马拉喀什协定》中规定各国的造林、再造林活动可以作为CDM项目,明确造林再造林和毁林及1990年后发生的森林管理和森林恢复等林业活动所产生的碳吸收可部分抵消该国的温室气体减限排量,这标志着林业的生态功能在经济上得到了国际社会的承认,林业进入了可以通过贸易获取回报的时代。CDM是一种"双赢"机制,通过该机制,有减排义务的工业化国家可以在发展中国家实施土地利用变化和林业碳汇项目,用项目产生的源排放减少和汇的增加来实现其所承诺的减限排目标,它既帮助发达国家实现其部分温室气体减排义务,又帮助发展中国家实现可持续发展。

因为森林的固碳功能是双重的:①当增加造林和加强森林保育与管理时,森林就会吸收更多的二氧化碳,缓解大气平流层中二氧化碳的积累,对全球气候变暖起到缓和抑制作用。②若加速毁林,森林生态系统中储存的二氧化碳就会重新释放到大气中去。因此,保护已有的林地也是减排的重要措施。然而在《马拉喀什协定》之后的几年里,CDM项目得到了大力发展,但热带林的破坏问题却一直被忽视。直到2005年,巴布亚新几内亚和哥斯达黎加提出了一项以经济援助降低毁林的雨林国家合约,此方案引入了REDD(Reducing Emissions from Deforestation and Degradation in Developing, REDD)的概念,倾向于热带森林国家通过保护森林方式而实现减排。这一方案最终纳入了"巴厘岛路线图"。

尽管REDD仍然是比较新的领域,但21世纪能源论坛及相关研究都认为,减少毁林是对新增造林、改善森林管理和其他基于土地利用变化增碳方式的重要补充。REDD项目的实施很可能会大大降低调节气候变化的成本。这些REDD项目所包含的基本原理就是在缓和全球气候变化的同时为发展中国家提供经济激励以减少毁林及森林退化造成的二氧化碳排放量,包括森林保护、可持续经营管理和改善林木储碳等方面的内容。总的来说,这一方案受到了热带雨林国家的欢迎。成熟热带雨林的固碳作用比新种植的人工林要大得多,减少毁林不仅能对改善气候变化、减少碳排放产生巨大作用,而且对当地的生态、经济和社会发展也有极大的益处。一方面,经济援助有利于改变当地人落后的生产方式和减少贫困;另一方面,热带雨林的保护有利于维持生物多样性,改善局部气候状况并提供环境服务。

REDD项目的实施能力可行性大概包括3个方面:①为制定国家REDD发展的策略寻求资金和机构的支持;②让资金激励与项目实施策略相结合;③在市场调节机制下运行合格的森林减排项目,使资金得到合理利用。目前,REDD项目已经得到了一些机构和资金的支持。例如,世界银行开展了一项名为"避免毁林"的示范性项目,该项目将资助热带国家开展森林保护,其将向印度尼西亚、巴西、刚果(金)共和国和其他热带林国家投资2.5亿美元,用于减少全球温室气体的排放;英国航空公司将实施一项新的碳抵消计划以支持巴西减少毁林。

当然,就如同CDM项目一样,REDD项目的发展和实施也面临着许多问题和挑战。例如如何量化和定价的问题以及政府承担的角色。目前的挑战主要来自缺乏足够完整和长期的减少毁林和退化的措施。热带雨林破坏的主要原因是当地人毁林造田。如果这种趋势可以延缓、停止或者逆转的话，碳排放无疑会降低，也达到了增加碳汇的目的。而事实上，热带雨林退化和破坏一直在继续，在过去的 20 年里可能更加严重。

REDD 项目中的碳汇如何在市场中定价和交易也是一个重要问题。如果它的交易进入目前的碳汇市场，它过低的价格很可能给市场带来巨大的冲击并影响其他的全球气候变化调整项目。有人提出应当建立双市场机制来应对这个问题，建立另外一个独立但是相关的碳交易市场机制，即热带林减排机制（tropical deforestation emission reduction mechanism）。REDD 并不仅仅是有关"金钱"的话题，它更关系到政策的产生和实施。它不仅是在解决"碳"的问题，而更加是通过森林提供的多样服务从而与居民福利息息相关。

三、林业碳汇项目

（一）林业碳汇项目开发背景与前景

以气候变暖为主要特征的全球气候变化问题日趋国际化、政治化并成为世界各国当今面临的最重大挑战之一。为此，国际社会积极采取各种应对措施，包括联合国气候变化框架公约（UNFCCC）成立，《京都议定书》的签署与正式生效，以及其他一系列气候变化相关的政治协议。这一系列国际协议和措施都指出：二氧化碳排放是导致全球气候变化的重要因素，并明确了发达国家和发展中国家应承担的义务和二氧化碳排放与减排的具体指标和方法。国际社会对于通过森林经营等林业活动增加森林碳汇（减缓碳释放）表现出了从谨慎到开放的转变，森林碳汇实施机制日趋多元化，可操作性增强。从《气候变化框架公约》到《京都议定书》，从《波恩政治协议》到《马拉喀什协定》，从《巴厘岛行动计划》到《哥本哈根协议》和《坎昆协议》，森林碳汇一直都是其中的重要议题和亮点之一。森林碳汇的实施机制也从最初的单一化走向了多元化，后京都时代通过有效森林经营增加碳储量为主要内容的 REDD+森林碳汇机制将发挥更为主要的作用。

鉴于森林碳汇在气候变化中的重要作用和成本优势，更主要的是这种方法不会对现有的经济发展模式、发展速度造成太大的负面影响（UNFCCC，1999），中国已将森林碳汇作为应对气候变化的重要选择，并提出了相应的行动方案与发展目标。2004 年，启动了森林碳汇试点项目，2007 年《应对气候变化国家方案》中确定增加森林碳汇是重点领域之一并正式对外公布。2023 年 11 月 30 日，《联合国气候变化框架公约》第 28 次缔约方大会（COP28）上，以林业碳汇为主的生态系统碳汇再次受到广泛关注，力争在 2030 年前停止和扭转毁林及森林退化。这些目标和方案的实施必将使中国森林碳汇能力进一步提高。

发放碳排放配额并开展碳市场交易，一直被认为是一种有效地减少和控制温室气体排放的手段。2013 年开始，中国已经进行 7 个省（直辖市）的碳交易试点工作，积累了一些经验。7 个交易试点目前交易的配额是政府主管部门核定的允许控排企业（或单位）在一定时期内排放的二氧化碳，同时允许其他机构产生的部分自愿减排量用于抵减配额。初始配额的 5%~10%可使用"中国核证减排量"（China Certified Emission Reductions，CCER），其中包括林业项目，这为林业碳汇进入市场交易提供了机会。

所依据的政策框架体系主要是《温室气体自愿减排交易管理暂行办法》和《温室气体自愿减排项目审定与核证指南》。

方法学框架体系主要是181个方法学，涉及15个领域：①能源工业；②能源分配；③能源需求；④制造业；⑤化工行业；⑥建筑行业；⑦交通运输业；⑧矿产品；⑨金属生产；⑩燃料的飞逸性排放；⑪碳卤化物和六氟化硫；⑫溶剂的使用；⑬废弃物处置；⑭造林和再造林；⑮农业。

2017年12月国家发展和改革委员会印发《全国碳排放权交易市场建设方案（发电行业）》宣布设立全国统一的碳排放权交易市场，但该政策并未启用中国核证自愿减排量（CCER）抵消机制，因此林业碳汇未被纳入全国碳市场。2018年国家九部联合印发《建立市场化、多元化生态保护补偿机制行动计划》，明确要求将林业碳汇项目优先纳入全国碳市场，并引导相关单位优先购买贫困地区的减排量。

2020年12月底，国家生态环境部审议通过《碳排放权交易管理办法（试行）》，允许列入名录的重点排放企业使用国家核证自愿减排量（CCER）抵消配额，抵消比例不得超过应清缴碳排放配额的5%，这表明林业碳汇在全国碳市场中的活跃度进一步提升。2021年12月，中国正式实施第一个林业碳汇国家标准《林业碳汇项目审定和核证指南》，该标准在林业碳汇审定、核证的程序及方法等方面给予了指导和建议。

（二）林业碳汇项目基本类型

1. 我国林业碳汇项目基本类型

（1）从减排机制分类

按照减排机制主要可分为CDM项目、VCS项目（Verified Carbon Srandard，VCS）、CGCF项目（China Global Conservation Fund，CGCF）、CCER项目。其中，CDM项目是指符合清洁发展机制方法学的项目，也称京都市场项目；VCS项目指符合国际核证减排标准方法学的项目，也称非京都市场项目；CGCF项目是指符合中国绿色碳汇基金会方法学的项目；CCER项目指符合中国温室气体自愿减排方法学的项目。

（2）从技术类别上分类

从技术类别上可分为造林再造林项目、竹子造林项目、竹林经营项目、森林经营项目、减少毁林项目。

2. 中国核证减排量（CCER）林业碳汇项目

必须符合我国《温室气体自愿减排交易管理暂行办法》，由国家发展和改革委员会统一审核备案；需要采用国家发展和改革委员会审核备案的《中国温室气体自愿减排方法学》进行开发；产生的减排量可以纳入全国碳减排市场进行交易，可用于抵减各地控排企业的温室气体限排份额。

目前方法学已通过备案并借此可以开展的林业碳汇项目有：①碳汇造林项目方法学，②竹子造林碳汇项目方法学，③森林经营碳汇项目方法学，④竹林经营碳汇项目方法学，其中竹子造林碳汇项目方法学和竹林经营碳汇项目方法学由浙江农林大学开发，碳汇造林项目方法学由中国绿色碳汇基金会开发，森林经营碳汇项目方法学由原国家林业局造林绿化管理司开发。

综上所述，减少地球大气温室气体含量的有效途径一般不外乎两种：一种是减少温室气体排放，通过改进技术，提高工业和能源部门的能效以达到减排目的；另一种是增加碳汇能力。加强森林经营、提高森林质量增加森林碳汇，发挥森林生态和经济功能的重要措施。林业以其特殊的碳汇能力成为应对气候变化的必然选择，其主要表现在增强碳吸收、保护碳储存、碳替代3个方面。①增强碳吸收的林业活动包括植树造林、退化生态系统恢复、建立农林复合系统、加强森林可持续管理以提高林地生产力等能够增加陆地植被和土壤碳储量的措施。②保护碳储存是指保护现有森林生态系统中储存的碳，减少其向大气中的排放。主要措施包括减少毁林、改进采伐作业措施、提高木材利用效率以及更有效的森林灾害（林火、病虫害）控制。③碳替代措施包括以耐用木质林产品替代能源密集型材料、发展生物能源、采伐剩余物的回收利用（如用作燃料）等。

现阶段，为充分发挥林业应对气候变化的作用，我国应采取以下措施：①应进一步提高对林业应对气候变化重要性的认识，加强全球气候变化、森林碳汇的宣传，推动全社会参与林业应对气候变化进程。②进一步扩大森林覆盖率，加速城镇绿化进程。③进一步加强森林资源的保护管理，加强对森林火灾、有害生物和非法征占林地行为的防控，减少森林资源消耗，增强森林生态系统的整体固碳能力。④加强林业应对气候变化的科研工作，加大林业应对气候变化工程投入，确保森林资源数量增长和质量提高。

第四节 大食物观与森林粮库

从古至今，粮食问题始终是治国安邦头等大事，粮食安全是国家安全的重要基础，粮食事关国运民生。党的十八大以来，以习近平同志为核心的党中央把解决好十几亿人的吃饭问题作为治国理政的头等大事，提出了新粮食安全观，确立了国家粮食安全战略，走出了一条中国特色粮食安全之路。习近平总书记在党的二十大报告中明确要求，"树立大食物观""构建多元化食物供给体系"。从更好满足人民美好生活需要出发，把握人民群众食物结构变化趋势，深刻认识和准确把握大食物观的实践要求，对新时代保障国家粮食安全，更好满足人民群众日益多元化的食物消费需求，具有重要意义。

一、大食物观的内涵

大食物观是指"向耕地草原森林海洋、向植物动物微生物要热量、要蛋白，全方位多途径开发食物资源"的一种观念。大食物观更是推动农业供给侧结构性改革的重要内容。具体指在保护好生态环境的前提下，从耕地资源向整个国土资源拓展，形成同市场需求相适应、同资源环境承载力相匹配的现代农业生产结构和区域布局，全方位、多途径开发食物资源，丰富食物品种，实现各类食物供求平衡，更好满足人民群众日益多元化的食物消费需求。

大食物观拓展了传统的粮食边界，也拓展了粮食生产的资源边界：一方面，树立大食物观，既要统筹规划人体必需的碳水化合物、脂肪和蛋白质等主要营养素的生产供给，在美味多元、安全优质、营养健康等层面不断满足国民膳食消费需求，同时也要改变过往"以粮为纲"的观念，统筹兼顾生态文明、乡村振兴、粮食安全，在可持续发展层面夯实国家发展基础。另一方面，要从供需精准度更高层面及资源渠道更广维度全面把握粮食安全。

其特点包括以下3个方面：对象从"粮食"拓展到"食物"；生产资源从耕地拓展到全方位、多途径的食物资源；关注领域从侧重生产环节到注重"科研—投入—生产—流通—消费"全产业链食品安全。

在全球粮食安全形势严峻及我国粮食供求结构紧、平衡格局尚未取得实质性改变情况下，大食物观既顺应了人民群众对食物需求的变化趋势，更好地满足了其对美好生活的需要，也拓展了传统粮食边界、开阔了粮食安全问题解决思路，因此大食物观是对现有粮食安全内容的丰富与更新，不仅体现了经济社会的进步，也为粮食安全的公共政策提供了更大的空间，对粮食生产转型提出了新要求：①保障目标上，要从聚焦单一的"保数量"向突出多元的"保数量""保多样""保质量""保热量""保蛋白"拓展；②保障范围上，要从重点保"米袋子"向保"菜篮子""油瓶子""肉盘子""奶箱子""果盒子""糖罐子"拓展；③保障资源上，要从耕地资源向整个国土资源拓展，从传统农作物和禽畜资源向更丰富的生物资源拓展。

二、森林粮库

（一）森林粮库的提出

2022年3月30日在参加首都义务植树活动时，习近平总书记首次系统提出森林"四库"（水库、粮库、钱库、碳库）重要论述，形成了对林业综合发展理论与实践的科学总结，为学界深耕林业生态文明理论，重构林业价值体系指明了方向。森林"四库"这一科学论断形象概括了森林的多元功能与多重价值，生动阐明了森林在国家生态安全和经济社会可持续发展中的基础性、战略性地位与作用，也为实现林草事业高质量发展指明了方向。习近平森林"粮库"重要论述从新时代、新征程全方位夯实国家粮食安全根基的高度，深刻阐释了在更高基点上实现粮食增产稳产新突破的目标任务、实践要求，对把饭碗牢牢端在自己手上作出了新的战略部署。

（二）森林粮库的作用与特点

1. 森林粮库的作用

森林粮库（Forest Granary）是一种结合了现代农业技术和森林生态系统的创新农业概念。这一概念的核心在于利用森林生态系统的多样性和稳定性，来培育和保护农作物，实现可持续的粮食生产。森林是"粮库"，阐明了森林在保障粮食安全方面的双重功能。一方面是指森林直接提供食物资源，需大力发展森林食品产业；另一方面则是强调森林促进区域气候改善、保障农田免受风蚀沙埋、确保粮食稳产高产的重要作用。同时，森林是"粮库"具有丰富内涵。这里的"粮"是一个广义的概念，不再仅指传统的粮食，更准确地理解应该是食物，即森林食品。其种类主要包括木本粮食、木本油料、菌菇类、蔬菜类、动物（昆虫）等，可以为人们提供丰富的营养和肉食动物蛋白。近年来，国内外研究均注意到开发更容易获得、负担得起和可持续的营养的重要性，认为森林食品产业的发展可以改善粮食安全的供应并缓解营养不良，例如昆虫可以作为人类食物以及动物饲料，野菜可以作为居民的主要食物和营养来源。我国是多山国家，有34.65亿亩森林，是天然的大粮库，可提供高品质的"森林碳水""森林蛋白"和"森林脂肪"，是主粮作物的重要补充。此外，森林植物含有丰富的次生代谢产物和营养功能成分，开发应用潜力巨大。建设森林粮库对落实大食物观、保障国家粮食安全具有重要意义。

习近平森林"粮库"重要论述的提出，精准回答了上述问题，具有很强的指导性和针对性，既是深入推进国家粮食安全战略的根本遵循，更借此赋予了全方位夯实粮食安全的根本效能。其作用有以下3个方面：

(1) 有助于扩大食物来源，破解食物供需紧平衡

大食物观下，森林"粮库"使食物生产资源从单一耕地向全方位拓展，2.2亿公顷森林资源极大地拓宽了人民群众食物消费多元化实现的迂回空间，构建起"宜林则林"食物开发体系，以及同市场需求相适应、同森林资源环境承载力相匹配的森林"粮库"现代农业生产结构和区域布局，如林下木本粮油产业经济体系的建设、林下养殖采集加工体系的健全、森林食品绿色供应链的完善等。

(2) 有助于调整食物生产结构，增强多元化需求供给能力

2022年，全国农业总产值为8.44万亿元，林业总产值为6820.8亿元，虽然森林面积为耕地面积的1.8倍，但农业总产值却是林业总产值的12倍，农业与林业生产结构不合理性突出。大食物观下，调整农业与林业内部各生产部门的组成及其相互关系，最大可能平衡粮食生产"资源面积"与"资源产值"，可以扭转"以粮为纲"的食物生产结构，赋予森林(林业)保障国家粮食安全重大功能，建立健全大国绿色粮仓，全面提升国家食物供给能力。

(3) 有助于丰富食物多样性，增强食物抗风险能力

在谷物粮食产品之外，森林"粮库"不仅能提供丰富的木本食物(如板栗、茅栗、榛子、栎类果实)，还能供给各类木本油料(如油茶、元宝枫、核桃、油橄榄、山桐子)。这些森林食物富含人体所需的多种营养成分，可以满足身体碳水化合物(糖类)、脂肪和蛋白质需要，是膳食消费更科学营养的有力支撑。目前我国森林中仅木本植物就有8000多种，全国以森林种植、养殖、采集等为主的林下经济年产值已超过9000亿元。

2. 森林粮库的特点

(1) 重视森林生态系统内部的多样性

包括不同种类的树木、灌木、草本植物以及动物。这种多样性有利于形成一个自我调节和平衡的生态环境，为农作物提供天然的生长条件。

(2) 强调农林复合经营模式

在农作物与林木的协同种植方面，在森林粮库中，农作物不是单独种植，而是与林木混合种植。这样可以模拟自然生态，利用林木为农作物提供必要的阴影、保湿和营养物质。

(3) 重视生态环境与生物多样性保护

通过在森林中种植农作物，可以增加生物多样性，为野生动植物提供栖息地，同时减少对环境的破坏。另外，森林粮库通过保持生态系统的天然平衡，利用天敌控制害虫，减少对化学农药的依赖。

(4) 突出资源可持续利用

森林粮库的理念是在不破坏森林生态的前提下进行农业活动，这样既可以保护土地资源，又能保证粮食的持续生产，同时，森林粮库通过树木和植被的保护，有助于土壤水分

的保持和土壤侵蚀的减少。

(5) 具有重要的社会效益

森林粮库不仅有助于生态保护,还能为当地社区提供就业机会,促进当地经济的发展,并且作为一种新型的农业模式,森林粮库为学术研究提供了丰富的材料,同时也是教育公众关于可持续农业和生态保护重要性的有效途径。

(三) 森林粮库资源现状

根据第九次森林资源清查数据,我国现有林地42.6亿亩,森林面积33亿亩,丰富的林地资源为森林"粮库"发展提供了广阔空间,同时丰富的生物多样性孕育了种类繁多的生物资源,这为向森林要食物夯实了物质基础。据统计,我国森林粮食资源有500余种,其中有木本100多种,具体可分为淀粉类、糖料类、蛋白质类,如板栗、葛根、柿子、枣树、腰果、马尾松等。森林蔬菜资源有700余种,分属63科,最常见的有192种,其中草本蔬菜植物有110种,如鱼腥草、马齿苋等;藤本蔬菜植物有12种,如野豌豆;木本蔬菜植物有70种,如香椿、刺槐。此外,黑木耳、鸡腿菇、羊肚菌、猴头菇、松乳菇等80余种食用菌不仅味美,有的还具有治病防病保健功效。森林饮料资源有100余种,如花类饮料植物金银花、杭菊;果类饮料植物咖啡、罗汉果;叶类饮料植物茶树、绞股蓝;根茎类饮料植物甘草、牛奶树等。但目前除茶叶、咖啡等少数资源已被开发利用外,大量饮料资源尚未开发利用,其资源价值巨大。森林药材植物资源有5136种,如板蓝根、白芍、知母三七、益母草。另有林栖药用野生动物资源532种,丰富且具有道地性的中药材成就了博大精深的中医,成为千百年来守护炎黄儿女健康的瑰宝。森林蜜源资源有9857种,分属110科394属,诸如刺槐、元宝枫、白牛槭、糖槭,其中近100种蜜源植物知名度较高,糖槭、白牛槭、色木槭原汁含糖为3.4%~7.2%,爬墙虎原汁含糖甚至高达8.5%~10.4%,而且多是易被人体直接吸收的果糖葡萄糖、甘露糖。森林油料植物资源有400余种,含油率均在15%以上,其中有80余种含油率在50%以上(如油茶、油桐、油橄榄、核桃),尤其红松籽仁出油率高达70.84%,富含人体所需的脂肪酸(油酸、亚油酸和亚麻酸)、蛋白质、碳水化合物、维生素A、维生素B_1、维生素B_2、维生素E等。森林香料资源逾400种,主要集中在芸香科、八角科、樟科、木兰科等,如根茎类香料姜、菖蒲;茎叶类香料月桂、五味子;花类香料桂花、菊花;果实类香料花椒、柠檬;种子类香料八角、茴香;树皮类香料桂皮等。此外,还有较高饲用价值的针叶乔木6科30属200余种,阔叶乔木仅杨柳科就有100种以上,可供饲用的竹类植物约19属41种,灌木类仅锦鸡儿属就有72种。木质藤本饲用资源也较丰富,如野兔、昆虫等森林肉食资源。

三、大食物观与森林粮库关系

大力发展森林"粮库",向森林要食物是践行大食物观、粮食供求紧平衡格局的重要抓手。森林是"粮库",不仅能提供山野菜、木本油料、林果、林饮、香料等众多食物,而且保障了农田免受风蚀沙埋、改善农田小气候,确保粮食增产稳产。

大食物观下,森林"粮库"使食物生产资源从单一耕地向全方位拓展,2.2亿公顷森林资源极大地拓宽了人民群众食物消费多元化实现的迂回空间,构建起"宜林则林"食物开发体系,以及同市场需求相适应、同森林资源环境承载力相匹配的森林"粮库"现代农业生产结构和区域布局,如林下木本粮油产业经济体系的建设、林下养殖采集加工体系的健全、森林食品绿色供应链的完善。

大食物观下,调整农业与林业内部各生产部门的组成及其相互关系,最大可能平衡粮食生产"资源面积"与"资源产值",可以扭转"以粮为纲"的食物生产结构,赋予森林(林业)保障国家粮食安全重大功能,建立健全大国绿色粮仓,全面提升国家食物供给能力。

大食物观关注现代食品产业的可持续性挑战,而森林粮库提供了一种可持续的农业模式,通过生态系统的保护和减少对化学农药的依赖,有助于减轻食品生产对环境的压力。大食物观关注到不健康食品对人体健康的影响,而森林粮库提供了更健康的食品选项,因为它强调自然、有机的食品生产。大食物观反对食品产业的垄断,而森林粮库通过多样性的农业模式增加了农产品的多样性,有助于减少对单一农产品的依赖。森林粮库不仅关注环境问题,还强调社会经济效益,为农民提供就业机会,促进可持续发展。这与大食物观的关注点之一是支持当地社区的目标相符。大食物观提出了食品产业的挑战,而森林粮库作为一种创新的农业模式,可以为解决这些挑战提供一种可行的替代方案。

综上所述,大食物观和森林粮库是两个不同但有关联的概念,它们共同关注全球食品系统的可持续性、健康性和多样性。通过采用森林粮库的理念,我们可以更好地应对大食物观所提出的食品产业挑战,为实现可持续的食品生产和消费做出贡献。这两个概念的结合可以为未来的粮食安全和生态可持续性提供新的路径和解决方案。

思考题

1. 试述森林认证的概念及其主要形式。
2. 简述开展森林认证可以带来的效益。
3. 简述森林认证的程序。
4. 简述世界林业生物质能源发展的动力及目前国际林业生物质能源发展的现状。
5. 简述中国林业生物质能源发展的现状及中国林业生物质能源发展的出路。
6. 简述林业在应对气候变化上的作用体现。
7. 简述当前的国际碳市场发展状况及国际碳市场的发展对国际碳汇市场的借鉴意义。

第九章 林业经济实证研究方法

第一节 研究方法论

一、社会科学在自然资源管理中的作用

社会科学在自然管理中的作用发挥,主要表现在其理论与方法始终以人为唯一对象,解决人的行为合理化、合法化的问题,抓住人类是自然资源管理的主体、动力、行为与结果等重要问题,从而发挥自己的独特作用。

(一)理论指导作用

理论是资源管理的政策、方法、行为的根据和指导。理论正确与否,将直接关系到自然资源管理的成败。社会科学对自然资源管理的理论指导作用,主要表现在社会科学从人在自然界的位置,人对自然资源的看法及其行为中体现出来。

(二)政策的规范作用

政策是由政府机关强制颁布实施的行为规范,它的拟订通常需要调查研究,寻找问题的症结点,提出各类人员行动遵循的准则与禁忌。显然,这种以调整社会中的不同阶层人们利益的政策拟订和实施,是属于社会科学研究的范畴。

自然资源的管理本身,是对各类涉及或可能涉及自然资源的人们的行为,进行管理的动态过程,社会科学在这一过程中将自始至终扮演着重要角色,发挥着巨大的作用,主要包括:①通过调查研究,拟订需要规范的意见。②追踪研究。提出对原来拟订的行为规范意见到已经变成政策、公约、规定的内容的修改意见。③深入研究。了解部分人群对自然资源管理及其规范的态度、意见及其深层背景、原因,提出既有利自然资源的管理,又照顾社会各界人士利益的意见。④关注研究。密切关注社会各界对所研究及其尚未研究的自然资源管理方面的反映,并进行分析,吸取有益的意见,以研究者和参与执行者的身份进行卓有成效的宣传、解释工作,使社会各界自觉规范约束自己。

(三)动力激发作用

在自然资源管理中,人作为唯一的主体,始终处于主导、控制的地位,因此存在一个对自然资源管理的动力激发问题,这正是社会科学研究的重要对象之一。

社会科学在自然管理中,一方面,通过对当地居民的调查,获取他们对自然资源态度

并索取大量信息,以供研究之用。另一方面,也要特别注意对当地居民进行培训和宣传解释工作,自始至终强调当地居民的参与管理,如何根据他们的意愿制定政策法规、规划项目实施,即管理主体的动力激发问题是社会科学强调的重点。

(四)关系协调作用

为了使政府机关、社会各界及当地居民朝着同一自然资源管理目标前进,社会科学家可以以协调人、主持人的角色,从自己研究各方面意见与要求出发思考,提出有利于协调政府、居民等多方相关利益群体的关系和照顾到各方面利益的行动方案。

(五)方法桥梁作用

社会科学在自然资源管理中的作用发挥,需要通过一定的方法,而正确的研究方法、行为方法和评价方法,是人们达到既定目标的桥梁。主要的研究和评价方法包括:

1. 实地调查

实地调查是在周密的计划之下,由调查人员直接向被访问者搜集第一手资料的相互来往过程。第一手资料又称为初级资料,系指首次搜集到的资料。社会研究者在自然资源管理中需要进行实地调查工作。20世纪40年代,费孝通先生的《农村调查及其使用的调查方法》确立了实地调查的主要方法。目前,社会研究工作者在林业经济调查活动中经常使用参与式农村评估(Participatory Rural Appraisal,PRA)和农村快速评估(Rapid Rural Appraisal,RRA)等实地调查方法。

2. 监测评估

在实地调查后,科技人员需要对当地自然资源进行长时间的监测与评估,同时应强调当地居民的参与管理,让当地居民参与到对自然资源的监测与评估中来,并对相关结果进行归类、排序、提炼,得出结论。

3. 资料整理

资料整理是根据对自然资源管理研究的目的,运用科学的方法,对收集到的与自然资源管理相关的原始资料进行审查、检验、分类、简化、汇总等初步加工,使之系统化、条理化,并以集中、简明的方式反映研究对象总体情况,为进一步分析提供条件的过程。

4. 结论研究

我们进行社会研究,完成了资料的收集、整理、分析后,就要进行最后的工作,将研究成果以研究报告的形式撰写出来,以便为更多的人所了解,并同他人进行交流。

5. 总结推广

将研究成果反馈给相关利益群体,包括政府部门和当地居民,听取他们的意见并对研究结果做进一步修改。同时通过与相关利益群体的互动,推广研究成果,使各方形成对研究成果大致统一的共识。

二、研究过程和方法

(一)研究过程

任何社会经济研究都是针对经济社会领域中的实际问题,有目的、有计划、有步骤地进行的。社会研究的一般程序通常是指对实际问题进行调查、研究和解答的全过程。它可以划分为 4 个相互关联的步骤：①选题阶段；②准备阶段；③实施阶段；④总结阶段。

1. 选题阶段

"科学理论的发现始于问题"，在探讨经济社会研究过程时，也强调从选题开始。那么怎样才能选定恰当的研究课题呢？经济社会研究的选题要根据经济社会的发展需要，要考虑研究课题的重要性和可行性，首先要考虑国家战略和发展的需要，这是研究选题所必须遵循的一条原则，也就是重要性原则。就是要善于发现那些对社会主义现代化建设有重要影响的课题，要抓住那些需要了解和解决的社会经济关系和其他问题。同时要考虑到可行性，即要考虑和分析社会经济的各种主客观条件，政府部门、本地区的支持、经费来源、调查者的能力、分析资料的能力等。

选题也要体现恰当性原则。选题并不是越大越好。其实社会经济意义的大小并不在于课题的大小，一些有成就的社会经济研究者往往毕生致力于一个"小课题"而对社经济会作出了大贡献。因而社会经济研究人员要从大处着眼，小处着手，不能"大事做不来，小事又不做"。

2. 准备阶段

社会经济研究的准备阶段主要任务有两项：一是要确定成立研究假设；二是要设计研究方案。准备阶段的主要任务包括：

①通过初步探索。即查阅文献，专家咨询等，初步考察进一步确定研究选题和为成立研究假设提供素材与思路。

②建立研究假设。确定研究的指导思想、研究方向和研究内容，以便进行有目的、有计划的观察和实验，避免盲目性和被动性，同时研究假设也为问题和理论模型之间架起了一座桥梁，为发展理论指明了方向。

③研究课题具体化。就是要确定研究的对象即分析单位和研究内容。

④研究课题操作化。就是通过对抽象概念的定义来选择调查指标，从而将抽象概念转化为具体的可以测量的变量，将研究假设转化为具体假设，以便能使研究课题具体调查实施。

⑤制订研究方案。作为研究设计的最后一项任务就是要制定一个详细、周密的调查研究方案。研究方案是通过对一项研究的程序和实施过程中的各种问题进行详细、全面的筹划，制订出的总体计划。其间，也应该根据研究需要，讨论制定供具体实施用的调查大纲或调查问卷。

3. 实施阶段

实施阶段的工作就是根据研究方案抽取样本、收集资料、整理资料，它是整个研究中最繁忙的阶段。能否收集到必要的资料，并加以科学的整理，这是社会经济研究能否取得成功的最根本条件。

实施阶段的主要步骤是：

(1) 抽取样本

社会经济研究有全体调查、典型调查、抽样调查等各种方式。其中抽样调查是社会经济研究常用的方法。因此，在实地收集调查资料之前必须首先在界定的总体范围内抽取样本；抽样方法大体有两类即随机抽样法和非随机抽样法。社会经济研究要求尽量采用随机抽样法。

(2) 收集资料

样本确定以后，就进入实地收集资料。社会经济研究中资料的收集是一项最艰苦的基础工作。它不仅要求调查研究人员有埋头苦干、吃苦耐劳的精神和实事求是的科学态度，而且需要熟练地掌握收集资料的方法和技术。

(3) 整理资料

资料的整理是统计分析的前提，它的主要任务就是对收集来的资料进行系统的科学加工。整理资料主要有两项工作：①校对。对调查来的原始资料进行审查，有无错误或遗漏，以便及时修正或补充。这项工作对于充分保证研究结果的准确性、科学性有重大意义。②简录。就是对原始资料进行编码、登录和汇总，加以科学的分组，使材料系统化，为进行统计分析奠定基础。

4. 总结阶段

总结阶段的主要任务是在全面占有调查资料的基础上，对资料进行系统分析、理论分析（验证解释），并在此基础上撰写研究报告。加工资料分为两种不同的类型：①对第一手资料的统计分析。在这种场合下，分析的主要手段是数学和逻辑。因此，所得到的资料对于进行理论分析和提出实际建议是有用的。②从理论上解释资料，从内容上分析整理过的社会经济事实（即第二手资料）。

(二) 研究方法

研究设计的另一个主要任务是选择研究方法（或研究法）。研究法表明研究的实施过程和操作方式的主要特征，它由一些具体方法所组成，但它不等同于在研究的某一阶段中使用的具体方法。区分研究法的主要标准是：①资料的类型；②收集资料的途径或方法；③分析资料的手段和技术。依据这几个标准，可以将社会经济研究的主要方法分为实地研究、统计调查、实验和文献研究。一项研究在确定了某种研究法之后，可选择各种具体的资料收集方法。

1. 实地研究法

实地研究是不带假设直接到社会生活中去收集资料，然后依靠研究者本人的理解和抽象概括从经验资料中得出一般性的结论。

实地研究得到的资料通常是无法统计汇总的文字资料，如观察、访问记录。但实际上，研究者所获得的资料并不限于已记录下的材料，它还包括现场的体验和感性认识。可以说，实地研究与人们在社会生活中的日常观察和亲身体验没有很大区别，它也是依靠观察和参与，只不过它更系统、更全面一些。从形式上看，实地研究类似于中国流行的"蹲点"调查。

但是，与单纯的调查不同，实地研究不仅仅是收集资料的活动，它还需要对资料进行整理和思维加工，从中概括出理性认识。实地研究主要运用归纳法，研究从观察开始，然后得出暂时性的结论。这种结论又指导研究者进一步观察，获取新的资料，再得出新的结论或完善原有的结论。

由于研究者不可能在短期内对大量的现象进行深入、细致的观察，因此实地研究是一个较长期的过程，且通常集中关注于某一个案。正因为这两个特点，实地研究也常常被称为个案研究或参与观察，它的资料收集方法主要是无结构的观察和访问。

实地研究的资料分析主要运用定性分析和投入理解法，研究者需要结合当时、当地的情况并置身于他人的立场才能对所观察到的现象作出主观判断和解释，这种解释并非靠统计数据的支持，而是依靠研究者本人对现象本质和行为意义的理解。

2. 统计调查法

社会研究所使用的资料可分为 3 类：①直接调查得来的数据资料；②直接调查得来的文字资料；③文献资料。统计调查所收集的资料属于第一类。这种资料是通过在自然状态下直接询问、观察或由被调查者本人填写得来的。资料的收集是利用事先设计好的问卷、提纲等，所提出的问题和回答的类别是标准、统一的（即结构化的），调查内容可以汇总统计。也就是说，研究者事先根据研究假设确定好要了解每一个调查对象的哪些属性和特征（称为变量）；并规定了统一的记录格式，这样，所调查到的每一个案的情况都可在一个统一的资料格式中汇总起来。

由于资料的格式是统一的，将所有被调查到的个案资料汇总就能得到一些统计数字，因此，统计调查得来的资料一般都可以进行定量分析。统计调查法不仅可用于描述性研究和解释性研究，也可用于探索性研究。例如，在大规模调查之前，先调查一些个案，从中发现变量间的一些关系，然后提出研究假设。

统计调查经常使用问卷去收集资料，因此有些人也将它称为问卷调查；但统计调查也可采用其他方法，如结构式的观察、访问等。统计调查的两个显著特征是：①使用结构式的调查方法收集资料；②在对大量个案做分类比较的基础上进行统计分析。由于这两个特点，它成为理论检验研究的最主要的方法。且通常与抽样调查相结合。统计调查适用于对社会经济现象的一般状态的描述以及对现象间关系的因果分析。它还适用于对集体的态度、行为倾向和社会舆论的研究，如民意测验。

3. 实验法

实验是自然科学的主要方法，它最适用于解释现象之间的因果关系。目前虽在社会研究中它还不能得到广泛应用，但也已经出现了实验经济学。

通过实验法而收集到的资料与统计调查资料很相似，它们都可以分类汇总和统计。两者的主要区别是：①统计调查是在自然环境中，而实验是在人为控制的环境中观测或询问；②统计调查所得到的不同的变量值（如不同的政治态度）是调查对象本身固有的，而实验则是人为施加某种刺激，使调查对象的属性和特征发生某种程度的变化。

实验的设计方法很多，最典型的实验设计是将调查对象分为实验组和控制组，分别观测他们在实验前后的变化。由实验法收集的数据资料是精确量度的，以便能反映出调查对象的细微差异。数据资料的分析主要使用统计方法。在社会经济研究中，实验法主要用于社会心理学、经济学和小群体的研究，这是由于实验的研究范围较小。当然，大规模的"社会经济实验"也是依据实验法的原理。例如，在一项政策实施之前，先在一个地区"试点"，以考察这一政策的效果。但这种实验不同于科学研究的实验，它没有实行较严格的控制和精确的测量。

4. 文献研究法

文献研究是历史学的主要方法，它利用现存的二手资料，侧重从历史资料中发掘事和证据。在社会经济研究中，文献法是必不可少的，这不仅指在初步探索阶段需查阅文献，为大规模的社会经济调查做准备，而且指在无法直接调查的情况下利用文献资料开展独立研究。

与直接、实地的调查研究相比，文献研究的特点在于它不直接与研究对象接触，不会产生由于这种接触对研究对象的"干扰"，因而不会造成资料的"失真"。因此，它也称为间接研究或非接触性研究。文献研究的另一个特点是，它的资料收集方法是与分析方法相联系的，研究者一般是在确定了分析方法之后，再去查找某种类型的文献。文献分析主要有3种方式：①统计资料分析；②内容分析；③历史比较分析。现存统计资料往往是调查资料的补充来源，它可以为研究提供历史背景材料，但它也可作为社会经济研究的数据资料的主要来源。许多经济学研究和人口学研究都是主要利用这种资料。内容分析是将现存的文字资料转换为数据资料，然后运用统计方法来分析社会现象。

以上所讲的4种研究方法各有其优缺点及适用范围；选择何种研究法在很大程度上取决于研究者的理论和方法论倾向。从近几十年的发展趋势上看，采用统计调查的研究在社会经济研究中的比例越来越大。

第二节　林业经济调查方法

一、RRA 方法

(一) RRA 方法概述

1. RRA 及其特点

RRA 即农村快速评估，是外来调查人员通过应用一系列的方法、工具、技巧，在很短的时间内，循序渐进地主动获取资料信息，提出假设，作出评价或结论以及不断了解新情况的过程。

RRA 是一种快速的、灵活的、重复检查的、系统的、经济节约的多学科交叉的农村调查技术。具体有以下特点：①快速的。从时间限来说，包括田野调查和评估报告写作需 6~15 天。②灵活的。可利用多种方式，如半结构式访谈、直接观察、假设、对照、检查等。③重复检查的。在同一过程中很快地进行评估，对照假设以及形成的新的假设。④系统的。农村被看作一个综合的系统，而不是被割裂为林业、种植业等。⑤参与性的。信息必须来自人民大众，然后由一些关键信息人或领导来提供。⑥多学科交叉的。每一小组至少应包括两个具有不同学科背景的人。⑦经济节约的。该技术的快速和短时间就保证了成本的节约。

2. RRA 的原则

RRA 方法的使用需要遵循以下几个原则：

(1) 三角化原则

三角化原则来源于几何学中的三角形的稳定性。三角化是 RRA 提高所获信息可靠性的主要方式。RRA 要达到快速，调查抽样通常会低于统计学精度的要求。为了不影响获得资料的可靠性，RRA 采用从若干个，或至少从三个渠道收集信息。遵循这个原则，在调查时就应该从不同的角度、不同的观点和不同的空间接近真实信息来看问题。在 RRA 的实际工作中，三角化原则主要反映在如下 3 个方面：①调查小组的组成。必须选择不同专业背景的成员，以便从不同的专业角度获得信息。还要考虑性别组成；②研究方法。同时采用 RRA 的几种方法。③在调查点、村和对象的选择上通常当调查者注意到某些因素可能对研究主题有重大影响时，最好选择 3 个点进行证实。对于一些特殊的情况，则不应抽样而直接对有代表性的样本进行研究，这样可以节省时间。

(2) 多学科性原则

农村是一个复杂的系统包括自然、经济和社会众多的因素。它既涉及农学、林学、生态学、畜牧学等自然科学，又涉及经济学、社会学、民族学、人文学、管理学等社会科学。对一个只具备某一学科专业知识的调查人员来说，是不可能充分了解系统内的各种因素的相互关系，也不可能提出与当地条件相符合的改进措施。因此，建立一支多学科调查小组是必不可少的。通过多学科调查小组成员之间的密切合作，能在很短的时间内弄清问题，加之他们使用不同学科的方法和技术处理相同信息，能使他们获得许多意外的有价值的结果。

(3) 重复检查原则

在进行 RRA 调查前，一般需要建立假设，并根据假设准备好有关资料和问题表，以使调查能围绕主题。但调查人员可以根据具体调查情况，否定不符合客观实际的假设，建立更接近实际的新假设。这种假设的"形成—检验—否定—重新形成"的不断重复的过程构成了 RRA 核心。不合实际的假设被否定得越快，形成新假设也就越快，从而找出接近实际的假设就会更快。

(二) RRA 方法应用

1. RRA 主要方法

在实际应用中，为适合某一具体研究的需要，RRA 使用的一系列方法、工具和技术都是通过精心选择而组合的。RRA 研究方法的核心是半结构式调查方法，它是一种利用问题的大框架作提纲，在调查过程中，从一般问题入手，不断想出新问题，从而灵活地获得详细信息和更好地了解当地情况。其余的方法通常包括直接观察、指示物、时空与逻辑分析示意图、地图、航片、各种简易的测量工具、访谈提纲、利用关键信息提供人等。下面分别介绍 RRA 的主要方法。

(1) 概念性框架的建立

概念性框架就是根据项目目标提出各种假设或预先模型，以便框定所要收集资料的范围、种类和来源。这就明确了用 RRA 开展调查研究的目标，避免了工作中的无效劳动。

(2) 二手资料的收集与分析

二手资料就是现有的有关调查地区的背景文献。它主要来源于统计资料、书籍、记录、地图、照片等。在赴工作地点之前，调查小组成员必须在一起根据 RRA 调查的目标，讨论所需二手资料的范围(时间范围、空间范围、内容范围)，并列出需收集资料的清单。通常可获得的二手资料包括：自然地理资料、气候资料、社会经济状况以及以前进行过的各类普查资料。通过对二手资料的分析有助于初步确定该地区存在的关键问题及制订野外工作计划。

（3）直接观察

直接观察就是调查队员运用自然、社会、经济等方面的指示物，直接对调查区的观察。可获得对调查区的第一印象，并发现一些问题。这些指示物可能包括生物环境指示物，例如，土壤侵蚀、草场退化、水资源、水系、野生动物、作物及牲畜品种、作物种类及其种植类型的多样性；社会经济指示物，例如，小孩的面貌、常见病的发生频率、房屋类型、用具、家具及玩具、教堂或寺庙、学校。

（4）半结构访谈

半结构访谈就是根据调查的主题和与主题可能有关的因素，形成次级主题，在访谈中围绕次级主题提问。半结构访谈是一种与农民直接交谈获得信息的方式，它既不是无主题的漫谈，也不是利用调查表进行的正规调查，而是介于两者之间的一种调查方式，它是 RRA 的核心所在。半结构访谈的原则是：对有价值的线索要深究，以便获得全面而准确的信息；在访谈中要随时根据出乎预料的新信息，灵活机动地改变问题、访谈方式，以获得与主题有关的客观的结论。调查人员必须保持高度的敏感性，随时从直接观察或农民对提问的回答中发现新的情况和信息。半结构访谈分为个别访谈和群体访谈两种类型。个别访谈是指"一对一"的访谈，即对一个农民或一户农户进行的访谈。这种访谈方式主要是用于获得农户农业生产活动、社会经济活动、生活水平等方面的详细信息，它是收集户籍水平资料的主要方式。群体访谈是指"一对多"的访谈，即对一组具有某种共同特征的对象进行的访谈，如老人、妇女等。这种方式容易收集到某些方面的定性信息。

2. RRA 适用的主要领域

RRA 的应用范围相当广泛，它不仅可应用于农业、林业、渔业、水域管理、卫生、教育等许多发展领域，同时也能为各种发展活动提供有效、及时而集中的信息。其主要用途包括：①考察、认识和分析农村情况和问题；②设计、实施、监测和评价项目活动；③技术开发、推广和转让；④为制定政策和决策提供信息；⑤用于评价突发性灾害的影响；⑥作为其他研究方法的补充和改进。

尽管 RRA 的应用范围很广，但在决定是否使用时，必须考虑到从事调查的人选、项目组织与决策的灵活性以及资料预期的用途等因素，主要包括：①RRA 对调查小组成员的个体素质要求很高。因为小组成员的访谈、观察、分析的技能和经验，相互配合和协调的程度，以及多学科的观点是 RRA 成败的关键，所以若不能满足这些条件，则不宜使用 RRA。②对于需要及时为项目提供新信息、并能根据新信息迅速作出反应、具有灵活的组织与决策的项目，运用 RRA 是非常必要而有效的。反之，对于只需要最后结果的项目，以及不能改动详细工作计划和项目内容的项目，则不宜采用 RRA。③基于 RRA 的特点，对于需要长期、源源不断的新信息的项目，RRA 特别适用。而对于需要大量定量统计资料的项目，以及长期研究特定情况的项目则不宜使用。④RRA 特别适用于小范围（如村社级）的发展规划。⑤RRA 适合于快速定性的分析和小范围的定量分析，而不适合大范围的定量分析。

RRA 的优点主要包括：①节约经费和时间。②RRA 的运用能使研究者从一般主题深入到特殊主题，对主题深入理解。因此，在研究过程中易于控制主题，它可作为研究和项目活动的起点。③多学科小组能对调查地区的条件和需要作出有效的判断。④多学科小组能促进知识的相互作用和经验的交流与积累。⑤由于 RRA 具有高度的适应性和快速、循环往复的特点，所以在使用的过程中有机会不断修改工作方法和次级主题。⑥作为正常研究的补充，同时也可用于改进 RRA 研究之后更深入的考察计划。⑦适用于不同的调查对象，如农户和当地官员。

RRA 的缺点主要包括：①RRA 需要小心、谨慎地使用，否则容易产生错误的结果。②经验是 RRA 非常重要的组成部分。这就要求调查人员有较高的个人素质。③尽管 RRA 是快速的，但这只是相对于其他方法而言，它的使用仍然是有一定周期的。④就目前的情况而言，RRA 尚难以完成大范围高水平的调查。⑤通常，RRA 的结果为定性的信息，只有少量定量的信息。⑥RRA 的抽样方法不严密，但可由其他方法进行补充，有目的的三角化可以保证 RRA 结果的有效性和可靠性。

3. RRA 实施程序

(1) 准备活动

实施 RRA 的准备活动一般包括以下几个方面：

①地点选择。在选择地点时一般应考虑：调查有相当大的覆盖面；能使当地大多数人参与或者直接受益；当地生产力因素和 RRA 评估结果易于推广。另外，在地点选择时也应当考虑当地政府部门的支持和当地的环境和社会经济条件。

②组成 RRA 小组。RRA 小组的人员组成应遵循多学科交叉的原则，RRA 小组应设立协调人和记录人，同时制定出 RRA 小组的工作时间表。

③收集相关二手资料。通过收集与本研究相关的二手资料可以对即将实施 RRA 评估的地点有一个初步的了解，帮助制定问卷表；提出预先的假设和确定关键信息人。

④实地考察。在实地考察时应提前通知村民即将进行 RRA 评估，让村民推荐所需的小组，并初步确定关键信息人。

⑤拟定调查提纲。一般而言，调查提纲应包括 3 个方面的内容：自然环境方面，包括当地的土壤、肥力、风向和耕作特点等；经济发展方面，包括人口和劳动力等；社会文化方面，包括当地社区的历史、权属等。当然，对于不同的 RRA 评估要制定出针对性的调查提纲。

(2) 实现评估活动

①确定调查对象、选择关键信息人。关键信息人是指在调查者所设置的特定目标上具很强知识的人。调查对象的数量必须足于保证获得完全正确的信息。一般而言，在 100~1000 人的样本中，可以按 5%~15% 的比例随机来选择调查对象。

②访问农户等相关群体。在访问开始前，先由召集人通知被访农户等相关群体，包括访问的目的、时间、地点等事项。访问一般可以分为结构式和半结构式访谈两种类型。结构式访谈又称标准化访谈，通常采用实现统一设计、有一定结构的问卷进行访问；半结构式访谈又称非标准化访谈，事先没有统一的问卷，只是设计一些比较粗线条的问题大纲，受访者可以在这个框架下自由回答。

③描绘项目点的自然环境特点。包括村庄、道路、农田、森林等。

④初步分析和假设修正。在初步的评估工作结束以后,调查者可以对调查的结果进行初步的分析和对先前的假设进行修正。根据现实的情况要适当修改调查和访谈提纲,以保证评估工作的顺利进行。

(3)资料的组织与分析

①三角分析法(交叉检验法)。为了证明资料的有效性,一般要从至少3个来源检查同一资料或信息的正确及有效性。在进行 RRA 评估过程中可以通过二手资料、访谈和直接观察这3种方式得到的数据进行相互的检验(图9-1)。

图 9-1　交叉检验过程

②空间分布分析法。调查人员可以通过绘制社区地图与非结构访谈相结合的方法对社区居民生活区和社区的地理及自然特征进行描述,通过绘图可以了解社区的土地利用、水流、排灌等情况和变化趋势。在绘制社区地图的过程中应尽量鼓励社区居民参与其中,综合居民的意见对社区地图进行修改。

③时间序列分析法。应用这种方法可以了解社区自然资源和其他生产情况随着时间变化而发生改变的情况和它们之间的相互关系。时间序列分析方法要求参与的村民对以往的事情有一定的记忆和阅历,老人往往能够提供一些有关过去的事情的信息,如劳动力季节性变化和资金季节性变化,青年人可以提供较多的目前情况。

④流量分析法。第一种形式:确定项目点主要生产产品的流向。

例如,玉米作物 33.33% 由家庭消费;13.33% 作为种子;53.34% 销售到市场(图9-2)。

第二种形式:确定影响耕作方式的主要决策过程。

如以下是"为什么农民多数倾向于种植见效快的作物?怎样才能促使农民种植见效慢的,有利于环境保护的作物?"的决策分析过程(图9-3)。

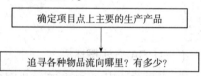

图 9-2　流量分析法——确定影响耕作方式的主要决策过程分析 1

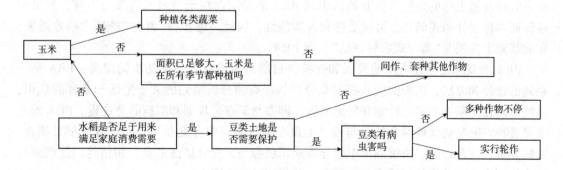

图 9-3　流量分析法——确定影响耕作方式的主要决策过程分析 2

⑤网状分析法。小组讨论确定项目点的主要问题和发展机遇,并作为分析的基础,先确定主要问题(如生产力水平低),再找出问题原因(如"卫生条件差"的原因,如图9-4所示分析)。

图 9-4 网状分析法——"卫生条件差"的主要原因分析 1

再从主要原因出发找出第二位、第三位原因,如图 9-5 所示。

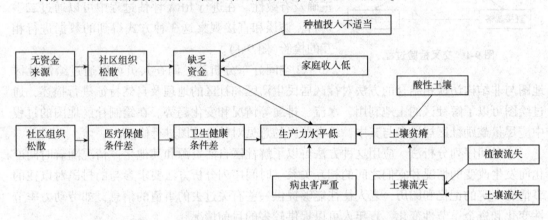

图 9-5 网状分析法——"卫生条件差"的主要原因分析 2

二、PRA 方法

(一)PRA 方法概述

在过去 10 年中,东南亚一些国家和中国一样,乡村发展的模式随着改革开放的深入已经发生了很大的变化。这表现在政策制定过程中,由"自上而下"向"自下而上"转变,由中央式的标准化向地方式的多样化转变,由"监督式"的过程向"学习式"的过程转变。从事农村发展工作的研究人员开始认识到 RRA 的局限性在于当地人的参与不够,所以很难保证项目设计的正确性、可接受性和可实施性。因此,逐步将"参与"的概念吸收进来,在此基础上发展为"参与式农村评估",即 PRA。

PRA 的概念还在进一步地发展和完善,目前只能给它下一个初步的定义:PRA 是一系列的途径和方法,用来促使乡村群众分享、提高和分析他们关于生活和条件的认识,促使他们在此基础上制订计划并付诸实施,即参与调查、规划和实施的全过程。PRA 的一个显著特点就是更强调群众的参与性。不仅在项目实施中自觉参与,而且应在项目调查、资料分析、问题诊断、决策制定中引导群众积极参与,充分信任群众,相信他们能够而且比我们更适合于分析他们所面临的问题,并找出解决方案。

PRA 的核心可归纳为以下几点:

①调查者应使自己成为一个动员者和服务者,旨在增强村民的自信心。使村民能自我完成调查、分析、模拟、制表、打分等一系列分析工作。调查者与村民一起分享村民自己的实践结果。

②调查者的行为、态度远比方法重要。调查者应与村民建立和谐、信任的关系，尊重村民，鼓励村民，并让村民始终掌握分析的自主权。

③应培养一种互相分享的文化氛围，和村民一道共享资料、方法、经验直至食物。

④在调查者身上，建立一种自我批评、自我反省的精神。要求调查者能正确对待自己的错误，敢于面对村民承认错误，逐步积累经验，努力完善自我。

PRA 广泛用于自然资源保护与管理的各个方面。这些方面包括：集水区、土地和水资源保护，如参与性的集水区规划与管理；社会林业；渔业管理；自然保护区的缓冲区管理；村社能源评估；村社自然资源管理计划；农业；卫生等。其实 PRA 与 RRA 有相同的应用范围，并且在很多情况下被同时使用。然而 PRA 的最大优势表现在能够调动当地人积极参与项目的实施。PRA 与 RRA 的区别主要见表 9-1 所列。

表 9-1　PRA 与 RRA 的比较

	RRA	PRA
发展的时间	20 世纪 70 年代末，80 年代	20 世纪 80 年代末，90 年代
重视的关键资源	当地人的知识	当地人参与的能力
主要创新方面	方法	行为与态度
主要形式	外来者提炼和抽取信息资料	外来者促进参与
理想的目标	外来者了解当地	给予当地人权威
长期的结果	规划、项目、出版物	可持续的当地人的行动和机构(农民组织)
难度	较小	较大
对研究者的要求	较低	较高

资料来源：石晓华．利用参与式农村评估方法研究农户的玉米生产行为[D]．浙江大学，2003。

(二) PRA 方法应用

1. PRA 方法的使用程序

遵守一定的程序是现代经济社会调查研究的一个重要特征，一般来说任何经济社会调查都有选题、拟订计划、实施调查和分析总结 4 个阶段，PRA 也不例外，下面分别对此 4 个阶段做简要介绍。

(1) 选题阶段

在选题阶段，调查研究者的主要任务是提出调查研究的主题，PRA 方法是一种适合对农村社区进行调查的方法，因此，选择的调查对象应以农村社区为主，PRA 方法是一种建立在当地社区居民充分参与基础上的调查方法，因此，选择的主题要与居民的生产生活密切相关，只有这样才能得到他们支持与参与。

(2) 计划阶段

周密的计划和充分的准备是调查研究得以顺利进行的必要保证，在计划阶段要做好以下工作：

①初步探索。包括收集二手资料,与调查社区进行初步接触等,增加对调查研究对象的感性认识,向社区介绍调查的目的和对他们的益处,以获取社区参与。

②进行培训。PRA 是一种崭新的方法,有很多使用的技巧和原则,为了保证 PRA 调查的质量,必须结合调查的主题对参加 PRA 的人员进行培训。

③拟定调查提纲。拟定调查提纲是一个把调查内容条理化和具体化的过程。其目的是将整个 PRA 调查在时间和空间上进行合理的安排。

④设计调查问题和调查表。问题和调查表是用来收集资料的主要手段,调查表格和访谈的问题是由许多相互联系的问题组成的,它是调查提纲提出问题的进一步条理化和具体化,它最后确定了调查研究要收集哪些资料。

⑤确定调查研究的方式和方法。PRA 是一个方法体系,有很多方式和方法组成,在调查中不可能使用所有的方法。因此,就有必要根据调查的目的、调查对象的特点、调查的范围、人力物力条件和以往 PRA 使用的经验选择适合的调查方法。

⑥制订调查研究的组织计划。包括筹措经费、确定人员的职责、对外联系和人员的合理配置等。

(3) 实施阶段

实施阶段包括资料收集、资料整理和促进社区居民参与等 3 个方面的主要内容,它是调查研究者直接或间接同被调查者接触,获取所需资料和使社区居民自我认识和自我发展的过程。因此,实施是 PRA 调查的关键阶段。

①资料收集。调查者根据 PRA 调查计划、调查提纲、调查表和问卷向被调查者全面收集有关资料、向他们学习当地社区的知识、鼓励他们参与、并促进他们对社区发展进行自我认识。

②资料的整理。PRA 的调查者与社区的居民一起对调查收集到的原始资料进行分析和整理。PRA 方法的资料整理主要分成两大部分,首先,调查者同社区居民共同对资料进行分析,确定资料的真实性和重要程度,并对资料进行补充。然后,调查者应将资料整理成便于分析的形式。

(4) 总结阶段

总结阶段的主要工作包括资料分析和撰写调查研究报告两项工作。

①资料分析。资料分析一方面是应用统计手段对调查资料进行量化分析,揭示它们之间的数理特征;另一方面是运用比较、归纳、推理或统计的方法发现各个资料之间的内在联系,揭示数理特征和资料本身所包含的意义,作为 PRA 方法的独特之处,它还需要对有关资料进行讨论和反馈给被调查者。

②撰写研究报告。调查研究报告是整个调查过程的总结,调查研究者要向外界展示自己的调查研究结果。调查研究报告的服务对象不同,报告的撰写形式也有所不同。根据 PRA 的特点,调查报告要给被调查社区和其他有关的参与者,并充分听取他们的意见。

2. PRA 方法适用的主要领域

PRA 作为一种有着广泛和深厚理论依据,并产生于农村社区社会经济实践的系列方法,它被广泛地应用在农村的社会经济及自然资源使用方面的调查;农村参与性项目的计划、组织实施和监督评估;农村经济组织机构的改革;农村农业发展、林业政策、资源和环境政策的制定；社会林业等领域。PRA 虽然是一种有广泛用途的方法，但并不是一种万能的方法，它也有很多不足之处，在使用中也有它的局限性。根据近些年来国际上大量的 PRA 实践，这种方法在林业和林业经济领域的主要使用方面见表 9-2 所列。

表 9-2 PRA 方法在林业和林业经济领域的运用

主要领域	主要用途	特　点	可配合使用的其他方法
社会林业	了解社区对林业的需求，在自然资源使用和能源等方面存在的问题，促进社区参与社会林业活动	既是调查方法，又是促进社区参与和社区发展的手段	传统的社会经济调查研究方法，及有关的社会林业方法，如族谱分析法和性别资源使用图等
社区参与生态、环境和生物多样性保护项目	了解社区发展与资源，环境和生物多样性保护之间存在的问题；保护地区农民的生产生活状况和问题；促进农户参与保护同时，促进社区发展	既是一种调查方法，又是促进农民参与保护，并帮助社区发展的方法	传统的社会经济调查研究方法和一些有关的生物和生态学方法
林业政策制定	了解林区农民进行林业生产的情况；了解林区林农对林业政策的态度和建议；促进农民参与林业政策的制定和执行	既是调查研究方法，又是林业政策制定的辅助方法	传统的社会经济调查研究方法和政策分析及决策方法
林区经济社会发展项目	了解林区社会经济状况、问题、潜力；进行项目的选择；促进社区对项目的参与	既是社会经济调查方法，又是项目的可行性分析方法，也是促进社区对项目参与的方法	传统的社会经济调查研究方法；项目可行分析方法；促进参与性的方法
林业教育与推广	了解农民的生活、文化和社区行为的特点；促进社区农民对推广和教育活动的参与	既是调查方法，又是推广和教育方法	传统的社会经济调查研究方法；农民教育和推广方法
涉及社区参与的林业项目	了解林业项目地区的社会经济、自然资源使用和林业发展的特点；进行项目的社会和经济环境的评估及论证；对已进行项目进行社会效果评估；对项目实施进行监测；促进农民对项目的参与	既是调查方法，又是项目的计划、实施、监测和评估的方法，也是促进社区参与的方法	传统的社会经济调查研究方法，项目的计划、实施、监测和评估的其他方法；项目的推广方法
林业和林业经济类的社会经济调查研究	调查了解农村林区的林业生产和林业经济发展的历史、现状和问题及发展途径	是一种非常有效的调查研究方法，但是量化程度较低	同其他社会经济调查研究方法可以配合使用，特别是同一些量化的调查研究方法配合使用的效果更好

资源来源：二手资料整理。

PRA 的优点主要包括：①PRA 综合了不同途径的优点应用社会人类学、农业生态系统分析（AEA）、农户经营系统研究（FSR）、参与式行动性研究与参与式学习方法。②PRA 使用了一系列新的方法如画图、图解、建模、分类、排队、打分等，灵活、可视形象化、而不仅光用语言，基于小组而不个人分析，进行比较而不是度量。③PRA 倾向于权力下放、民主、多样化、可持续性、社区参与等。

PRA 的缺点主要包括：①因 PRA 过于讲求方法与技巧，而许多方法与技巧又过于繁琐，因而需要的时间长、花费经费多，基本上是在国际援华农村社区发展项目中应用，这是因为国际项目往往安排了充裕的 PRA 经费；而国内政府和企事业团体的项目中，因经费少很难推广。②在方法过于繁琐的情况下，许多使用者如遇激励与监督不足就往往偷懒，造成了获得的信息也缺乏全面性、系统性、连续性和准确性。③PRA 方法中的半结构访谈，不但至今尚无统一的权威的定义解释，而且使用不当也难以获得准确的信息。总之，PRA 方法在林业和林业经济领域有广泛的应用价值，并可以同很多其他方法配合使用，是林业经济工作者值得学习和使用的一种方法。

第三节　林业经济分析方法

林业经济学方面适用的分析方法多种多样，下面介绍几种常用的方法，主要是描述统计法、归纳演绎法、案例分析法、SWOT 分析法、计量经济分析法。

一、描述统计法

描述统计法是通过图表或数学方法，对数据资料进行整理、分析，并对数据的分布状态、数字特征和随机变量之间关系进行估计和描述的方法。描述统计分为集中趋势分析、离中趋势分析和相关分析 3 个部分。

①集中趋势分析。主要靠平均数、中数、众数等统计指标来表示数据的集中趋势。例如，农户林业收入平均值是多少？是如何分布的？

②离中趋势分析。主要靠全距、四分差、平均差、方差、标准差等统计指标来研究数据的离中趋势。例如，我们想知道两个区域中，哪个区域林农收入差距更大，就可以用标准差来分析其离散程度。

③相关分析。主要探讨数据之间是否具有统计学上的关联性。这种关系既包括两个数据之间的单一相关关系，如年龄与收入之间的关系；也包括多个数据之间的多重相关关系，如年龄、性别、支出之间的关系。既包括 A 大 B 就大(小)，A 小 B 就小(大)的直线相关关系，也可以是复杂相关关系($A=Y-B\times X$)，既可以是 A、B 变量同时增大这种正相关关系，也可以是 A 变量增大时 B 变量减小这种负相关；还包括两变量共同变化的紧密程度即相关系数。实际上，相关关系唯一不研究的数据关系，就是数据协同变化的内在根据即因果关系。

描述统计分析法的优点在于：方法简单，工作量小。

描述统计分析法的缺点在于：①对历史统计数据的完整性和准确性要求高，否则分析结果没有任何意义；②统计数据分析方法选择不当会严重影响结果的科学性；③分析具有一定的局限性，局限于浅层分析。

二、归纳演绎法

归纳和演绎反映了人们认识事物两条方向相反的思维途径，归纳是从个别到一般的思维运动,演绎是从一般到个别的思维运动。

1. 归纳法

归纳法指的是从许多个别事例中获得一个较具概括性的规则。这种方法主要是针对收集到的既有资料,加以抽丝剥茧地分析,最后得以做出一个概括性的结论。归纳法是从特殊到一般,优点是能体现众多事务的根本规律,且能体现事物的共性。缺点是容易犯不完全归纳的毛病。

归纳法特点:①归纳是从认识个别的、特殊的事物推出一般的原理和普遍的事物;而演绎则由一般(或普遍)到个别。演绎法和归纳法在认识发展过程方面,方向是正好相反的。②归纳(指不完全归纳)是一种或然性的推理;而演绎则是一种必然性推理,其结论的正确性取决于前提是否正确,以及推理形式是否符合逻辑规则。③归纳的结论超出了前提的范围,而演绎的结论则没有超出前提所断定的范围。演绎的结论没有超出前提的范围,并非说演绎是重复已经知道的东西,若是那样的话,对科学研究便没有什么意义了。

2. 演绎法

与归纳法相反,演绎法是从既有的普遍性结论或一般性事理,推导出个别性结论的一种方法。由较大范围,逐步缩小到所需的特定范围。演绎法是从一般到特殊,优点是由定义根本规律等出发一步步递推,逻辑严密,结论可靠,且能体现事物的特性。缺点是缩小了范围,使根本规律的作用得不到充分的展现。

演绎法的基本形式是三段论式,它包括:①大前提,是已知的一般原理或一般性假设。②小前提,是关于所研究的特殊场合或个别事实的判断,小前提应与大前提有关。③结论,是从一般已知的原理(或假设)推出的,对于特殊场合或个别事实作出的新判断。归纳法和演绎法在应用上并不矛盾,有些问题可采用前者,有些则采用后者。而更多情况,将两者结合着应用,则能收到更好的效果。

3. 归纳与演绎的关系

①归纳与演绎相互联系,互为条件。一方面,没有归纳就没有演绎,归纳是演绎的基础,为演绎提供前提。演绎要从一般推导出个别,作为演绎出发点的一般原则,往往是先由归纳得出来的。另一方面,没有演绎也没有归纳,演绎为归纳提供指导。归纳要从个别概括出一般,作为对实际材料进行归纳的指导思想,往往又是某种演绎的结果。

②归纳和演绎相互补充、相互转化。归纳法只是对现存的有限的经验材料进行概括,因而不仅不能保证归纳结论的普适性,而且难以区分事物的本质属性与非本质属性,这就使得归纳推理的结论可能为真,也可能为假。演绎法从一般原则出发思考问题,但它无法保证自己的前提即由以出发的一般原则本身是否正确无误。因此,归纳与演绎必须在相互转化过程中,弥补各自的缺陷。归纳之后,需要通过演绎将归纳所得的一般结论推广到未知的事实上,并用这些事实来检验一般结论的正确与否;演绎之后,又要将演绎所得的个别结论与事实相比较,并通过新的归纳来检验、修正、充实原有的演绎前提。归纳和演绎只有在如此周而复始的相互转化过程中,才能弥补各自的缺陷,充分发挥其在探索真理过程中的方法论作用。

三、案例分析法

案例分析法是实地研究的一种方法。研究者选择一个或几个场景为对象，系统地收集数据和资料，进行深入的研究，用以探讨某一现象在实际生活环境下的状况。当现象与实际环境边界不清而且不容易区分，或者研究者无法设计准确、直接又具系统性控制的变量的时候，回答"如何改变""为什么变成这样"及"结果如何"等研究问题。

案例研究的素材来源包括5种：①文件。通过搜集二手资料获取案例点详细情况。②档案纪录。跟个案研究的其他信息来源联结，然而跟文件证据不同，这些档案纪录的有用性将会因不同的案例研究而有所差异。③访谈。访谈可以采用多种形式，其中最常见的类型是采用开放式的访谈（即半结构式访谈）。第二种是焦点式的访谈，一种在一段短时间中访谈一位回答者的方式。第三种类型是延伸至正式的问卷调查，限定于更为结构化的问题。④直接观察。研究者实地拜访个案研究的场所。⑤参与观察。此时研究者不只是一位被动的观察者，真正参与正在研究的事件之中。⑥实体的人造物。实体的或是文化的人造物是最后一种证据来源。

案例分析能够给研究者提供系统的观点，通过对研究对象尽可能地完全直接地考察与思考，从而能够建立起比较深入和周全的理解。但案例分析法存在一定的局限性，通常包括以下3个方面：

①难以对发现进行归纳。应认为案例研究的归纳不是统计性的而是分析性的，这必定使归纳带有一定的随意性和主观性。

②技术上的局限和研究者的偏见。案例研究没有一种标准化的数据分析方法，证据的提出和数据的解释带有可选择性，研究者在意见上的分歧以及研究者的其他偏见都会影响数据分析的结果。

③大量的时间和人力耗费。密集的劳动力和大量的时间耗费是案例研究中一个非常现实的问题。

四、SWOT分析法

SWOT分析法，即态势分析，就是将与研究对象密切相关的各种主要内部优势、劣势和外部的机会和威胁等，通过调查列举出来，并依照矩阵形式排列，然后用系统分析的思想，把各种因素相互匹配起来加以分析，从中得出一系列相应的结论，而结论通常带有一定的决策性。运用这种方法，可以对研究对象所处的情景进行全面、系统、准确的研究，从而根据研究结果制定相应的发展战略、计划以及对策等。S（strengths）、W（weaknesses）是内部因素，O（opportunities）、T（threats）是外部因素。战略应是"能够做的"（即组织的强项和弱项）和"可能做的"（即环境的机会和威胁）之间的有机组合（表9-3）。

表9-3 SWOT分析矩阵

外部因素	内部因素	
	优势（Strengths）	劣势（Weaknesses）
机会（Opportunities）	SO策略	WO策略
威胁（Threats）	ST策略	WT策略

与其他的分析方法相比较，SWOT分析从一开始就具有显著的结构化和系统性的特征。就结构化而言，首先在形式上，SWOT分析法表现为构造SWOT结构矩阵，并对矩阵的不同区域赋予了不同分析意义；其次在内容上，SWOT分析法的主要理论基础也强调从结构分析入手对组织的外部环境和内部资源进行分析。

SWOT方法优点在于分析直观、使用简单。正是这种直观和简单，使得SWOT不可避免地带有精度不够的缺陷。例如，SWOT分析采用定性方法，通过罗列S、W、O、T的各种表现，形成一种模糊的企业竞争地位描述。以此为依据作出的判断，不免带有一定程度的主观臆断。所以，在使用SWOT方法时要注意方法的局限性，在罗列作为判断依据的事实时，要尽量真实、客观、精确，并提供一定的定量数据弥补SWOT定性分析的不足，构造高层定性分析的基础。

五、计量经济分析法

以一定的经济理论和统计资料为基础，运用数学、统计学方法与信息技术，以建立经济计量模型为主要手段，定量分析研究具有随机性特性的经济变量关系。

计量经济学的两大研究对象：横截面数据（cross-sectional data）和时间序列数据（time-series data）。前者旨在归纳不同经济行为者是否具有相似的行为关联性，以模型参数估计结果显现相关性；后者重点在分析同一经济行为者不同时间的资料，以展现研究对象的动态行为。

新兴计量经济学研究开始切入同时具有横截面及时间序列的资料，换言之，每个横截面都同时具有时间序列的观测值，这种资料称为追踪资料（panel data，或称面板资料分析）。追踪资料研究多个不同经济体动态行为之差异，可以获得较单纯横截面或时间序列分析更丰富的实证结论。

计量经济分析的主要内容是建立模型、估计参数和运用模型。

1. 建立模型

根据经济理论、可利用的资料和现有的经济计量技术，确定经济变量之间关系的数学形式，这是经济计量分析的第一步。它包括以下3个方面：①模型包括哪些经济变量、哪些经济关系式。②每个经济关系式的函数形式。③参数的符号和取值范围。根据所研究问题的复杂程度，模型可以是单一方程，也可以是联立方程组。模型中的变量必须区分内生变量和外生变量。内生变量是由模型的求解来决定其数值的变量，外生变量是在模型以外决定其数值的变量。外生变量给模型所反映的经济系统以影响，而不受这个系统的影响。一个变量在模型中为内生变量或外生变量，决定于问题的性质与研究的目的。在建立模型阶段，各方程通常采取结构方程形式。结构方程式是指其变量间的关系比较直接、其经济意义明显的方程式。例如，说明消费 c 与国民收入 y 之间关系的消费方程：$c=\alpha+\beta y$，式中 α、β 为结构参数。

2. 估计参数

计量经济模型中的参数是指模型的各个方程中的常数。估计参数就是根据历史资料，用数理统计方法推定这些常数的值。计量经济分析中最常用的参数估计方法是最小平方法。其特点是：对于因变量与自变量的若干组观测值，按给定的函数形式确定因变量对自变量的回归式，使得因变量的观测值与其回归值（以相对应的自变量代入回归式而算出的值）之差的平方和为最小。设有因变量 y 与自变量 x 的 n 对观测值 (y_i, x_i)，$i=1, 2, \cdots, n$。并设 y 与 x 有线性关系 $y=\alpha+\beta x+u$，其中 u 为零均值的随机变量。

3. 运用模型

将已经估算好的参数的模型用于结构分析、经济预测和政策评价。结构分析的内容主要是测定模型内其他外生变量不变时某一外生变量变动一个单位或百分之一所引起的内生变量的绝对量变动或百分比变动。前一种场合，在绝对量上分析外生变量对内生变量的影响程度，称为乘数分析；后一种场合，在相对量（即百分比）上分析外生变量对内生变量的影响程度，称为弹性分析。经济预测是将预计的未来时期的外生变量值代入模型之中，求解模型，得出未来时期内生变量的预测值。政策评价是根据模型计算和比较不同政策的不同后果，以便选取较好的政策。

▲ 思考题

1. 简述社会科学在自然资源管理中的作用。
2. 简述社会科学的研究过程阶段。
3. 简述社会科学的研究方法。
4. 简述 RRA 的实施程序。
5. 简述 RRA 方法和 PRA 方法的区别。

参 考 文 献

《内蒙古林业发展概论》编委会，1989. 内蒙古林业发展概论[M]. 呼和浩特：内蒙古人民出版社.
安迪·怀特，孙秀芳，克斯汀·坎比，等，2007. 中国和国际林产品贸易对森林保护和人民生计的影响[J]. 绿色中国(01)：18-19.
柏广新，2009. 林木市场成熟理论的提出与探讨[M]. 北京：中国林业出版社.
蔡艳芝，刘洁，2009. 国际森林生态补偿制度创新的比较与借鉴[J]. 西北农林科技大学学报(04)：35-40.
陈根长，2002. 中国林业物权制度研究[J]. 林业经济(10)：12-15.
陈国阶，2007. 对中国山区发展战略的若干思考[J]. 中国科学院院刊，22(02)：126-131.
陈科灶，2010. 林业多元立体生态开发与林下经济发展[J]. 林产工业，37(06)：50-53.
陈绍志，2016. 全球市场背景下的中国林产品国际贸易对策[J]. 国际木业，46(10)：1-6.
陈曦，韩志群，孔繁华，等，2007. 生物质能源的开发与利用[J]. 化学进展(Z2)：1091-1097.
陈晓倩，2002. 林业可持续发展中的资金运行机制[M]. 北京：中国林业出版社.
陈幸良，2022. 林下经济学的缘起、发展与展望[J]. 南京林业大学学报(自然科学版)，46(06)：105-114.
程宝栋，秦光远，宋维明，2015. "一带一路"倡议背景下中国林产品贸易发展与转型[J]. 国际贸易(03)：22-25.
程宝栋，张英豪，赵桂梅，2011. 世界林产品贸易发展现状及趋势分析[J]. 林产工业，38(04)：3-7.
程云行，2005. 南方集体林区林地产权制度研究[M]. 北京：中国林业出版社.
仇焕广，黄季焜，2008. 全球生物能源发展及对农产品价格的影响[J]. 世界环境(04)：19-21.
戴广翠，2008. 关于完善森林生态效益补偿政策的几点建议[J]. 林业经济(12)：16-43.
邓大才，2001. 农业制度变迁路径依赖及创新[J]. 经济理论与经济管理(03)：59-63.
邓三龙，2016. 森林康养的理论研究与实践[J]. 世界林业研究，29(06)：1-6.
杜克勤，2003. 中国山区经济研究[M]. 北京：中国林业出版社.
杜熙，2023. 共同富裕背景下农业科学出版与生态农民培育共生发展策略[J]. 科技与出版(10)：40-46.
樊文斌，张建成，张文瑞，2007. 现代林业经济理论流派、特征及其启示[J]. 内蒙古农业大学学报(社会科学版)，9(02)：120-122.
方天堃，徐仙林，2005. 农业经济管理[M]. 北京：中国农业大学出版社.
方威，蔡旭伟，付町，2020. 湖南省林下经济影响因素及发展对策研究[J]. 经济地理，40(07)：184-189.
赴德国国有林保护和管理培训团，2015. 德国国有林管理体制借鉴[J]. 林业经济(03)：115-118.
高吉喜，徐梦佳，邹长新，2019. 中国自然保护地70年发展历程与成效[J]. 中国环境管理，11(04)：25-29.
高岚，2009. 林业经济管理学[M]. 4版. 北京：中国农业出版社.
高岚，温亚利，刘俊晶，2006. 农林经济管理研究进展[M]. 北京：中国环境科学出版社.
葛明，赵素萍，2023. 中国对RCEP国家林产品出口增长因素研究[J]. 西南大学学报(自然科学版)，45(10)：92-100.
耿国彪，2022. 林下经济能否成为林草产业下一个蓝海[J]. 绿色中国，590(04)：8-15.
关百均，1991. 世界林业经营模式探讨[J]. 世界林业研究(05)：29-35.
郭广荣，李维长，王登举，2005. 不同国家森林生态效益的补偿方案研究[J]. 绿色中国(14)：14-17.

国洪飞，曹玉昆，2010. 试论天保工程的实质[J]. 林业经济(10)：42-44.
国家林业局，2009. 历史的记忆——新中国成立60周年林业大事记[M]. 北京：中国林业出版社.
海德，贝尔彻，徐晋涛，2005. 中国的森林：有全球意义的市场改革经验[M]. 北京：中国林业出版社.
韩德梁，刘荣霞，周海林，等，2009. 建立我国生态补偿制度的思考[J]. 生态环境学报，18(02)：799-804.
韩洪云，喻永红，2014. 退耕还林生态补偿研究——成本基础！接受意愿抑或生态价值标准[J]. 农业经济问题(04)：64-72.
何丕坤，何俊，2004. 世界社会林业发展趋势[J]. 林业调查规划，29(01)：109-112.
洪燕真，叶邋，杨萌萌，等，2023. 森林"四库"促进共同富裕的逻辑和路径[J]. 林业经济问题，43(03)：240-249.
黄雨，2023. 林业生态产品价值实现促进农民共同富裕的机理、效应与路径研究[J]. 现代农业，48(06)：7-12.
霍忻，2015. 新时期我国林产品对外贸易政策研究[J]. 经济研究导刊(24)：193-195.
蒋宏飞，郭慧敏，李剑泉，2019. 中国林产品主要贸易国家的市场特点分析[J]. 林业经济，41(03)：45-49.
柯水发，陈章纯，赵铁蕊，2014. 基于灰色关联度模型的中国林业经济增长影响因素分析[J]. 农林经济管理学报，13(03)：281-290.
孔繁颖，2023. 拜登政府为何坚持对华实施贸易战[J]. 当代美国评论，7(01)：105-125.
雷加富，2007. 中国森林经营[M]. 北京：中国林业出版社.
李秉龙，乔娟，王可山，2006. WTO规则下中外农业政策比较研究[M]. 北京：中国农业出版社.
李虎山，2021. 中国经济发展对林产品贸易的影响研究[J]. 林产工业，58(07)：107-109.
李加林，江慧，陈秋华，2022. 中国与RCEP成员国木质林产品双边贸易实证研究[J]. 亚太经济(06)：114-122.
李俊，郭利青，王忠平，等，2022. 基于能值法对林下经济的可持续发展分析——以林下种植为例[J]. 生态经济，38(09)：131-136，159.
李美燕，李哥，夏埋湄，等，2022. 基于VAR模型研究林下经济投资对相关产业的带动作用[J]. 中国林业经济(04)：44-48.
李怒云，2007. 中国林业碳汇[M]. 北京：中国林业出版社.
李世东，2004. 中国退耕还林研究[M]. 北京：科学出版社.
李淑霞，周志国，2010. 森林碳汇市场的运行机制研究[J]. 北京林业大学学报(社会科学版)，9(02)：88-93.
李文华，2007. 森林生态补偿机制若干重点问题研究[J]. 中国人口·资源与环境(02)：14.
李文华，2007. 森林生态效益补偿机制与政策研究[J]. 生态经济(11)：151-159.
李莹，2016. 森林生态价值核算及生态补偿研究——以牡丹江市为例[D]. 哈尔滨：东北农业大学.
李智勇，闫振，2001. 世界私有林概览[M]. 北京：中国林业出版社.
辽宁省林学会，1982. 东北的林业[M]. 北京：中国林业出版社.
廖士义，1987. 林业经济学导论[M]. 北京：中国林业出版社.
林红玲，2002. 制度、经济效率、收入分配[M]. 北京：经济科学出版社.
刘璨，2005. 社区林业制度绩效与消除贫困研究[M]. 北京：经济科学出版社.
刘德钦，2007. 林政管理[M]. 上海：上海交通大学出版社.
刘东升，王月华，2010. 全面推进林业体制改革，加快现代林业建设[J]. 林业经济(10)：3-7.
刘均，1995. 关于产权理论研究状况综述[J]. 财经问题研究(10)：26-28.
刘俊昌，2010. 世界国有林管理研究[M]. 北京：中国林业出版社.

刘克勇, 2008. 关于完善森林生态效益补偿基金制度的思考[J]. 林业经济(08): 26-28.
刘秋媚, 2019. 林业多元立体生态开发与林下经济发展探究[J]. 现代园艺(01): 193-194.
刘新建, 王寒枝, 2008. 生物质能源的现状和发展前景[J]. 科学对社会的影响(03): 5-9.
卢现祥, 2003. 西方新制度经济学[M]. 北京: 中国发展出版社.
马洪军, 2002. 社会林业[M]. 北京: 中国林业出版社.
聂影, 2008. 福建省集体林权改革的理论探索与创新[M]. 北京: 中国林业出版社.
潘磊, 熊立春, 姚瑜晨, 等, 2024. 中国对RCEP成员国的林产品出口效率以及潜力预测研究[J]. 南京林业大学学报(自然科学版): 1-14.
彭万勇, 王刚毅, 谷继建, 2023. 森林"粮库": 粮食增产稳产功能拓展与可能证据[J]. 东北农业大学学报(社会科学版), 21(02): 11-22.
漆雁斌, 张艳, 贾阳, 2014. 我国试点森林碳汇交易运行机制研究[J]. 农业经济问题, 35(04): 73-79.
邱俊齐, 1998. 林业经济学[M]. 北京: 中国林业出版社.
沈月琴, 姜春前, 顾蕾, 等, 2001. 森林可持续经营实践若干问题的思考[J]. 浙江林学院学报, 18(04): 345-348.
沈月琴, 刘德弟, 徐秀英, 2004. 森林可持续经营的政策支持体系研究[M]. 北京: 中国环境出版社.
沈月琴, 汤肇元, 李兰英, 1995. 市场经济下山区林业可持续发展[J]. 林业经济(04): 22-26.
沈月琴, 周国模, 顾蕾, 等, 1998. 山区非木质资源利用研究[J]. 林业经济问题(04): 33-38.
沈月琴, 周国模, 余树全, 等, 1996. PRRA在中国乡村发展研究中的应用[J]. 林业与社会(05): 2-3.
施昆山, 2004. 世界森林经营思想的演变及其对我们的启示[J]. 世界林业研究, 17(05): 1-2.
施昆山, 关百钧, 等, 1995. 热带林业行动计划探讨[J]. 世界林业研究(01): 8-14.
石道金, 冯迎春, 杨丽霞, 等, 2017. 林业会计改革的探讨[J]. 浙江农林大学学报, 20(02): 194-198.
宋维明, 程宝栋, 2007. 世界林产品贸易发展趋势及对中国的影响[J]. 国际贸易(11): 47-52.
苏翠, 2021. 新时代背景下我国农村电商发展研究[J]. 经济研究导刊(19): 25-27.
孙建, 2008. 中国非公有制林业发展的实践与探讨[M]. 北京: 中国林业出版社.
孙新章, 等, 2006. 中国生态补偿的实践及其政策取向[J]. 资源科学, 28(04): 25-30.
孙亚楠, 2023. 乡村振兴战略林业特色经济发展模式分析——以"中国林业经济学会2022年会暨第二十届中国林业经济论坛会议"为例[J]. 林产工业, 60(09): 97-98.
唐芳林, 2019. 建立以国家公园为主体的自然保护地体系[J]. 中国党政干部论坛(08): 40-44.
唐现宇, 2021. 对正安县林下经济产业发展的思考[J]. 农业灾害研究, 11(09): 135-137.
田刚, 吴天博, 2018. "一带一路"倡议下中俄木质林产品贸易的互补性及稳定性分析[J]. 林业经济, 40(05): 75-79.
田明华, 陈建成, 2003. 中国森林资源管理变革趋向: 市场化研究[M]. 北京: 中国林业出版社.
田明华, 李朋, 周小玲, 2008. 中国林产品贸易政策演变及其评述[J]. 对外经贸实务(10): 35-38.
田明华, 牛捷, 陈柯如, 等, 2022. 中美贸易摩擦对中国木质林产品国际贸易的影响分析[J]. 林业经济问题, 42(05): 449-461.
田明华, 于豪谅, 王春波, 等, 2017. 世界木质林产品贸易发展趋势、特点与启示[J]. 北京林业大学学报(社会科学版), 16(04): 52-60.
涂皓珉, 戴永务, 2023. RCEP背景下中国木质林产品竞争性、互补性与发展潜力分析[J]. 武夷学院学报, 42(03): 45-52.
屠永清, 韩栋, 王义伟, 等, 2022. 诸城市林下中药材发展分析与建议[J]. 现代园艺, 45(10): 20-22.
王昌海, 谢梦玲, 2023. 以国家公园为主体的自然保护地治理: 历程、挑战以及体系优化[J]. 中国农村经济(05): 139-162.

王登举, 2019. 全球林产品贸易现状与特点[J]. 国际木业, 49(03): 49-53.

王东旭, 2022. 关于黑龙江省加快推进"向森林要食物"的思考[J]. 奋斗(16): 23-25.

王静, 沈月琴, 2010. 森林碳汇及其市场的研究综述[J]. 北京林业大学学报(社会科学版), 2(09): 82-87.

王坤, 2022. 黑龙江省国有森工林区林下经济发展水平及其影响因素的动态变化[J]. 东北林业大学学报, 50(03): 113-118.

王欧, 2007. 中国生物质能源开发利用现状及发展政策与未来趋势[J]. 中国农村经济(07): 10-15.

王妍, 陈幸良, 2022. 我国林下经济研究进展[J]. 南京林业大学学报(人文社会科学版), 22(04): 80-87.

王永清, 2002. 国有林区可持续发展能力建设研究[M]. 哈尔滨: 东北林业大学出版社.

王月华, 谷振宾, 2010. 当前国有林区改革模式对比与评价[J]. 林业经济(12): 10-19.

王智, 蒋明康, 秦卫华, 等, 2008. 我国自然保护区的问题分析与对策[J]. 生态经济(06): 144-146.

我国生物质能源产业化战略研究课题组, 2007. 我国生物质能源产业化战略研究[R]. 国务院发展研究中心调查研究报告, 7-14.

吴恒, 朱丽艳, 王海亮, 等, 2019. 新时期林下经济的内涵和发展模式思考[J]. 林业经济, 41(07): 78-81.

吴水荣, 顾亚丽, 2009. 国际森林生态补偿实践及其效果评价[J]. 世界林业研究(04): 11-16.

吴伟光, 2008. 我国林业生物柴油发展现状及面临的主要挑战[C]. International Conference on Biomass Energy Technologies, 103-105.

吴伟光, 仇焕广, 徐志刚, 2009. 生物柴油发展现状、影响与展望[J]. 农业工程学报, 23(03): 298-302.

吴伟光, 许恒, 王凤婷, 等, 2023. "两山"理念的有效载体与实践: 林下经济的经济效应、环境效应及其协同逻辑[J]. 中国农村经济(10): 158-174.

肖丽娜, 莫笑萍, 许芳燕, 等, 2014. 国外生物质能源发展潜力研究进展[J]. 中国人口·资源与环境, 24(S2): 61-64.

谢高地, 鲁春霞, 成升魁, 2001. 全球生态系统服务价值评估研究进展[J]. 资源科学, 23(06).

谢屹, 2018. 北京市集体林地流转市场发展现状及对策研究[J]. 北京林业大学学报(社会科学版), 17(04): 51-55.

谢屹, 贺超, 温亚利, 2007. 中国林业经济管理学学科问题初探[J]. 林业经济问题, 27(04): 362-365.

熊立春, 程宝栋, 万璐, 2019. 全球价值链视角下中美贸易摩擦对林产品出口贸易的影响与启示[J]. 林业经济, 41(12): 3-9, 78.

徐斌, 2005. 世界森林认证体系比较[J]. 森林认证通讯(01): 2-4.

徐斌, 2014. 森林认证对森林可持续经营的影响研究[M]. 北京: 中国林业出版社.

徐凤增, 袭威, 徐月华, 2021. 乡村走向共同富裕过程中的治理机制及其作用———一项双案例研究[J]. 管理世界, 37(12): 134-151, 196, 152.

徐秀英, 2006. 南方集体林区森林可持续经营的林权制度研究[M]. 北京: 中国林业出版社.

许新桥, 2006. 近自然林业理论概述[J]. 世界林业研究, 19(01): 11-13.

杨光, 2023. "一带一路"倡议对中国木质林产品贸易的影响研究[D]. 哈尔滨: 东北林业大学.

杨建, 徐康, 陈彬, 2024. 乡村振兴促进共同富裕的理论机制与实证检验[J]. 统计与决策(01): 69-74.

杨丽娅, 2017. 林下经济发展现状及对策[J]. 绿色科技(07): 231-232.

杨忠岐, 2022. 森林"四库"系列解读: 森林是粮库[N]. 中国绿色时报, 2022-4-18(3).

佚名, 2009. 浅析森林认证与林业发展[J]. 经济技术协作信息(12): 11.

尹润生, 张耀启, 1989. 未来林业的发展方向[J]. 世界林业研究(04): 88-93.

雍文涛，1992. 林业分工论：中国林业发展道路的研究[M]. 北京：中国林业出版社.
余倩倩，2022. 丹江口习家店镇林下经济发展对策[J]. 当代县域经济(09)：75-77.
郁建兴，黄飚，江亚洲，2022. 共同富裕示范区建设的目标定位与路径选择——基于浙江省11市《实施方案》的文本研究[J]. 治理研究，38(04)：4-17，123.
郁建兴，任杰，2021. 共同富裕的理论内涵与政策议程[J]. 政治学研究(03)：13-25，159-160.
袁方，2000. 社会研究方法教程[M]. 北京：北京大学出版社.
臧良震，张彩虹，2017. 国外生物质能源原料供给研究综述与启示[J]. 经济问题探索(08)：185-190.
曾玉林，2007. 中国林业社会化[M]. 北京：知识产权出版社.
张得才，2007. 利用WTO"绿箱"措施完善我国林业补贴政策[J]. 世界林业研究(04)：45-48.
张建春，2007. 生态旅游研究[M]. 杭州：杭州出版社.
张建国，1992. 中国林业经济学[M]. 哈尔滨：东北林业大学出版社.
张建国，吴静和，2002. 现代林业论[M]. 北京：中国林业出版社.
张建国，余建辉，2002. 生态林业论[M]. 北京：中国林业出版社.
张杰，2017. 发展林下经济的思考[J]. 中国林业经济(05)：63-64.
张兰，张彩虹，2012. 林木生物质能源发展研究综述[J]. 经济问题探索(10)：186-190.
张连刚，支玲，王见，2013. 林下经济研究进展及趋势分析[J]. 林业经济问题，33(06)：562-567.
张少博，田明华，于豪谅，等，2017. 中国木质林产品贸易发展现状与特点分析[J]. 林业经济问题，37(03)：63-69，108.
张耀启，1997. 森林生态效益经济补偿问题初探[J]. 林业经济(02)：70-76.
张耀启，2003. 新西兰林业分类经营的再认识[J]. 世界林业研究，16(03)：52-57.
张耀启，毛显强，李一清，2007. 森林生态系统历史变迁的经济学解释[J]. 林业科学，43(09)：96-104.
张耀启，潘羿，李一清，2005. 评价自然与环境资源价值的误区[J]. 自然资源学报(03)：453-460.
张颖，吴丽莉，苏帆，等，2010. 森林碳汇研究与碳汇经济[J]. 中国人口·资源与环境，20(S1)：288-291.
郑瑞强，郭如良，2021. 促进农民农村共同富裕：理论逻辑、障碍因子与实现途径[J]. 农林经济管理学报，20(06)：780-788.
钟绍峰，2010. 生态补偿机制的比较研究[D]. 长春：吉林大学.
周长瑞，1996. 国内外林业经营思想和理论简介[J]. 山东林业科技(02)：1-4.
周国模，沈月琴，1999. 林地利用与乡村发展[M]. 北京：中国林业出版社.
周社育，2017. 基于公共产品理论的高校社会服务产品属性分析[J]. 改革与开放(21)：148-149.
周生贤，2002. 中国林业的历史性转变[M]. 北京：中国林业出版社.
朱小静，Rodriguez C. M.，张红霄，等，2012. 哥斯达黎加森林生态服务补偿机制演进及启示[J]. 世界林业研究，25(06)：69-75.
朱永杰，2004. 中国加入WTO后的林业对外政策问题研究[M]. 北京：中国林业出版社.
祝列克，2006. 林业经济论[M]. 北京：中国林业出版社.
邹积丰，韩联生，王瑛，2000. 非木材林产品资源国内外开发利用的现状、发展趋势与瞻望[J]. 中国林副特产(01)：35-38.
Amacher G S, et al., 2009. Economics of forest resources[M]. London：The MIT Press.
Buckingham K, Jepson P, Wu L, et al., 2011. The potential of bamboo is constrained by outmoded policy frames[J]. Ambio, 40(05)：544-548.
Chambers R, 1992. Participatory rural appraisals：past, present and future[J]. FAO, Rome：Forests, Trees

and People Newsletter.

Chang S J, 1983. Rotation age, management intensity and the economic factors of timber production: do changes in stumpage price, interest rate, regeneration cost and forest taxation matter[J]. Forest Science, 29(02): 267-278.

Coelli T J, Rao D S P, O'donnell C J, et al., 2005. An introduction to efficiency and productivity analysis [M]. Berlin: Springer Science & Business Media.

Fisher I, 1930. The theory of interest[M]. New York: The MacMillan Company, pp. 161-165.

Franklin J F, 1989. Toward a new forestry[J]. American Forests(06): 37-44.

Furbotn E, Pejovich S, 1972. Property rights and economic theory: a survey of recent literature[J]. Journal of Economic Literaturer, 10(04): 1137-1162.

Gordon H S, 1954. The Economic Theory of a Common-Property Resource: the Fishery[J]. Journal of Political Economy, 62(02): 124-142.

Hardin G, 1968. The tragedy of the common[J]. Science, 162(12): 1243-1248.

Hartman R, 1976. The Harvesting Decision When the Standing Forest Has Value[J]. Economic Inquiry, 14(01): 52-58.

Hyde W F, 1980. Timber Supply, Land Allocation and Economic Efficiency [M]. Baltimore, MD: Johns Hopkins University Press.

Julesn Pretty A, 1995. Trainer's Guide for Participatory Learning and Action[M]. Nottingham, UK: Russell Press.

Kant S, 2005. 林业经济学领域的拓展[J]. 绿色中国(04): 56-58.

Lohmander P, 1987. The eonomies of forest management under risk [D]. rapport. dept. of Forestry Eeonomics. Swedish University of Agricultural Sciences: 79.

Messerschmidt D, 1995. Rapid Appraisal for Community Forestry. IIED Participatory Methodology Series[M]. London: IIED.

Pearse P H, 1990. Forestry Economics[M]. Vancouver, BC: University of British Columbia.

Pelkmans Luc, 2005. Biofuel in the United States[R].//PREM IA WP2: International activities on alternative motor fuels.

Pousa, Gabriella P A G, Andre, et al., 2007. Suarez. history and policy of biodiesel in brazil[J]. Energy Policy (35): 5393-5398.

Samuelson P A, 1976. Economics of forestry in an evolving society[J]. Economic Inquiry, 14: 462-492.

Sedjo R A, 2001. From foraging to cropping: the transition to plantation forestry, and implications for wood supply and demand[J]. Unasylva, 204: 24-32.

Williams M, 1989. Americans and their forests: a history geography [M]. New York: Cambridge University Press.

Zhang Y, 2000. Deforestation & forest transition: theory & evidence from China[M]. Vanhanen M. Global Prospects on Deforestation & Forest Transition. Dordrecht: Kluwer Academic Publishers.

Zhang Y, 2005. Multiple-use forestry versus forestland-use specialization revisited[J]. Forest Policy and Economics, 7(02): 143-156.

Zhang Y, Kant S, 2005. Collective forests and forestland: physical asset rights versus economic rights[M]//Developmental Dilemmas Land Reform and Institutional Change in China. Ho P., Routledge Publisher: 283-307.

Zhang Y, Li Y, 2005. Valuing versus pricing natural and environmental resources[J]. Environmental Science and Policy, 8(02): 179-186.

练习题与参考答案

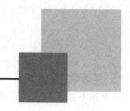

练习题一

一、单选题

1. 据第九次森林资源清查，中国目前森林覆盖率为( )。
   A. 18.21% B. 20.26% C. 22.96% D. 21.63%
2. 下面哪个不属于《森林法》规定的森林中的五大林种之一( )。
   A. 生态公益林 B. 经济林 C. 用材林 D. 特种用途林
3. 以下不属于林业特点的是( )。
   A. 生产周期的层次性与复杂性
   B. 林业生物性产品的自然再生产和经济再生产交织在一起
   C. 林业生产的区域性、风险性和难预测性
   D. 投资回收期短
4. 以下不属于林业经济学的特点是( )。
   A. 交叉性 B. 单一性 C. 复杂性 D. 实证性
5. 世界森林覆盖率( )。
   A. 18.21% B. 20.4% C. 30.3% D. 21.63%
6. 世界林业"三阶段论"是指原始林业、传统林业和( )。
   A. 近代林业 B. 采掘性林业 C. 现代林业 D. 生态林业

二、判断题

1. 世界林业经营模式包括森林经济、社会和生态三大效益一体化经营模式、森林多效益主导利用经营模式和森林多效益综合经营模式。 ( )
2. 世界森林资源覆盖率最高的国家是巴西。 ( )
3. 林业既是一项基础性产业，也是一项社会公益事业。 ( )
4. 中国森林资源总量相对不足、质量不高、分布不均的状况仍未得到根本改变。 ( )

练习题二

一、单选题

1. 下列不属于林业生产要素的是（　　）。
   A. 资金　　　B. 土地　　　C. 企业家才能　　　D. 生产技术
2. 林业级差地租产生的前提是（　　）。
   A. 林地投入的差异　　　　B. 林地产出的差异
   C. 林地质量的差异　　　　D. 木材产量的差异
3. 土地利用性质会随着社会经济的发展而发生变化，"耕转林"或"毁林开荒"的根本原因在于（　　）。
   A. 土地机会成本的变化　　　　B. 土地生产能力的变化
   C. 人类生产观念的变化　　　　D. 农林产品价值的变化
4. 林地流转的形式不包括（　　）。
   A. 租赁经营　　　B. 联合经营　　　C. 出让经营　　　D. 股份合作
5. 下列关于林业资金说法错误的是（　　）。
   A. 投资周期长　　　B. 初期投资大　　　C. 投资风险大　　　D. 投资收益低

二、判断题

1. 林业生产要素配置的最优原则是要素投入量之比等于要素价格之比。（　　）
2. 按照杜能孤立国理论，林地区位确定的依据是运输成本。（　　）
3. 劳动技能和知识水平是衡量林业劳动力质量的重要指标。（　　）
4. 林业资金评估方法中，净现值法优于内部收益率法和收入支出比法。（　　）
5. 林业生产技术的提高意味着单位投入的成本降低。（　　）

练习题三

一、选择题

1. 木材采伐最优轮伐期的目标包括了（   ）。
   A. 永续木材收获最大化   B. 林木净现值最大化
   C. 林地期望收益最大化   D. 生态效益最大化
2. 林木价值最大化下最优轮伐期的边界条件是（   ）。
   A. 平均产量最大化   B. 连年生长量等于平均生长量
   C. 连年生长率等于市场利率   D. 土地期望价值最大化
3. Faustmann 模型相对于林木净现值最大化目标而言最大的优势在于（   ）。
   A. 考虑了土地资本   B. 考虑了土地的机会成本
   C. 考虑了多个乃至无限轮伐期问题 D. 考虑了资金的时间价值
4. 以下对于永续木材收获、林木价值和林地期望价值最大化目标的比较，说法正确的是（   ）。
   A. 林地期望价值最大化模型在资源稀缺情况下是最正确的经济模型
   B. 如果土地非稀缺的，那么林木价值和林地期望价值其实是一回事
   C. 永续收获最大化考虑了资本的时间价值问题
   D. 林木价值和林地期望价值存在的差异主要是后者考虑了多个轮伐期下的土地机会成本问题
5. 以下说法正确的是（   ）。
   A. 利率上升，最优轮伐期下降   B. 产品价格上升，最优轮伐期下降
   C. 劳动力成本上升，最优轮伐期下降 D. 利率下降，最优轮伐期下降
6. 执行生态价值补偿的必要条件有（   ）。
   A. 为提供生态价值必须有机会成本
   B. 增加的生态价值必须大于为此而付出的机会成本
   C. 增加的净价值（生态价值减去机会成本）必须大于交易费用
   D. 交易费用为零
7. 以下属于环境性林业资源的特点的是（   ）。
   A. 需求的集团性   B. 需求的非排他性
   C. 供给与需求反应链长   D. 供给与需求矛盾的表现在与价格不稳定
8. 以下属于生态服务价值补偿的计算方法的是（   ）。
   A. 旅行费用法   B. 条件价值评估法
   C. 模拟市场评估法   D. 替代市场价值法

二、判断题

1. 生态补偿的标准应该是资源提供的总生态价值。（   ）
2. 轮伐期是表示林木经过正常的生长发育到可以采伐利用为止所需要的时间。（   ）

练习题四

一、选择题

1. 下列属于林产品的是（　　）。
   A. 橡胶　　　B. 核桃　　　C. 木制家具　　　D. 废纸　　　E. 森林公园
2. 下列可用于描述林产品市场规模的指标有（　　）。
   A. 交换产品的数量和品种　　　　B. 市场的辐射范围
   C. 投入的货币资金数量　　　　　D. 进入市场从事交易活动的交易者的数量
3. 中国的重点木材产区包括（　　）。
   A. 东北国有林区　　B. 南方集体林区　　C. 西南国有林区
4. 世界林产品贸易的相关政策包括（　　）。
   A. 公共采购政策　　B. 私人部门的行动　　C. 植物检疫措施　　D. 出口限制政策
5. 林产品按门类可分为营林产品和（　　）。
   A. 森工产品　　　B. 中介产品　　　C. 经济产品　　　D. 社会产品
6. 林价的计算方法主要有实际成本法、投入利润率法和（　　）。
   A. 预算成本法　　B. 投入回报率法　　C. 产出利润率法　　D. 倒扣成本法
7. 1998—2003年这段时间，中国对竹、藤实行的退税率为（　　）。
   A. 5%　　　　　B. 8%　　　　　C. 10%　　　　　D. 13%
8. 下图为木材的供给和需求图，其中，表示木材超长期供给曲线是（　　）。

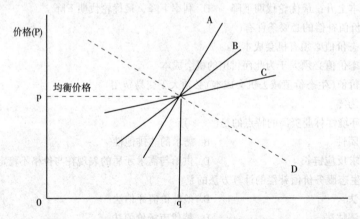

9. 假定非木材林产品市场是充分竞争的市场，如果短期中需求曲线向上移动，供给不变，非木材林产品价格（　　）。
   A. 上涨　　　　B. 不变　　　　C. 下降
10. 一定的价格水平是决定需求量和供给量的前提条件，木材市场价格的变动会引起木材需求量的反方向变动，供给量同方向变动，即（　　）。
    A. 木材价格上升，需求下降　　　　B. 木材价格上升，供给量增加
    C. 木材价格上升，需求上升　　　　D. 木材价格上升，供给量减少

二、判断题

1. 林产品市场是林产品交换的环境。　　　　　　　　　　　　　　　　　　　　　（　　）
2. 林产品市场中交换的对象是林产品。　　　　　　　　　　　　　　　　　　　　（　　）

3. 林产品市场和其他商品市场相比，有自己的特点。 （   ）
4. 非木材产出不可用于直接消费。 （   ）
5. 森林旅游产品具有双重属性，既可以是中间产品也可以是最终产品。 （   ）
6. 短期木材供给和长期木材供给之间的界限，取决于生产某种产品时改变所需资本的时间长短。

（   ）
7. 中国是全球第二大木材消耗国和第一大木材进口国。 （   ）
8. 立木指成熟之木。 （   ）
9. 林价计算主要包括两个途径：一是通过培育成本来确定林价；二是通过现行市场收入来确定。

（   ）
10. 林价的评估具有统一的标准和方法。 （   ）

练习题五

一、单选题

1. 林权客体包括( )。
   A. 森林　　　　B. 林木　　　　C. 林地　　　　D. ABC 均是
2. 我国集体林地的承包权主体为( )。
   A. 集体经济组织　　　　　　　B. 本集体经济组织的农户
   C. 非本集体经济组织农户　　　D. B 和 C
3. 我国集体林的形成，下列哪个说法是正确的( )。
   A. 经历了土地改革、初级农业合作社、高级农业合作社和人民公社后形成的
   B. 经历了土地改革、初级农业合作社后形成的
   C. 经历了土地改革、高级农业合作社和人民公社后形成的
   D. 经历了初级农业合作社、高级农业合作社和人民公社后形成的
4. 高级农业合作社的主要做法是( )。
   A. 废除了地主阶级的土地所有制，实行农民的土地所有制
   B. 废除了土地私有制，使土地由农民所有转变为合作社集体所有
   C. 废除了土地私有制，使土地由农民所有转变为人民公社集体所有
   D. 以上都不是
5. 林业"三定"是指( )。
   A. 稳定山权林权，划定自留山
   B. 划定自留山和责任山
   C. 稳定山权林权，划定自留山和落实林业生产责任制
   D. 稳定山权林权，落实林业生产责任制
6. 新一轮集体林权制度主体改革的主要任务是( )。
   A. 赋权活权　　　　　　　　　B. 搞活林地经营权
   C. 明晰产权、承包到林业经营主体　D. 明晰产权、承包到户
7. 当前，我国集体林的经营形式有( )。
   A. 家庭经营　　　　　　　　　B. 联户经营
   C. 股份合作经营　　　　　　　D. ABC 等经营形式均有
8. 国有林是指( )的森林资源。
   A. 归国家所有　　　　　　　　B. 归农村集体所有
   C. 归个人所有　　　　　　　　D. 归企业、事业单位所有
9. 国有林区是指( )的地区。
   A. 森林资源是公有林为主　　　B. 森林资源是国有林为主
   C. 森林资源是集体林为主　　　D. 森林资源是私有林为主
10. 下列正确描述东北、内蒙古国有林区范围的是( )。
    A. 包括内蒙古森工集团、黑龙江省大兴安岭林业集团公司经营管理的区域
    B. 包括黑龙江省中国龙江森工集团、吉林长白山森工集团和吉林森工集团经营管理的区域
    C. 从地域上看包括大、小兴安岭和长白山
    D. 包含 A 和 B
11. 从产权角度，国有林是指国家或国家指定授权的所有者对国有森林资源的各项权能，包括( )。

A. 国有森林的占有、使用和依法收益权
B. 国有森林的占有、使用和法定范围的处分权
C. 国有森林的使用、依法收益和法定范围的处分权
D. 国有森林的占有、使用、依法收益和法定范围的处分权

12. 2015年国务院印发《国有林场改革方案》规定(　　)年，要实现国有林场改革的三大总体目标。
A. 2010　　　　B. 2020　　　　C. 2030　　　　D. 2050

13. 2015年国务院印发《国有林场改革方案》中国有林场改革的三大总体目标(　　)。
A. 生态功能显著提升；国有林场生产和林场职工生活条件明显改善；管理体制全面创新
B. 生态功能显著提升；国有林场生产和林场职工生活条件明显改善；停止天然林资源商品性采伐
C. 生态功能显著提升；坚持生态为本、保护优先；停止天然林资源商品性采伐
D. 基本理顺中央与地方、政府与企业的关系；区分不同情况有序停止天然林商业性；增加森林面积

14. 2015年国务院印发《国有林场改革方案》规定的要实现的目标中：(　　)。
A. 森林面积增加1亿亩以上，森林蓄积量增长6亿立方米以上，商业性采伐减少20%左右
B. 森林面积增加1亿亩以上，森林蓄积量增长6亿立方米以上，停止商业性采伐
C. 森林面积增加550万亩左右，森林蓄积量增长4亿立方米以上
D. 森林面积增加550万亩左右，森林蓄积量增长10亿立方米以上

15. 根据2015国务院《国有林区改革的指导意见》，国有林区改革的总体目标中对森林资源利用方面的要求是(　　)。
A. 基本理顺中央与地方、政府与企业的关系，实现政企、政事、事企、管办分开
B. 全面停止天然林商业性采伐
C. 区分不同情况有序停止天然林商业性采伐
D. 重点国有林区森林面积增加550万亩左右，森林蓄积量增长4亿立方米以上

16. (　　)年，黑龙江省重点国有林区开展了停止天然林商业性采伐试点。
A. 2012　　　　B. 2013　　　　C. 2014　　　　D. 2015

17. (　　)年内蒙古大兴安岭重点国有林管理局挂牌成立。
A. 2014　　　　B. 2015　　　　C. 2016　　　　D. 2017

18. 从林业经营理论看，人类对林业认识的第一次飞跃是(　　)。
A. 森林永续利用理论　　　　B. 森林多功能论
C. 近自然林业理论　　　　　D. 新林业论

二、判断题
1. 林权是指权利主体对森林、林木、林地的所有、经营、收益、处置等方面的权、责、利关系。
(　　)
2. 林权等同于森林产权、林地产权、林木产权等。(　　)
3. 我国森林、林地的所有权主体包括国家、集体和个人。(　　)
4. 林业"三定"时期划分的自留山和责任山在性质上是一样的。(　　)
5. 新一轮集体林权制度深化改革的主要任务是创新机制，全面提升集体林业经营发展水平。(　　)
6. 新林业理论是以森林生态学的原理为基础。(　　)

练习题六

一、选择题

1. 市场失灵在林业中的表现包括（　　）。
   A. 外部性　　　B. 生产公共品特性　　C. 信息不对称　　D. 市场不完全
2. 林业政策调控目标包括（　　）。
   A. 增加林产品有效供给　　　　　B. 增强林业生态服务功能
   C. 增加林农经济收入　　　　　　D. 防治荒漠化
3. 林业政策的调控手段包括（　　）。
   A. 计划手段　　B. 行政手段　　C. 法律手段　　D. 经济手段
4. 林业产业政策特征（　　）。
   A. 目标多重　　B. 体系复杂　　C. 作用范围广泛　　D. 实施手段多样
5. 产业政策有：（　　）。
   A. 组织政策　　B. 结构政策　　C. 布局政策　　D. 科技政策
6. 森林生态服务补偿具有坚持（　　）和市场机制补偿有机结合的特点。
   A. 保护性补偿　　B. 扶持性补偿　　C. 多种经营补偿　　D. 公共财政支付
7. 森林生态服务补偿政策实施的现实必要性包括（　　）。
   A. 林业生产实践的迫切需要　　　　B. 经济社会持续发展的内在需要
   C. 弥补生态公益林建设资金不足的需要　　D. 贫困生态脆弱区摆脱恶性循环的要求
8. 中国森林生态效益补偿政策自（　　）年起进行试点补偿。
   A. 1995　　　　B. 1999　　　　C. 2001　　　　D. 2003

二、判断题

1. 当前林业科技政策的重点包括改革科技创新体制机制、加强科技创新能力建设、推动科技成果转化、强化科技人才队伍建设、加强知识产权保护。（　　）
2. 林业政策调控的内容主要是制定林业建设的宏观发展目标。（　　）

练习题七

一、选择题

1. 中国山区旅游资源，按地貌类型，分为（   ）。
   A. 岩溶　　　B. 花岗岩　　　C. 丹霞　　　D. 火山
2. 下列哪类产品不属于非木质林产品（   ）。
   A. 水果　　　B. 薪材　　　C. 树脂　　　D. 竹藤制品
3. 下列非木质林产品中，对林业产值贡献最大的为（   ）。
   A. 经济林产品　　　　　　B. 花卉及其他观赏植物
   C. 森林旅游　　　　　　　D. 竹产业
4. 从主体因素方面看，一般而言，一个健康的人能否成为旅游者，两个最主要的影响因素为（   ）。
   A. 可支配收入　　B. 个人爱好　　C. 可支配时间　　D. 交通条件
5. 森林旅游业的发展受众多部门的共同作用才能得以良好发展，这体现了森林旅游的（   ）特点。
   A. 垄断性　　　B. 敏感性　　　C. 竞争性　　　D. 综合性
6. 生态旅游的可持续性分析包括哪些方面（   ）。
   A. 环境方面　　B. 经历方面　　C. 社会文化方面　　D. 经济方面
7. 下列哪类人群不适宜进行森林康养（   ）。
   A. 亚健康人　　B. 老年人　　C. 重疾患者　　D. 病体康复群体
8. 下列不属于国家公园特点的是（   ）。
   A. 天然性　　　B. 原始性　　　C. 珍稀性　　　D. 规模大
9. 社会林业主要强调的内容包括（   ）。
   A. 主体的义务　　B. 主体的参与性　　C. 主体的权利　　D. 主体的收益性
10. 下列不属于狭义的社会林业类型的是（   ）。
    A. 乡村社会林业　　B. 自然保护区　　C. 城市林业　　D. 特殊社区的社会林业
11. 下列不属于城市林业社会功能的是（   ）。
    A. 涵养水源　　B. 美化城市　　C. 文化教育　　D. 增加就业

二、判断题

1. 中国是多山的国家，山区面积占国土面积的2/3以上。（　　）
2. 中国河流众多，水资源丰富，全国地表水补给来源主要为平原地区。（　　）
3. 山区教育事业落后，突出地表现为普通教育和高等教育的入学率升学率低，办学条件差和师资力量薄弱。（　　）
4. 中国山区发展快，后发优势强，山区与平原、城市间没有明显的"马太效应"。（　　）
5. 非木质林产品指从森林获取的各种供商业、工业和家庭自用的产品。（　　）
6. 森林食品的品种和范围很广，从昆虫的幼虫到林果，是一些国家山区居民的日常主要食品。（　　）
7. 森林旅游是最为重要的非木质林产品产业，其对非木质林业产值的贡献最大。（　　）
8. 从宏观上看，旅游经济活动进行的重要条件是整个经济社会发展水平。（　　）
9. 一个国家或地区的经济不能过分地依赖旅游业，旅游业的敏感性使之不适合作为一个国家或地区经济的支柱。（　　）
10. 生态旅游就是前往相对没有被干扰或污染的自然区域，专门为了学习、赞美、欣赏这些地方的景色和野生动植物与存在的文化表现的旅游，也被称为森林旅游。（　　）
11. 森林康养指将优质的森林资源与现代医学和传统医学有机结合，开展森林康复、疗养、养生、

休闲等一系列有益人类身心健康的活动,森林康养已经成为治疗疾病最为重要的方式。（ ）

12. 国家公园既不同于严格的自然保护区,也不同于一般的旅游景区。（ ）

13. 从2015年起,我国陆续设立了三江源、东北虎豹、大熊猫、祁连山等10个国家公园体制试点。（ ）

14. 社会林业一般被认为是当地人民组织起来直接参与规划、执行和管理等过程,并可从中获得利益的林业活动。（ ）

15. 我国城市林业发展由来已久,深圳是最先发展城市林业的地区。（ ）

练习题八

一、选择题

1. 森林认证分为两类：森林经营认证（Forest Management Certification，FMC）和（　　）（Chain of Custody，COC）。
   A. 产品质量认证　　　　　　　　B. 产销监管链认证
2. FSC认证证书一般有效期多长？（　　）。
   A. 3年　　　B. 8年　　　C. 5年　　　D. 10年
3. 凡是贴有森林认证标志（FSC标志）的木制品，就说明这种产品（　　）。
   A. 来自林场　　　　　　　　B. 来自经营良好的产区
   C. 属于环保型木材　　　　　D. 是材质硬度比较高的产品
4. 森林认证的效益主要表现在哪三个方面？（　　）。
   A. 生态效益　　　　　　　　B. 社会效益
   C. 环境效益　　　　　　　　D. 经济效益
5. 下列选项中不属于林业生物质能源优点的是（　　）。
   A. 清洁性　　　　　　　　　B. 再生资源
   C. 易于收集与储运　　　　　D. 资源丰富
6. 我国生物质资源分布最广的是（　　）。
   A. 农业废弃物　　　　　　　B. 林业废弃物
   C. 城市垃圾　　　　　　　　D. 工业废弃物
7. 近些年探明，海底"可燃冰"（天然气水合物）储量极为丰富，其开发技术亦日趋成熟，开发利用"可燃冰"将产生的环境效益有（　　）。
   A. 可取代一些核电站，减少核废料的污染
   B. 无CO_2排放，减轻"温室效应"
   C. 可取代水电站，改善大气质量
   D. 部分替代煤和石油，减轻对大气的污染
8. 森林碳汇是指（　　）。
   A. 森林生态系统减少大气中二氧化碳浓度的过程、活动或机制
   B. 森林生态系统增加大气中氧气浓度的过程、活动或机制
   C. 森林生态系统汇集大气中的二氧化碳的过程、活动或机制
   D. 森林生态系统汇集大气中的氧气的过程、活动或机制
9. 我国林业碳汇项目按照减排机制可分为哪些基本类型？（　　）
   A. CDM项目　　B. CGCF项目　　C. VCS项目　　D. CCER项目
10. 作为世界碳排放量最多的国家，中国可采用以下哪些符合当前国情的举措应对全球气候变化（　　）。
    A. 调整工业布局，将高耗能产业转移到西部等人口密度较低的区域
    B. 加快发展水电和核电建设，改善能源消费结构
    C. 大力植树造林，提高森林覆盖率
    D. 限制重工业的发展，减少能源的消耗

二、判断题

1. RR、SAI、BV、DNV、SGS、TUV 等审核公司可以进行 FSC 认证审核,但认证证书效力存在差异。
( )

2. 通过 FSC 认证后,可以在产品包装和宣传上使用 FSC 认证标识,FSC 证书持有者均可以使用 FSC 产品标签。
( )

3. 除二氧化碳以外,甲烷、氟氯烃、一氧化碳等都被称为温室气体,其共同原因是温室气体都能吸收太阳辐射,使大气增温。
( )

练习题九

一、选择题

1. 社会研究的一般程序不包括以下哪个步骤（　　）。
   A. 选题阶段　　B. 访谈阶段　　C. 实施阶段　　D. 总结阶段
2. 区分研究法的主要标准不包括（　　）。
   A. 资料的类型　　　　　　B. 收集资料的途径或方法
   C. 资料的来源　　　　　　D. 分析资料的手段和技术
3. 社会经济研究的主要方法主要为（　　）。
   A. 实地研究法、统计调查法、检验法、文献研究法
   B. 实地研究法、统计调查法、实验法、文献研究法
   C. 实地研究法、统计调查法、实验法、二手资料收集法
   D. 实地研究法、统计调查法、检验法、二手资料收集法
4. 文献分析主要包括哪几种方式（　　）。
   A. 统计资料分析　　B. 内容分析　　C. 方法分析　　D. 历史比较分析
5. RRA 研究方法的核心是（　　）。
   A. 半结构式调查方法　　　　B. 结构式调查方法
   C. 全结构式调查方法
6. 以下哪些不是 RRA 的特点（　　）。
   A. 快速的　　B. 灵活的　　C. 系统的　　D. 高成本的
7. 更注重"参与性"的林业经济调查方法是（　　）。
   A. RRA　　B. PRA　　C. RPA　　D. SWOT
8. 以下不属于林业经济分析方法的是（　　）。
   A. 描述统计法　　B. 案例分析法　　C. 计量经济分析法　　D. 农村快速评估法
9. SWOT 分析法的内部因素主要有（　　）。
   A. 优势　　B. 机会　　C. 劣势　　D. 威胁
10. 计量经济分析的主要内容不包括（　　）。
    A. 建立模型　　B. 估计参数　　C. 检验模型　　D. 运用模型

参考答案

练习题一

一、单选题
1. D 2. A 3. D 4. B 5. C 6. C

二、判断题
1. 对 2. 错 3. 对 4. 对

练习题二

一、单选题
1. D 2. C 3. A 4. C 5. D

二、判断题
1. 错 2. 对 3. 对 4. 错 5. 错

练习题三

一、选择题
1. ABC 2. C 3. ABC 4. ABD 5. AB 6. ABC 7. ABC 8. ABCD

二、判断题
1. 错 2. 对

练习题四

一、选择题
1. ABCDE 2. ABCD 3. ABC 4. ABC 5. A 6. D 7. A 8. C 9. A 10. AB

二、判断题
1. 错 2. 对 3. 对 4. 错 5. 对 6. 对 7. 错 8. 对 9. 错 10. 对

练习题五

一、单选题
1. D 2. B 3. A 4. B 5. C 6. D 7. D 8. A 9. B 10. D 11. D 12. B 13. A 14. A 15. D 16. C 17. D 18. A

二、判断题
1. 对 2. 错 3. 错 4. 错 5. 对 6. 错

练习题六

一、选择题

1. ABCD 2. ABC 3. ABCD 4. ABCD 5. ABCD 6. D 7. ABCD 8. C

二、判断题

1. 对 2. 错

练习题七

一、选择题

1. ABCD 2. B 3. A 4. AC 5. D 6. ABCD 7. C 8. D 9. BD 10. B 11. A

二、判断题

1. 对 2. 错，地表水补给来源主要为山区。

3. 对 4. 错，有明显的"马太效应"。

5. 对 6. 对 7. 错，贡献最大的非木质林产品产业为经济林产品。

8. 对 9. 对 10. 错，生态旅游非森林旅游。

11. 错，森林康养并非治疗疾病最重要的方式。

12. 对 13. 对 14. 对 15. 错，长春是最早发展城市林业的地区。

练习题八

一、选择题

1. B 2. C 3. B 4. BCD 5. C 6. A 7. A 8. A 9. ABCD 10. BC

二、判断题

1. 错，FSC 官网上公布的 FSC 认可的以上审核机构都可以进行 FSC 认证审核，且这些认可的审核机构颁发的 FSC 认证证书具有同等效力。

2. 错，只有 FSC 产销监管链证书持有者才可以使用 FSC 产品标签。

3. 错，共同原因是温室气体都能强烈吸收地面放出的红外线长波辐射。

练习题九

1. B 2. C 3. B 4. ABD 5. A 6. D 7. B 8. D 9. AC 10. C

练习题六

一、选择题
1. ABCD 2. ABC 3. ABCD 4. ABCD 5. ABCD ж D 7. ABCD 8. C

二、判断题
1. √ 2. √

练习题七

一、选择题
1. ABCD 2. B 3. A 4. AC 5. D 6. ABCD 7. C 8. D 9. BD 10. B 11. A

二、判断题
1. × 2. √,地表水环境标准要为五区。
3. √ 4. √,布朗运动扩散方程。
5. × 6. × 7. ×,含溶解氧少但并非大量有机产生也没有深水沉积。
8. × 9. √ 10. √,并无等浓度干扰标准。
11. √。   补充说明水库污染只是强调其不可下渔。
12. × 13. × 14. × 15. √等。   比较气团与液相的浓度差出下洞地区

练习题八

一、选择题
1. B 2. C 3. B 4. BCD 5. C 6. A 7. A 8. × 9. ABCD 10. BC

二、判断题
1. 错。CSC 的规定工点规定 ESC 人不信以十的以上设施的场地可以通与 ESC 作业现场,也应在超人的多体危险部分通过 ESC 人员也是身有后的后位。
2. 错。关于 ISC 气体质量检测及样本多于 ISC 期的 ISC 产点程测定
3. 对。实际因长,采用是一个体新或有暗理然状况就的的位它采长致影响

练习题九

1. B 2. C 3. B 4. APD 5. A 6. D 7. B 8. D 9. AC 10. C